吴东平◎著

汉字的故事

（最新修订版）

长江出版传媒
湖北人民出版社

鄂新登字 01 号
图书在版编目(CIP)数据

汉字的故事/吴东平著.
武汉:湖北人民出版社,2013.1

ISBN 978－7－216－07230－4

Ⅰ. 汉…
Ⅱ. 吴…
Ⅲ. 汉字—通俗读物
Ⅳ. H12－49

中国版本图书馆 CIP 数据核字(2012)第 122989 号

汉字的故事　　吴东平 著

出版发行:长江出版传媒 湖北人民出版社
地址:武汉市雄楚大道 268 号
邮编:430070

印刷:武汉中远印务有限公司
经销:湖北省新华书店
开本:710 毫米×1000 毫米 1/16
印张:30.25
字数:448 千字
插页:1
版次:2013 年 1 月第 1 版
印次:2016 年 6 月第 3 次印刷
书号:ISBN 978－7－216－07230－4
定价:52.00 元

本社网址:http://www.hbpp.com.cn

前言

被视之为中国“第五大发明”的汉字，是世界上最优秀、最具活力的文字。它是中华民族灿烂文化宝库中的瑰宝，也是世界文化宝库中一颗璀璨的明珠，更是我们民族的骄傲。它源远流长，博大精深，魅力超群。

汉字是华夏民族文明的曙光，也是我们伟大的中华民族步入人类文明时代的标志。它是先民们“仰则观象于天，俯则观法于地”，“见鸟兽蹄迒之迹”，“近取诸身”，“远取诸物”而创造的。它体现了先民们审视大千世界万事万物而形成的独具特色的思维方式。汉字，尤其是古汉字，在它的身上首先反映出的是先民身边的物质世界、生存条件、思维习惯和当时的文化背景，可以这样说，先民对自然、社会的认识，完完整整地移植到一个个的汉字之中，汉字也便从不同的角度沉淀了相应时代的文化信息。

汉字文化是中华文明的起点。如果从文化的角度来看，每一个汉字就像一块活的化石，它们集中到一起，就构成了反映中华民族历史的一座内容丰富的“史料库”。它生动具体地昭示着历史演进的轨迹，袒露出华夏民族的文化心理。每一个汉字都用它那生动的构形，向人们讲述着一个个动听而有趣的故事，读者从中可以看到我们先民的社会生活及生产斗争的宏伟画卷。

由于汉字形体的特殊性，使得汉字除了反映词义以外，还可以反映其他许多方面的文化信息。先民在据义构形时，选择什么样的物象，采用哪些构件组合，必然要受到那个时代的文化环境、文化理念的影响，因而，汉字构形和汉字文化间存在着极为密切的关系。随着时代的发展，不同时代的文化信息便随之层层地积淀在一个个的汉字之中。由于文字超越时空的广泛使用和不断发展，其中文化信息的蕴涵和积淀，也便具有无比巨大的空间，因此，汉字的文化意义就无比丰富起来。如甲骨文和金文的“王”字，除了记录“王”的词汇意义外，还以其象斧头之形的构形告诉人们，古代统治者是靠武力统治天下的，这些信息，由于远古文献的贫乏，无从觅得，但可从古文“王”字的形体获得。在最初造字时，人们并不是有意识地要将这些信息保存在字形之中，而是由于当时统治者必然拥有武器，人们看到武器极易联想到拥有武器的人，于是便用武器之形作为记录“王”这个词的字形。后来“王”字演变成了三横加一竖的形体，为此人们认为三横分别代指天、地、人，其中一竖表示通天、地、人之道，其意思是能通天、地、人者才能为“王”，因而又赋予“王”新的文化内涵。又如“安”字。何为安？从字形上分析，屋里有女人则“安”，说明我们的先人认为，家庭的安稳主要靠女人。可见在汉族人的家庭观念中女人享有很高的地位。“弃”的创制与中国古代神话中的“弃子”之说何其相似。它的甲骨文就像双手捧着一只装有婴儿的箕，准备将孩子丢弃。李孝定《甲骨文字集释》

曰:“(弃)字象纳子于箕中弃之之形,古代传说中常有弃婴之记载,故制弃字象之。”“弃”字所蕴涵的弃子故事与《诗经》和《史记》中记载的周人的始祖后稷(原名叫“弃”)的故事又何其相似。后稷初生的故事与“弃”字的造字意义十分接近,因此,我们认为古人造“弃”字,很可能受到了这一传说的影响。由此可见,汉字折射着中华民族的先哲们的创造精神和智慧。

历代学者对汉字的研究,可说探赜索隐,成就辉煌,但多局限于对形、音、义的考释,而对于汉字丰富的文化底蕴,问津的人却不多,尤其是对汉字同汉民族的风俗习惯、社会制度、审美情趣及心理、思维习惯诸方面的关系的研究还是很不够的。伴随着改革开放的浪潮,在20世纪末期语言学界兴起的文化热潮中,学术界不少人开始从文化学的角度来阐释汉字,破译先民造字的根据和意图,再现先民的古代生活画图,这无疑是一项极有意义的工作。要真正了解汉字的文化意蕴,只有从这方面着手对汉字进行分析,才能真正了解中国文字的含义和奥妙。

中国的汉字以它特有的艺术魅力和认识价值赢得了世世代代人们的喜爱和关注,我也常常为它那奇异、瑰丽的美感和深蕴的文化内涵所吸引。但限于专门知识的贫乏,汉字尤其是古代汉字对我来说,仍然是一个神秘、幽远的领域。近年来,因致力于中国古文字的学习研究,每每上溯到文化史的源头,遂下决心对古代汉字这一颇为艰深而又趣味良多的领域作一番涉猎,为此,笔者开始了这项有意义的工作,终于草就了《汉字的故事》一书。全书对近三百个常用汉字的文化底蕴作了较为深入的探讨。本书从酝酿到结稿,历经十载。大胆地将汉字中蕴藏的丰富多彩的文化内涵与充满情趣的故事联姻,使该书既具有学术性,也颇有趣味性。希望它的问世，能使深奥的古文字从此步入寻常百姓之家，也为汉字文化的开掘和发展建立一个新的向度，为汉字的研究走出一条新的道路。书中摈弃了把汉字看作是一个单体的记录符号的观点，而把它看作是与深厚的汉民族文化有着密切联系，并融会于其中的一种文化产物。

《汉字的故事》能够顺利地问世，全仗湖北人民出版社的大力支持。在此，我要特别向他们致以崇高的敬意。此书的出版，也得到了我院科研处的大力支持，在此也向他们表示感谢。笔者在写作的过程中，翻阅了大量的资料，从中吸取了不少营养。由于篇幅的限制，不能一一注明出处，恳请原著者接受我深深的谢意。

这次再版时，对部分内容作了修改，并加上图片，书名改为《汉字的故事》。

由于本书涉及的资料繁多，有的仅靠转引他书就难免有些出入，又由于个人学术水平的限制，疏漏之处，亦当难免，请读者予以雅正。最后还要补充说明一点的是，在排印的过程中由于难度很大，因此对文献书证中的部分繁体字及古文字作了一些未必恰当的处理，请读者原谅。

吴东平

2012年1月于湖北工程学院

目录

说明：本目录所标笔画指所释汉字的笔画数，两个或两个以上的汉字合释时指第一个汉字的笔画数。

一、二画

三　画

四画

五 画

六画

七　画

八画

九　画

十　画

十一画以上

音序检字表

A

B

C

D

E

F

G

一、二画

万物之始

——"一"字趣释

"一"在汉字中是一个最常用的字,也是一个笔画最少,而又容易认和写的字。然而就这么个"一"字,却蕴含着极其丰富的内容。所以有人说"一"字是一个神奇的汉字。"一"早见于甲骨文中,写法就是一横画,在六书中它是一个指事字。有人认为"一"字象人伸出一个指头之形,在甲骨文中它既是一个记数词,又是一个序数词,在形态上两者没有区别。如"一",意思是一头牛;"一",意思是一只羊。而"一"(一月)、"一"(一卜)中的"一"是序数词,不是记数词,即为"第一月"、"第一卜"。金文的"一"在形体和意义上继承了甲骨文的一套,此时的"一"似乎还没有其他的意义。但是,这并不是说"一"确实没有其他的意义,而只能说

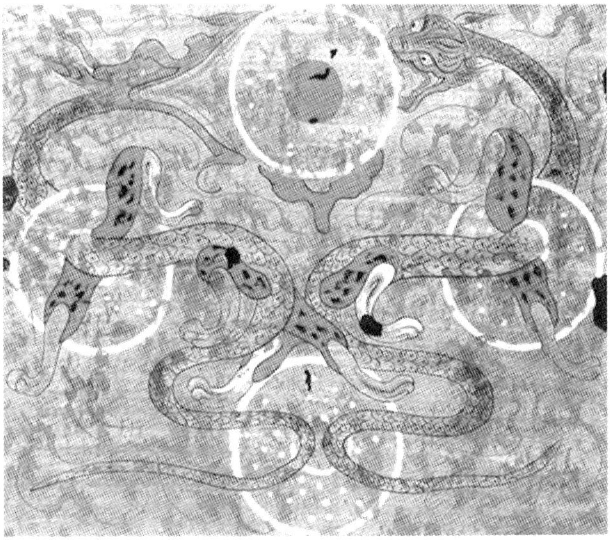

太一阴阳图(墓室壁画)

盘古开天辟地图

“一”的其他意义还没有进入到甲骨文和金文“一”的书面语中。

随着社会的发展，历史的进步，先民赋予“一”极其丰富的内涵。在他们看来，“一”是至高无上的，是万物的开端，正是由于有了“一”，才派生出了整个世界。如老子在《道德经》中说：“道生一，一生二，二生三，三生万物。”据此，有的学者将“一”解释为混沌的宇宙，“二”指“天和地”，“三”指“天、地、人”，由此可知“一”是一个无所不包的东西。

也有的学者提出，“道生一，一生二，二生三，三生万物”体现了老子的哲学思想，而老子的哲学思想不是凭空而来，应该有其祖述或继承。在《道德经》中，老子多次提到“圣人云”。这个“圣人”，很可能就是老子哲学思想的师承者，只不过我们还没有考证出这位“圣人”是谁。

老子在《道德经》中还说：“昔之得一者，天得一以清，地得一以宁，神得一以灵，谷得一以盈，万物得一以生，侯王得一以为天下贞（吉祥）。”从这段叙述中可以看出，“一”的确是个威力无比的东西，它有如西方的“上帝”。

许慎的说法似乎与老子有相同之处，他在《说文解字·一部》中说：“一，唯初太始，道立于一，造分天地，化成万物。”许慎认为，“一”是天地未分开之前的混沌状态，即“太始”，或谓“太一”。《礼记·礼运》中说：“礼必本于太一，分而为天地，转而为阴阳。”太一，在古代又作为“太乙”，它又转指天帝或天神。

受老子“道生一，一生二，二生三，三生万物”的哲学思想的启发，宋代学者郑樵提出了“起一成文”说。郑樵认为所有的汉字都是从“一”演变而成。郑樵的说法，很可能抓住了许慎《说文解字》的“始一终亥”的编排理论，附会成汉字起于“一”的说法。

在古代还有一个大写的“壹”。其实“壹”当初并不是表数目的。《说文解字·壹部》：“壹，专一也。”如《左传·庄公三十二年》：“神，聪明正直而壹者也，依人而行。”唐代孔颖达为“壹”作注时说：“言其一心不二意也。”可见“壹”的本义为“专一”，并不表数目。“壹”作为表数目“一”字的大写是一个假借。

汉字中十个数目字的大写，不少人认为是武则天的功劳，其实不然。据清人记载，放牛娃出身的朱元璋当了皇帝后，任命郭桓当户部侍郎，郭桓在任职期间与地方官吏勾结，贪污政府的钱财，其数目达2400万石精粮，数目之大相当于当时全国的秋粮实征数。此案牵涉到12个朝廷大臣及上万地方官吏。朱元璋一怒之下，下令将12个朝廷大臣及上万同案犯全部斩首示众。为了杜绝财务上的混乱状况，此时户部尚书开济奏请朱元璋，建议在财务上实行一些有效的管理措施，其中比较重要的一条就是把汉字中的数字“一二三四五六七八九十百千”等在记账时改成大写的“壹贰叁肆伍陆柒捌玖拾佰仟”，以此堵塞财务上的一些漏洞。由此“壹”作为“一”的大写。

历史上关于“一”的趣话也不少。清朝的乾隆皇帝下江南时，随身带着大学者纪晓岚。一天，他俩一起登上长江边的一座酒楼，欣赏江面景色。面对浩浩长江，乾隆皇帝要纪晓岚作一首含十个“一”字的绝句。才华横溢的纪晓岚面对大好景色，稍加思索，便吟出两句：“一蓑一笠一渔舟，一个渔翁一钓钩。”乾隆皇帝听了他的这两句诗，放眼望去，果然看到一渔夫头戴斗笠，身披蓑衣，在江边垂钓，心中不禁暗暗称赞。此时的纪晓岚正一手捻着胡须紧锁眉头，默默不语。乾隆皇帝见状，心想，满腹文章的纪晓岚终于被我难倒了。乾隆皇帝得意之时，将桌子一拍，笑道：“纪卿！你今天终于被我难倒啦！”话音刚落，纪晓岚触景生情，灵感顿生，连忙跪倒在乾隆面前说道：“启禀圣上，臣有了后二句。”乾隆忙上前将纪晓岚扶起，并催促道：“快快讲来，快快讲来。”

“一拍一呼还一笑，一人独占一江秋。”纪晓岚当即吟成了后两句。此后，乾隆皇帝更是器重纪晓岚。

不过，神奇的“一”到了现代，人们将它作为厕所的代称。现今民间流传着上厕所称为“上一号”。为什么“一”会背上这一不光彩的代号呢？据说在20世纪50年代后期，南京市建康路邮局的对面有一座厕所，造型新颖、美观，正面墙上还写着“001”的字样，从此人们就把这座厕所叫“1号”。就这样一传十，十传百，人们便习惯性地将所有的厕所称为“1号”。

追求十全十美

——“十”字趣释

“十”甲骨文为一竖画，即为“丨”，是个指事字。甲骨文的“十”反映了古人计数的方法。古人计数通常是用实物，最原始的记数法大概是用小树枝之类的东西。“十”是整数，因而用一根树枝来表示，如果是二十，就用两根树枝来表示，依此类推。受此启发，古人便造出了“十”字。

谢之光　十子闹春

金文的“十”作“丨”，仍然为指事字。学者认为金文“十”字的创制大概是受结绳记事的启发。在文字未产生以前，我们中华民族的祖先都是采用结绳记事。据人们推测，他们用绳子记事时，大概是用一根绳子表示“一”，两根绳子表示“二”，三根绳子表示

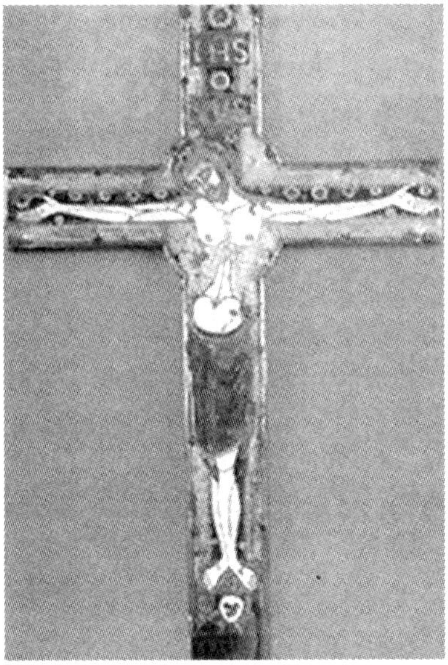

被钉在十字架上的耶稣

“三”。数字多了，记数所用绳子太多，数起来不方便，因而就用一根较长的绳子，在上面打上绳结，一个绳结表示“十”，金文作“丨”；二个绳结表示“二十”，金文为“廿”；三个绳结表示三十，金文为“卅”；四个绳结为四十，金文为“卌”。学者们认为，这几个字就是古代结绳的遗存。后来人们将“丨”的中间的圆点拉长，变成一横一竖，就成了小篆和现在的“十”了。

于省吾先生在《甲骨文字释林》中说：“‘十’字初形本为直画，继而中间加肥，后则加点为饰，又由点转化为小横，数至十复反为一，但既已进位，恐其与‘一’混，故直书之。”小篆的“十”与今之楷书的“十”形体一致。《说文解字 · 十部》：“十，数之具也。一为东西，丨为南北，则四方中央备矣。”许慎所释非本义，而是“十”的引申义。加之“十”是自然数中最大的、最末的一个数，因此古人称之为满贯之数，所以“十”又引申为“完满”的意思。依照我们民族的心理习惯，人们喜欢追求“十全十美”的境界与结局。

“十”用阿拉伯数字表示就是“10”，“10”在西方被称为和谐数。毕达哥拉斯学派认为，事物都是由数的和谐关系构成的，数的和谐就是偶数和奇数派生的各种对应关系的调和。在他们看来，10是最满的数，也是数的本质，它由“四元”构成（所谓“四元”是四个基本数之和）。毕达哥拉斯学派的学者们还认为，一切存在物的基本原则有10个，即奇数与偶数、一与多、善与恶、方与圆、有限与无限、左与右、阳与阴、动与静、直与曲以及明与暗。由于它们的调和构成了宇宙万事万物的和谐与秩序。古希腊哲学家就认为“整个天是一个和谐，一个数目”。可见追求十全十美是人类共同的心理。

“十”字是基督教的徽号。除此之外，基督教会中还流行着以手划十字。根据教会的规定，划十字有两种形式：一是划大十字，即伸开五指，以此象征基督身上的五处伤痕，自左而右，在额头、胸部和两肩划十字；二是划小十字，即用拇指在额头、唇部和胸部划十字。这一礼仪象征基督在十字架上受罚死亡，以拯救世人的功德。

自从国际红十字会成立以来，“十”字又成为伤兵救护的徽号，它代表中立和人道主义，成为医疗救护事业的标志。

健壮结实的男子汉

——“丁”、“钉”二字趣释

“丁”字在一般人看来，是一个在汉字中笔画少，容易写的字，然而对它的本义，一般人未必都明白。

甲骨文和金文的“丁”有“□”、“▽”或“▼”、“●”几种写法。从形体看均为现实生活中我们常见到的钉子的形状，其中的方形和圆点就是一个钉子的俯视图，而呈楔形的，则是一个钉子的侧视图。不管是什么形体，均为钉子的象形字。可见“丁”为“钉”的本字。也有的学者认为甲骨文的“丁”是人的头顶（赵诚《甲骨文简明辞典》第70页）。“丁”字的战国文字更像一个钉子，如“”（古玺文）、“”（三体石经）。而小篆的“丁”字为“”，和简化的“个”字形体相近。徐灏《说文注笺》：“疑丁即今之钉字，系铁弋形。”朱骏声《说文通训定声》亦曰：“丁，镨也。象形。今俗以钉为之，其质用金或竹若木。”

《说文解字·丁部》：“丁，夏时万物皆丁实。象形。”所谓“丁实”，就是健壮结实的意思。许氏所释实为“丁”的引申义。因为“丁”常为“铁”等金属所作，坚硬无比，由此而引申为“丁实”。而男子到成年后，即进入壮年之时，体魄“丁实”，因而也称成年男子为“丁壮”，或者为“壮丁”。“壮丁”的意思就是身体结实而健壮的男子。“壮丁”中的“丁”与“壮”为同义词。《玉篇·丁部》：“丁，强也，壮也。”《史记·律书》：“丁者，言万物之丁壮也，故曰丁。”《文选·

沈阳故宫门上的大钉

李陵《答苏武书》："丁年奉使，皓首而归。"唐李善注："丁年,谓丁壮之年也。"

"丁"在甲骨文中多指执掌占卜官吏的名字。另外商代帝王称"丁"者也不乏其人,如"祖丁"、"武丁"、"庚丁"。据明人田艺蘅《留青日记》记载,前秦苻坚部下有一位名叫姜平子的官员。一天,苻坚大宴群臣,并要他们当场赋诗。姜平子的诗中用了一个"丁"字,当他将诗书写在纸上时,将"丁"写成"丅"(古"下"字),故意只写一竖,不写一钩。苻坚一看,问姜平子为何这样写,姜平子答道:"为人正直而不屈,才算得高尚可贵,如果屈服于别人,就是一个怕死鬼,这样的人也不是一个好东西。"

苻坚听了大喜,于是就提拔姜平子为"上第"。其他大臣看到姜平子投苻坚所好,竟因一个"丁"字而登天,都暗地里笑话愚蠢、粗鲁的苻坚不知道"丁"和"丅"的区别,因而说他"目不识丁"。

清　佚名　武丁像

"目不识丁"一词最早见于《旧唐书·张弘靖传》。唐宪宗时,幽州节度使张弘靖的部下有一名官吏叫韦雍,为人奸诈,常常欺压士兵。一次,韦雍喝醉了酒,忽然对士兵大发脾气道:"今天下无事,汝辈挽得两石力弓,不如识一'丁'字。"意思是现在天下太平无事,又不打仗,你们这些大老粗有什么屁用，能拉得两石（dàn）的弓，还不如识一“丁”字。士兵们听了韦雍的话，异常气愤，团结起来杀了韦雍。

有人对目不识“丁”提出了不同的看法，认为“目不识丁”中的“丁”是“个”。如窦革《唐书音训》中就说“目不识丁”的“丁”应是“个”字之误。宋人吴曾的《能改斋漫录》也如此说，由于印刷或书写之误，一般读者又不深究，故而以讹传讹。

下面我们再谈“丁”的后起字“钉”。清朱骏声《说文通训定声・鼎部》：“丁，今俗以钉为之。”《正字通・金部》：“钉，钉物具也……凡制器，用金、木、竹为之，锐其首，椎入附著之。古借用丁字，音义同。”

古人为什么要在“丁”字的左边再加一“金”字，而造“钉”呢？这是由于随着时代的进步，冶炼业的出现，过去用以连接物体的竹钉、木钉被金属，尤其是铁质的钉所替代，因而古人便造了“钉”字。这个“钉”字中的“丁”并不纯指读音，同时还表意，“金”加上“丁”的意思是用金属制成的和“丁”一样的连接物体的用具。它更清楚地表达了“钉”的质地、形体及用途等。

为了加固城门，古人常在城门或宅第大门上钉上镀有鎏金的有帽头的铁钉。到了隋唐时期，人们开始将镀金的大铁钉（或铜钉）钉在门上，组成一定的图案，既有加固城门或宅第门的作用，也显得十分美观。其后，人们又根据钉子钉的多少，来分辨等级。如皇宫及城门正门，在封建时代被认作是地位最高的，门上所钉的钉子数分纵横九路，取“九九”阳数之极和“九重”帝王之居的意思。其他各级官僚的大门上的钉子数按品级依次递减，一般亲王府邸门钉为纵九横七，世子为纵七横五，侯爵以下至男爵为纵五横五。北京的天安门，是明清皇城的正门，所以钉子钉得最多，也最讲究。

在旧日的民间，人们还把铜门钉当作男性生殖器和女性乳房的象征物。因此如果女人盼望生子，就去门前摸门钉。门钉的生殖意义，有人认为是由于门钉的“钉”和人丁的“丁”谐音，因而认为“钉”有“人丁”的意思。

又由于一个钉子所用的金属甚少，无多大用途，因此民间有“好铁不打钉”之语。而今天的人们又认为螺丝钉虽然小，但它是一架大型机器必不可少的零件，因此用以比喻个人的力量虽然渺小，却是必不可少的。

商人的占卜活动

——“卜”字趣释

“卜”的甲骨文作“丫”或“卜”，象形字，像龟甲兽骨经过灼烧后出现的兆纹之形。甲骨文的“卜”生动反映了中国古代有关占卜起源的生动故事。

古代生产力水平低下，先民对事物缺乏科学认识，他们认为人间的一切取决于上帝和鬼神。因此，上至王室，下至庶人，每办一件事，都要卜问天地，进行占卜活动。商代末期，这种风气更为盛行，几乎到了无事不卜、无日不卜的地步。如年成的丰歉、战争的胜负、天气阴晴、出外游猎旅居等，必先占卜，向鬼神问问吉凶。

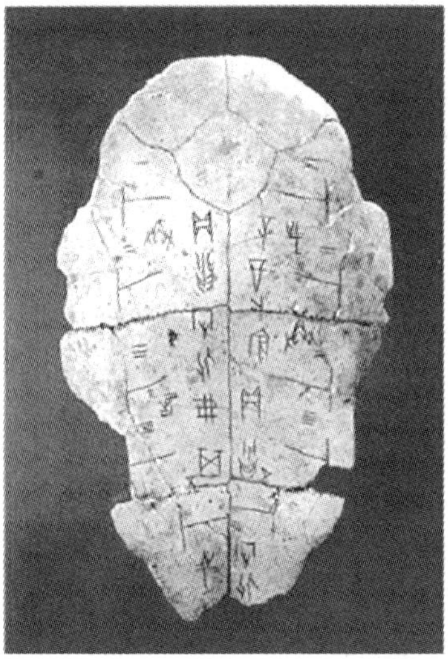

甲骨文

占卜时，先把修治平整好了的乌龟壳或兽骨的背面凿出一个椭圆形槽，再钻上一行圆坑，依此顺序，排列钻凿下去，然后放在火上烤灼。由于钻孔地方的龟甲或兽骨板已经变薄，一经加热，就出现裂痕，这种裂痕就是兆纹。占卜者根据兆纹判断所卜事情的吉凶。这些兆纹，多是“卜”字形，这就是“卜”的来源。

“卜”字的读音也是根据龟甲或兽骨制好后，放到火上烧灼时发出的爆裂声而拟定的。

《说文解字·卜部》：“卜，灼剥龟也。象炙龟之形，一曰象龟兆之纵横也。”许慎认为“卜”有两个定义：一是指将钻凿好的龟甲放在火上烧灼叫卜，即指占卜的全过程；二是烧灼后的龟甲上留下的裂纹叫“卜”。

商人将占卜的结果刻在甲骨上就是我们今天所说的卜辞。因为这种记事文字全是刻在龟甲或兽骨上的，因而又叫甲骨文。学术界认为，甲骨文也是我国到目前为止发现的最早的文字。有人称卜辞为殷商时期重要的档案材料，它为研究商代历史提供了可靠的文字材料。

古人为何“八不归”

——“八”字趣释

甲骨文的“八”字作“)(”，金文作“)\”，其形体相同，均是由两条相背、分开的曲线构成，是一种近似符号性质的指事字。“八”的小篆作“?\”，与甲骨文稍有不同，像由两个背靠背的人构成。《说文解字·八部》：“八，别也。象分别相背之形。”“别”与“八”为同义词，都有“分”的意思。安子介先生认为，中国人的一只手的拇指和食指翘起来分开表示“八”，“八”字就是由此而构形。（见《解开汉字之谜》第108页）“八”字的形成，与中国民间流传的“七不出，八不归”的说法相吻合。所谓“七不出”是说所有逢七的日子，即每月的初七、十七、二十七，不出门做生意，因为逢七出门不吉利；所谓“八不归”是说所有逢八的日子，凡是游历在外的人不宜于归家，因为这一天是分离的日子，此理不能违背。段玉裁《说文解字注》中说：“今江浙俗语以物与人谓之八，与人则分别矣。”

清　闵贞　八子观灯图

“八”作分别用在文献中似乎未曾见过。“八”假借为表数目的字以后，便失去它的本义，致使许多人只知“八”表示数目，不知它的本义为“分”、“分别”。就是在我国最早的甲骨文中，也只见到“八”字用以表数目，不曾见到“八”用作“分别”的意思。当然，我们并不能以此否认“八”字本义的存在。

在汉语中，作为数目的“八”大写为“捌”，是个假借字。“捌”的本义并不表示数目，最早见于汉代的《急就章》：“无齿为捌，有齿为杷（即耙）。”可见“捌”是古代一种农具的名称。

“八”由于与“发”谐音，因而成了生意兴旺发达之数，所以民间有了“要得发，不离八”的说法。“八”更是深受商业界、企业界人士的好感。他们在商品定价时几乎离不开“八”。“八”用阿拉伯数字表示是“8”。前几年，据说上海一个“88888888”的电话号码，拍卖价为几万元，有的单位开业择日时，也要选择带有“8”字的日子。

不仅中国人喜欢“8”，欧洲人也非常喜欢“8”。他们喜欢“8”的原因很复杂，主要有下面几个方面：（1）欧洲以“8”字竖写，表示幸福；以“8”字横写“∞”，在数学上表示“无穷大”。因而他们认为“8”有幸福绵绵，无穷无尽之意。（2）传说耶稣的兄弟亚当生了8个孩子，因此“8”字有多子多孙的意思。（3）传说上帝用洪水惩罚人类时，在大洪水中逃生的只有8个人，因此“8”有幸运的意思。东西方都喜好“八（8）”，正好反映了人类的一种共同心理。

民间流传着“八字还没见一撇”这样一句话。这句话的意思是什么？中国古代用以指人出生的年月日时四项，每项两个字，因而一个人完整的出生年月日时只要8个字就表述清楚了。在古人看来，这“八”个字决定人生的一切，因而“八字还没见一撇”的意思是说人的命运还未算准。由此引申出事情才开始，好坏成败还看不清楚的意思。

宇宙的中心

——“人”字趣释

“人”字从甲骨文至现今的楷书均为象形字。甲骨文写作“”或“”，

一个是面朝左的侧面站立的人形，一个是面朝右的侧面站立的人形。由于是侧面站立的人，所以只看到一条胳膊、一条腿和头。这个侧面的“人”，有头、臂、身子以及足。“人”的本义就是人类，是由类人猿进化而来的，是能制造工具，并使用工具，进行劳动的高等动物。人为万物之灵。《书·泰誓上》：“惟人万物之灵。”《说文解字·人部》：“人，天地之性最贵者也。”正由于人在宇宙中的这种崇高地位，因而使人类产生了自以为是宇宙中心的观念。事实正是如此，自从有了人类，地球的面貌也为之一新。

再从“天”字意思的来源来看，“天”本义是人的头顶。古人所以用人的头顶表示天，是“由于天体高广，无以为象，故用人之顶颠表示至高无上之义”（于省吾《甲骨文字释林》卷下）。我们的祖先为什么要用表示人的头顶的“天”引申为表示天空的“天”，比较合理的解释则是，其中蕴涵着人对自我价值的认识。

古人认为，人的灵性与智慧最接近于天的意志。除了天和地以外，世上万物，人是最有智慧和最尊贵的。古籍中常讲“与天地参”，就是指人能与天、地相并列而为三。

古人还认为，人虽然是万物中的一分子，但却超出万物之上。先秦两汉的古籍在论及人时，无不肯定人的自身价值。《列子·天瑞》：“天生万物，唯人为贵。”《论衡·辨祟》：“人，物也，万物之中有智慧者也。”《白虎通·三军》：“人者，天地之贵物也。”在当时的人们看来，人要优于万物。因此，人当然是宇宙的中心。

希腊古神话中有一个关于人的谜语故事：人面狮身的怪物斯芬克斯坐在金字塔旁要人猜谜，扬言，人类如果猜中了，就不杀他们，否则就把人类杀光。他的谜语是：“从四只脚变为两只脚，又变为三只脚的动物是什么？”谜语出来后一段时间，没有人能猜中，因而都遭到他的杀害。后来，这个谜语终于为伊狄帕斯所猜破。原来谜底就是“人”。——婴儿在地上爬，好像四只脚；长大以后，用两只脚走路；老年时加一根拐杖，又成了三只脚。斯芬克斯听到他的谜语被人猜破，马上投海而死。

“儿猫”的故事

——“儿”字趣释

“儿”的繁体字是“兒”。小篆的“”虽有差异，但仍保持着“儿”的原貌。甲骨文的“儿”是“”或“”，看上去像一个面朝左站着的大头娃娃，头顶上还开有一个小口子，这小口子就是小儿的标志。在大头的下面，向左伸展的一笔是小儿的手臂，右边弯曲的一笔是小儿的身子和腿。很明显是一个象形字。许慎《说文解字・儿部》：“儿，孺子也。从儿，象小儿头囟未合。”就是小孩的脑颅门骨头还没有长在一起。由此“儿”的本义应定为幼儿。如《汉书・张汤传》：“汤为儿守舍。”颜师古注：“称为儿者，言其幼小也。”

金　王庭筠　花阴戏猫图

“幼儿”既有男性，又有女性，因此“儿”引申为“儿女”。也就是说“儿”既指男性，又指女性。如《木兰诗》：“愿借明驼千里足，送儿还故乡。”

因为“儿”常常指男儿，所以引申出指雄性的马或其他动物，《明史・兵志》：“凡牡曰儿，牝曰骒，儿一骒四为马群。”顾炎武《日知录》卷三十二：“今人则以牡为儿马，牝为骒马。”

唐人郑綮《开元传信录》中记载了一个关于“儿”的用法的故事。一个妇女为一只猫和邻居家发生争吵。那妇女说道：“若是儿猫，即是儿猫；若不是儿猫，则不是儿猫。”妇女的这一段话用了四个“儿”字，其中第一和第三句中的“儿”字是形容词，是“雄性”的意思。第二、第四句中的“儿”字是古代妇女的自称代词，是“我的”的意思。这段话译作现代汉语是：如果是雄性猫，就是我的猫；如果不是雄性猫，就不是我的猫。邻居误以为“儿”就是“幼小”的意思，便回答道：“我家的猫也是小猫。”说着抱起猫就走。站在一旁的一个读书人对妇女的话进行了解释，邻居才明白其中的意思，一看，果真是一只雄性猫。于是将猫还给了那位妇女。

所谓“九五之尊”

——“九”字趣释

有的学者根据“九”的甲骨文“”的形体，将它看作是人的肘臂形，其本义就是“肘”。也有的学者认为“九”是形容把手弯曲向自己拉近的姿态。是一个象形字。丁山《数名古谊》中说：“九本肘字，象臂节形。……臂节可曲可伸，故有纠曲意。”丁氏讲了“九”是如何引申为“弯曲”的。《说文解字·九部》：“九，阳之变也。象其屈曲究尽之形。”

从文字的历史来看，商代和西周似乎还没有阴阳之变的概念，直到西周中叶后，才出现以阴阳指地形的情形。所以许慎所释“九”的弯曲之意显然是引申义。

“九”是如何引申为数词的呢？据说古人用手指计算数目时，手指先是一指两指地展开，到了六七时又一一收回，最后把剩余的一指拉回来，就是“九”的数字。现代手语中表示“九”，就是先握着拳头后，把食指弯曲起来。“九”的大写“玖”，按照《说文解字》的解释，是一种黑色的玉石，可见“玖”用于“九”字的大写显然是一个假借字。

“九”作为数词，在古代既表实数，也表虚数。“九”在表示虚数时常表示多数。如成语“九回肠”，其意思是形容人的忧思到了极点，并非是肠转九

顺治帝福临

次。“九死其犹未悔”，并不是九次，而是屡次，多次，甚至千万次接近死亡，而不悔其心志。“九”是奇数之最，古人称奇数为阳，偶数为阴。所以“九”是最大的阳数，故而又称“九”为最大的极阳数。《易·乾卦》：“九五，飞龙在天，利见大人。”古人将“九五”附会为“飞龙在天”，符合“圣人有龙德，飞腾而居天位”之说。君王自命为“德备天下”，因而用“九五之尊”来称皇帝。又由于“九”为最大的阳数，再加上它与“玖”谐音，因而人们把“九”又尊之为吉数，为喜象。因而中国古代有“城之九门、地之九峰、宇之九梁”之说。还有“九龙壁”、“九华山”、“九曲桥”等。现代药物制造商中有“999”集团，药有“999”胃泰等。

清　佚名　九美图

中国古代还流传着一则关于“九”的笑话。有位老汉小名叫九，他的后人一般都要回避“九”以示尊敬。这位老汉的儿媳妇聪明、贤慧又讲礼貌，说话不只是避开“九”字，连“九”的音也避开，以此表示对公公的尊敬。老九因此常常对乡里人夸奖他的儿媳妇。乡里人不相信他的儿媳能处处避得开九，而不走嘴。一天，同村有九个老头儿相商要和老九打赌，说如果他儿媳果真不说“九”，他们便输一桌酒菜；若他儿媳沾上了“九”字的音，老九就得输一桌酒菜。老九欣然答应。第二天，九个老头趁老九不在家时，每人左手提着一个小酒壶，右手拿着一把韭菜，来到老九家门前，要他儿媳转告老九，务必说清他们今天来的是几个人，每人都拿着什么东西。说完后九个老头就假装走开，悄悄地藏在墙角处静静等着听。一会儿，老九回家了。只听得儿媳大声说道：“公公，刚才来了四公加五公，每人左手提把扁扁壶，右手拿着把扁叶葱，要请公公到对面小楼上去喝几盅。”九个老头听了，只好认输。

“文化大革命”中，“四人帮”拼命摧残知识分子，并把他们称为“臭老九”。何谓“臭老九”呢？“四人帮”将人分为九等：一地主、二富农、三反革命分子、四坏分子、五右派、六叛徒、七特务、八走资派、九知识分子。这就是“九”在中国历史上被用作贬义的例子。

“了”字用不了

——“了”字趣释

“了”读为 liǎo，小篆作“”，许慎《说文解字·乙部》说“了”的本义为走路时足胫相交。但“了”的这一义项不见于文献。不过“了”作动词“了结”、“结束”的意思颇多见。《广雅·释诂四》：“了，讫也。”所谓“讫”，就是“止”、“结束”的意思，由“结束”意引申为“了结”。清徐灏《说文解字注笺·了部》：“凡收束谓之结，故曰了结。”

由“了”字的“了结”意，引申为表示动作行为的过去时的时态助词。作助词的“了”，读作 le，轻音。

关于“了”的两种用法，有这样两则故事。元代末年，张士诚在承天寺称王时，召集众人为他题写承天寺的寺匾。其中一人提笔只写了一个“了”字，张士诚便怒火中烧，下令将这个人拉出去杀了。然后又请第二个人来写，第二个人又只写了一个“了”字就被拉出去杀了。就这样一连几个人都是刚好写成个“了”字就被杀头，众人莫名其妙。这时，他手下有个人问道：“大王，你为什么杀掉他们？”张士诚回答说：“老子才当皇帝就‘了’了，这怎么行！”

后来又请一人来写，那人先写“王”字，再依次写“承”字的“乛”、“𠆢”、“乛”和“亅”等笔画，最后形成“承”字。张士诚看了大喜，说：“这就对了，先称王，左有文臣，右有武将，戴上平王冠，皇基永固，再一贯到底！——赏！”于是重赏了写字的人。

传说从前，有一对师徒，两个人作文章都酷爱用“了”字。一天，学生向老师又交上了一篇文章，每句都有“了”字。老师看后，提笔写道：“你用的了，太多了，了要被你用了(liǎo)了(le)。为了不把‘了’用了，今后不要用了(liǎo)了(le)。”别人看了讽刺说：“师用了，徒用了，了多的毛病怎改了？别改了，别改了，反正了字用不了。”这则笑话有利于帮助我们正确使用“了”字。

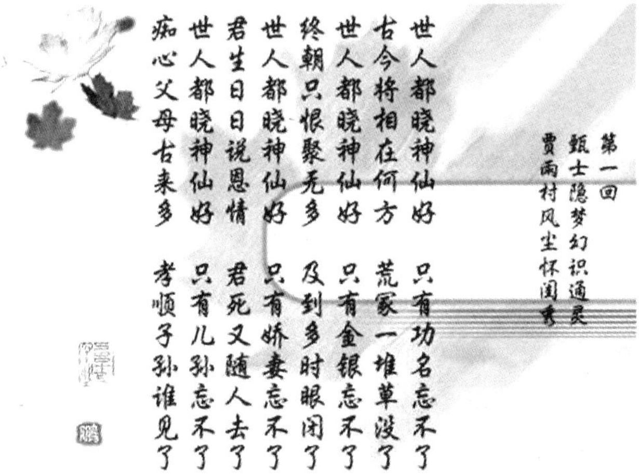

好了歌

《红楼梦》第一回中，曹雪芹写到甄士隐家破人亡之后，一天上街散心，恰好碰到了一跛足道士，疯疯癫癫，口里念道：

世人都晓神仙好，只有功名忘不了！
古今将相在何方？荒冢一堆草没了。
世人都晓神仙好，只有金银忘不了！
终朝只恨聚无多，及到多时眼闭了。
世人都晓神仙好，只有娇妻忘不了！

君生日日说恩情，君死又随人去了！
世人都晓神仙好，只有儿孙忘不了！
痴心父母古来多，孝顺子孙谁见了？

这就是《好了歌》。全诗用了8个“了”字，都读为liǎo，十分传神，使这首诗更深刻讽刺了封建统治阶级贪婪自私，到头来还是一场空的可悲下场。作者认为“功名”、“金银”等都不可靠，神仙才是永世长存的。这当然宣扬了一种消极的虚无主义思想，流露了作者的四大皆空观念。

三　画

天地人之道

——“三”字趣释

“三”甲骨文、金文皆作“三”，由三条长短相同整齐并列的三横画构成，为指事字。在甲骨文和金文时代，“三”为数词，即为二加一所得。“三”字在甲骨文中有一个与之形体相近的字，即为“三”，也是三横画，此字为后来的“气”字。这两个字的主要区别在于“气”字的三横画中间的一横画较之上下两横画要短，而“三”字在甲骨文中三横画一样长。“三”在汉语中不仅指实数，还可以指多数。如《诗·魏风·硕鼠》：“三岁贯汝，莫我肯顾。”其意思是多年来伺候你，你却不肯照看我。又如《论语·公冶长》：“季文子三思而后行。”其意思是季文子对每件事都要考虑多次后才行动。

三才图

“三”在汉语中也表示少数。这一点不为人们所注意。闻一多先生认为：“在十为足数的系统中，五是半数，五减二得三，是少数，五加二得七，是多数。古书中说到三或七，往往是在这种意义下，作为代表少数或多数的象征数字的。”（《闻一多全集·神话与诗·七十二》）如“士别三日当刮目相看”，“三句不离本行”中的“三”均表示少数的意思。

清　慈禧　福禄寿三字图

“三”作为数词在汉语中还有一个大写的“叁”。“叁”在古书中原本没有这个字，是后人将“参”字下面部分的三撇拉平成为三横则变成“叁”，然后作为“三”的大写。

“三”字在中国传统文化中富有丰富的内涵，且渗透到中国文化的各个角落。《说文解字·三部》：“三，天地人之道也。”人们观察天地日月星辰及人类社会，常“以三为法”，来描述自然与社会。如“三才”，指天地人；“三光”，指日月星；“三星”，指福禄寿；“三友”，指松竹梅。

我国土生土长的道教，与“三”有着不解之缘。老子《道德经》中说：“道生一，一生二，二生三，三生万物。”道教的最高神称为“三清”，即玉清元始天尊、上清灵宝天尊和太清道德天尊。道教将宇宙划分为上界、地界、水界三部分，将时间划分为无极界、太极界和现世界。

从印度引进的佛教，对“三”也情有独钟。佛家将世界分为天堂、人间、地狱三部分。佛教的经典分为三藏：经、律、论。佛教对信徒提出了“三皈依”，即皈依佛、皈依法、皈依僧。佛教还对精于佛教经典的高僧称为“三藏法师”。如《西游记》中的唐朝和尚玄奘，俗称唐三藏。

古希腊人把“三”(3)称为最完美的数字。他们认为任何事物都必须经历开始、中期和终了三个阶段，因而认为“三”具备神性。在古希腊神话中，称整个世界由三位神仙主宰，他们是手执三叉闪电的主神朱庇，挥舞三叉戟的海神尼普顿，手牵三只狗的冥神普路托。他们认为世界由三部分组成，即大地、海洋和天空；大自然包括三项内容，即动物、植物、矿藏；人体有三重性，即肉体、心灵、精神。

挺立天地间的人

——“工”字趣释

“工”的甲骨文作“”或“”，金文作“”。有的学者认为“工”字象斧头或铲状的工具之形，其下部是斧头的锋刃或铲刃，上部是供握持的柄。因此认为“工”的本义是古代的一种生产工具。

也有的学者认为“工”是古代工匠使用的一种工具。杨树达《积微居小学述林·释工》中说：“以字形考之，工象曲尺之形，盖工即曲尺也。”“工”字到了小篆和楷书的形体，则由原来的斧头锋刃或铲刀变成了一条横线，其意义不变。

人面斧钺

上述几种说法有其相同之处，均认为“工”是指古代的一种工具，由此引申为使用工具的人，即“工匠”，也就是我们今天所称的“工人”。如《论语·卫灵公》：“工欲善其事，必先利其器。”

还有的学者根据“工”字的形体，提出了与前者大为不同的看法，他们认为“工”上下两横描写的是上下两根绳线或木板、玉石之类的东西，中间一竖是一条将上下之物贯穿起来的东西，由此认为“工”的本义为贯穿。又因为要在宝玉或金石上穿个孔是颇费心机的，必须有高度的技巧和功夫才能完成，所以“工”便含有精雕细刻之义。《说文解字·工部》：“工，巧饰也。象人有规矩也。”许慎认为，“工”是一种技术性很强且又十分细致、巧妙的工作，干起来必须按照一定的章法行事。

“工”进入现代，尤其是进入社会主义社会后，由于阶级关系的变化，其内涵被赋予了新的解释。有人把它解释为“挺立天地之间的人”。上一横代表天，下一横代表地，中间一竖是一个挺立于天地间的巨人。这就阐述了“工”字的造型体现“工人阶级顶天立地”这一命题。

无所不通的人

——“士”字趣释

对“士”的本义解释其说不一。据文字学家康殷说，“士”在甲骨文中作“[illegible]”，像一雄性生殖器。如果将其倒悬，亦作“[illegible]”，简化为“丄”，与“[illegible]”（土）有别。在甲骨文中，在“牛”字旁边加上“丄”，则为“[illegible]”，其意思是牡牛。在“羊”字旁边加上“丄”，则为“[illegible]”，其意思是牡羊。可见“士”的本义本指雄性生殖器，而后引申为男子的通称。（参见康殷《古文字形发微》第620页）如《诗·邶风·匏有苦叶》：“士如归妻，迨冰未泮。”其意思是那男子汉有心要娶新娘，就要趁着那河水没冻上。又如《诗·郑风·女曰鸡鸣》：“女曰鸡鸣，士

汉画像石　士

曰昧旦。”其意思是姑娘说：“鸡已叫。”男子汉说：“天快亮。”

对“士”字许慎作出了不同的解释，认为是指有才干的人。《说文解字·士部》：“士，事也。数始于一，终于十。从一，从十。孔子曰：‘推十合一为士。’”许慎认为“士”由“一”和“十”会意而成，“一”为万物之始，“十”为万物之终。因而许慎认为“士”即指那些从古至今无所不知、无所不晓的人，即今之知识分子。只有知识渊博的人，即无所不通的人，才会做事，这就是许慎讲的“事”。可见古人对“士”的要求是很高的，较之今天的知识分子的要求更高。“士”不仅有渊博的知识，还有能够充分利用这些知识的能力。“士”无疑是有才干的人。《白虎通义·爵》：“士者，事也，任事之称也。故传曰：通古今，辨然否为士。”后引申为在某方面有专长者的美称，如勇士、谋士、志士、武士等。

吐生万物

——“土”、“地”二字趣释

“土”字甲骨文写作“”或“”、“”，金文的“土”为“”、“”。“”表示一堆土的形状，“一”指地面，两者合起来的意思是在地上的一堆土。古文的“土”字中的“一堆土”向左右延长成线形，逐渐变成今天的“土”字。

“土”的小篆和今之“土”形体相同。《说文解字·土部》：“土，地之吐生物者也。二象地之下，地之中。丨，物出形也。”具体地说：“二”中的第一横画指“地面”，第二横画代表“土壤”，一竖代表“植物”，其意是土地能吐生万物。《释名·释地》：“土，吐也，能吐生万物也。”

有的学者不同意上述解释。他们认为，甲骨文的“土”这个形体多为牡器符号，它有繁衍后代的作用。土地能吐生万物，也就是繁衍万物。但这种解释未免太牵强。

古人非常敬重土，有了土地能从事农业生产，有了农业生产就有了衣食，所以人们把这种堆起来的土看成神，因而称为地母，并向它祭祀。

"土"的别名在汉字中叫"地"。而"地"的造字原因又与"土"相似。"地"字在甲骨文和金文中还没有出现，最早见于小篆。小篆的"地"为"地"。《说文解字·土部》："地，万物所陈列也。从土，也声。"许慎认为"地"从土，也声，未必有说服力。从上古音来看，"地"、"也"二字语音相距颇远，所以说"地"得音于"也"之说难以成立。"也"既然难当表音的声符，则可认为"也"为表义的义符。其实"地"字所以用象女性生殖器的象形字"也"作义符，是因为其形义关系与"土"是一致的。"地"何以有生殖器官的符号呢？这表明在古人的观念里，人类的生殖与土地之间有着某种联系。从"地"字的创制，可见古人对土地滋生万物的自然属性已有了充分认识，而这种属性与人类的生育繁衍功能又有类似之处，因而二者在初民眼里便发生了联系。在先民眼里，土地不仅仅关系到农作物的生产，还由于它具有旺盛的生产能力，所以被先民看作是生育的榜样，当作生殖力量的源泉。因而古人造"地"字时要用"土"加上"也"字构成。由于土地能生万物，所以古人又将地尊之为"地母"。敬拜地母或地神是许多民族都有的一种原始信仰。据考证，大地之神名后土。后土是由初民所祭祀的地母神演变来的，因为地母能生殖五谷。五谷是由野生经人工培植而成，据说这种方法是女性创造的，因此在以女性为中心的社会时代就称地母为后土。后土后来又演变为地神，更是人

土地神

们顶礼膜拜之神了。

地在上古神话中和天一样，都是盘古造的。《述异记》（上）载："盘古氏，天地万物之祖也，然则生物始于盘古。"又《艺文类聚》卷一引《三五历记》："天地混沌如鸡子，盘古生其中，万八千岁。天地开辟，阳清为天，阴浊为地。"古人传说天是圆的，地是方的。天有柱子顶着，有绳子系着。地也有柱子顶着，有大鳌托着，有水浮着。上古神话中还说，洪水淹没了陆地，是禹的父亲鲧偷了天帝的息壤撒在水面上，渐渐变成了陆地。土族神话说，远古时没有陆地，整个地球上一片汪洋，是天神把一把土放在金蛤蟆背上才有了陆地。

长度单位与人体的关系

——"寸"、"尺"、"丈"、"寻"和"仞"五字趣释

中国古代的不少长度单位，如"寸"、"尺"、"丈"、"寻"和"仞"所表示的长度几乎都与人体有关，这是怎么回事呢？下面我们分别作一些介绍。《大戴礼·王言》中说："布指知寸，布手知尺，舒肘知寻。"这段话道出了"寸"、"尺"、"寻"的长度是古人根据人的指、手和肘确定的。

中医把脉图

"寸"字的小篆作""。《说文解字·寸部》："寸，十分也，人手脚一寸动脉谓之寸口。从又，从一。"林义光《文原》："又，象手形，一说手后一寸之处。"他们二人的解释告诉我们："寸"字的上面是"又"，即一只手，"又"下一小横为指事符号，指出中医学上诊脉之处，也即为寸口处。作为长度单位"寸"就是古人根据这一距离来确定的。也有人认为"寸"的长度正好是各人自己中指中关节的长度。

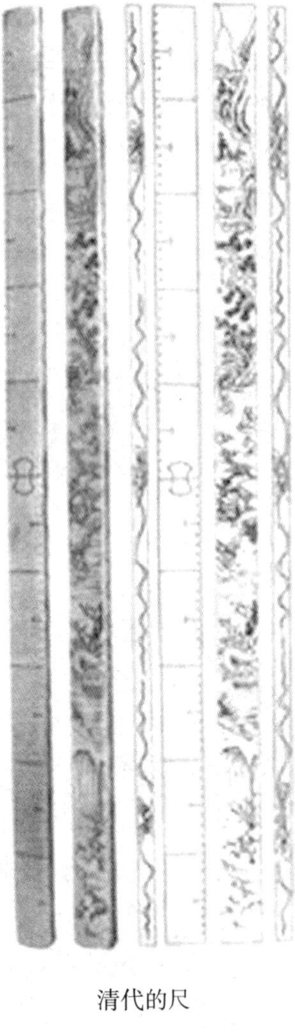
清代的尺

由于医生看病诊脉时，必须把握在手腕一寸的地方这个标准，所以“寸”引申出“法度”、“准则”的意思。“寸”在长度单位中是较小的长度单位，因此又引申出“极短”或“极小”的意思。如《淮南子·原道训》：“圣人不贵尺之璧而重寸之阴，时难得而易失也。”其意思是圣人不看重大块璧玉，而十分重视一分一秒的时间，这是因为时间对于人生来说太难得，而却容易流失。再如“寸步难行”的“寸”，就是比喻“极短”的意思。

古代关于“尺”的确定众说纷纭，有的人认为古人以一拃（zhǎ）为一尺，所谓一拃就是伸开右手，张开拇指与食指后其间的距离。也有的人说伸出右手，将食指、中指和无名指弯曲，张开拇指和小指，其间的距离为一拃，一拃为一尺。“尺”字下面是两指，两指之间的距离即一拃，也就是一尺。也有的人认为古人以男子的臂长为标准确定下来的长度单位叫“尺”。这一长度与我们今天所说的“尺”的长度大致相当。许慎则认为“尺”是在“寸”的长度基础上确定的。《说文解字·尺部》：“尺，十寸也。……从尸，从乙。”不管是哪一种说法，看来“尺”的长度的确定或直接或间接与人体发生关系。古代的一尺长相当于今天的七寸或八寸。古代说的“七尺男儿”的“尺”就是古代的“尺”。“尺”对于“丈”来说仍然算短的，因而常以“尺”喻短小或狭小。如《孟子·

公孙丑上》:“尺地莫非其有也,一民莫非其臣也。”其意思是:当时没有一尺土地不是纣王所有,没有一个百姓不归纣王所管。又由于“尺”对“寸”来说是长的,因而“尺”有时喻长的东西。如《楚辞·卜居》:“夫尺有所短,寸有所长。”其意思是:长的东西有时嫌短了,短的东西有时嫌长了。

“丈”的小篆作“”。《说文解字·十部》:“丈,十尺也,从又,持十。”其中的“又”就是“手”,手持“十”,表示十尺就是一丈。段玉裁注:“周制八寸为尺,十尺为丈。”根据古代的尺码,一个成年的男子约有一丈高(实际上不到一丈高,所取为约数),所以古人称成年男子为“丈夫”,而称那些伟男子,则为“大丈夫”。后来妻子称自己的男人也叫“丈夫”,其中自然有褒昵之意。

“寻”也是古代的长度单位。《说文解字·寸部》:“度人之两倍为寻,八尺也。”这是说“寻”相当于一个人两臂张开所示的长度。朱骏声《说文通训定声》中说:“度(测量)广四寻,度深四仞。皆伸两臂为度,度广则身平臂直,而适得八尺,度深则身侧臂曲,而仅得七尺。……寻、仞皆以两臂度之。”

由于“寻”是人的两臂张开的长度,人两臂张开时,看上去像有所期待,因此“寻”引申为探究、研究、追寻等意思。朱骏声《说文通训定声》:“寻所以度物,故揣度以求物谓之寻。”

根据前面朱骏声的解释,“仞”也是人伸开两臂的长度,因而与“寻”相同。《说文解字·人部》:“仞,伸臂一寻。”不过对于“仞”到底有多长,古书上说法不一,有说八尺者,也有说七尺者。也有的人认为“仞”字所以从人,就是由于“仞”所表示的是一人高,我看此说也不无道理。也有人认为一人加一把护身刀剑的长度就是“仞”。由于“仞”可以用来测量长度,因而引申为“测量”的意思,动词。如《左传·昭公三十二年》:“度厚薄,仞沟洫。”晋杜预注:“度深四仞。”

顶天立地的巨人

——“大”、“太”二字趣释

甲骨文的“大”作“”，金文是“”，小篆是“”，同楷书的“大”均像一个正面站立、两臂张开、两腿直立的顶天立地的巨人形象，人的头、胫、臂俱备。人是“万物之灵”，“大”的本义即大人。而甲骨文的“大”字，充分体现了商人以人为大的思想。“大”字体现的这种思想，一直延续下来，后人将“人”、“天”和“地”并称为三才，《老子》书中所称“天大，地大，人亦大”的思想均与“大”所体现的思想相吻合。

清代巨人詹世钗

“大”字的创造，很有可能是表达先民对“逐日的夸父”、“射日的后羿”、“补天的女娲”以及带领人民治理洪水的大禹等古代英雄人物的歌颂。这些上古征服大自然、造福人类的人们，在先民心目中才算真正“伟大”的人物。“大”，即“伟大”。

随着历史的发展，“大”引申为指那些品德高尚，知识渊博，技艺精湛的人。如《孟子·尽心上》：“大匠不为拙工改废绳墨。”意思是高明的工匠不因为技术拙劣的工人改变或者废弃规矩。又如《庄子·秋水》：“我长见笑于大方之家。”其意思是我将永远被有学问、有修养的人笑话了。

“大”在古代同“太”。上古没有“太”字，只有“大”字。“大”是象形字，“太”是会意字。从字形来看，“太”只比“大”多了一小点儿，这一小点表示的就是“太”的意思，即“太”比“大”更大。可见“太”有“大”意。《广雅·释诂一》：“太，大也。”段玉裁《说文解字注·水部》：“后世凡言大而以为形容未尽则作太。”其意思是说，后世人们凡是用“大”字来形容事物而仍感到形容不够充分的就用“太”。可见“太”比“大”更大，或者说“极大”。如：太空，就是极高的天空；太学，就是最高学府；太古，就是最古的时代。

一只大蝎子

——“万”字趣释

“万”的繁体为“萬”。甲骨文作“”，金文作“”。甲骨文和金文的“万”字一望便知就像一只大蝎子形，上部是两个钳子般锐利的钩角，中间是蝎子的身子，下部是蝎子的尾巴，象形字。“蝎子”就是“万”的本义。

蝎子

学术界都认为“万”作数字，是假借字。这种假借开始于甲骨文，至今为止，甲骨文中见到的最大数字是三万。其表示方法是“”，即是在“”字的下部尾巴上加上三横来表示。

《老子》将中国人的宇宙观概括为：“一生二，二生三，三生万物。”在汉语的日常用语中，常用“万”来作为上限数，表示极大或极多。如皇帝称“万岁”，不是说君王只能活一万年，中国历史上的帝王哪一个不是希望自己长生不老，永远活下去？可见“万”不是一个具体数目，而是一个概数。又如汉语中的“万事如意”、“万事俱备，只欠东风”中的“万”都是极大的概数。

对于“万”用于数词，学者们有不同的看法。因为“万”曾被用于指“蜜蜂”，成群结队的蜜蜂常常倾巢而出，数以万计，所以用“万”字指数字，用以表示10000。也有的人认为，“萬”字如果从字形上去理解，应为：草地（艹）或田（田）间的虫（禸）子，其数量当然不可胜数，由此用以指数量。

明刘元卿撰《应谐录》中有一则关于“万”字的笑话。河南汝县有一世代种田的老翁，因家境贫穷，祖辈几代都没上过学，没有一个人识字。到他这一代，靠着自己的劳动，已积累了不少资本，可算得殷实之家。老翁于是请一位先生专门教儿子读书识字。这位先生开始教他的儿子写了个“一”字，叫他儿子念“一”，接着写了“二”字，又叫他儿子念“二”，写“三”字，念“三”。这时儿子非常高兴，以为读书写字之事太容易了，放下手中的笔回到家里，告诉他的父亲说：“爸爸，儿子一切都已经学到了，再不必浪费钱交学费了。”其父一听，非常高兴，拿了钱将先生辞掉了。过了不久，父亲打算邀请一位姓万的亲戚来家中饮酒。这天早晨，父亲令儿子拟写一份邀请函，儿子欣然答应了，立即进书房提笔就写。过了好一会工夫，父亲见儿子还没写成，便来到书房。其子见父亲便大怒道：“天下姓氏那么多，这家亲戚为何要姓万，我从早上写到现在，才写完500画，这万字真难写。”父亲一听，才知道儿子根本没学到什么东西。

舍不得咽下的食物

——“口”、“甘”二字趣释

“口”从甲骨文至楷书一望便知是一个象形字，象人的嘴巴。不过甲骨文的“口”为“”，更像一个口，上下唇及口角均描绘得惟妙惟肖。《说文解字·口部》:“口,人所以言食也,象形。”其意思是,口是人们用来进食和讲话的器官。许慎的定义十分清楚,只有人的口才是“口”的本义。那么其他的动物的口只进食,不能用于说话,所以其他动物的“口”是人“口”的引申义。

由于“口”是人体的一个重要组成部分,因而引申为指“人”或“人口”的意思。如《孟子·梁惠王上》:“百亩之田,勿夺其时,数口之家,可以无饥矣。”其意思是:一户有百亩的耕地,统治者们不去妨碍他们的生产,那么几个人的家庭就可以吃饱不挨饿。

与“口”关系密切的“甘”字,在甲骨文中也已经出现了。甲骨文的“甘”作“”,本义是美味。其外部是“口”的象形字,“口”中加一短横为指事符号,指出口中有味道鲜美的食物。“甘”是一个指事字。金文中目前还没有见到“甘”字,小篆的形体与甲骨文的“甘”相同。《说文解字·口部》:“甘,美也,从口含一,一道也。”许慎认为“甘”的本义是“美味”,与甲骨文的造字意义相符。但他认为“甘”字是由“口”字和“一”字构成,那应该是会意字。许慎并且讲“一”就是指“道”。这种说法与造字时的先民们所处的商代历史不相符,那时人们只以食为大事,根本不知道“道”为何物,更不知道“道”这个东西不可吃,也无法放到嘴里去。还是段玉裁说得好:“甘为五味之一,而五味之可口皆曰甘。”段玉裁的第一句讲的是“甘”的引申义,第二句讲的才是“甘”的本义。他的意思是“甘”包括五味之一的“甜”味,“甜”是一种美味,自古而然。《说文解字》用“甘”释“甜”,正说明了这一解释是正确的。但是这样解释并不完全正确,因此段玉裁又说“五味”是可口的味道,因此都可称“甘”。即是说一切人们认为是可口味道的都可叫“甘”。只有一种美味的食物含在口里,细细品尝,回味无穷,因此才舍不得咽下去。可见“口”中的“一”为指事符号,指代美味的食物。在古代的饮食结构中,最能引起西北地区先民食欲的美食是“羊肉”,以至今天,这些地区的民风犹存偏爱羊肉的习俗。

好吃的食物人们含在口中舍不得咽下,因此“甘”字就有了“情愿”、“甘愿”、“乐意”的意思。如《诗·齐风·鸡鸣》:“虫飞薨薨,甘与子同梦。”其意思是:虫儿飞得乱哄哄,我甘愿和你同床共做一个美好的梦。

因为“甘”指“美味”,所以引申出味道美的东西也称“甘”。如《韩非子·外储说右上》:“甘肥周于堂。”其意思是味道美滋滋的野兽肉挂满堂上。“甘”

也用来比喻美好的生活，如“同甘共苦”。

奔腾的河流

——“川”字趣释

甲骨文的“川”作“”或“”，一望便知像一条奔腾不息的、弯弯曲曲的河流。字中的两条曲线，形象地描画出河流的两岸，河中的三个小点，是指奔腾湍急的河水中出现的旋涡。

“川”的金文则为“”。甲骨文中的三个小点消失了，这是为了书写的方便，仍然为象形字，象众水并流之形。小篆和楷书的形体更接近于金文。《说文解字·巜部》：“川，贯穿通流水也。《虞书》曰：‘濬く巜距川’，言深く巜之水会为川也。”意思是疏浚加深加宽“く”、“巜”而成川。

古人三川图

小水为く（音 quǎn），即小河、小沟之类。将“く”扩充一倍为“巜”，三倍为“川”。因而“川”为大河。按许慎的说法，“川”为会意字。其实“川”由甲骨文而来，仍为象形字。

河水的水面一般都低于河岸，河流水面是平坦的，山间或高原上低而平坦的地带像河川，因此“川”引申为山间或高原上平坦的地带。如《乐府诗集·新歌谣辞·敕勒歌》：“敕勒川，阴山下，天似穹庐,笼盖四野。”现在仍有“平川”、“米粮川”。

“川”又为四川省的简称。四川为什么称“川”？大概是因为岷江、沱江、黑水、白水(或曰:“岷、泸、雒、巴”)四大河流经这块土地而得名。

“川”横躺下来就是“三”字,但它们在意义上相差甚远,弄不清这一点,就要闹笑话。传说从前有一个教书先生,他其他的字都不会认,只认得一个“川”字。一次,一个学生拿着书本向他请教。这位先生只想从书中找一个“川”字教给学生,他在书上翻来翻去,怎么也没有找到一个“川”字,顿时急得满头大汗。正在着急之时,忽然看到一个“三”字,便指着那“三”字骂道:“我到处找你找不着,原来你躺在这里！”

学生一看是个“三”字,连忙告诉先生说:“这不是个‘川’字,而是个‘三’字。”

可这位先生还振振有词地说:“‘川’就是‘三’,‘三’就是‘川’。”先生的回答使学生哭笑不得。

逮捕犯人

——“及”字趣释

“及”字的甲骨文作“”,左上方是一个面朝左边,弯着腰正在向前逃跑的犯人,右下方代表一个人伸出一只手正好触及到前边的一个人,像是在逮捕犯人,会意字。其本义是抓人。

金文的“及”字作“”,中间也是一个面朝左的人,背后伸出的一只手,正好将前边的一个人的腿抓住了。“及”字的小篆的结构与甲骨文、金文相同。《说文解字·又部》:“及,逮也,从又、人。”徐锴曰:“及前人也。”“又”(手)代表后面的一个人,“人”指前边的一个人,后面一个人追上了前面的一个人,并立即把他抓住。所以金文和小篆的“及”的本义仍然是抓人。因为要逮住前面的那个人,必须先要追赶上那个人,所以,“及”引申为追赶、追上等意思。

如《左传·成公二年》:“故不能推车而及。”其意思是:因为不能下车去推车,所以被敌人追上了。“及”由“追上”又引申为“到达”或“至”的意思。如《仪礼·燕礼》:“宾人及庭。”其意思是:宾客进得屋里到达庭前。

“及”最早见于甲骨文,而追捕人的活动较之“及”的出现更早。它的出现反映了原始社会后期,生产逐渐发展,氏族组织逐渐增多,人们的信仰逐渐形成,出现了用人牲祭祀和争夺生活资料等原始冲突。伴随这种冲突的产生,便开始有了捉人的活动,这种活动为“及”的产生奠定了基础。随着生产力的提高,每个人的劳动产品除了供自己消费外,还有剩余,于是出现了私有,产生了剥削。为了占有和奴役别人,抓人就成了那个时期的常见现象。为此,人们必须要有一个反映这种社会现象的字,于是古人便造出了“及”字。可见“及”的产生,也是历史发展的产物。

肚子上一横

——“千”字趣释

千字文

甲骨文的“千”写作“”,是在侧立着的人的身上画上了一横线,以此来表示十个百的数量。千在古代为大数,从“千”字的创制,可以看出古人是用“人”这个天地之间的“中心”来代表的。从甲骨文来看,一千是在“人”的身上加“一”来表示的,即为“”;二千是在人身上加二横来表示,即为“”;三千则为“”;四千则为“”。到了五千则在人身上写上“”(五)字,即为“”。过了五千以后,古人认为采取这种合书的形式很不方便,于是采取了分写的形式。如六千写作“”,

上面是“六”字，下面是“千”字。

安子介先生认为“千”是个重要的数目字，因此先民们总是用人来表示，这一横则是画在人的肚子上的。所以，有的学者认为，千以至二千、三千……的表示，很可能是受早期人类文身现象的启发所创造。《诗·周颂·噫嘻》：“亦服尔耕，十千维耦。”这两句话所描写的是古代万人致力于耕作的浩大场面，其中的“千”就是10个百。

“千”的小篆写作“”，是甲骨文的延续。许慎《说文解字·十部》：“千，十百也。从十，从人。”许慎的分析不太合于实际，而“十”，许慎不知道古文作“丨”，因而将“千”字误认为是“从十，从人”。

一个又一个夜晚

——“夕”、“多”二字趣释

甲骨文中的“夕”字和“月”字形体相近，前期的“夕”写作“”，后期则作“”，像半个月亮。甲骨文中“月”的形体前后期恰好与“夕”相反。前期的“月”写作“”，后期的“月”写作“”或“”。当然这样区分并不是十分严格的。（参见赵诚《甲骨文简明辞典》第262页）在甲骨文中，“夕”的意思是指整个夜间，即从头一天的黄昏开始至第二天的黎明前。如卜辞中的“今夕无”（灾祸）（粹六九〇），其意思是指整个夜晚没有灾祸。又如“夕雨”（粹六六五），其意思是夜间下雨。

在甲骨文中“夕”字为什么会与“月”字同形呢？因为“夕”之形，用线条难以描绘，又因夜与月有关（夜间大多为有月亮的时候），于是古人就用“月”字来表示。因此有的学者认为，甲骨文的“月”字为象形字，而甲骨文的“夕”字似为指事字。

也有的学者认为，“夕”是由“月”再加上一点，即指事符号而构成的象形字。明月高照，标志着长夜的降临，故而“”既是月亮的形体，又是夜的象

征。最初的月和夜可说是一码事，到后来，又要用月来计算时日，把 30 天算作一个月，成了历法上的专有名词，就有点麻烦了。此时“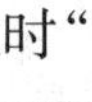”既是月亮，又是夜，不好区别，于是聪明的先民在“月”字中加一点，又造出了一个“夕”，即“”或“”，用它表示月夜。（参见陈炜湛《古文字趣谈》第 13 页）如《诗·唐风·绸缪》：“今夕何夕？见此良人。”其意思是今夜将是一个什么样的夜间，与我心上的人儿相见。

“夕”又指傍晚，黄昏之时。《说文解字·夕部》：“夕，莫也，从月半见。”（“莫”是“暮”的古字）许慎认为“夕”的本义是傍晚。“从月半见”的意思是太阳光尚未消逝，月光还不大明亮。从甲骨文来看，“夕”皆指夜间，似乎还没有见到“夕”指傍晚的。到了金文时代，方见到“夕”指傍晚。所以，将“夕”的本义确定为夜间，是有根据的。那么，“夕”的傍晚义则是在本义的基础上引申出来的。如《诗·卫风·君子于役》：“日之夕矣，牛羊下来。”其意思是傍晚太阳落山了，牛羊要下山回家。

明　袁尚统　秋山夕照图

“夕”相重就成了“多”。甲骨文的“多”为“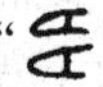”或“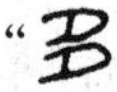”，其后各体结构均承甲骨文形体。这在六书中叫做同文会意，“多”为会意字无疑。“夕”是夜晚，再加上“夕”，即又一个夜晚，变成“多”字，“多”的意思自然是一个夜晚连着一个夜晚。许慎也是这么认为的。《说文解字·夕部》：“多，重也，从重夕。夕者相绎（连续不断）也，故为多。重夕为多，重日为晶。”不过许慎所说的“多”为“重”（zhòng）是引申义。

对“多”还有不同的解释，王国维先生考释后认为古文字的“多”为多得两块肉，两块肉堆在一起，当然“多”就是肉多。“夕”与古“肉”字相同，因此“多”由肉多引申出指一切大数量的。又因数量多，则引申为“重”（zhòng）。

好事从我做起

——“义”字趣释

“义”的繁体字为“義”。甲骨文作“ ”，金文作“ ”，小篆形体与金文相似。“义”字从甲骨文到繁体字的“義”，其结构基本相同，均由“羊”和“我”组成。《释名·释言语》：“义，宜也。裁制事物使合宜也。”所谓“义”就是道理、原则。干任何事情必须使自己的行为合乎道理。可见“义”的本义就是“道义”。

桃园三结义

古人把“羊”作为和善的象征。“我”本来是指一只有棱有角，还具有锯齿状的刀刃的“矛”，象形字。“我”用作第一人称的代词，指自己，是假借字。因而有的学者认为由“羊”和“我”构成的“義”的意思是像羊一样与人为善，一切好事、善事应从“我”做起。于是又引申为，把一个人对另一个人做好事、肯牺牲的精神称为“義”。

《说文解字·我部》认为“義”从我从羊。实际上“義”是一个形声兼会意字，即从羊从我，我亦声。简化的“义”则是在“義”的同音字“乂”的基础上加一点而成。如“义无返顾”（在道义上只许勇往直前，决不能退缩）、“义不容辞”（在道义上绝不允许推辞）等中的“义”用的就是本义。

有人认为“义”就是“仪”，即为仪礼之“仪”。

"我"是兵器，表示仪仗，"羊"是祭祀时用的牲畜，合起来就是"仪礼"。也有的说"义"是"威仪"之"仪"。《说文解字·我部》："义，己之威仪也。"

门当户对

——"门"、"户"二字趣释

"门"字在甲骨文中为"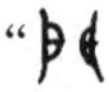"或"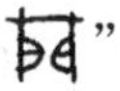"，象形字，由两扇门构成，或由两扇门上面加一横木构成。甲骨文的"门"正反映了商代晚期房屋建筑中门的结构与现在的门几乎相近，几千年来门的形制几乎没有什么大的变化。

古代的门

金文的"门"与上面的甲骨文的前一"门"字的形体几乎完全一致。不过，甲骨文和金文中描绘的门，还不是人类最早的门。人类历史上最早设计的门，是原始人开挖居住的洞穴时开凿的进出口，加上用竹木藤条编织的用来挡风雨以及抵御野兽袭击的门扇。随着建筑水平的提高，古人对门的设计更科学，更实用，也更美观，门的形式也越来越多样。进入阶级社会后，"门"不仅是供人们出入于建筑的通道，还反映着房屋主人的地位和等级。对于一般老百姓来说是柴门、蓬门、衡门（用一木棍挡于门框中之门谓衡门），对于官宦富户来说是侯门、朱门、豪门。唐人崔郊有两句诗："侯门一入深似海，从此萧郎是路人。"

一门之内所居常为一家人，门也就是一家人的出入之口，由此"门"引申为“家”、“人家”、“家族”、“门第”等意思。如《三国志·蜀书·先主传》：“汝勿妄言，灭吾门也。”过去婚姻讲究“门当户对”，其中的“门”与“户”的意思是相同的，均指“门第”。“对”和“当”意思相同，即相当，相配。“门当户对”的意思就是“门第要相当”。“门”与“户”的意思为什么相同呢？“门”一般为两扇的门，而“户”就是一扇的门。“户”的甲骨文作“”，像一扇门。《说文解字·户部》：“户，护也。半门曰户，象形。”“户”也是人所出入的地方。在甲骨文中，“门”和“户”通用的现象就不乏其例。

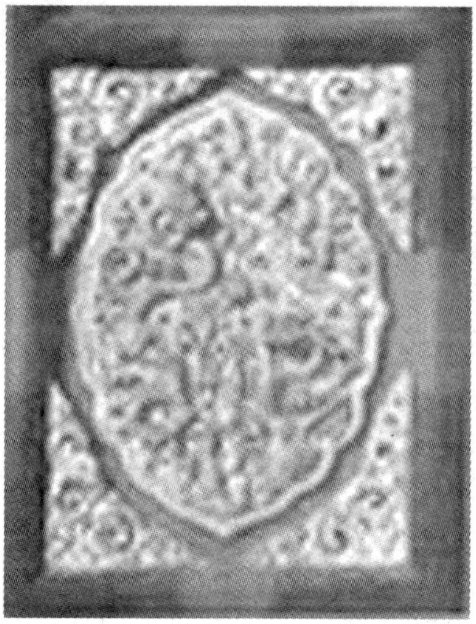

古代的窗

“门”由“家族”、“门第”再引申为门类的意思。我们熟悉的成语有“门可罗雀”。这个“门”的意思用的是本义还是引申义呢？要明白这点，先看“门可罗雀”典故的来历。据《史记》和《汉书》所载，下邽翟公担任廷尉时，家中宾客满门。后来被朝廷罢官后，门外可设置雀罗（过去的宾客都不与他来往，大门口冷冷清清，简直可以设置捕雀的网了）。不久，翟公复职，过去的宾客又想与他来往。翟公知道后，在大门上写了几个大字说：“一生一死，乃知交情；一贫一富，乃知交态；一贵一贱，交情乃见。”显然，“门可罗雀”中的“门”是“门第”的意思。

明代无名氏所作《字触》中载有一则关于“门”的字谜：倚阑干东君去也，霎时间红日西沉，灯闪闪人儿不见，闷昏昏笑话无心。（首句的意思是“阑”字中的“柬”（实为柬）字去掉了，当然是“门”；第二句意思是“间”中的“日”落下了，当然只有“门”；第三句是“闪”字没有了“人”，也是“门”；第四句是“闷”字去掉“心”还是“门”。）

正在向前进

——“之”、“止”二字趣释

“之”的甲骨文作“”、“”、“”，上面是脚的象形字，即“止”，“止”为足，有行走之意。下面一横表示地面。这样大地在下，脚在上，也就是地在脚下，表示脚离开原地，正在向前进。“”(止)字的缺口处，在甲骨文中均指前进的方向。由此可知“之”的本义就是“往××地方去”或“到××地方去”。如《孟子·滕文公上》:“滕文公为世子，将之楚，过宋而见孟子。”

也有的学者认为，“之”字的上半部分是“止”，表示行走；下半部的一横线为指示符号，表示“止”所要到的地方。所以“之”的本义就是“往”。这样理解也颇有道理。两种理解均讲得通，在意义上也有相通之处。

“之”用作代词或作虚词用均为假借。据宋代僧人文莹著的《湘中野录》记载，宋太祖赵匡胤有一天来到朱雀门，看见门额上的“朱雀之门”四字，便用手指着问身边的大臣赵普说:“何不只书‘朱雀门’三字，为什么要加一个‘之’字，‘之’起什么作用呢？”赵普回答说:“此‘之’字在此起‘语助’的作用，焉能少之。”太祖笑着说:“之乎者也，助得甚事！”赵匡胤不懂得“之”字的用法，因而闹出了笑话。对此有人暗地里议论赵匡胤是一位武夫。这个“之”字在此处虽然没有实际意义，但它所起的语法作用是任何实词也无法替代的。用上了这个“之”字，使“朱雀之门”四字显得文雅不俗。这就是“之”字的妙处。

与“之”关系密切的“止”是一个象形字。甲骨文为“”或“”，看上去多像一只人的脚啊！上面脚趾是分开的。可见“止”的本义就是脚。如《汉书·刑法志》:“斩左止。”颜师古注:“止，足也。”也有学者认为“止”的本义为脚趾。如徐灏《说文解字注笺》:“凡从止之字，其义皆为足趾，许以为象草木出有址，殆非也。考阮氏《钟鼎款识·父丁卣》有足迹，文作止，正象足趾之

形……三趾者，与手之列多略不过三同例。”应该说“止”的本义是脚，“脚趾”是“脚”的引申义。这是因为脚上有“趾”，所以引申为脚趾的意思。

“脚”是用来走路的重要器官。走路自然要达到某一目的地，所以“止”便引申出“至”、“到”的意思。到达目的地之后自然不再走了，所以“止”又有了“停止”的意思。

活泼可爱的婴儿

——“子”字趣释

甲骨文的“子”为“”，像小儿的头上长着短发。因婴儿头部所占比例在人体中比较大，基于这种情况，造字者将下面的两条腿画得较短，这是符合身材比例的。金文的“子”作“”或“”，从构形来看，均体现了一个幼婴的大头，这是与甲骨文相同的地方。其中一个金文“子”字上的黑圆点，就如一个新生婴儿的头上长有黑发，左右两臂上举，并张着小手。另外还有的金文“子”字像小孩两腿包在一起。《说文解字》李阳冰注：“子在襁褓中，足并也。”这些足以说明“子”的本义是“婴儿”。

抱子图

小篆的“子”为“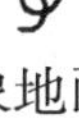”，酷似婴儿之形。造字者形象地画出了一个活泼可爱的婴儿形体。婴儿的脑袋大，两条胳膊喜欢摆动，造

字者突出了婴儿的这些特点。只画了一条腿，是因为婴儿常常生活在襁褓之中。小篆的“子”字更形象地描画出一个活泼可爱的婴儿形象。由此可见，“子”的本义指婴儿是毫无疑义的。

天文学家郑文光在《中国天文学源流》一书中对“子”的构形基础提出了不同的看法，他认为甲骨文中一些字如“子、丑、寅、卯”等十二支起源于天空星座的象形。“子”字象天空中的参宿及其附近的嘴宿。郑先生的看法正好反映了商人已具有较丰富的天文知识。

由于“子”的本义指“婴儿”，所以“子”引申出指男女的意思。对待古代汉语中的“子”，我们不能完全用现代汉语的观点去看待，“子”在不少情况下是不分性别的。《仪礼·丧服》：“故子生三月则父名之。”其意思是孩子出生三个月之后，父亲则要为他取名字。郑玄注曰：“凡言子者，可以兼男女。”显然这里的“子”既指男孩，也指女孩。又如《论语·先进》：“南容三复白圭，孔子以其兄之子妻之。”意思是南容把“白圭之玷”的几句诗读了又读，孔子便把自己的侄女嫁给了他。因为“子”指婴儿，所以引申为指动物的幼崽。如《汉书·班超传》：“不入虎穴，焉得虎子。”

关于“子”字流传有这么一则笑话。传说从前有一位秀才，很糊涂，连一个“子”的意思都没弄清楚。一天，他拿起《韩非子》一书在众人面前装出很有学问的样子，在那里摇头晃脑地诵读。当他读到“卫人嫁其子”一句时，突然停下来，感慨地说：“这卫国人真是糊涂，儿子怎么能出嫁呢？”其实这位秀才糊涂得很，连“子”在古代既指男子，也指女子都不知道。

独臂小子

——“孑”字趣释

孑，读为jié，小篆作“𢀘”，与“子”的形体相似，只是少了一只臂，为象形字。从字形来看，“孑”只有一只左臂，因而是单臂。小孩出世时少了一只右臂，人的手臂是成双的，少了右臂，因而可称为独臂小子。安子介先生认为“孑”尚未成子。（《解开汉字之谜》第536页）《说文解字·了部》：“孑，无右臂也。”

维纳斯

对于“孑”字也有不同的理解。《六书故》：“孑，不过取一臂单孑之义，不当复分左右。”这段话的意思是“孑”字就是只有一只手臂的人，更不必说是无右臂的人。此说也有可信之处。

两说虽有不同，但在独臂上是一致的，所以“孑”有单独或一个人的意思。《晋书·李密传》：“茕茕孑立，形影相吊。”“茕茕”形容十分孤独；孑，孤单独身一个。其意思是单身一人十分孤独，只有自己的形体与身影自相慰问。再如“孑身出走”就是一个人单独出走。

又因为“孑”的本义为独臂小子，由此引申出“小”的意思。《释名·释兵》：“盾，狭而短者曰孑盾……孑，小称也。”《宋史·尹焞传》：“勿以小智孑义而图大功。”其中的“孑”就是“小”的意思。

小鸟学飞

——“习”字趣释

今天我们一见到“习”，很自然联想到它的意思就是学习，许多人并不知道它的本义为小鸟学飞。

“习”的繁体字为“習”。它的甲骨文为“”，其上部为羽毛，是鸟飞行的主要凭借，此处代指小鸟；下部是“日”，即为太阳。可见“習”字是由“羽”和“日”两字组成，会意字。对此，有不同的理解。有人会意为：日出之时，鸟振羽扑翅，想离巢而去。也有人会意为：鸟在日光下练习飞翔。郭沫若《卜辞通纂考释》：“此字(指甲骨文的“习”字)，分明从羽，从日，盖谓禽鸟于晴日学飞。”

小鸟学飞

“习”字的小篆为“”。《说文解字·羽部》：“习，数飞也。从羽，从白。”所谓“数飞”就是“屡飞”，即为反复飞来飞去的意思。鸟这样飞翔，当然是幼鸟学习飞翔了。许慎认为“習”字是由“羽”和“白”(“白”即为古“自”字，“自”又为古“鼻”字)组成，因而理解为小鸟学飞时很吃力，不停地喘息，因而“習”字当从“自”。朱骏声《说文通训定声》：“习，数飞也，从羽，从白，会意，数飞则气急见(现)于口鼻，故从白。”确认“习”的本义为小鸟学飞。

《礼记·月令》：“鹰乃学习。”其意思是小鹰学习飞翔。也有人认为是许慎将“日”讹为“白”字。由于小鸟学飞的动作中，包含有反复多次的意思，因而“习”引申为“温习”、“复习”。如《论语·学而》：“子曰：学而时习之，不亦说(悦)乎？”又由于“小鸟学飞”有一个从不会到会的过程，所以“习”便引申为“学习”的意思。如《吕氏春秋·听言》：“造父始习于大豆(人名)，蠭门始习于甘蝇。”其意思是造父最初向大豆学习，蠭门最初向甘蝇学习。

因为小鸟学习飞翔，有一个对事物从不了解到了解的过程，即不熟悉到熟悉的过程，所以引申为“熟悉”。如《战国策·齐策》：“谁习计会？”其意思就是谁熟悉会计。

老马识途与拍马屁

——“马”字趣释

“马”的甲骨文为“”，金文为“”，其形体基本相同，是描写直立马姿的象形字。在马头部分突出了马的长脸，大眼睛。另外，身体上最醒目的是马鬃毛竖起，尾巴后甩。到了小篆的“马”，其鬃毛依然可见。繁体字“马”则突出了四条腿，即“馬”，更形象地表现了马这种动物善于奔跑的特征。

甲骨文中“马”字的出现，说明公元前 15 至公元前 11 世纪的殷商时代，我们的先民已有畜养马来应用于战争、农耕的习俗。《说文解字·马部》：“马，怒也，武也。象马头髦尾四足之形。”而“马”字正好体现了“怒”、“武”的性格。许慎所训释的是“马”的性格，并非“马”字的本义。所谓“怒”、“武”，即马容易激怒，喜奔驰，具有无视对方、敢于勇往直前的特征。马是人类重要的家畜，是先世重要的生产交通工具，也是战争时必不可少的东西。

秦始皇统一中国后，又统一了文字。汉朝建立后，又进一步对文字的书写规范提出了更严格的要求，规定书写时对汉字的笔画不可随意增减。《史记·万石君列传》载：武帝时，石建任郎中令。一次，他上书武帝，退朝后，突然想起奏折中一个小篆的“马”字下面少写了一笔，当他发现这一错误时，非常害怕，心想，这一下可要引来杀身之祸了。从这件事可见当时对文字的书写是多么严格。

马有许多特点。马的牙齿随着年龄的增加而增加，据说是一年增一颗。因此，人们可以根据马的牙齿的多少判断马的年龄的大小。古人比喻年岁逐渐变老了，就叫“马齿渐增”；自谦年岁徒然增长而无所成就，就叫“马齿徒增”。

马是一种很富灵性的动物。春秋时，山戎国正侵犯燕国，管仲跟随齐桓公率兵支援燕国，打败了山戎，山戎王逃往孤竹国。于是齐兵继续进兵，攻

汉代　铜奔马

马上平安

打孤竹。这次齐军出征时正值春天，打败了孤竹国回来时，已是隆冬季节，沿途景物与出征时大不一样，因而迷路，不知该怎么走，大家正在着急。此时管仲说："大家不要着急，军中的老马富有经验，特别会识路，可以为我们带路回去。"齐王立即吩咐部下在军中挑选了几匹老马做向导，果然找到了回去的路，使齐军平安地回到了齐国。

民间有所谓"拍马"或叫"拍马屁"，以此喻指阿谀逢迎的恶习。其由来，据顾颉刚先生考证，在我国西北一带，山路狭窄，不利于行车，马成了那里人们的重要交通工具，人们视马为第二生命。这一带流传着"人不出名马出名"的谚语。因此，人们如果有了一匹好马会感到无上光荣。平时他们牵着马在路上与别人相遇时，则互相拍着对方马的屁股说："好马！好马！"以此表示赞叹。后来有人不管对方的马是否真的很好，也一律拍着马屁股说："好马！好马！"于是"拍马”便有了阿谀逢迎、趋炎附势的意思。

历史上，不少朝代不仅设有专门饲养和管理马匹的官，而且让一些画家专门画马。唐代开元、天宝年间，皇宫内廷养了大批良马。韩幹当上“供奉”，唐玄宗就命他画马，并叫他向已经名噪一时的画马名手陈闳学习。韩幹学习了一段时间后逐渐认识到，与其老是模仿陈闳的作品，或听他讲一些抽象的技法，不如到活的马群中去作实际的观察。于是他天天跑到御马厩去，对各类马匹的形体、习性作具体细致的揣摩研究和写生，有时甚至搬到御马厩去住，夜以继日与马群相处。唐玄宗知道此事，曾找到韩幹说：“我叫你向陈闳学习画马，你为什么天天跑到马厩里去呢？”韩幹回答说：“陛下马棚内的马，才是臣真正的老师呵！”

韩幹在艺术创作中正是由于反对模仿，注意到从现实生活中去感受，把握具体、生动、丰富的描写对象，丰富创作源泉，进行创作，反对一味地模仿，因而成为一代画马高手。

返曲弓的发明

——“弓”字趣释

弓箭在人类历史上既是盛行一时的杀伤力很强的武器，也是具有划时代意义的生产工具，它有着悠久的历史。甲骨文的“弓”作“”或“”。金文的形体与其相似。前者既有弓背，又有弓弦。后一“弓”字，似乎是一只返曲的弓背，无弦。小篆的“弓”为“”，是甲骨文和金文的简体，均为象形字。由于“弓”是弯曲状的，因而引申为“弯”、“弯曲”，如“弓腰曲背”。

“弓”字最早见于甲骨文。其实人类使用弓箭的历史比“弓”字的历史要悠久得多。关于弓箭的发明者，古籍中记载颇多，传说也不少。有的说“伏羲作弓矢”，也有的说“黄帝作弓矢”，还有的说“羿作弓”。根据考古发现来看，这些说法都不可靠，弓箭的历史比这些传说还要早得多，大概在三万年前的旧石器时期，人类就开始使用弓箭。从考古学家们在我国山西省朔县峙峪村旧石器时代后期遗址里发现的打制石镞（石箭头）来看，可以想见弓箭的使用历史是多么悠久。

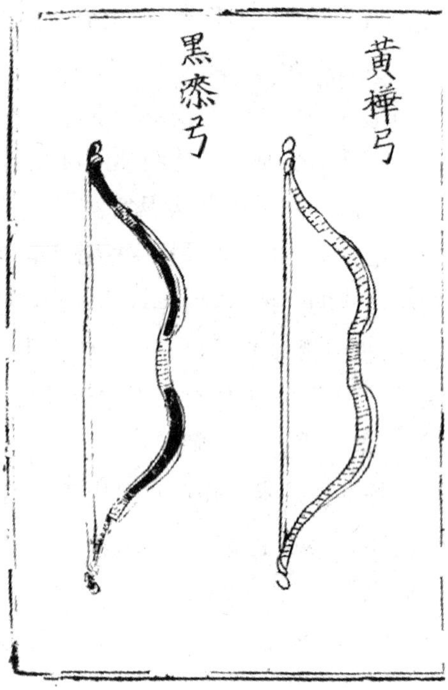

古代的弓

最早的弓箭很简陋，我们祖先将一根树枝或一根竹子一弯，再将藤条或兽筋作弦，就成了一支弓。不过这种半月形的弓，由于弓体弯曲较大，因此发射力量不大。后来人们将“弓”改造成“弓”形，使弓体弧形中央部分凹进去，这种返曲了的弓发射威力大。即使是这种返曲弓的发明时代也比甲骨文、金文的历史悠久得多。从甲骨文、金文的“弓”字形体来看，其字形很可能是根据这种返曲弓描画而成。从考古学家们在河南安阳殷墟发掘的玉弓弭（一种装饰于弓体两端的器件）和铜驸（一种安装在弓体中央的把手）等物来看，说明三千多年前的商代已开始使用这种返曲弓了。返曲弓沿用至今，我们在体育比赛的射箭场上仍然可以看到这种弓。

受奴役的形象

——“女”、“奴”二字趣释

“女”甲骨文作“”，为一跪跽的人形。古人为什么将“女”设计成这样

古代女子

一个字形呢？这显然不是偶然的。古人家居的姿势，并不像现代人那样坐在椅凳上，而正是"女"字初形所描摹的那样，双膝着地而臀部压在脚后跟上，这便是古人的坐姿。

从古人家居的基本姿势，可知"女"字初形的取象生动形象准确。之所以突出描画其跪跽之姿，正是强调妇女家居以操持家务的职业特点。其造字的形象思维正与"男"字之形突出男子以农耕为职业的特征相类似。而女子既然退出生产领域而专事家务，则不得不依赖男子而为生。《白虎通·嫁娶》云："女者，如也，从如人也。"（所谓"如人"，就是听命于男人）这也是父系社会形成后的家庭特征。父系社会形成后，女子在家庭的地位下降，她们的主要任务是从事家务劳动，并且要服从家长的役使。"女"字形体正好反映了妇女所处的这个特殊地位。甲骨文的"女"字形体，足以证明妇女在商朝已处于被统治被奴役的地位。

对甲骨文形体的"女"字，有人作出了不同的解释："象侧立俯首敛手曲膝形，表示女子温柔顺从之意。"（赵诚《甲骨文简明词典》第45页）

也有人将"女"的古文字形理解为女子坐着的形象，表现了母系社会女子留下，男子外出到别的部落去生活的风俗。要知道，中国的女人，也有她辉煌的过去。在母系社会里，妇女在氏族社会中居于支配的地位，无疑也支配男子。世界各民族历史的发展，普遍经历了这一历史阶段。这一历史现象在汉字中也得到了反映，汉字中许多表示姓氏的字是从女的，如姬姓、姒姓、嬴姓、姜姓、姚姓等。

而神话传说中的女娲是盘古开天辟地时期的女神，她就是汉民族的始祖，她不仅创造了人类，还炼五色石以补苍天，带领人类战胜了自然灾害。

金文的“女”写作“”，形体与甲骨文相同，只是在“女人”的头上加了一条横线。这一条横线，大概就是女人的头簪之类的装饰品。“女”字从甲骨文到小篆以至楷书均为象形字。

随着历史的发展，女子受奴役的历史已成过去，他们也能同男子一样撑起“半边天”。不过，我们从许多以“女”为意符的汉字中仍然可以看出古代妇女受奴役、受欺侮的情形，其中最为突出者要算“奴”字了。

“奴”字早见于金文，其结构均从女，从又。“又”就是“手”。从字形来看是一只手抓着“女”，即在战争中被俘虏的女子。原始社会部落之间的战争，胜利一方把从失败一方俘虏的男子杀死，而把俘虏的女子分给自己一方的男子为奴婢。这个“奴”兼有性伴侣的身份，故“奴”字从女，表示奴隶最初只是女性。也有的人作了不同的会意，认为“奴”字从女从又，“又”是手，其意思是女人是终日从事苦力劳动的人。这样理解，保持了“奴”的本义“女奴”。《说文解字·女部》：“奴，奴婢，皆古之罪人也。”所谓罪人就是奴隶。其后引申为凡是罪人均指“奴”。如《史记·季布栾布列传》：“布为人所略卖，为奴于燕。”

闻一多先生认为“女”和“奴”本来就是一个字。他在《妇女解放问题》一文中说：“女字和奴字，在古代不但声音一样，意思也相同，本来是一个字，只是有时多加了一只手（指‘奴’字中的‘又’），牵着女而已。那时候未出嫁的女儿叫‘子’，出嫁后才叫‘女’或‘奴’。”（《闻一多全集·杂文·妇女解放问题》）根据闻一多先生的解释，可知古代女子出嫁后与丈夫不是平等的关系，而是丈夫的佣人、奴仆。对此，陆宗达先生在《训诂简论》中也作过论述：“氏族社会中，处置战败的敌人的男女有所不同，男子被杀死，妇女则作为妻子被收养入族，其实也就是奴隶。”

四　　画

天地人皆通

——“王”字趣释

据古文字学家们考证，“王”字的形体在甲骨文时代也曾发生过一些变化。“王”字在祖庚（商代第 23 代君王）以前，写作“太”；从祖甲（商代第 24 代君王）起，人们在“太”的上面加了一横而成为“天”；从武乙、文丁（商代第 27、28 代君王）起，“王”字又恢复了“太”形；到商代末期的帝乙、帝辛（商代第 29、30 代君王）时期，“王”字演变成了“王”，“王”字与秦篆很相似了。“王”字的形体在商代的这一变化表明：甲骨文的“王”字是一个正面端坐的人形。商代帝王祖甲是一个有作为的政治家，他认为王既是一国之主，地位尊崇，岂可无冕，于是在“太”字上加一横线代表冠冕，而成为“天”字了。从此以后君王上

汉高祖刘邦像

朝时均戴有特制的为自己一人专有的王冠。从甲骨文的资料来看，“王”字在商代已成为国君的专称。甲骨文的“王”正是挺立于大地上的一个人形，表示出君王的唯我独尊和不可一世。

“王”字的创制充分显示了它与权力的密切关系。晚期甲骨文的“王”字常作“”和“”。金文的“王”作“”，与甲骨文形体基本相同。不少文字学家们认为古文的“王”象无柄的斧钺之形，下部为斧钺的刃部。斧钺是奴隶主们残害奴隶的工具。所以有的学者认为“王”的本义与西方的“法西斯”的意思是一致的。这样理解“王”不无道理。从奴隶社会到封建社会，历代的最高统治者，哪一个不是靠血腥镇压人民群众而上台的？在他们上台以后，哪一个又不是靠暴力来维护自己的统治地位的？在他们眼里，斧钺就是权力的象征，没有斧钺就不能称王。这一解释似乎是合逻辑的，因此比较可信。在那个时代，谁能拥有一把有锋刃的大斧，他就可以统治他的同类，并成为他们的首领。

随着时代的发展，“王”字各部分线条化后，便成了小篆和楷书的“王”。对此，许慎作了附会之说。《说文解字·三部》中说：“王，天下所归往也。”董仲舒在《春秋繁露》中说：“‘古之造文者，三画而连其中谓之王。三者，天、地、人也。而参(叁)通之者，王也。’孔子曰：‘一贯三为王。’”意思是说：三横画表示天、地、人，一竖表示贯通天、地、人的君王，代表上帝统治人民。这是对帝王的美化。在孔子、董仲舒以及许慎看来，那时自称为王的人，应有三种德行，即：天、人、地。三条横线被中间的一条直线连接起来，表明这三种德行由“王”来使之统一。他们对“王”的解释，应该是对历代统治者的尽情美化。在他们看来，历代统治者均是对天、地、人之道皆通的“圣人”。这种解释正是为建立“天人感应”、“天人合一”的哲学体系服务的。

其实，许慎所训释的是“王”的引申义，即一国之主，指靠暴力统治人民的人。秦始皇以后，改“王”为皇帝，而“王”则成了封建国家的最高一级爵位。

古人在论及“王”时，莫不强调“天下所归往也”。《白虎通·号》：“王者，往也，天下所归往。”《风俗通》卷一：“王者，往也，为天下所归往也。”从上述论述中，我们可以觉察一种强烈的统一意识。在古人看来，整个天下只允许有一个王，或者说只有天下的人都拥戴的人才能称王。强调统一，当然也就反对分裂。从汉民族的文化观点来看，那些割据天下一部分或只受天下一部分人拥护的人，即使自称为王，也会被看作是犯上越礼的行为，并被认为是僭称为王。古人认为地上只应该有一个王，和天上只有一个太阳一样，是天经地义的事。这种文化思想始于上古。

至高无上

——“天”字趣释

天，甲骨文写作“”，上部“○”为人的头，下部是“大”，一个正面站立的人形。其字看上去特别突出了人的头部，可见“天”字的本义为头顶，是象形字。“天”在甲骨文中用其本义的例子较为常见，如“”（二九〇六七），即为“疾天”，其意思是头顶生病。《山海经・海外西经》中载：“刑天与帝争神，帝断其首，葬之常羊之山，乃以乳为目，以脐为口，操干戚以舞。”其中的“刑天”是因为他被天帝将头割下了，因而称“刑天”。（参见章炳麟《小学问答》）“天”的本义至今还可见到。现在中医学将治疗头疼的中药称为“正天丸”，其中的“天”就是“头”的意思。

刑天

《说文解字・一部》：“天，颠也，至高无上，从一大。”许慎在这里既讲了“天”的本义就是“头顶”，又指出“天”的引申义是“至高无上”。小篆的“天”是甲骨文的“天”字最上的“○”线条化的结果，然而许慎认为

“天”是由“一”和“大”构成的会意字，将“一”释为世间第一大之物，并把“天”分成“一”与“大”两部分，显得形象逼真，体现着宇宙永恒无穷的真理。在先民的心目中，天是人头顶上的东西，是最高的地方，没有什么比天更高的了，因而产生了天“至高无上”的观念。

在人们看来，不管人如何伟大，也要受头顶上的东西“天”的约束。由于对“天”的崇拜与恐惧，因此“天”在人们心目中就成了不可冒犯的“天公”、“老天爷”等。

我国历代统治者，出于政治上的需要，给天涂上了一层层神秘的色彩，用“天”来愚弄老百姓。如河南信阳出土的竹简上就有“贱人刚恃，天达于刑”的话。其意思是地位卑贱的人们如果刚愎自用不听话，天就会用刑罚来惩处他们。古代帝王还自称为“天子”，以达到统治一切的目的。在中国人的传统观念中，天是神仙所造，并把它视为有意志的神，是万物的主宰。“天”关心民众，也最公正无私。《尚书·泰誓上》：“天佑下民。”是说天保佑百姓无灾无难。《韩非子·因情》：“故明主之行制也天，其用人也鬼。”其中的“天”，指公正无私；鬼，指像天一样神妙莫测之物。如古人受了冤屈之时，常求助于天，还将清官称为“青天”等，均体现了这种思想。

两只巨手紧紧握在一起

——“友”字趣释

在上古，“朋”和“友”的含义是有区别的。古称“同门曰朋”，其意思是同从一个老师而学习的人称为朋，即我们今天所说的同学；“同志曰友”，也就是说，志同道合的人称为“友”，即今俗称的“同志”。《说文解字·又部》：“友，同志为友。”许慎讲的就是这个意思。“友”为什么指“同志”呢？我们只要看看它的古文字形体就一清二楚了。

甲骨文的“友”作“”，金文作“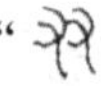”，小篆作“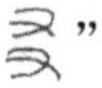”。古文“友”字是由

两个"又"构成。"又"象手之形，并且为右手。因为甲骨文的左手则为""。可见"友"是会意字，其意思是两只右手紧紧地握在一起。从"友"字的造型，可以想见我们的先民，如果是朋友相逢时，也会像今天一样用握手来表示朋友之情。这种习惯一直延续至今，当旧友重逢，两人仍然是热情地伸出右手紧紧地握在一起，以表示彼此之间的深厚友谊。

对"友"字也有不同的会意。有的学者认为是两只手共同伸向一个方向，表示双手互相协调、配合密切的意思。"友"的本义是用手相助。

不管怎么会意，"友"所表示的意思都是人与人之间互相帮助、互相爱护，以及人与人之间的深厚的交情。"友" 字的创制，体现了我们民族传统的美德。"友"由"同志"、"朋友"引申为动词，其意思为"与……为友"。如《论语·季氏》："友直、友谅、友多闻，益矣。"其意思是同正直的人交朋友，同诚实的人交朋友，同见闻渊博的人交朋友，是有益的事。

关于"友"字的故事有这样两则。一则是春秋时鲁国的权臣季快生下来时，其父命卜官占卜一下。卜人占卜后报告说：大人生下的将是一个男孩，他的名字应该叫做友，因为这个孩子生下来时将有两只巨手，他长大以后，将会执掌国家大权，成为国君的辅臣，辅佐王室。还说这个孩子长大后将是鲁国昌盛的保证。等到孩子生下来一看，果真是个男孩，孩子的手纹上有一个"友"字，于是家里人将孩子命名为"友"。友后来果然成了鲁国的权臣。

另一则发生在明朝崇祯年间。明思宗朱由检昏庸无道，弄得民不聊生，各地的农民纷纷组织起义，大明江山风雨飘摇，皇上终日愁眉不展。一天，朱由检在宫中闷得发慌，便独自一人微服来到紫禁城外散步，迎面来了一位算命的先生拦住他，仔细将他打量一番后，说道："先生天庭饱满，为何面带忧伤？且让贫道为你测上一字，如何？"

朱由检心想，测个字，卜一卜安危也好，随即说了个"友"字。

那算命先生听后，大为震惊，忙说道："先生此一'友'字可真不妙。'友'乃'反'字出头，意味着反叛之人有了出头之日。"

朱由检一听，浑身吓出了一身冷汗。

以上传说带有一定的迷信色彩。

水井与井田制

——“井”字趣释

水井的历史比“井”字的历史悠久得多。根据《淮南子·本经训》载，传说夏朝的大禹治水时，一个名叫伯益的人发明了凿井技术和从井中取水的方法，龙得知此事后，恐为人所害，于是驾着乌云逃往昆仑山。有人认为伯益所造的不是水井，而是陷阱。对伯益造的“井”是水井还是陷阱，我们姑且不论，但这个传说表现出先民用自己的发明创造战胜自然的事实是不可磨灭的。在商代，如果说伯益造井真有其事的话，那“井”字直到商朝末年的卜辞中才出现，似乎晚了将近千年。

彭祖观井图

甲骨文的“井”写作“”，好像一个水井井口上的四周相交叉的井栏，中间空处为井口，象形字。金文的“井”写作“”，比甲骨文的“井”多出了中间的一点，很可能是指出井中有水。

有的学者认为“井”字是商周时代“井田制”的产物。商周时期的统治者为了对老百姓便于管理，实行了井田制。将一里见方的地划分为九个区，形体如“井”字，每区百亩，八人各分一区耕种，而中央为公田，各家“同养公田”。《孟子·滕文公上》：“方里而井，井九百亩。其中为公田，八家皆私百亩，同养公田。”《说文解字·井部》：“井，八家一井。”段玉裁注：“比古井田之制。”有了井，不仅可以发展农业生产，还可以解决人们的生活用水。先民们就围绕饮水井筑房居住。因而，“井”与“乡”同义，“井里”与“乡里”同义。古文中“背井离乡”就是远走他乡。居民集中的地方常常设置买卖之所，因而又称商业区为市井。《字汇·二部》：“井，市井。市，交易之处；井，汲之所。古于汲水处为市，故称市井。”

又由于井田制的划分，规定明确，有章可循，而分布整齐，所以“井”便引申出条理分明的意思。《越绝书·记地传》中说：“‘井者，法也。’井训为法，故作事有法谓之井井。”如“井井有条”。

树、树根与树梢

——“木”、“本”、“末”三字趣释

指事字有两类：一类是纯符号性的指事字，另一类是在象形字的基础上加一指事符号所构成的指事字。“本”和“末”就是在象形字“木”的基础上加一指事符号而成的指事字。

“木”的甲骨文作“”，就像一棵树，上部是茂盛的、往上的树枝，下部是扎向土里的树根，中间是树干。可见“木”的本义就是今天所说的“树”，它是一个整体象形字。王筠《说文释例》就是这样说的：“木固全体象形也，丨象干，上扬者枝叶，下注者根株。”“木”的金文、小篆及楷书均为象形字。而《说文解字·木部》却说：“木，冒也，冒地而生。东方之行，从，下象其根。”许慎显然讲的不是“木”的本义，而是引申义。他指出“木”为五行（指水、火、木、金、土）之一，五行用于方位，则东方称“木”，这就是“东方之行”的意思。许慎对“木”字的结构分析也不准确，完全与“木”字的构形不符。

有人认为，一棵树木的种子，埋入地下后，种子很快从地下顶破地皮，长成幼树。一棵树，将自己的根深深扎于土壤之中，从土壤中吸取了大量的营养，长成参天大树，它生长在村庄部落之中，保护着人类及其住所的安全。它

那茂密的枝叶庇荫着人类，因而“木”含有施恩于众的意思。这种解释颇有新意，说出了“木”与人类的密切关系，这就是古人把树木当做神灵崇拜的原因。比如满族人崇拜的天神叫阿布凯恩里，他创世后，大地上挤满了人，见此情形，天神下令将天上最粗的一棵大树砍倒，将其接到地上，让人们沿着这棵树爬上天去。维吾尔族将树视为“母”，说它是一位保佑妇女儿童的善良女神。黔东南的苗族人将寨边的古树认为是善神嘎袷的居所，它可以为村民驱邪，保护村寨平安。

木工图

因为“树”砍下后可作木材、木料，因而“木”有此引申义。如《论语·公冶长》：“朽木不可雕也。”而进入现代汉语后，“木”专指木材、木料，再不指树木了，“木”的本义由“树”来替代。须知“树”的意思在古汉语中多用为“种”，因而古汉语的“树木”，就是种树的意思。

“本”字的甲骨文写作“”，金文作“”，小篆为“”。它们的形体基本相同，一棵树的根部上都加一小点或一短横为指事符号，指出树木伸下土壤的部分，即树木的根部，是个指事字。《说文解字·木部》：“本，木下曰本，从木，一在其下。”徐锴系传：“一，记其处也，与末同义，指事也。”可见“本”的本义就是“树根”。《国语·晋语一》：“伐木不自其本，必复生。”意思是砍树如果不是从根部砍，它就必定复活。“本”由树根引申为指事物的基础，或主体部分。如《论语·学而》：“君子务本，本立而道生。”其意思是君子做事致力于基础工作，基础打牢了，“道”就会产生。

“末”字是在象形字“木”的基础上，将指事符号一小点或一横加其上而成。金文作“”，小篆作“”。其中的“木”就是树，“点”或“横”指出其意义，即成今天的“末”。《说文解字·木部》：“末，木上曰末，从木，一在其上。”徐灏注笺：“木杪末，故于木上作画，指事。”《左传·昭公十一年》：“末大必折，尾大不掉。”其意思是树梢太长，必然被折断；尾巴太长，就很难甩动。“末”由树梢引申为不重要的、次要的事物。如成语“舍本逐末”和“本末倒置”。可见“本”与“末”在本义上分别指树的最上部分和最下部分，其引申义正好相反。

冲破天的气概

——“夫”字趣释

甲骨文的“夫”作“”，它生动展示了男子汉大丈夫的形象。从“大”，在“大”字上加一横。“大”表示已长大的人，一横表示的是绾头发的簪子。古时童子，即未成年的男子的头发是披发，成年后，即到了 20 岁以后，男子要举行加冠之礼，将头发绾成髻子用簪子束在头顶上。束发加冠后，表示男子成了“夫”，即大男子。由此可见，“夫”的本义是成年男子。其实“夫”表示这个男子已经成熟、长大。如汉贾谊《论积贮疏》：“一夫不耕，或受之饥。”其意思是说假如一个成年男子不耕种，有人就要挨饿。

古代称身高一丈的男子为“丈夫”，“丈夫”就是大男子的意思。不过我们不要认为古人比现代人身材高，这是因为古制 1 尺约相当于今天的 0.6 尺，也就是说古代的大丈夫，即使是个子最高的人也不过 2 米。男子成年后，就要从事各种体力劳动，因此“夫”引申为从事不同体力劳动的人。如《左传·隐公元年》：“为国家者，见恶如农夫之务去草焉。”其意思是诸侯和大夫要治理好自己的封地时，见到那些邪恶之事，就必须像种田的人见到田中的恶草那样一定要根除。其中的“农夫”就是从事农业生产的男子。另外还如“渔夫”、“船夫”、“车夫”等。

对“夫”字，有的学者提出了不同的看法：“夫”是表示过了某一高度的人。其中的“大”是正面的人形，在“大”的上面加一画，表示达到这一高度的人才可称“夫”。《周礼·乡大夫》中记载：古代的征兵制度规定，国（都城）之男子七尺以上，野（相当于今之农村）之男子六尺以上，都可服役，即在征兵的范围之内。由此看来，当时征兵的条件只看身高，而不论年龄。这就是《左传》中为什么记载有二毛（头发已经发白，即年纪很大的）兵。（参见赵诚编著《甲骨文简明词典》第181页）

“夫”字的造型，不只表示一般的男子，它其实向人们展示男子中有志之士的风采。因此，有的学者认为“夫”是这样构形的：“夫”字中的“人”是象形字，即“人”的形象，当“人”把两手张开，就成了“大”，即“大人”。但是，在人们看来，再大的事物也大不过“天”，所以造字者在“大”字上再加一横，而成为“天”字。而人总是不甘做“天”的奴隶，拜倒在老天爷脚下的，他们有敢于冲破天的气概，所以“天”字出头，成为大丈夫的“夫”字。（参见袁晓园主编《汉字汉语学术研讨会论文集》第41页）这样理解并非妄说，符合人类的思维规律，扩大了汉字的内涵，颇具有一种新鲜感。

不能继续向前

——“不”、“丕”二字趣释

今人大多只知“不”作否定副词用，作“非”或“不是”讲，不知“不”的本来意义。“不”字在甲骨文中作“”、“”。有的学者将它释为一只盘旋于天空的鸟，后来向高空直冲而去，永不落下来。他们认为“一”指天，下面的“”就像一只鸟。《说文解字·不部》：“不，鸟飞上翔不下来也。从一，一犹天也。象形。”

也有的学者认为“不”字指花蒂，即花蒂的形状。所谓花蒂不是花，而是花下的托盘，学名叫“柎”。高鸿缙《中国字例》：“罗振玉曰：‘象花不形，花不为花之本义。’”王国维《观堂林集》：“不者，柎也。”古文“不”像花蒂的形状，所以古人称木制的形状像花蒂的茶具为“杯”。“杯”中的“不”既表示这个字的读音，又表示杯的形状像花蒂。（参见施正宇编著《汉字的故事》第173页）

也有的学者认为“不”字就其形体来看，均象草根之形。“一”指地，下面部分象一束草的根须扎于地下之形。（参见赵诚《甲骨文简明辞典》第129页）还有的学者认为“不”字描写的是饱满的花蕾，不是花蒂，甚至还将“不”说成是玫瑰花的花蕾。（参见逸群著《中国文字学故事大辞典》第226、229页）上述各家所说均不足信。如果打开思路，还可以想出许多意思。“不”在甲骨文中一出现时，就用作表否定的副词。卜辞中有“王不冓（遘，遇到）雨”（京三八五三），其意思是“大王不会遇到雨”。又如“子不其㞢（有）疾”（前四·三二·二），其意思是“你不会有病”。“不”不用于“花蒂”的意思，这也可能是由于“不”一出现后就被借用作表否定的副词。

在上述解释不令人满意的情况下，有的学者对“不”字作了大胆的想象，他们认为“不”表示的不是一种具体事物，所表示的是一种抽象的意义。三条来自不同方向的线条，汇集到一起，后被“一”阻碍了去路，不能继续前进。（参见安子介《解开汉字之谜》第122页）因而“不”的本义就是表示否定的意思。如果不这样理解，也可理解为当“鸟”使尽全身力量向天空飞去时碰到“一”受阻，不能继续飞翔。这样理解比许慎的“鸟飞上翔不下来”要准确一些。还可理解为三条浩浩荡荡的河流向前奔腾而去，被前面的“一”阻遏住了，不能继续向前流去。所以我们认为“不”的本义是：不能继续向前进，而后引申为“不”。由于“一”能将不同方面的事物阻遏住，所以“不”有“大”、“巨大”的意思。这就是“不”在古代汉语中常和“丕”通用的原因。如《诗·周颂·清庙》中的“不显不承”，《孟子·滕文公下》作“丕显”、“丕承”。其实在金文中“丕”原为“不”字。

《说文解字·一部》：“丕，大也。从一，不声。”许慎认为，“丕”为形声字。又“丕”与“大”为同源字，即同一音系的字。前面我们分析了“不”有“大”的意思。“一”，万物之始，也有“大”的意思。因此“不”与“一”可会意为“宏大”、“巨大”甚至“伟大”的意思。将“丕”确定为形声兼会意字更为确切。

黄帝何以叫轩辕氏

——“车”、“辇”二字趣释

“车”作交通工具和作战设备，在我国已有悠久的历史。传说“车”是黄帝所发明的。黄帝在中国历史上是一个十分贤明，而且又十分能干的君王。一天，他在野外游玩时，突然看见风吹动蓬草的花在路上滚动向前，且速度很快。受此启发，他开始自己动手造了一辆车，使用起来很方便，因而备受人们青睐。正是由于黄帝发明了车，因而称为轩辕氏。也有的古籍上称车是尧帝时的车正奚仲所造，车正是古代掌管车服等事情的官吏，他还发明了用马拉车。我们今天能看到的车最早为商代所制造。那时车多为双轮，车的形制也相当复杂。商代的车制，我们从甲骨文可以了解到。甲骨文的车有：“”、“”或“”等。上述古文字多么像车啊，中间有一条长木，就是车辕，辕条的上端一条横木叫“衡”，是牵马或牛的地方，两个圆形的“”是车轮，还有车上的辖也显示出来了。从“车”字，还可以了解到商代的车显然是马拉的车。有的车看上去很豪华，还装有车厢。这种有车厢的车很可能是贵族或商王乘坐的。如卜辞中有“ ”（菁一），其意思是“王车”，即商王之车。《诗·大雅·烝民》描绘的“四牡骙骙，八鸾喈喈”，其意思是四匹公马拉着车跑得快，车上所系的八只鸾铃响丁当。从这里可以看到，西周时贵族所乘坐的车上还装一种车铃，车行走时发出丁当悦耳的声音。此车多么富丽堂皇，这种车很可能就是商王乘坐的豪华车。

学者们对甲骨文作过统计，发现甲骨文的“车”字有四百多个不同的形体，但均为车的象形字。这四百多个“车”字，描绘出了四百多种不同形制的车。可见“车”在商代的形制很复杂。根据文献记载，古代皇帝所乘的车叫辂（lù），这种车规模较大，一般供帝王使用。如《淮南子》中载：“尧为天子，大辂不画。”其意思是尧当天子时，出进乘坐的车子既不描金，也不刻画。古代

战国铜车马

还有一种车叫“辇”，也是帝王贵族乘坐的。《战国策·赵策四》：“老妇(赵太后自称)恃辇而行。”其意思是我进进出出总要扶着车子。这里的“辇”显然就是赵太后所坐之车。“辇”是个会意字，“车”前的两个“夫”字，代表两个身强力壮的男子汉。有人解释说，这两个男子汉是拉车的。《说文解字·车部》：“辇，挽车也，从车，从㚘(“伴”的古字，二人相伴之义)，在车前引之。”也有的人认为“㚘”是两人扶着车子或推着车子。《通典·礼·嘉》称“辇”为“夏氏末代制辇，秦以辇为人君之乘，汉因之”。

“车”在古代除了用于交通之外，更重要的是用于打仗，即作战车用。战车是国家军事力量的象征，战车越多，军力越强大。因此古代有“千乘之国”、“万乘之国”的说法，凡是上了“千辆”或“万辆”战车的国家就是今天所说的军事大国。

“车”字汉以前不读 chē，而读 jū。《释名》中说“车”之所以读 jū，是因为车上可居人，“车”与“居”同义，因而读 jū。如《左传·僖公五年》：“谚所谓辅车相依，唇亡齿寒者，虞虢之谓也。”其意思是：俗话说，面颊和牙床紧密相连，如果嘴唇没有了，牙齿就会露在外面受冻。这就是虞国和虢国的关系吧！这里的“车”读为 jū。不过这里“车”的意思很特殊，不指车，而指人的牙床骨。汉以

秦代铜车马

后的“车”一般不再读 jū，多读为 chē，现代只有在象棋中的“车”仍保留“车”的古音，即读 jū。

从遮羞布到围裙

——“巿”、“绂”二字趣释

今天的人们身着的围裙，是由古代的“巿”（fú）或者叫蔽膝演变来的。“巿”字最早出现在金文中，为“”。在这里要特别注意，“巿”与城市的“市”（shì）在读音和意义上均不同。

“巿”在古代是一个什么东西呢？《说文解字 · 巿部》：“巿，韠也。上古衣蔽前而已。巿以象之。……从巾，象连带之形。”许慎还说“巿”的小篆为“韍”。徐弦曰：“韍，今俗作绂。”段玉裁则说：“韍字废，而绂字乃出。”由此可知“巿”、“韍”与“绂”三字是一组古今字，其中“巿”最早。“巿”字废而古人造“韍”字，其后“韍”字废，古人又造“绂”。从“巿”字形体和许慎的解释，我们认为，“巿”是由“巾”，即一块方巾，加上“一”，即系在方巾上的一根丝或皮革的带子组成。由此可知，“巿”无非是系有带子的方巾。《礼记 · 玉藻》中说：“韍，下广二尺，上广一尺，长三尺。”可知“巿”的大小与形制正与今日之围裙相似。

在今人看来，围裙一定是为了防寒、保暖，而这种“蔽前不蔽后”的“绂”在古代显然起不了这种作用。从“绂”字的初形来看，是一块系带的布帛，因而具有遮蔽人们某一特定部位的作用。从语源上看，“巿”与“蔽”古音极近，同出一源。先民在为“巿”这种服饰品类命名时，就是因为它具有遮蔽的功能，故赋予它与“蔽”相近的语音。从“绂”的读音来看，说明了“绂”的作用主要起一种遮蔽作用。学者们认为“绂”的这种遮蔽作用开始于远古蒙昧时代的初民。人类从以前的用四肢在地上爬行而进化到直立行走，这一事实给人类带来了一种变化，使原来处于身体保护下的生殖器从身体的末端移到了中部，并裸露在外。对于男性来说，当他们行走时通过森林或草丛，生殖器随时都有受伤的危险，于是聪明的人类在这个部位缠上了腰带，这就是最原始的“韨”，它可以避免生殖器受到伤害。不过应该明白，早期的人类这样做绝不是为了避开他人的视线。

也有的人提出了不同的看法：最早的“韨”是初民的一块遮羞布。遮羞布的作用就是为了吸引异性。他们认为在一个从不穿戴衣服的环境里，裸体被人类视为是清白自然的。此时，如果有一个人，不论是男是女，在身体的敏感部位挂一只鲜艳的垂穗或几根绚丽多彩的羽毛，或一朵朵耀眼的鲜花、一束束青青的树叶，一块皮革，自然会引起旁人的注意。正是这微不足道的遮掩物产生了最富吸引力的刺激。这种用皮革或布帛所做的遮羞布就是最早的“韨”。

进入阶级社会后，“韨”的使用更为广泛，它成为统治阶级或尊贵者在重要隆重的场合的装饰品，是一种并无任何实用价值的东西。统治者之所以给“韨”以尊贵的地位，仅仅是因为它是太古初民的遗物。许慎在《说文解字·市部》中“市”字下还说：“天子朱市，诸侯赤市，士大夫葱衡。”其意思是：古代在祭祀或重大的仪式上，天子佩戴大红色的韨，诸侯佩戴浅红色的韨，士大夫佩戴青色的韨。看来“韨”又是统治者等级的标志。

由于“韨”上系有带子，因此引申为指古代系官印的丝带，即绶带。如《汉书·匈奴传下》：“授单于印绂。”意思是汉皇授予匈奴王单于金印和绶带。

惯于苟且偷生

——“犬”、“狗”二字趣释

“犬”甲骨文作“”或“”，金文作“”。只要将其形体向左转动90度，一只张着嘴，翘着尾巴，奔跑着的狗就活灵活现地展现在读者面前。可见“犬”是一个象形字。“犬”字的小篆为“”，其形体与狗的形体相去甚远，但仍保持了“犬”字的象形特点。《说文解字·犬部》：“犬，狗之有悬蹄者也。象

形。孔子曰:‘视犬之字如画狗也。’”犬狂吠时,总是翘着尾巴,甲骨文的“犬”字特别夸大突出了这一特点。甲骨文中表示兽类的象形字,许多都是采取了夸大特点的手法,使人不仅一望便知这类字所表现的是四足的兽类,还能知道它具体是哪种兽。如犬字是卷其尾巴,豕(猪)则是垂其尾,鹿则是歧其角,马则是长其鬣,虎则是阔其口,象是卷其鼻等。甲骨文中的这些区别,正表现出华夏民族的先民们对这几种动物的形体特征观察得十分细致,有着缜密的思维能力。

对于犬能看家守夜,忠实于主人等特点,古人用一首诗进行了概括:“走起路来落梅花,从早到晚守着家。看见生人就想咬,见了主人摇尾巴。”读过这首谜语诗,人们可以不加思索,就知道它的谜底是“狗”。

犬,为什么又叫狗呢?据说是因犬性惯于苟且偷生,得过且过,所以叫它狗。另有解释说:“狗者,叩也。其吠声有节。”由于叩、狗读音相近,所以称犬为狗。《说文解字·犬部》:“孔子曰:‘狗,叩也。叩气吠以守。’从犬,句声。”其实“犬”字早期就读“狗”音,其后读音发生变化,才读为 quǎn。音变后读音为狗的字,是人们以“犬”为意符,加上声符“句”(勾),便新造了“狗”这个形声字。

从已知的考古资料看,人类较早驯化的家畜依次是犬、羊、牛、猪、马和驴……犬就是家狗,它是人类最早驯养的家畜。考古学家们发现狗的遥远祖先大约在 4000 万年前就已出现。家狗主要是由狼和豺演变而来的。但犬和狼有明显差别,犬的眼睛是平圆的,而狼的眼睛是尖斜的。

据现有资料推知,狗的驯化,伊朗是在 11000 多年前,英国在 7500 年前,丹麦在 6800 年前。我国发现的最早的家狗化石,是在浙江河姆渡遗址出土的,时间在 7000 年前。

古人用“犬”做小孩名,表示对小儿的爱称。如《史记·司马相如列传》中说:“(相如)少时好读书,学击剑,故其亲名曰犬子。”其意思是说:司马相如小的时候,喜欢读书,还学击剑,所以他的父母就给他取了一个小名叫“犬子”。这里的“犬子”显然是表示爱称。古代还用“犬”直接代指自己的儿子。如《红楼梦》第 114 回:“(贾政)又指着宝玉道:‘这是第二小犬,名叫宝玉。’”

大概因为狗见到主人爱摇尾乞怜,或惯于苟且偷生,导致人们对它的评价一般不高。因此常有鸡鸣狗盗、走狗之说。

“宝贝”与“货贝”

——“贝”、“朋”二字趣释

“贝”就是海贝，简称为“贝”。“贝”的甲骨文作“”，象左右两扇贝壳之形。金文作“”，象贝两背隆起成拱形，腹下分开露出肉的形状。小篆作“”，描绘海贝活动时，头部伸出两根细长的触角。总之，古文的“贝”字，从不同的角度描绘出了“贝”的形象。可见“贝”是象形字。《说文解字·贝部》：“贝，海介虫也。……象形。”李时珍也说：“‘贝’字象形，其中两点像贝齿，刻其下两点象其垂尾，古者货币为宝。”（《本草纲目·介部》）

“贝”在古代被我们的祖先视为珍宝。晋木华《海赋》李善注引《琴操》中一则故事说：当初周文王被纣王囚禁，为了救文王出狱，文王的一个大臣叫太颠的派人到海边去搜集到了海中的大贝，并将它作为礼品赠送给纣王，贪财的纣王得到这些贝后，非常高兴，因而将文王释放。从这则故事可知“贝”在商代就被视作极为珍贵的物品。《穆天子传》卷二中记载天子赐给赤乌的礼物中就有“贝带五十”，这一记载也给后人留下了古人赠贝的痕迹。

由于贝的外壳坚硬，色彩美丽，富有光泽，先民们最初把贝壳作为装饰或护身之用，有时用贝壳装饰军服，据说这样做除了美观外，“贝”还作为一种吉利的标志。《诗·鲁颂·閟宫》：“公徒三万，贝胄朱綅，烝徒增增。”这段话讲的是僖公率3万部队，全部用红线穿上贝壳以装饰军装。他们认为士兵穿上贝壳装饰的军服可增添威武雄壮的气概。

“贝”何以显得如此珍贵呢？除了因为贝壳美观外，还因当时远离海滨的中原并不产贝。那时的商人们只有跋山涉水辗转千里才能将贝壳运到中原。在交通不发达的古代，将贝从海边运到中原，实在是件极不容易的事。也正由于路途遥远，求之不易，故而显得非常珍贵。为此古人将“贝”称为“宝贝”。

由于贝在当时有很高的价值，只有帝王诸侯及贵族才用得起，因此“贝”常常作为首饰成为一种高贵者的身份象征。

随着原始商业经济的出现，开始出现了“以物易物”的交换手段。这种方法自然带来了诸多不便，于是古人想出了以石制的工具之类的东西找零补齐。随着生产的发展，商品交换的范围不断扩大，这就必然导致商品交换的媒介——货贝的产生。我们的祖先最早使用贝壳作商品流通的媒介。“贝”作为商品交换的媒介使用了相当长的一段时间，直到秦代才以钱代替了“贝”。《盐铁论·错币》：“夏后以玄贝，周人以紫石，后世或金钱刀布。”《说文解字·贝部》云：“古者货贝而宝龟，周而有泉，至秦废贝行钱。”居住在我国云南的哈尼族人，至今仍然把贝币作为财富的象征。哈尼人使用过铜钱、银元、纸币，但在需要用钱币作祈祷富足、祥瑞之物时只用贝币。如在结婚的聘礼中除放上钱物之外，还需加贝币。

“贝”用作商品交换的媒介后，人们将它称之为“货贝”。货贝在古代称之为“朋”。“朋”字甲骨文作“”，金文作“”，看上去均像数个贝壳连串在一起。古代以朋作为货币的单位。《周易·损》：“十朋之龟。”其意思是：用十朋钱换回的一只乌龟。《诗·小雅·菁菁者莪》：“既见君子，赐我百朋。”郑玄笺：“(朋)古者货贝，五贝为朋。”有人对此有不同的说法，认为五贝为系，二系为一朋。从甲骨文和金文来看，二系为一朋与字形较合。“朋”由一串紧密相连的货贝组成，以此喻指从同一老师读书而且关系密切的同学叫“朋”。(也有人认为“朋”指同学时是朋友的“朋”的假借字。)如《论语·学而》：“有朋自远方来，不亦乐乎？”郑玄注：“大司徒云：‘同师曰朋，同志曰友。’其后‘朋’、‘友’均指朋友。”

“朋友”是由两个意义相近的词构成的复合词，这当然是词汇发展的必然结果。不过民间流传着一则关于“朋友”一词来历的传说。

从前，在一座大山脚下，住着两户人家。一户的主人叫阿朋，一户的主人叫阿友。两人都靠打柴为生。

阿朋和阿友十分要好。虽不是一母所生，却胜过了亲兄胞弟。阿朋有了困难，阿友就慷慨解囊；阿友有了困难，阿朋也尽力相助。

有一次，阿朋家偶遭劫难。原来，一股强风把阿朋的两间草棚全吹塌了，还把屋里的桌凳砸了个稀巴烂。阿友的草棚牢固些，才得幸免这场灾难。

阿友见阿朋遭难，十分痛心。他一边叫阿朋暂且住在他家，一边用自己平常打柴得来的钱为阿朋买来材料，又造了两间屋。阿朋感恩不尽，总是处处为阿友着想。后来人们就把同甘共苦、志同道合的人称为“朋友”。

皎然掌上的“中”字

——“中”字趣释

“中”字甲骨文作“”或作“”。对“中”的本义猜测颇多。第一种说法认为“中”像一测天仪，中间一竖表示测天仪的立架。“”是安装在“丨”上的一个瞭望台，供古人观测天象之用。“丨”上的如同飘带类的东西，是用来测量风向的。在甲骨文中，“中”字上的上下四根飘带，总是向着一个方向。即不是同时向右就是同时向左，绝没有其中两根“飘带”向左，而另外两根飘带向右的现象。因而更有理由确定飘带是用来测风向的。（参见李圃《甲骨文选读·序》）

第二种说法：“中”像将一面旗帜插入“”中央。“”表示某一区域或某一范围，“”为旗帜。这与商代“立旗”以观测风向有关。由于“中”的本义是“建旗于之中”，由此引申为左、中、右的“中”，“中”便有了“中间”、“中央”之义。（参见赵诚《甲骨文简明词典》第219页）

“中”字的金文，其形体与甲骨文基本相同，小篆则由金文省减而成为“”。对此“中”字，也有不同的解释。有人认为“中”为象形字，描摹一支箭射向靶子的中心。也有的学者认为，在“中”字里，“”是目标，中间穿过的一竖，表明它的位置正处于中间。其实这些解释均不足以令人信服。《说文解字·丨部》：“中，内也。”许慎将“中”释为“内”，即“里”的意思。显然这是“中”的引申义，不是“中”的本义。如《周礼·考工记·匠人》：“国中九经九纬。”郑

古代测天仪

玄注:“国中,城内也。”

皎然是唐代著名的僧人出身的诗人。一天,一个很爱写诗的僧人听说皎然的诗写得很好,便带着自己写的一首题为《御沟》的诗作去请皎然指点。皎然看后觉得其中“此波含圣泽”一句写得不好,便对那位僧人说:“诗中的这个‘波’字用得不妥,是否考虑改一下?”那个僧人听了皎然的话,颇不以为然,竟怫然而去。但是皎然料定,这首诗的作者想不通只是暂时的,他必然会想通,想通了还会回来找他的。于是在自己手上写了一个“中”字,握之以待。

没过多久,那个僧人果真又回来了,并且高兴地对皎然说:“你的意见很好,我考虑再三,‘波’字用得不太妥当,我想将它改为‘中’字如何?”皎然这时不慌不忙地把手一伸,以掌上的“中”字相示,两人都高兴地笑起来。

小儿辩日

——“日”字趣释

“日”从最早的甲骨文到楷书均为象形字,象太阳之形。甲骨文的“日”写作“”,金文作“”或“”,小篆与楷书相近。为什么“日”字只有金文才是圆的,而其他的文字均为方或准圆呢?甲骨文的“日”之所以为准圆,是因为这种文字是用刀刻在坚硬的龟甲或兽骨上,所以笔画很难刻得圆转。而小篆和楷书的“日”均为方形,主要是因为圆形难写,为了美观起见,因而写作方形的“日”。“日”从甲骨文到楷书,虽然外形有所不同,但有一点

是相同的，即无论圆形、准圆形或方形的“日”字中均有一短横，学者们认为这一短横指太阳发光的黑子。从“日”字的构形，我们发现古人对太阳的观察十分细致，研究颇深。《说文解字・日部》：“日，实也。太阳之精不亏。从口、一，象形。”许慎讲的是“日”的特征。在他看来，“日”(即太阳)是由极盛的阳气构成，所以是那样圆实，从不像月亮那样出现缺月。因此，许慎在释月时说：“月，阙(缺)也。”可见，“实”是对“缺”而言的。

太阳神

贺兰山太阳神岩画

上古太阳均称“日”，不叫太阳。“太”为“极”，“阳”为阴阳之“阳”，指阳气。阳，在上古还指日照充足之地。古人认为山的南面、水的北面是阳光充足的地方，因而称阳。“太阳”就是极盛的阳气或阳性之物。如《汉书・律历志》：“阴气受任于太阳。”其意思是阴性的东西受阳物的影响而受孕。“太阳”指“日”，大概出现于南北朝时期。如《世说新语・宠礼》：“使太阳与万物同晖，臣下何以瞻仰？”其意思是假使太阳与万事万物的光亮相同，我将瞻仰什么呢？由于太阳是人类出现之前就已存在的并引人注目的天体，在古人看来，太阳是永远光芒四射的发光体，它是永恒的，因此人们对太阳十分崇拜，并把它说成是一个人格化了的神。甲骨文中的“日”许多地方就是指日神。如“”（帝日）（库九八五），其意思是对太阳神进行禘祭。“太阳神”在人们心目中是神仙中最尊者，因而历代帝王也将自己比做“日”。

一天，孔子出游到东方去讲学，在路上听到两个小孩正辩论着太阳什么时候离他们最近，什么时候离他们最远。一个小孩说：“当然是早晨太阳刚出来时离我们最近，中午太阳离我们最远。因为太阳刚出来时大得像个车盖，到中午时仅一个盘子那么大。”

另一个孩子则反对说：“太阳中午离我们最近，早晨的太阳离我们最远。因为太阳刚出来时天气很冷，到了中午时天气却很热。”

在他们争来争去，谁也说服不了谁的时候，正好孔子经过这里。两个小孩见了孔圣人便急忙上前向他请教，孔子听后，半天答不出来。两个小孩扳着手笑道：“还说你是生而知之的圣人，可你也有不知道的东西啊！”

北宋时，朝廷中流传着王安石和他的朋友王吉甫两人经常在一起谈诗论文，有时也巧对谜语的故事。一天，王安石对王吉甫说：“我昨夜睡不着，作了一条字谜：‘画时圆，写时方，冬时短，夏时长’，你猜是什么字？”王吉甫也是一位文学功底深厚的学者，一听便知谜底是一“日”字。可他也不直接回答，也写了一则关于“日”字的谜语去解王安石的谜底：“东海有一鱼，无头又无尾，更除脊梁骨，便是这个谜。”王安石听了哈哈大笑说：“你猜中了。”原来他们的谜底都是“日”。

华佗再见

——“见”、“现”二字趣释

甲骨文的“见”写作“”，上边是个横着的“目”，即眼睛，下边是个朝右跽跪着的人。造字者以夸张的手法描画了人的眼睛，其目的就是要突出“见”的“看见”的意思。由此使我们领略了先民的聪明和智慧。“见”金文作“”，

汉画像石　车马拜见图

继承了甲骨文的造字手法，看上去那炯炯有神的目光注视着它要寻觅的对象，这样使它的本义“看见”的意思更加突出。“见”字发展到小篆后，横“目”转动了一下，便成了竖“目”，即“見”，其下部仍然是一“人”字。《说文解字·见部》：“见，视也。从儿，从目。”段玉裁注：“用目之人也，会意。”许慎的训释没有注意到“见”与“视”的区别，而段玉裁似乎补充了许慎的不足，突出了“见”的“看见”义，即“看”的结果。如“视而不见”就是看却看不见。可见“视”只表示看的行为，不强调结果。而“见”注重看的结果：看见。

陶渊明的《杂诗》中有“采菊东篱下，悠然见南山”，诗中的“见”字有人认为用得不好，改为“望”字最好。苏轼则不同意上述看法。苏轼在《东坡题跋·题渊明饮酒诗后》中说：“因采菊而见山，境与意会，此句最有妙处，近岁俗本作‘望南山’，则此篇神气索然。”他从艺术的角度论述了“见”的高妙之处。其实陶渊明所以不用“望”，而要用“见”，正表现诗人深厚的语言文字功底。因为“望”在古代汉语中主要指“远望”，如果写成“望南山”，说明那风景优美的“南山”不仅从客观上离作者很远，而且主观上也离作者很远。一个“见”字，则将远处的南山拉向作者的眼前，正是这个“见”字，使陶渊明离开黑暗的官

（康熙棒槌瓶）孔子拜见老子图

场，隐居田园之后，一边采菊，一边欣赏远山景色的自由生活跃然纸上。可以说，人间景色尽收作者眼底，这是在官场中怎么也享受不到的乐趣。这样一个“见”字将近之东篱，远之南山，融为一体，都在“人境”之中，更突出了作者超脱尘俗的境界。

“见”的本义是“看见”，引申为“见面”。如《诗·卫风·采葛》：“一日不见，如三秋兮。”其意思是：一天没见面，就如同隔了三年没会面一样。

由于上古没有“现”字，因而“现”字的意义“显露、表现、现成”等全由“见”兼起来。不过当“见”作“现”时，其读音不是jiàn，而是读xiàn。“现”是后起字，因此可说“见”是“现”的古字。正因为如此，在古汉语中，尤其在上古汉语中，“见”、“现”不分，常常闹笑话。《史记·项羽本纪》：“军无见粮。”有人把这句话翻译成为“军队没有看见粮食”，闹出了笑话。其实这里的“见”字就是古“现”字，必须读xiàn，“现成”的意思。在这里还要说一下，当“见”作推荐、介绍讲时，也读xiàn。如《墨子·公输》：“胡不见（xiàn）我于王？”其意思是：为何不向大王推荐我？

最后，我们再谈一则有关“见”的笑话。在首都一所颇有名气的大医院里，挂着一块醒目的金字横匾，上面镶刻着“华佗再见”四个大字。这是送匾的人夸赞这所医院大夫的话，意思是这所医院的大夫医术高明，如同古代名医华佗转世。

有一次，一个外宾参观团到这所医院参观，看到“华佗再见”的横匾，一位外宾不知道是什么意思，于是便问陪同参观的年轻翻译。那位年轻的翻译不知道“见”和“现”是古今字，“见”在这里要读成xiàn，于是望文生义，信口解释说："华佗是中国古代的一位名医，这匾上的几个字的意思是说：'再见吧，华佗！'"这实在太可笑了。我希望我们年轻人，尤其是非中文专业毕业的年轻人，都要学点古汉语知识，不要再闹这样的笑话。

弯弯的流水，长长的流水

——"水"、"永"二字趣释

李白的著名诗句"黄河之水天上来，奔流到海不复回"，将汉字中的一个"水"字的内容表现得十分形象逼真。"水"甲骨文作""或""，金文和小篆的形体更是弯弯曲曲的飞流直下的流水之形，其中几点，表示激流中溅起的水花。一个古文"水"字向人们生动展示了"水"的神韵和风采。到楷书，则把表示水的几点线条化，同样也是象形字。

《说文解字·水部》："水，准也。"段玉裁注："准，平，天下莫平于水。"当水静止后，它又平如镜，因而引申出"平"的意思。所以古人常用"水"来观测物体的平坦状。

因为大江大河都是由水组成，所以"水"在古代又作为江河的通称。又因为"江"在上古专指长江，"河"专指黄河，因而古人只能用"水"指江和河。如《诗·卫风·竹竿》："泉源在左，淇水在右。"其意思是泉源从左边流

古代山水图

过，淇水从右流过。今天的汉水、渭水、淮水、泗水等几条河流均称“水”，就是古代“水”指江、河的遗存。

有的学者认为在“水”字上多加一点，则为“永”。其实并不如此，只要看一看“永”的古文字，就清楚了。甲骨文的“永”，为“”，金文的形体为“”，小篆为“”。对于“永”的古文字主要有两种解释。有的人认为“永”的古文字像一条由主流和由其分离出来的一条向右或向左不停地流淌的支流组成的河流，这条河流既有主流又有支流，说明这条河流是很长的。由此可见，“永”的本义是长长的流水。如《诗·周南·汉广》：“江之永矣，不可方思。”其意思是长江呀是这样的长，不能划船渡过去的。《说文解字·永部》：“永，长也。象水坙理之长也。”许慎以为小篆的“永”字，描摹长长的河水水脉。由“水流长”引申为“深长”、“久远”的意思，此意一直沿用至今。

也有的学者从“永”字的古文形体分析，认为“永”字由“”（表示流水）、“”或“”（即“彳”，表示行之意）以及中间的“人”构成，整个字的意思是人在水中行。由此可知，“永”的本义是“游泳”。《六书故·地理三》：“永，潜行水中谓之永。”可见“永”为“泳”之本字，其后“永”用作“永久”之“永”，而游泳的“泳”则是在“永”字左边加一“水”旁来表示。如《诗·周南·汉广》：“汉之

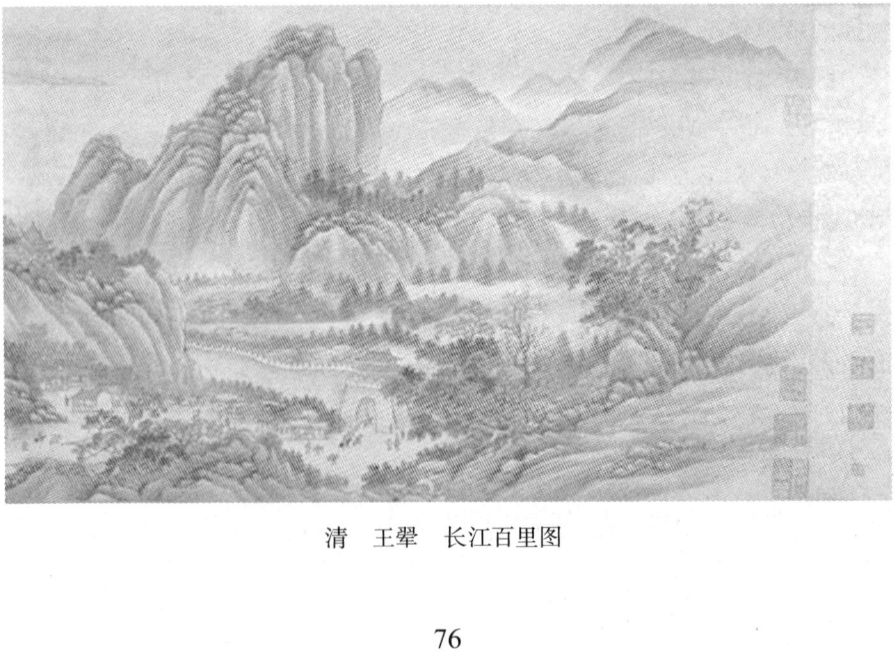

清　王翚　长江百里图

广矣，不可永思。”其意思是汉水多么宽呀，不能游泳过去啦。

宋代有一位著名画家叫米芾，小时候在私塾里学习书法，学了三年，也没学成。一天，一位写得一手好字的秀才进京赶考路过米芾家乡。米芾得知这位秀才写得一手好字，便前去求教。

秀才见米芾生得聪明，就答应教他练习写字。秀才先看了米芾写的字，若有所思地说：“要想跟我学写字，得买我的纸。我的纸五两纹银一张。”

米芾吓了一跳，心想，哪有钱买这么贵的纸写字呢？但他学字心切，还是回去找人借了五两银子，买了秀才的一张纸。那位秀才叮嘱道：“回去好好写吧，三天后拿给我看。”

米芾回到家里，手捧用五两银子买来的纸，放在一边舍不得用，而用没蘸墨汁的笔在桌子上画来画去。一连画了三天，他都是这样，反复琢磨，反复画，连一笔也没在纸上写过。

到了第四天，那位秀才来到米芾家，见米芾手握毛笔在桌前望着字帖出神，一字未写，竟故作惊讶地问道：“你怎么一个字也没写呀？”

米芾抬头一看秀才来了，才意识到期限已到，忙辩解道：“我怕写不好，浪费了纸。”

秀才笑着说：“好了，琢磨了三天，现在写个字给我看看吧。”

米芾提笔写了一个“永”字。

秀才一看，字漂亮极了。于是问道：

“为什么三年学不会，而这三天就能写好呢？”

“因为纸贵，我舍不得用。这三天，我就反复琢磨字帖，把字都琢磨透了。”

“这就对了，学写字不仅要动笔，而且要动心，不但要观其形，还要悟其神，心领神会，才能写好。”接着又说：“你已领会了写字的窍门，我走了。”说完，那秀才提笔在“永”字后添了七个大字：“（永）志不忘，纹银五两。”随后从怀里掏出五两银子还给米芾，便上路赶考去了。

其后，米芾牢记秀才的教导，用心练字，终于成了著名的书法家和画家。

风月无边

——“风”字趣释

“风”在甲骨文中为“”，此字看上去却像一只传说中的凤凰。此字实为凤凰的凤的本字，象形。而“风”这种摸不着，看不见的东西，既难以用一个符号来表示，又难以描画出具体的形状，因而将“凤”字借用为“风”。如甲骨文中的“大凤”就是“大风”，“小凤”就是“小风”，“不凤”就是今天不刮风。

到了小篆时代，人们将“凤”字还给了“凤凰”，而造了一个“風”字，“風”为“风”的繁体字。《说文解字·风部》：“风，八风也。……风动虫生，故虫八日而化。从虫，凡声。”《六书故·动物四》：“天地八方之气吹嘘鼓动者命之曰风。”可见“风”的本义就是指自然界空气流动的现象。古人认为“风”动而虫生，因此用“虫”作“风”字的意符，“凡”字作声符，新造“风”字。《庄子·齐物论》：“大块噫气，其名为风。”其意思是大地发出来的气叫做风。

汉代瓦当凤凰图

由于“风”与“空气”关系密切，因而引申出“风气”、“风俗”的意思。如《吕氏春秋·音初》：“是故闻其声而知其风，察其风而知其志。”高诱注：“风，风俗。”其意思是：因此听到那个地方的音乐就可以了解那里的风俗，考察那个地方的风俗，就可知道那里人的志趣。由于“风”指“风俗”，因此引申指“民间歌谣”。如《诗经》中的诗分为“风”、“雅”、“颂”三类。自《周南》至《豳风》合称为十五国风，收诗160篇。宋朱熹《诗集传·国风一》：“风者，民俗歌谣之诗也。”“风”指民歌、民谣。

历史上关于“风”字的故事也不少。宋代大散文家范仲淹在浙江做地方官时，在富春山上的钩台上造了一座严子陵的祠堂。祠堂落成后，范仲淹为之写了《严先生祠堂记》一文。记中写道：“云山苍苍，江水泱泱，先生之德，山高水长。”文章写好后，将此文送给友人李泰伯看，李看后赞不绝口，随后对范仲淹说：“如果诗中改动一个字，那就更完美了。”范仲淹连忙请教。李泰伯说：“诗中写云山江水的话，意境很大，后面用一‘德’字来承接，便觉得有些局小，而且太呆板。把‘德’字改成‘风’字，你看如何？”范仲淹听了，连声说好，马上就把“德”字改成了“风”字，并且尊称李泰伯为一字之师。

清代著名画家李方膺有一次到朋友家里做客。席间话题突然转到绘画上来，有人说：“世上什么东西都好画，就是有一种东西画不了！”另一个人问他是什么东西难画，那个人只回答了一个字：“风！”

在场的人听后都默不做声，心里都承认风确确实实是一种难画的东西。

这时李方膺站起来说：“能！风也能画。”

在座的人愕然。李方膺当场挥笔作画，一会儿，他果然把“风”画出来了。这就是我们今日所见到的《风竹图》。看了李方膺的《风竹图》，有人评价说：“李方膺不仅把风画出来了，而且把风声也画出来了。”

泰山“虫二”刻石

游泰山的享受，除了自然风景之外，便是登泰山途中的历代文人墨客的题字石刻。20世纪50年代末期，有几位日本学者到中国来访问。一天，他们登临泰山时，见盘山路一侧的石壁上刻着“虫二”两个字,这两个字引起了这些日本客人的极大兴趣,却不解其中的意思。于是便询问陪同的中国学者。不料,陪同的人也被这两个古怪的字难住了,他们只好答应客人回去查询。

游山归来,日本学者追问“虫二”的读法和意义,于是陪同者翻遍典籍,多处走访专家学者,都没有解开此谜。

不久,此事传到北京。有人带着临写的这两个字到中国科学院去请教郭沫若。郭老看了这两个字,沉思了一会儿,提笔在“虫二”两个字的外边各添上两笔,于是便成了“风月”二字。然后郭老笑着说:“这两个怪字的意思是‘风月无边’。这不过是古代名士的文字游戏而已。”后来,当代书法家谢逢松以“虫二”二字为上联,并题写了下联。他的下联是“年华”,即在“年”和“华”两个字上各加了一个“□”,其意思是“年华有限”。这种文字游戏确实玩得很有水平。

头发长,年岁大

——“长”、“老”、“考”三字趣释

“长”字的甲骨文为“”或“”,其上部是两根向右弯曲的长头发,其下是人的手臂和身子及腿。“长”字特别突出了人长长的头发。因此有的学者认为“长”(cháng)的本义是人的头发长。余永梁《殷墟文字考续考》:“长,实像人发长貌,引申为长久之长。”由于我们的先民没有理发的习惯,头发长的人,当然也就是年龄大的人。因此“长”(zhǎng)引申出“年长”(zhǎng)的“长”的意思。

也有的人认为“长”的本义就是“老年人”,即年长者,或长者。古代当官的一般要年纪大的人,即年长的人,因此“长”(zhǎng)又引申为长官之“长”。从甲骨文来看,长者的头发都很长(cháng),因此“长”便引申为长短的“长”。

甲骨文的“老”字为“”或“”,看上去正是一个面朝左的老人的形象,

长头发的北京猿人

体，许慎认为“老”字是由毛、人和匕（化）三字组成，会意字。其意思是须发变白了的人就是老人，即他所说的七十岁（亦说八十岁）的老人。可见“老”的本义就是指年纪大的人。

常言道，姜是老的辣，年纪大的人富有经验，办事稳重，因此“老”引申为“老练”的意思。如杜甫《奉汉中王手札》：“枚乘文章老。”其意思是两汉文学家枚乘写文章很老练。又由于年龄大的人，活的时间长，对过去的东西经历的时间一般都较长，所以“老”又指历时长的、陈旧的或原来的等意思。如“老工厂”、“老机器”、“老脑筋”、

长着长长的头发，弯腰驼背，手持拐杖，慢慢向前走。商承祚《殷虚文字类编》中说：“（甲文）老者倚杖之形。”可见甲骨文的“老”为象形字，是一持杖老者的形象。金文的“老”字则为“”，其人头部的毛发变得更长，简直像一条竖起的辫子，下边的拐杖变得完全不像一条拐杖了。小篆继承了金文的形体：“”。《说文解字·老部》：“老，考也，七十曰老。从人、毛、匕。言须发变白也。”许慎对“老”的意义的训释与甲骨文的“老”字所表示的意思是一致的。根据小篆形

古代老人

“老地方”、“老脾气”等。

宋代的帝王笃信中国传统的道教，崇尚黄老之学。受其影响，宋代不少人名中喜欢带上一个“老”字。在宋史和宋代诗文中，以某某老命名的人常常可以见到。清代赵翼著《陔余丛考》一书中对此进行过统计，名为胡唐老、刘唐老、孟元老、陈朝老的人有19例之多。命名为孙莘老、刘莘老、许崧老、赵德老的有28例。还有什么吕辩老、张茂老、邹园老、何国老等。

《清朝野史大观》卷六载有一则关于“老”字的故事。清代乾隆年间，大学者纪晓岚在翰林院编纂《四库全书》，乾隆皇帝很重视这项工作，因此常常到翰林院了解编纂情况。一天，纪晓岚和同事们开玩笑说：“老头子(指乾隆皇帝)今天为什么迟迟不来呢？”话音刚落，正好乾隆帝走了进来，听见了他的话，厉声问道：“‘老头子’三字作何解释？”见乾隆皇帝来了，同事们都为他捏了一把冷汗。

纪晓岚见皇上责问，从容跪在地上答道：“万寿无疆之谓老，顶天立地之谓头，父天母地之谓子，简称‘老头子’。”

乾隆帝听了，对纪晓岚能言善辩的才智很佩服，因此没有治他的罪。

自此，官场上常有人背后称上司为“老头子”或“老头儿”。国民党的高级将领就称蒋介石为“老头子”。

“考”字的意思不仅与“老”字的意思相同，而且它的甲骨文形体与“老”字相同，只是到了金文时，老人手中的拐杖变成了“丁”字形，小篆保持了金文的形体。楷书进一步出现了讹变。《说文解字·老部》：“考，老也。从老省，丂声。”可见“考”的本义就是“老”，即年岁高的人。人年岁高了，就要死，于是“考”便引申为“死”。古人称死去的父亲为考。《释名·释丧制》：“父死曰考。”如《楚辞·离骚》：“帝高阳之苗裔兮，朕皇考曰伯庸。”其意思是我(屈原)本来是高阳氏的后代，我死去的父亲叫伯庸。“考”字后来用于考核、考查、考试等意思与“老”的本义无关，是一种假借。

从以上对“长”、“老”、“考”三字的分析，可知这三个字的本义相同，均指头发长、年岁大的人。

以斧劈木

——“斤”、“析”二字趣释

“斤”的甲骨文为“”，上面是朝左的横刀，下部有一个曲柄，整个形体像今天所说的斧子，象形字。其本义就是斧，一种砍伐树木的工具。金文和小篆的“斤”仍然保持了甲骨文像斧形的特征，只是在形体上有些变化。《说文解字・斤部》：“斤，斫木也。象形。”所谓“斫木”讲的是“斤”的作用，也是“斤”的引申义。段玉裁讲得更清楚，他在《说文解字注》中说：“斧，则谓之斤。”如《孟子・梁惠王上》：“斧斤以时入山林，材木不可胜用也。”这就是说，按照规定的时间拿着斧子进山林砍伐树木，木材也就会用不完。

“斤”的本义是大斧头，它又是怎样用于表示重量单位的呢？有人认为是因为古人将一把斧头制成后，总要称称它有几斤重，“斤”由此便引申为表示重量。这种说法太牵强。其实“斤”用作表重量的单位是借用，即古代先只有表示斧子的“斤”字，没有表重量单位的字，因此聪明的先人将“斤”字借用过来表示重量，从此一借永不还。于是“斤”索性将自己的本义交给与它同义的“斧”字表示，自己专门表示重量单

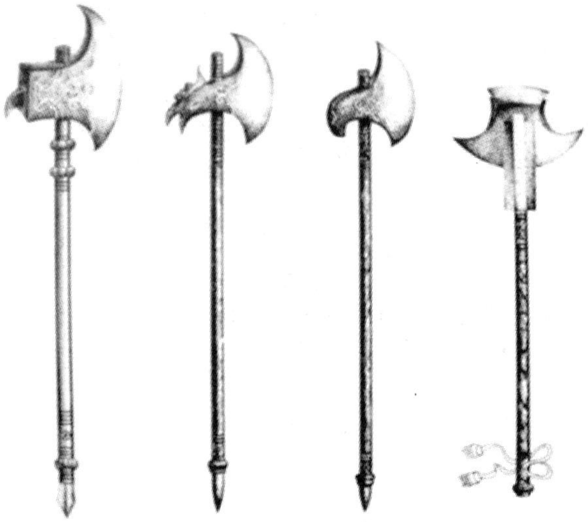

斧

宋　梁楷　元祖砍竹图

位。有的学者认为是因为“斤”字被借用作表示重量单位后，古人在“斤”字的上面加一“父”字为声符，造出了“斧”字，用以表示“斤”的本义。这种说法也不确切，因为甲骨文中既有“斤”又有“斧”。

以“斤”为意符的“析”字也早见于甲骨文，写作“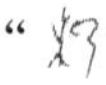”，小篆为“”。它们描绘的是一幅古人挥动斧子砍伐树木的情景图，左边是木，即一棵大树，右边是一把正砍向大树的“斤”。看到“析”字，我们就仿佛看到了《诗经·魏风·伐檀》中所描绘的古代劳动人民在山中挥动大斧子砍伐檀树的那辛勤劳作的情景。可见“析”的本义是将树木砍断。

《说文解字·木部》：“析，破木也。一曰折也。从木，从斤。”桂馥义证：“字从木，从斤，谓以斤分木为析也。”许慎和桂馥所讲的“破木”是“析”的本义，即将树分开。如《诗·齐风·南山》：“析薪如之何，匪斧不克。”其意思是：怎样劈开那烧饭的木材，不用斧头是不行的。

由于“析”有将木头分开的意思，所以就引申为分开、分析、分解、分散等意思。如陶渊明《移居》：“奇文共欣赏，疑义相与析。”

落墨成牛

——“牛”字趣释

“牛”甲骨文作“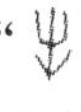”，它所描绘的是一个正面的牛头形状，是象形字，两旁向上竖起的是两只弯曲的牛角，两角下的向上斜出的两画是牛的耳朵，中间的一竖是牛面的线条化。“牛”是根据“牛”这种动物“角”的特征描绘而成。在造字过程中，先民抓住了牛这种动物最突出的特点，用简明的线条加以表达出来，这充分地体现了先民的形象思维能力。“牛”(niú)的字音，是根据其叫声拟定的，即通常所说的“拟声词”。“牛”在甲骨文中有几个相近的形体，即“”、“”、“”、“”等，有的学者认为上述形体应分别指一岁的牛、二岁的牛、三岁的牛和四岁的牛，也有的学者理解为是合文，即“一牛”、“二牛”、“三牛”、“四牛”等。甲骨文中所见“牛”字之多，充分展示了商代“牛”早已成为先民生活、生产中不可或缺的牲畜。

养牛在我国具有悠久的历史。考古学家们根据出土的牛化石及牛骨制品，证明在旧石器时代早期，我国已有牛存在，在新石器时代晚期，中华民族的祖先已开始饲养家牛。有许多少数民族的祖先，把牛视为远古创世神兽。

汉画像石　牛图

古代传说中的蚩尤族是以牛为图腾的，现居住在湖南溆浦五溪一带的少数民族大多为蚩尤的后裔，他们至今仍然保留着崇拜牛的习俗。黔东南的苗族山寨，过节全家“打牙祭”前，必须先将耕牛喂饱；过苗年跳铜鼓舞时，悬鼓的木架上也要安装一对水牛角；苗族姑娘节日的服饰之一是以戴牛角为美。生活在我国西北地区的维吾尔族和塔吉克族人认为人类生活的世界是由一头神牛顶着，人若干了坏事，神牛就会抖动牛毛或犄角发出警告，并会发生地震。

每年四月初八是壮族人一年一度的“牛王节”。这天壮民要给牛放假，并备足鲜嫩的青料，让牛吃饱睡好。传说牛早先是会说话的，后因老牛向早出晚归犁田的年轻男子告状，说他那爱睡懒觉的妻子到了晌午还忘了送来早饭。男子返家打了妻子，妻子怀恨在心，将蒸笼里滚烫的糯米饭往老牛嘴里塞以解恨，牛被烫坏了舌头，从此再也不会说话了。人们为了谢恩，后来每逢牛被伤舌的四月初八那天，都要给辛勤劳动而无怨言的牛做一锅糯米饭，放几块腊肉，让牛先吃，而后人们才吃。

在古代，古人常将“牛”作为祭牲，他们认为牛是最能娱神之物，文献中多有古人以牛为质祝祷祛病的事。《韩非子》中载，秦昭王生了病，百姓听说后，连忙买牛质于里社，为王祝祷，王病愈则杀牛祭神。祷病不用其他牲畜，偏要用牛，可见牛是最为鬼怪所看重之物。牛在当时来说是高档次的祭品，因此在历代刑法中，都有禁止杀牛的条例。

“牛”为人类终年辛勤耕地、拉车，任劳任怨，任人们役使，因而有“孺子牛”的典故。春秋时，齐景公特别宠爱自己的小儿子荼。一天，荼要当一个放牛娃，牵牛玩。景公怕年幼的儿子牵真牛出事，便自己伏在地上，装成一头牛，口里还衔着绳子，让儿子牵着，服服帖帖地在地上爬来爬去，任儿子牵着走。因此，后人有了“俯首甘为孺子牛”的说法，“孺子”为儿童的通称。

汉画像石　牛耕图

因为牛性固执、倔犟,所以常称这种性格为牛性。如《红楼梦》第17回:“众人见宝玉牛心(性),都怕他讨了没趣。”

“牛”还指“牵牛星”。如杜甫《天河》:“牛女年年渡,何曾风浪生。”传说在银河边牛郎星与织女星隔河相望。很久以前,天帝的孙女织女在天宫中长年织造云饰,感到十分寂寞,于是私自下凡与早已被贬到人间的牵牛成婚,从此中断了云饰的织造。后被玉帝知道,玉帝一怒之下,便派天兵天将召织女返回天宫,牵牛挑起一双儿女追到天上,眼看就要追上时,狠心的王母娘娘划了一道天河,将他们隔开,只准他们每年七夕相会一次。从此,这对夫妻每天只能各自站在银河边隔河凄凉地相望。

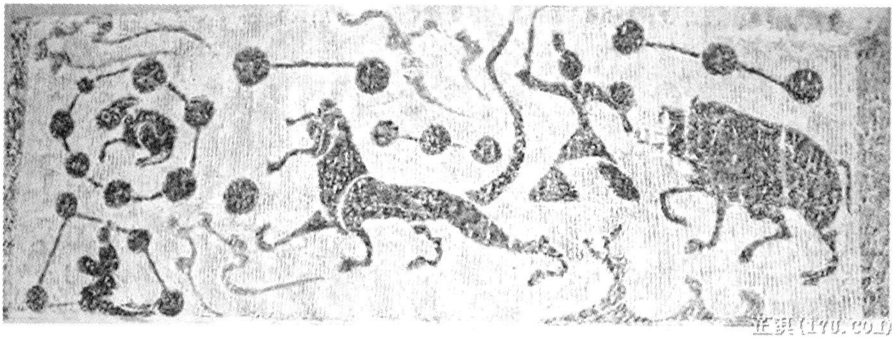

汉画像石　牛郎织女图

晋代的王献之不仅是大书法家,也是绘画高手。

有一次,桓温准备了上等的纸卷,请王献之书写一副长联。刚好,王献之多喝了几杯老酒,头晕手颤,蘸墨时用力过重,一提笔,“嗒”的一声,一大滴墨汁落在洁白卷纸的正中。桓温见了,很不高兴,责备道:“真是糟糕,上好的纸被你污损了!”王献之却毫不在意,笑着对桓温说:“不要着急,我给你在这上面画一幅画,总可以吧?”桓温只听说过王献之是书法高手,不曾听说他还会绘画,便推辞道:“罢了,罢了,不再劳烦你了!”王献之却不听劝告,提笔熟练地在那块墨迹上点揉了几下,墨块一下变成一头神情活现、奔跑着的大花牛。他随后还在旁边用小楷写了一篇《悖牛赋》。此时,站在一旁的桓温非常高兴,连声道:“子敬,你真是书画诗赋无一不精的全才啊!真是了不起！”

从此以后，人们不但向王献之求字、求诗，向他求画的人也络绎不绝。

让世界充满爱

——“仁”字趣释

“仁”字甲骨文中似乎还没有发现，也有的学者说甲骨文中有“仁”，但证据不足。孔壁古文中有一个“仁”，写作“”，从尸（即人），从二。小篆作“”。《说文解字·人部》：“仁，亲也。从人，从二。会意字。”“二”为数之偶。偶，人偶也。“偶”与“耦”同，所以段玉裁注曰：“耦，犹言尔我亲密之词。独则无耦，耦则相亲。故其字从人、二。”根据许慎和段玉裁的解释，“仁”字的结构体现的是一种文明的人际关系，即人与人之间不分贵贱，不分种族，彼此之间亲密无间。“仁”的创造，体现了我们的先人首先提出要建立一个让人类充满爱，让世界充满爱的温情脉脉的理想社会。

“仁”虽然甲骨文中似乎还没见着，但中华民族“仁”的思想在殷商时期已经产生。（参见杨荣国《中国古代思想史》第89页）西周统治者已开始倡导“仁”。如《诗·郑风·叔于田》：“不如叔也，洵美且仁。”其意思是都不如打猎高手阿叔，不仅确实美，而且确实做到了仁。

《礼记》、《孟子》、《春秋繁露》等书上均谈到了“仁”对于“人”的重要性：“仁者，人也。”即群体中的人与人之间必须亲密无间，互相关心，互相爱护。正是在这个意义上，“人”才成为万物灵长的代表。“仁”是儒家思想的核心。不过孔子赋予了“仁”更为丰富的内容。《论语·阳货》：“子张问仁于孔子。孔子曰：‘能行五者于天下为仁矣。’请问之，曰：‘恭、宽、信、敏、惠。’”其意思是，子张向孔子询问什么是仁，孔子回答说：“能够处处实行五种德行，便是仁人。”子张又问：“请问哪五种？”孔子回答道：“庄重、宽厚、诚实、勤敏、慈惠。”

孔子讲学图

春秋战国时期，不仅儒家倡导“仁”，其他各家也几乎都提倡“仁”。《墨子·经说下》：“仁，仁爱也。”即仁者爱人。其实墨子提倡的“兼爱”（博爱，爱众生），完善了“仁”的内容。力主以法治国的法家人物韩非子也大力提倡“仁”。他说：“仁者，谓其心中欣然爱人也。其喜人之有福，而恶人之有祸也。”（《韩非子·解老》）其意思是：“仁”就是心中很高兴地去爱别人，并且更喜别人有福，而讨厌别人有祸。

总之，“仁”是我们民族祖先倡导的美德，实现“仁”，即建立一个和平、民主、文明、幸福的新世界，是我们华夏子孙义不容辞的责任。

“人”与“人”的排列组合

——“从”、“比”、“北”三字趣释

从古文字来看，“从”、“比”、“北”三字均从二人，只是由于二人的排列组合方式不同，因而构成了三个不同的字，其意义自然也相去甚远。

甲骨文的“从”写作“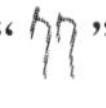”、“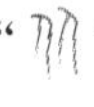”，由两个侧立的人构成，一人在前，一人在后紧跟，二人的方向在甲骨文中均朝左。其意思是一人在前面走，一人在后面紧紧跟着，是会意字。

“从”的金文形体，在甲骨文形体的基础上增加“止”（即脚）和“彳”（表示行动）成为“”，其实“彳”与“止”合写成“辵”，即今之“辶”，从而加强了“从”字的“行”义。后来的繁体字“從”就是承金文而来。繁体的“從”写起来实在

太复杂，所以简化时，人们又选择了“從”的古字“从”。《说文解字·从部》：“從，随行也。从辵、从，从亦声。”徐灏注笺说得更明白：“从、從古今字。从，二人相随，即从行之义。后加义符辵，随行义遂为从字所专。”由此可以确定“从”的本义就是“跟随”。如《左传·庄公十年》：“可以一战，战则请从。”

由于“跟随”时，其中一人在前，一人在后，又像后边的一个人在追赶前边的一个人，所以“从”引申出“追赶”的意思。如《书·汤誓》：“夏师败绩，汤遂从之。”孔传：“从，谓逐讨之。”其意思是夏军大败，而商汤出兵追赶。

又由于“跟随”中，包含有顺从、听从的意思，所以“从”引申为顺从、听从的意思。如《荀子·子道》：“从道不从君，从义不从父。”其中的四个“从”均为顺从的意思，即宁可顺从道义，也不能顺从君王父亲。

“从”字中的两个侧立的人本来是朝着左边的，如果由于二人意见分歧，导致后边的一个人不是跟着前边的一个人，而是掉头背对前一个人朝右边走去，“从”字就变成“”，为“北”字的甲骨文，“北”字的金文形体与此相同。故“北”字均由两个侧立的“人”组成，这两人既不并列，也不相对，更不相随，而是相违背，均是背对着背。“北”的小篆为“”。《说文解字·北部》：“北，乖也，从二人，相背。”所谓“乖”，就是指两人之间的关系不协调，有矛盾。其本义是“背对背”，即“违背”的意思。徐灏在《说文解字注笺》中说：“北、背古今字。”

为何古书中称打了败仗也叫“北”或“败北”呢？古代两军交战之时，打了败仗的一方要转向后逃跑，逃跑时当然是败军的背对着打胜一方军士的背，因而称为“北”。如成语有“追亡逐北”，其意思是追击败逃的敌人。“北”后来假借为表示方向的“北”后，使用频率很高，不再作“背”的意思。因而古人另造一字，即在“北”字下加一“月”（古“肉”字），便是“背”。

“从”字中的两个侧立的人如果一起改变方向，均朝右，并肩站立，就成了“”。这就是“比”的甲骨文。金文和小篆的“比”字形体与此相同，像两个人并排站立着，比高低。《说文解字·比部》：“比，密也。二人为从，反从为比。”许慎将“比”的意思训释为“密”，即“亲密”的意思，显然不是“比”的本义，而是“比”的引申义。两人既然能站在一起，彼此之间当然有着亲密的感情。如王勃《送杜少府之任蜀川》：“海内存知己，天涯若比邻。”其中的“比”

就有亲近的意思。

因为“比”的本义是两人并肩站在一起，比高低，所以引申为“比较”的意思。

背私为公

——“公”字趣释

“公”字最早见于甲骨文，为“”，金文形体与之基本相同，看上去均从八，从“口”。其实，“公”字并不从“口”，“口”为古“私”字。《韩非子·五蠹》：“古者仓颉之作书也，自环者谓之私，背私谓之公。”又《人主》篇：“其当途(当权)之臣，得势擅事(办事)以环其私。”根据上述叙述，可知古“私”字作“口”或“”。(参见陈初生编纂《金文常用字典》第85页)

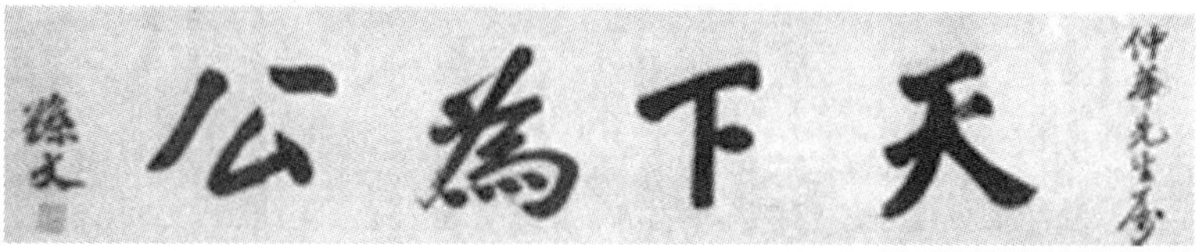

孙中山“天下为公”题词

《说文解字·八部》：“公，平分也。从八，从厶。八犹背也。”许慎沿用了《韩非子》的解释，认为“公”由“八”和“厶”两字构成。“八”字两笔向着相反的方向，古人取相背之义。《说文解字·八部》：“八，别也。”从“八”的字多有“分开”的意思。如“分”，表示用刀分物；“半”，表示把牛分成两半；“介”，表示人各有界限。“分开”就是相背离、相对立。“厶”，古“私”字，像往自己身边环绕之形，即一切为自己打算为私。“八”、“厶”合起来的意思是与私相背、相对立。反对私，即不为自己打算，一心为公。

“公”由“公正”、“一心为公”引申出“共同”的意思。由“共同”的意思再引申为“公家”、“公物”。由于“公”的本义是一心为公，因而古人将其命名为五等爵位之首。如《艺文类聚》卷五十一引三国时吴环济《帝王要略》云：“爵有五等，公者，无厶也。”

《吕氏春秋·去私》中有这样一则故事。春秋时，晋国的南阳县缺个县令，晋平公问他的大夫祁黄羊该派谁去当这个县令最好，祁黄羊极力推荐解狐去。晋平公对祁黄羊说：“解狐不是你的仇人吗？”祁黄羊回答道：“您问我谁可担任县令，并没问我谁是我的仇人啊！”晋平公根据祁黄羊的意思，派解狐当了南阳的县令。国内的人对此称赞不已。

过了不久，晋平公又问祁黄羊：“国家缺少了一个管理军事的官员，你看谁可以担任？”祁黄羊回答道：“祁午可以。”晋平公又道：“祁午不是你的儿子吗？”祁黄羊回答说：“您问的是谁可以担任军事长官，并没问谁是我的儿子呀！”于是晋平公派祁午担任军官，祁午也干得很好。推荐外人不回避仇人，推荐家里的人不回避自己的儿子。后来孔子听到了这件事，感慨道：“祁黄羊可识千里马，可称得上‘公’。”

慈乌反哺

——“乌”字趣释

“乌”早见于金文，金文中的“乌”写作“”，小篆作“”。从结构看，为一象形字，像一只活灵活现的乌鸦，乌鸦的喙、头、身、翅、爪及尾全描画得惟妙惟肖。其本义就是指乌鸦这种鸟。“乌”字有两大特点，一是没有描绘出乌鸦的眼睛，这是因为乌鸦全身是黑的，而它的眼睛也是黑的，处于黑羽中的黑眼睛一般不容易被人看到。这是原因之一。段玉裁《说文解字注》：“‘鸟’字点睛，‘乌’则不点，以纯黑，故不见其睛也。”原因之二，大概是要与“鸟”字区分开来，如果在“乌”字的头上再点上眼睛，就成了“鸟”字，那样会造成“乌”与“鸟”不分。

对于“乌”字的造字结构，有的人认为不是一个象形字，而是一个指事字，并且是指事中的减指字，因为“乌”字是由“鸟”减去一“点”而成。这种讲法也有一定的道理。而有的学者将“乌”说成是会意字（参见陈铁、许亦文编著《汉字解形辨似手册》第537页），实在不敢苟同。“乌”字的第二大特点是，造字者根据乌鸦喜张嘴大叫的特点，因此将乌鸦的嘴巴进行了夸张，画得特别长，张得也特别大。

《说文解字・乌部》：“乌，孝乌也，象形。孔子曰：‘乌，盱呼也。’”根据许慎的说法，“乌”之所以称乌，是这个字在发音时自如地舒气，所以称乌。乌鸦为什么为孝乌呢？据说乌鸦的幼乌长大以后，为了报答它们“父母”的养育之恩，在它们的“父母”老了，飞不动了，不能出去觅食时，就让“父母”栖息在巢里，而这些幼乌则经常出去为“父母”找食，去奉养它们的“父母”。这就是人们常说的“慈乌反哺”。因此，人们认为乌有赡养“父母”的美德，因而被称为“孝乌”或“慈乌”。

汉画像砖　太阳

又由于乌鸦全身是黑色的，所以“乌”引申出“黑”的意思。如《三国志・魏书・邓艾传》：“身披乌衣。”就是指身穿黑色衣服。又如“乌云”、“乌金”、“乌黑”等中的“乌”均指黑。

古人称“乌”为“金乌”。据汉朝淮南王刘安所撰《淮南子・本经训》载，上古帝尧之时，天空中有十个太阳，烤得大地发热，禾苗被烧焦，人民苦不堪言。于是尧帝请求天帝援救，天帝派擅长射箭的羿到人间，临行前，天帝赐给羿一支红色的大弓和一个白色的箭袋，箭袋里还装了满满的一袋箭。

羿来到人间，拜见了尧帝后，立即拉开自己的神弓，惩罚那天空中的太阳。当他对准天空“嗖”地一声射出第一支箭时，正好射中了十个太阳中的一个，只听到那中箭的太阳发出猛烈的一声爆炸后，一些金色的羽毛纷纷散落开来，随即一团红色的东西掉在地上，人们跑过去一看，原来是一只硕大无比的三足乌。大家才知道，这太阳原是一只三足的乌鸦。

羿又接二连三地发出了八支箭，将天空中的太阳射落九个。当他要射第十支箭时，尧帝急忙上前制止道："留下一个太阳，不然整个世界是一片黑暗，那可就麻烦了。"在尧帝的劝告下，羿才留下了一个太阳。由于太阳里有三足乌，因此，后人将"金乌"作为太阳的别名。如唐朝韩愈就有"金乌海底初飞来"的诗句，其意思是太阳刚从海底飞升出来。

清　王翚　秋树昏鸦图

大概因为"乌"就是太阳，又因为"乌"为孝乌，所以引起人们对它的好感，将它视为吉鸟。《容斋随笔》中说："北人以乌声为喜，鹊声为非，南人反是。"北方的满族人对乌鸦更是怀有好感，传说乌鸦是救过他们部族头领性命的恩鸟，因此禁止猎捕乌鸦。又据《汉书·张骞传》中记载，古代乌孙国是地处敦煌、祁连山之间的小国，当大月氏国王杀了乌孙国王难兜靡，并占领了他们的地盘时，难兜靡的儿子昆莫刚出世不久，昆莫的师傅抱着他逃往匈奴。几天的旅途奔波，昆莫饿得嗷嗷直叫，师傅便将他藏匿在草丛中，去附近为他找寻食物。当师傅回来时，看见一些乌鸦衔着肉，飞到昆莫的身边，并给他喂食。这就是北方人视"乌"为恩鸟的原因之一。

但是我国有些地方的人将乌视为凶鸟，其原因也较复杂。我国第一部诗歌总集《诗·小雅·正月》中有这样两句诗："瞻乌爰止，于谁之家。"其意思是且看乌鸦落哪里，灾祸就落谁的家。由此可知，古人也将乌视为不祥之鸟，正如俗语所说：“乌鸦叫，祸事到。”可见人们不喜欢乌鸦纯粹是由迷信所造成，并非乌鸦本身有什么罪过。

凡鸟不是一般的鸟

——“凤”字趣释

“凤”是古代传说中的一种神鸟。“凤”的繁体作“鳳”，由“凡”字加上“鸟”字构成，所以“凤”不是一般的鸟。“凤”甲骨文作“”或“”，前一“凤”字象凤鸟之形，象形字。后一“凤”字加一声符“”（凡），因而是形声字。象形的“凤”字，头上有一撮漂亮的冠毛，即人们常说的“凤头”，中间为凤鸟的身体部分，看上去羽毛较一般的鸟类要丰满，另外还有长的凤尾和凤爪等。一般学者认为，甲骨文中的“凤”，其实就是孔雀，因为“凤”字在甲骨文中指凤鸟的仅有一例，就是《甲·三一一二》的“隻凤”（即获凤）。由此可以推测当时的凤鸟很少。再则甲骨文中有“凤”字却无“凰”字。古代传说中的凤凰为百鸟之王，雄的叫“凤”，雌的叫“凰”。可见关于“凤凰”的传说当在殷商之后。

白帝城凤凰碑

小篆的“凤”为“”，楷书为“鳳”，小篆和楷书的结构相同，均从鸟，凡声，为形声字。《说文解字·鸟部》：“凤，神鸟也。天老曰：‘凤之像也，鸿前麟后，蛇头鱼尾……龙文龟背，燕颔鸡喙，五色备

清　沈铨　百鸟朝凤图

举。出于东方君子之国，翱翔四海之外，过昆仑，饮砥柱，濯羽弱水，莫宿风穴(风吹过的洞穴)，见(现)则天下大安宁。’从鸟，凡声。”从许慎所引黄帝的臣子天老的一段话来看，凤鸟是杂糅了许多动物特点，想象出来的一种禽鸟。尤其提到有“凤”鸟出现时，是天下安宁的吉兆，将“凤”塑造成一种瑞鸟。

有的学者认为，我们的祖先认为凤是一种体型特大的候鸟，是“风神”的使者，因为它能乘风而来，带来四季气候更替的信息，就这样春去秋来，使大地万物生生不息。而最能表示风向的莫过于船上的帆，因此把四角形的船帆“𠀈”(凡)加上“鸟”字而造出“鳳”。据传，凤鸟在飞翔时后面总跟着千千万万的鸟。它什么时候出现，什么时候天下就太平。有的学者根据它的读音，认为它就是庄子所说的大鹏。

由“凤”与“龙”这两种动物构成的“龙凤”文化，是中国传统文化中极为重要的一个组成部分。作为百鸟之王的“凤”鸟，以特殊的形象和它的百鸟之王的尊贵位置，以及它能使天下安宁祥瑞，从而进入历代皇室，成为与那以真龙天子自居的历代皇帝相匹配的皇后的象征。皇后头上戴着凤冠，头发上插有凤钗，内宫的楼阁叫凤阁、凤楼，皇宫的宫苑池沼叫凤池等。

古人认为雄凤凰叫凤，雌凤凰叫凰。雌雄凤凰展翅齐飞，相和而鸣，其声音十分动听，因而以此比喻夫妻相亲相爱。“凰”开始写作“皇”，但“凰”字不是“凡”声，所加的是“几”字。这只是为了求得跟“凤”字相似而已。“皇”

字受“凤”字的影响才改变了自己的结构。这在文字学上称为类化现象。

《世说新语·简傲》中载有一则关于“凤”字的故事。三国时魏国的著名文学家嵇康有一个好朋友叫吕安,有一次,吕安跋山涉水来拜望嵇康,恰好嵇康出门在外,并且还得四五天才能回来。因此,吕安打算不等嵇康回来立即回家。此时,嵇康的弟弟嵇喜再三挽留吕安,可他还是要走。临走时,吕安在嵇康的门上挥笔写了一个“凤”字。嵇喜看到这个“凤”字,认为客人在恭维自己为“鸟中之王”,因而非常高兴。后来,嵇喜将此事告诉自己的一位朋友,那位朋友告诉嵇喜说:“凤,从鸟,凡声。客人在讥讽你是一只‘凡鸟’,其意思是不屑与你交谈,因此就走了。”经朋友这一说,嵇喜才恍然大悟。

刺有花纹的人

——“文”字趣释

“文”甲骨文作“”、“”或“”。金文的“文”与甲骨文形体基本相同。从字形来看,像是一个胸腔特别宽大,并且在身上刺有花纹的正面站立的人。字的上端是头,向左右两边伸展的是两臂,宽阔的胸前刺有美观的花纹。下部是两腿。不过金文的“文”字胸前的花纹看上去比甲骨文中的花纹更复杂、更美观。

朱芳圃《殷周文字释丛》中说:“文,即纹身之文,象人正立之形,胸前之丿、乂……即刻画之纹饰也。”从“文”字的结构我们可以看到,纹身的习俗历史悠久,远在三千多年前的商代就已产生。而据考古学家们考证,纹身的习俗比“文”字的历史更悠久。纹身的习俗早见于原始民族,是原始民族对自己身体的一种装饰手段。他们在自己身上刺下的各种花纹图案、飞禽走兽等大多为自己本部落的图腾。而甲骨文和金文的“文”正是先民这种习俗的具体而真实的反映。

据《南史》记载，相传古代有一个纹身之国，距倭国东北千余里，生活在这个国家的人身上刺着各种野兽形象，甚至额头上也刺着花纹。人们根据额上花纹的直或曲可以判断这个人身份地位的高低贵贱。在这个国度里，产品丰富，物价低廉，经济繁荣，并且为来来往往的旅客免费供应饮食住宿。这个传说告诉我们，古人把纹身作为一种文明行为。

也有的学者认为纹身的目的很多，或者是为了驱赶鬼怪，以避邪；或者是为了美化自身，以吸引异性。古代的吴越地方的人普遍有着纹身的习俗。关于纹身之事最早见于《谷梁传·哀公十三年》："吴，夷狄之国也，祝（断）发文身。"晋范宁注："文身，刻画其身以为文也。"《庄子·逍遥游》："越人断发文身。"上述文献所记载的就是关于吴越人断发纹身之事。纹身的习俗一直延续至今。近代的高山族、黎族、傣族等均有纹身的习俗。

《说文解字·文部》："文，错画也，象交文。"许慎认为文是线条交错而成的花纹，不过我们认为许慎所讲的是"文"的引申义。从这个意义上讲，"文"就是花纹之"纹"的古字。

汉字是古人对被观察的事物经过艺术简化演变而来的，而文字的笔画有横有竖，有交叉，有平行，真像纵横交错的花纹，所以"文"被引申指"文字"的"文"。如甲骨文、金文、篆文、石鼓文、籀文等。《孟子·万章上》："故说《诗》者，不以文害辞，不以辞害意。"朱熹注："文，字也。"其意思是：所以解读《诗经》的人不要拘于文字而误解词句，也不要受词句的影响而误解原意。

由"文字"又引申为"文章"、"文献"。如《论语·学而》："行有余力，则以学文。"其意思是：亲身实践，有剩余的精力，就去学习文献。

许慎为何将象释成母猴

——"为"字趣释

"为"的繁体字是"為"或"爲"，它的小篆是""。许慎根据小篆字体对

其进行了解释。《说文解字·爪部》:“为,母猴也,其为禽好爪,爪,母猴象也,下腹为母猴形。”此说在学术界一直被人所怀疑,但一直找不到确切的令人满意的答案。直到19世纪末20世纪初期,伴随着甲骨文的发现,此中怀疑才冰释了。甲骨文的“为”作“”,其左上方的“爪”所表示的就是一个人伸出的一只手的形状,其右边是一只头朝左,并拖着长长鼻子,尾巴朝下的大象。如果将甲骨文的“为”向左转动90度,以手牵象的情形就清楚了。这样就可以明显地看到“为”字由“爪”和“象”两字组成。其意思是用手牵象进行劳作。罗振玉《增订殷墟书契考释》:“为,从爪,从象,绝不见母猴之状,卜辞作手牵象形……意古者役象以助其劳,其事或尚在服牛乘马以前。”

“为”字到了金文时代,仍然保持着“象”的形状,金文的“为”是“”(曶鼎)、“”。直至小篆,“为”字中的“象”讹变成一种莫名其妙的动物,因此导致许慎闹了个把大象说成母猴的笑话。这也难怪许慎发生这种错误,因为许慎所处的时代,甲骨文、金文均已埋入土中,与世隔绝。又由于“为”字中的“象”是直立着的,因而有人认为“为”字的本义不是手牵着象去劳作,而是一只大象用长的鼻子叼着一个人直立起来,看上去像今天的马戏团的演员在同象表演似的。

有的学者认为汉字的方块化始于小篆,其实不然。为此有的学者做了一个长方形的框架,然后选出上千个甲骨文字来套,发现甲骨文的形体90%以上为长方形或准长方形。还发现甲骨文的形体均为竖长方体。为了适应这一规律,所

木雕　人役大象

以古人造字时将“象”竖写，这是因为将“象”横写就打破了这一规律。在甲骨文中竖写的字还不少，如“马”、“凤”、“舟”、“目”等。因而朱骏声说：“古象形字如舟车，若目马之类横作竖作同也。”他的意思是说古代的象形字有许多横写竖写，意思是相同的。

“为”字反映的是人用手牵大象，从事劳役。这一历史事实说明，我国古代中原一带不仅有大象，那一带的人们曾经广泛役使过大象，大象也曾从事过像在今日泰国仍然从事的那样繁重的劳动。大象能比其他动物执行更繁重的劳动这一事实，是先民创造“为”字的一个社会基础。后来大象为何又在我国中原一带消失了呢？其原因是复杂的，据学者的考证，很可能是由于中原气候逐渐地变化，致使性喜热带气候的大象南迁了。

“为”字本义为动词，是“以手牵象劳作”，后来在汉语中，“为”几乎引申为从事一切事情。“为”可作为“变成”讲。如《诗·小雅·十月之交》：“高岸为谷，深谷为陵。”其意思是高山可以变成深谷，深谷可以变成山陵。又作“学习”、“研究”讲。如《论语·阳货》：“人而不为《周南》、《召南》，其犹正墙面而立也与。”其意思是人们假若不研究《周南》和《召南》，那就像面正对着墙壁站在那里罢了。又可作“治理”、“管理”讲。如《论语·为政》：“为政以德，譬若北辰，居其所而众星拱之。”其意思是用道德来治理国家，自己便会像北极星一样，居于一定的位置上，别的星辰都环绕着它。“为”作介词用，学者们认为是由动词虚化而来的。

乙鸟生子

——“孔”字趣释

不少学者认为“孔”字的金文作“”或“”。对金文“孔”字的解释颇多。有的学者认为金文的“孔”字就是“子”上加上一“(”，指出婴儿头部的囟门所在的位置。可见金文的“孔”字所表示的意思是：小儿头上的囟门。由

于小儿的囟门还没有合拢，即头上像是有个洞，所以“孔”引申指洞、孔穴的意思。《尔雅·释诂》：“孔，间也。”郭璞注：“孔，穴也。”

小篆的“孔”字是将金文“孔”字中“子”上的“(”的位置移动而成，即为“”。《说文解字·L部》：“孔，通也。”许慎所说的“通”就是“通达”的意思，这是“孔”的引申义。郭沫若先生在《金文丛考》中指出，金文的“孔”字“乃指小孩头上有孔也。故孔之本义当为囟，囟者象形文。孔则指事字。引申之，则凡空皆曰孔，有空则可通，故有通义。”如《汉书·西域传》：“（婼羌国）去长安六千三百里，辟在西南，不当孔道。”王念孙《读书杂志·汉书十五》云：“孔道，犹言大道，谓其国僻在西南，不当大道也。”所谓大道，就是通达之道。

有的学者则认为金文的“孔”字实际上是由甲骨文“乳”字简化而来，其中“乳”的对象被保留下来了，作为哺乳主体的母的形象则被简掉了，只剩下象征母亲隆起的乳房的一条线，与“子”的头上一侧相连。这种“子”与曲线的位置关系相当重要，根据它可以获得对“孔”字意思的正确理解，即哺乳婴儿。

古人为了进一步表现“孔”的本义就是哺乳婴儿，于是在象征婴儿“子”的头部位置上又加一只手，也就是“爪”，即成“乳”字，以示用手托着“子”的头在哺乳。所以“孔”和“乳”字体现了古代妇女哺育婴儿的情形，它们所反映的是直立行走的人类所特有的哺育后代的姿势，其文化的人文特征也极其显著。陈初生《金文常用字典》孔字条中说：“林义光谓，本义当为乳穴，引申为凡穴之称。‘(’象乳形，‘’就之，以明乳者孔也。”

还有的学者对“孔”字的结构作了与上述几种说法完全不同的解释。《说文解字·L部》：“孔，通也。从乙从子。乙请子之候鸟也，乙至而得子嘉美之也。”这就是说，“孔”字是由“乙”和“子”构成。“乙”是一种鸟，古称玄鸟，就是今天我们所称的燕子。其意思是：乙鸟所生之子，也就是燕子繁衍的后代。因此，它的后代以孔为姓。据古籍记载，孔姓出自殷商的子姓。商代的开国之君商汤是帝喾之后，传说帝喾的次妃兰狄吞乙鸟的卵，生子契，并赐姓子，传至成汤之时，因他的祖上吞乙鸟卵而生后代，故取字太乙，以示纪念。其后，汤的后代又在“乙”旁加“子”而为“孔”字，自此以“孔”为姓，其意思是乙鸟之子孙。到了春秋时代，在宋国的孔父嘉为华督所杀，他的儿子逃到了鲁国避难，并且在鲁国定居，所以孔子成了鲁国人。

动手的人与动口的人

——“尹”、“君”二字趣释

“尹”字的甲骨文为“”或“”。其中的“”在这里指写字用的笔，“”或“”为“又”，“又”就是手，整个字像手执笔记事的样子。金文的“尹”为“”，与甲骨文的形体相近，小篆继承了金文的形体。《说文解字·又部》：“尹，治也。从又，握事者也。”许慎明确指出了“尹”的本义是主管或治理。如《左传·定公四年》：“故周公相王室以尹天下。”徐锴曰：“周公尹天下，治天下也。”其意思是周公任周王室的宰相，主持管理国家政事。“尹”由“治理”、“管理”引申为管理国事的人，即官吏。

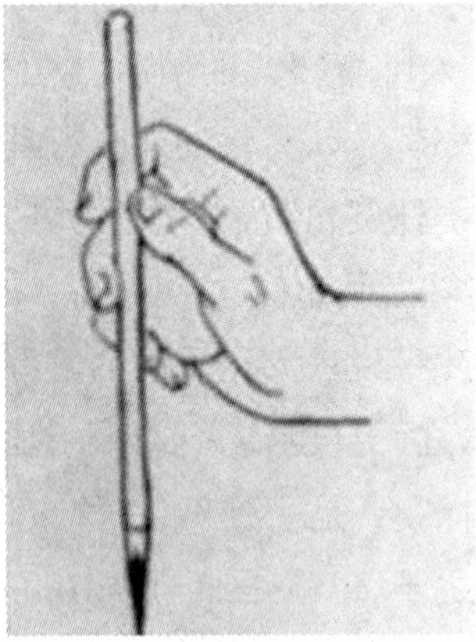

拔镫法

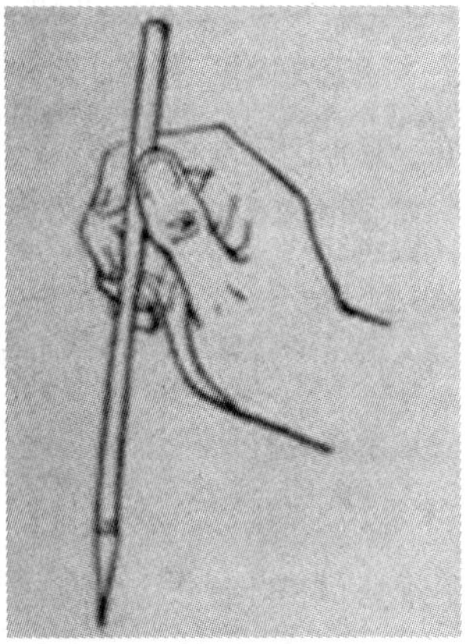

掌虚容卵

执笔法

“尹”作官名在甲骨文中已经出现。从甲骨文的有关材料来看，“尹”在商代官位显赫，常在君王身边，管理国家或君王的有关事务。须知“尹”从卜辞的记载来看，是一种文职官员，从未带兵征战，这一点正与甲骨文的"尹"所反映的用笔管事的意义是相符的，即动笔的人。

也有的学者认为"尹"的本义就是用笔理事的官，即文官。"尹"强调的仅仅是执笔这件事，以此喻指治事，而"聿"强调的则是执笔写字。古代的文官离不开笔，所以用执笔的形状来象征治事的"尹"这一官职。在文化不发达的古代，知书识字、执笔写文章的人是很少的，有这种能力的人也就算了不起了，可以当官了，即当"尹"了。（参见陈炜湛《汉字古今谈》第47页）

汉高祖像

据典籍记载，商代的"尹"相当于后世的"相"。《史记·殷本纪》索隐说："尹，正也。谓汤（商汤）使之正天下。"伊尹是商汤时的贤相，姓伊，名挚，官名尹。传说伊尹是奴隶出身，因为懂得治国之道，商汤最初用他为小臣，因他办事很干练，不久又提升他为尹，任以国政后，伊尹帮助商汤灭了夏桀，建立了商朝。商汤死后，伊尹又继续辅佐外丙、仲壬、太甲三王，处理国政。太甲继位三年，十分残暴，不尊汤法，伊尹于是将他放逐到先王汤的墓地桐宫，自己亲自摄政，统帅诸侯。三年后，太甲悔过自新，伊尹又将他接回，并继续辅佐他重新理政。从此，"诸侯咸归殷，百姓以宁"。

西周"尹"的地位很高，仍为君王辅弼之官。到了春秋战国之时，楚国的官长多称尹，并且有左尹、右尹之称。汉代以后，京城行政长官亦称尹，如京兆尹。地方行政长官也称尹，如河南尹。其后"尹"的使用就更广泛了。

对古文"尹"字的本义，康殷作了不同的解释。他认为古文字的"尹"象手执针之状……示以针刺疗人疾病，或是执针时的特定手势，它和执笔的“（聿）”不同。因此认为“尹”就是用针给人治病的医生，并由此引申指治理国家的官吏。“尹”字反映了用“针”给人治病的方法，即后来的针灸，始于殷代末期。（参见康殷《文字源流浅谈》第 561 页）康氏的说法录之以备参考。

如果说“尹”是理政的，那么与之相关的“君”在古代则是既理政又发号施令的人。甲骨文的“君”为“”，金文的形体与之基本相同。对此，学者们作出了不同的分析。有的学者认为“君”从又，从口。即上为“尹”字，表示治事，即当官、理政事的人。“口”表示还要经常用口发布命令。可见，动口的人，即发号施令的人就是君。这就说明了“君”不是一般的官吏，而是比尹更大的官吏。在上古，“君”一般是大夫以上而且有土地的统治者的通称，常指天子、诸侯等。《说文解字·口部》：“君，尊也。从尹，发号，故从口。”《仪礼·丧服》：“君，至尊也。”郑玄注：“天子、诸侯及卿大夫有地者皆曰君。”其后指国家的元首。

《白虎通·号篇》中说：“君者，群下之所归心也。”这里指出了“君”是有权威的人，说明了国君是从原始部落的群体发展而来的。随着私有制的产生，原来部落首领逐渐成为以阶级压迫为基础的国家元首，具有至高无上的地位。“君”字的意义的转变，反映了君从“群下之所归心”的部落首领转变为封建社会最高统治者的历史过程。由于“君”指“天子”、“诸侯”等人，这些人在古代是受人尊敬的人，所以“君”在古代用作对人的尊称。如《战国策·齐策四》：“狡兔有三窟，仅得免其死耳。今君有一窟，未得高枕而卧也。”

如来佛胸前的花纹

——“卐”字趣释

“卐”，又作“卍”，是古印度和中国的一种符咒或护符的标志，被用作太阳和火的象征。梵文本读“室利靺蹉”，它有吉祥万德之所集的意思。在汉语典籍中,“卐”最早见于佛教经典。《楞严经》卷九:“即时如来从胸卐字涌出宝光,其光晃晃,有千百色。”真鉴疏:“彼方万字也,如来胸前万德吉祥纹也。”《龙龛手鉴·杂部》:“‘卐’,音万,是如来身有吉祥文也。”“卐”本是佛家始祖如来佛胸前的一种吉祥花纹,因而称为“佛心”。在佛教菩萨的胸脯上常可见到。“卐”是最古老的“方”字,表示世界的四方。大约公元700年开始,它的意思变为“万”,象征无限。

在中国,“卐”字符是由“洛书”(见图)演化而来的,其沿线数字之和又同为25(勾股数、元数)。“卐”字具有旋转动态的特征,是太极图阴阳鱼结构的简化形式,表示宇宙处于阴阳旋转、相互独立而又相互协调的动态结构之中。它代表着一种最佳、最美、最有生命力的和谐,透露着极高的智慧。

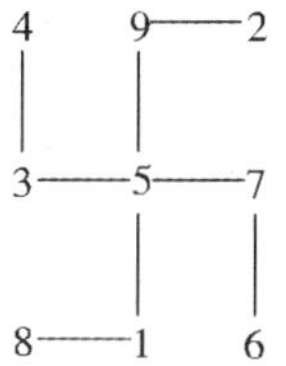

唐代和尚慧苑在《华严经音义》中说,“卐”本来不是字,唐武则天于长寿二年(公元693年)下令把这种符号正式作为汉字,读为“万”音,并取万德吉祥的意思。自此“卐”字就像双喜字一样,备受人们青睐。皇家朝廷用它象征天下千秋万代、永不变色;贫民百姓用他祈盼子孙绵延、福寿安康、吉祥如意。古代女子往往把头发旋结成“卐”形,或插上“卐”形的发簪,也有的衣服上绣有这种图形。这个习俗一直延续到现代。在古代的一些诗文中,“卐”这个符号,只是作为一种描形而出现。如明袁宏道《初夏同江进之坐孙内使池台有感》:“竹隐千花径,亭开卐字栏。”此外,一些吉祥图案中有“万字流水”,就是借“卐”四端的连续反复而绘成各种连

如来佛

续花纹,意为绵延不断。还有长脚"卐"字,意为富贵不断头。"卐"与变体"寿"字配合而成的图纹称为"团万寿"或"万字锦",意为万寿无疆。"万字流水"及"万寿图"或其他"卐"字图案常被织成万字锦缎,供给皇帝、官宦及乡绅者之流制成服装。

20世纪50年代的一天,周恩来总理在中南海设宴招待东欧的一批外交使节。宴席间,宾客们对色、香、味俱佳的中国菜肴大为赞赏,宾主之间气氛热烈。这时,服务员端来一道很考究的汤。汤里的冬笋被刻成传统的民族图案"卐"字形,可是汤里的冬笋片一翻身,"卐"却变成了希特勒使用的法西斯标志"卍"。外宾发现后大吃一惊,于是当即向周恩来请教:"为什么这道菜里有法西斯标志?"

周恩来总理随即向客人解释说:"这不是法西斯的标志,是我们中国的'卐'字图案,象征着'吉祥万德,福寿绵长'。这是对客人们的良好祝愿。"接着周总理又风趣地对客人们说:"就算是法西斯标志也没关系嘛,我们大家一起来消灭法西斯,把它吃掉!"

客人听了,哈哈大笑,宴会上的气氛更加友好热烈。这道菜很快被吃得一干二净。

五　　画

追求崇高目标

——“正”字趣释

“正”甲骨文作“”或“”，就形体来看，其下是“止”，“止”为脚形。在甲骨文中“”的缺口，表示前进的方向，即朝北走。如果是“”，表示朝南走。这是甲骨文中的一条造字规律。“止”上面的“点”或“口”，表示前进的目标。所以“正”的意思是不偏不倚地直奔目的地。

雍正像

有的学者认为“口”表示人群聚集的城邑，因而“正”的本义为“正中”，其意思是“走向城邑”。（参见赵诚《甲骨文简明词典·卜辞分类读本》第317页）而甲骨文中的“正”多用为“征伐”之意，因此有的学者认为“正”为“征”的本字，因而“正”的本义为“征伐”。

“正”的小篆是“”。许慎认为是会意字。《说文解字·止部》：“正，是也。从止，一以止。”饶炯明部首订：“‘正’下

云‘是也’。‘是’下说‘直也’。义即相当,无偏之谓。”也就是说,“正”的意思就是“不偏不斜”、“平正”、“正中”。

也有的学者认为“正”由“一”和“止”构成。其意思是“止于一”。所谓“止于一”,就是万物要合于一,即一切要以“一”为准则。“一”是最重要、最基本、最崇高的目标,“止于一”就是追求崇高目标。

清代的雍正皇帝，在中国历史上也算得上是一个有作为的皇帝。他执政期间,多次深入民间微服私访,了解到一些在紫禁城中难以知道的事情。但各地一些充军流放人员到处散布一些攻击他的谣言,也使他非常震怒。一天,雍正到河南劝赈已毕,回到行宫,看见侍卫们三五成群地在一起交头接耳。经他一番查问,领侍卫内大臣音德便交出“揭帖”原件。雍正一看,上面无非是说他“杀父弑母”、“屠兄杀弟”、“诛戮功臣”等老生常谈。但他感到奇怪的是帖中写到他的名号处,却不是用“雍正”,而是写作“雍止”。他想:“这些刁民一定不怀好意。”立即派“江南八侠”明查暗访,终于把作案者抓到了。经过审问，得知此人原来是廉王府的一位幕僚。当审问到他为何在帖中将“雍正”写成“雍止”时,这位幕僚说:“我恨死雍正,恨不得食其肉寝其皮,我这样子算是代天帝斩了昏君的头,略抒我心中之恨。”

“是谁教你这样写的？”音德厉声问道。

“上天垂象！”

“胡说！”

“大人,仓颉造字内有玄机,是不会错的。正者,一而止也,一流了后,天下也就完蛋了。”

“一派妖言。”音德拍桌叫道。

“妖言,那么请问列位,历来以‘正’为号的皇帝,从‘大正’到‘至正’,有哪个得到好下场？”

为了不让幕僚蛊惑人心,音德立即下令将他推出斩首。

其后,典试江西的礼部侍郎(主考官)查嗣庭,在出考题时用了《诗经》上的两句话“邦畿千里,维民所止”(其意思是我的祖国多么辽阔广大,人民可以自由地走来走去)中的后一句“维民所止”为题。正是这个题目被那些才疏学浅又怨恨考官的人借题发挥,成为“雍正无头”,并在皇帝面前将查嗣庭告发了。雍正皇帝听后，真认为“维”和“止”两个字是明目张胆地影射自己的，是故意去掉了“雍”和“正”两字的上面部分，以“维止”命题，骂他不久要掉头，因此大为震怒，立即下令调阅江西的全部试卷，一看果然如此。雍正边看边冷笑道：“这些翰林士子，下笔便藏杀机，恶毒！恶毒！”当即令人搜查了查嗣庭的家，并将他捉拿归案，交刑部严厉审讯。一搜查，发现这位酷爱这两句诗的查嗣庭，连他写的一部笔记小说也题为《维止录》，这更是罪上加罪，于是将查嗣庭关进刑部大狱。一向胆小怕事的查嗣庭受了如此大的惊吓，就因“维”、“止”二字被人曲解，几天后就死在狱中。

玉字为何要有一点

——“玉”字趣释

“玉”在甲骨文和金文中并没有一点，而甲骨文为“”、“”，是一根绳子上穿着几块玉的形状，一竖表示穿玉的绳子，两端的绳子外露，三短横或四短横分别表示的是三块玉或四块玉。“玉”的本义为玉石。到了金文，“玉”字成为“”，从此穿玉的绳子就不再外露了。小篆沿用了金文的形体，看上去与君王的“王”写法相似，其实是有区别的。“玉”字三横间的两空距离是相等，即为“”，“君王”的“王”字三横间的距离不相等，上空小，下空大，即为“”。

有的学者认为“王”、“玉”两字同形，都是三横一竖，并非巧合。请看许慎是怎样说的。《说文解字》在解释君王的“王”字时说：“天下所归往也。”同时还引用董仲舒的话说：“古之造文者，三画而连其中，谓之王。三者，天地人也。而参(叁)通之者，王也。”大意是：凡能精通天、地、人的人则天下之人都会归顺他，这样的人就可以当帝王。《说文解字》在解释“玉”字时也说：“玉，石之美有五德者。……象三玉之连，丨其贯也。”所谓石之美，是说“玉”是一种很美丽的石头，它温润而有光泽，这种石头石质细嫩、坚硬而透明，可

翠玉白菜

雕琢成各种精美的工艺装饰品。所谓"石之美者有五德"，即古人把玉作为品德的象征。对此其说不一。"五德"按许慎自己的说法是"仁、义、知、勇、洁"。《五经通义》中说："玉有五德：温润而泽有似于智，锐而不害有似于仁，抑而不挠有似于义，有瑕必见于外有似于信，垂之如坠有似于礼。"所谓"三玉之连"，即三横一竖象征着一根丝绳贯穿着三块美玉，代表着"天地人参通"。在古人看来，玉能代表天地四方以及帝王，能沟通神与人的关系，传述上帝的意志，是万物的主宰。

在古人心目中，玉是一种神奇的有生命的物体。人们相信玉具有一种超自然的力量，认为人佩戴上玉器，可以防御邪气的侵袭，驱灾避祸，能医治奇病怪症，能延年益寿。《红楼梦》中的贾宝玉就是衔着"通灵宝玉"而生，其后这通灵宝玉又伴着他消灾化疾。这就是"玉"的力量的象征。（参见姚士奇《玉宝和中国文化》第 45 至 57 页）

对"王"与"玉"的古文字形体，古代的造字者虽然作了一些区别，但仍然容易混淆。为此，从后期隶书开始就以不加点为"王"（wáng），加点者为"玉"来区别。本来这一点开始是加在"王"之上的，即为"玊"，意思是有瑕疵的玉，后来又将一点从上移至下面，即为"玉"。古人为什么要在"玉"上加一点呢？这说明他们很懂得辩证法，世界上没有尽善尽美的东西，即使是白玉也有瑕疵，这一点就指出了玉的瑕疵的所在。由于"玉"在古人看来有保身、护法的作用。因而"玉"引申为"爱护"、"帮助"的意义。如《诗·大雅·民劳》："王

玉龙

欲玉女，是用大谏。”其意思是：大王啊！因为我爱护您，才特来规劝您。

又由于“玉”是十分精美贵重的物品，所以“玉”又引申出“精美”、“贵重”之意。清末学者俞樾在《群经评议·尔雅》中说：“古人之词，凡所甚美者，则以玉言之。《尚书》之‘玉食’，《礼经》之‘玉女’，《仪礼》之‘玉饰’，皆是也。”又如“玉带”、“玉宇”等。在此基础上，“玉”字进一步虚化，而纯粹作为一种雅称或敬称词。如“玉成”（就是请别人完成此事）、“玉照”（就是别人的照片）、“玉音”（指对方的书信或言词）等。

据晋干宝《搜神记》卷十一载，古时有个叫雍伯的人，家里很穷，但他为人善良。父母死时遵从父母的要求将双亲葬在高山之上。那山很高，山上没有水。他便从山下背来水，存放着，供别人喝。一天，有个人来喝水，并送给他一块石头，叫他种在地里，说能长出玉来。正好雍伯想要娶一个姓徐人家的女儿，可徐家要他必须送一双白璧，方才将女儿嫁给他。雍伯将石头种到地里后，果然收获了五双白璧，他全部送到徐家，便同徐女成婚。

代表鬼神的字符

——“示”字趣释

“示”甲骨文作“丅”。甲骨文造字有一条规律，如果这个字的上部是一横，其横上可增加一短横，因此“示”又作“亍”。它是一个象形字，象上古人们祭祀时的石桌，又称“灵石”。石桌上很平，可以摆放祭品，下部是石桌的脚，造字时加以线条化。

金文作“示”，与甲骨文的形体稍有不同，下面的石桌由线条变成一个“小”字形的支架，仍为石桌的象形字。受宗教的影响，古人认为神能帮助人致福除灾，所以经常祭祀神灵，“示”成了代表神灵接受祭祀之物的灵物。因此，“示”在汉字中也成了代表鬼神的字符，并取代“且”而充当“祖”的表义符号。“示”进入“祖”字，说明祖先的生育功绩在人们心目中已经淡化，具体表现为对祖先的崇拜从最初的与渴求生育相联系，演变为后来的与鬼神崇拜相联系。

北京天坛

“示”在上古演变为神灵的依附之物以后，人们又将它视为已故先祖的灵魂，即为先祖灵位的依附之物，为祭祀的对象，人们自然将它立于庙中。古代的祭祀有不少是在庙中进行，实际上就是在“示”前进行。

许慎通过对小篆“示”的分析，得出“示”的意思是将天象显示在人面前。《说文解字·示部》：“示，天垂象，见吉凶，所以示人也。从二(上)，悬三垂，日、月、星也。”段玉裁注：“言天悬象箸明以示人。”古人相信迷信，认为人间有什么吉凶祸福，“天”就会通过日、月、星等显示出某种特征给人看。其实许慎讲的是“示”的引申义。由于“示”作为摆放祭品的石桌，它常将祭品显示在光天化日之下，供鬼神享用，因此“示”便引申出“给人看”的意思，如《史记·廉颇蔺相如列传》：“相如奉璧，奏秦王，秦王大喜，传以示美人及左右。”

在汉字中，“示”多用作部首，写作“礻”。凡是用“礻”作部首的字，大都与祭祀或鬼神有关。

从旭日东升到夕阳西下

——“东”、“杲”、“杳”三字趣释

“东”的繁体字为“東”。“东”字早见于甲骨文“”、“”等。“东”在甲骨文中就有表示东方的意思。因此有的学者解释为“日高未出树之顶梢”，其意思是说，“东”字是由“木”(即树)加上“日”组成的会意字。树中间是一轮红日，这轮红日挂在树枝上，即树中间，因而是早晨的太阳。太阳升起的方向，当然是东方，因此“东”指“东方”的意思。

《说文解字·东部》：“东，动也。从木。官溥说：‘从日，在木中。’”许慎认为，当太阳顺着树木往上升起时，表现出的是一种动势，因而将“东”释为“动”，所以这也是日出的方向，即东方。“东”字表示方向早见于甲骨文中。如“帝于东”，其意思是向东方土神举行禘祭。

中国古代的席次习俗是，主人的座位总是向东，而宾客之位总是向西。宋罗大经《鹤林玉露》中说：“凡宾主之席，主东而宾西，亦所以尊宾也。”其意思是：凡是席间座位安排，是主人坐在西边，而面向东边，宾客是坐在东边而面向西边，这样表示对宾客的尊重。这也符合《日知录》中“古人之坐，东向(方)为尊”的说法。由于主人常面向东边坐，因而“东”又引申出主人的意思。(亦说主人位在东边，宾客位在西边，因而“东”代指“主人”。)

日挂树梢头

对于“东”还有不同的理解。有的学

者根据“东”的甲骨文分析，认为东方不是“东”的本义，“东”的字形本来像两头扎起的装东西的布袋，在布袋中央穿过一根棍子。古人搬运东西时，如果找不到合适的袋子，可以铺下一大张布或兽皮，在中间放根棍子，两端用绳子系住，便可做出有相当容量的速成袋子。因而称“东”为古“橐”字，然后借为表方向的“东”。

与“东”相关的还有“杳”(yǎo)和“杲”(gǎo)。《说文解字·木部》：“杲，明也。从日，在木上。”段玉裁注：“日在木上，杲也。”这就是说，“杲”的本义是太阳已经升到树梢上，驱散了黑暗，给大地带来了光明。所以“杲”的本义是日出明亮的意思。如《诗·卫风·伯兮》：“其雨其雨，杲杲出日。”其意思是：刚才还在下雨呀！下雨呀！可现在，转眼间光芒四射的太阳从云间出来了。由此“杲”引申出明亮的意思。

《说文解字·木部》：“杳，冥也。从日在木下。”段玉裁注：“莫(暮)为日且明，杳则全冥矣。由莫(暮)而行地下，而至于扶桑之下也。”可知“杳”为会意字，其意思是夕阳落到树下去了，夜幕已经降临，大地一片黑暗。因此“杳”的本义为“幽暗”。如《楚辞·涉江》：“深林杳以冥冥兮，援狖之所居。”其意思是茂密的森林深远昏暗，是猿猴居住的地方。由“杳”的“幽暗”、“黑暗”引申出什么也看不见，如“杳无音信”。

古时传说日出扶桑。扶桑是传说中的一棵大树，在东方。因而有的学者认为“東”、“杲”、“杳”三字是根据这一传说所造。太阳升到扶桑之颠时为“杲”，太阳落到扶桑之下为“杳”，当太阳升起到扶桑之中时就是“東”。

“以手助手”和“以口助手”

——“左”、“右”二字趣释

汉字中，一些与人体有关的字，大多是根据人体不同的器官取象的。如“左”和“右”就是根据左手和右手取象的。

“左”字甲骨文为“”，看上去就像一只手指张开的左手，象形字。金文则为“”，小篆形体与金文相同，在甲骨文“”字的下面加了一个“工”字。《说文解字·左部》：“左，手相左助也。从、工。”段玉裁注：“左者，今之佐字。……者，今之左字。……以手助手是曰左，以口助手是曰右。”许慎和段玉裁认为此“左”并非甲骨文的“左”，“左”为会意字，是由“”（zuǒ，左手形）和“工”组成。“工”有的学者认为是木工使用的斧锛之类的工具，也有的人认为“工”是木工量方形的矩。可见“左”的本义是左手执斧锛（或矩）等工具帮助干活，所以说“左”是“佐”的本字。后来“左”专用于指“左右”之“左”，于是人们在“左”字的左边加一个“亻”成为“佐”，以此表示“辅佐”、“帮助”的意思。

由于人面朝南时，左手一方为东方，因而称东方为“左”。如《晋书·温峤传》：“元帝初镇江左。”其意思是元帝初镇江东。

甲骨文的“右”为“”，像人的一只右手，其本义则为右手。金文增加了一个“口”，即为“”；小篆与其形体基本相同，但“右”的本义再不是“右手”了，而是帮助的意思。《说文解字·又部》：“右，手口相助也。从又，从口。”段玉裁注：“右者，手也，手不足以口助之，故曰助也。”许慎认为人们在日常生活中常常是“手口”互相帮助，而段玉裁则认为在用手做事时，由于手显得力不从心，因此用口助之。

现代有的学者则认为“右”中的“”（手）有“帮助”的意思，它和“口”合起来的意思是“帮助的手”。在生活中人们讲话时，常用右手做手势帮助谈话，帮助我们每天吃饭的也常是右手，总之人们生活主要靠右手帮助。（参见安子介《解开汉字之谜》第128页）

“右”由“帮助”引申为“保佑”的意思。如《汉书·翟方进传》：“是天反复右我汉国也。”这里的“右”就是“保佑”的意思。不过“右”的“帮助”义古人另造一字来表示，在“右”的左边也加一“亻”，即为“佑”。“佑”字从人，从右，右亦声。其意思是“人助”。而“保佑”的意义也另造一字来表示，在“右”的左边增一意符“示”（示是祭台，也是神灵的象征），即为“祐”。“祐”字从示，从右，右亦声。其意思是“神助”。“右”的“帮助”义和“保佑”义分别另造新字表示后，“右”则专表“右手”之义。在简化字中，“祐”简化为“佑”，从此“祐”

被“佑”取代了。“右”指“右手”引申为指右边后，“右”又常指西边，这是因为古人面向南时，则右边为西。如《仪礼·土虞礼》：“陈三鼎于门外之右。”郑玄注：“门外之右，门西也。”其意思是把三只大鼎陈放到宫门的西边。

根据我国传统的习俗，春秋以前以左为尊。《老子》：“吉事尚左，凶事尚右。”说明古人以左为吉，以右为凶。《礼记·杂记》孔疏：“左为阳，阳，吉也。”《荀子·号令》：“男子行左，女子行右。”古人平时乘车时，尊者在左，驭者居中，另有一人居右。战国至秦汉则以左为卑，为下。如左丞相比右丞相的地位要低，左将军比右将军的权力要小。被贬职的官员则称为左迁，不能登大雅之堂的技艺被称为“旁门左道”。汉以后，各朝尚左尚右均有不同，但总的来说仍是尚右的。如古籍中称许人时常说“无出其右者”。古人写字是从右到左，贴对联时以右为上联，左为下联。这种习俗一直保持到今天。现代则又尊左，革命派被称为“左派”，反革命派被称为“右派”。不过，民间流行的“左眼跳财，右眼跳灾”以及“男左女右”等说法仍然是尚左的。

述说往古之事

——“古”字趣释

甲骨文的“古”为“”，金文为“”，其构形的原因不太清楚。“古”在甲骨文中所表示的意义为“从事”、“办事”。（参见赵诚《甲骨文简明辞典》第344页）到金文后，“古”才用于表示“古代”。（参见陈初生《金文常用字典》第23页）“古”字的小篆则为“”，从十，从口，会意。由于各家对“十”与“口”的理解不同，因而对“古”的本义产生了几种不同的说法。

第一种说法：“古”中的“十”表示纵横。古代东西为横，南北为纵。而一竖意味着以往极其久远的年代，一横意味着以往各个时代包罗万象的史实。“口”指人说话的重要器官，“十”、“口”合起来的意思是：那些距今年代久远的无数事实都要靠人的嘴巴一代一代地转述下来。也有人说“十”本是“甲”

字,“甲”是坼(chè)裂的形象,即天地分裂。因此,“十”指开天辟地的远古时代。“口”是嘴。因此“古”的意思是:用嘴巴说开天辟地的往古之时的事情。两种解释的意思基本相同,都是述说往古之事。

第二种说法:有人认为在文字发明之前,有关古代的许多资料、信息、事件,都是靠人的口一代代传下来的,所以“古”字由“十”和“口”组成。“十口”是一个大数目,一件事物经过了“十人之口”,就意味着经历了许多世代,所以“古”的本义就是古代的意思。

第三种说法:认为“古”为“故”的古字。《说文解字·古部》:“古,故也。从十口。识前言者也。”所谓“故”就是“故事”,即往古之事。

上述三种说法以我个人来看,第一种说法比较可信。至于其他还有一些奇特的说法,我们在这里就不一一列举了。

中华民族共同崇拜的图腾

——“龙”字趣释

“龙”的繁体字作“龍”,小篆为“”。《说文解字·龙部》:“龙,鳞虫之长,能幽能明,能细能巨,能短能长,春分而登天,秋分而潜渊。从肉,飞之形,童省声。”许慎所描绘的“龙”的形态很可能是根据民间传说描述出来的一种神异之物,并非是他自己杜撰出来的。许慎对“龙”字的结构分析显然是错误的。“龙”字早见于甲骨文,其字形多为“”。有人作过统计,甲骨文中的“龙”字达11个之多,描绘的形象均有头有角,口大张,并露出锋利的牙齿,还有弯弯曲曲的身子。有的甚至还描绘出“龙”身上鳞状的花纹,其基本形态似乎保持了蛇的某些特征。甲骨文的“龙”明显为象形字。从甲骨文的形体看,我们的先民对这种想象中的动物似乎十分熟悉。有的学者因而认为甲骨文的“龙”很可能是恐龙的形态。不过,现代科学证明,我们的造字时代的先民,不可能知道这种灭绝于中生代末期的

龙

恐龙的存在。所以有的学者认为甲骨文的“龙”有可能是受当时民间流传的关于“龙”的传说,或者是当时流传的“龙”的图腾的启发而创造出来的。

我国远古时各部落多以蛇、羊、虎等动物为图腾崇拜物。龙是由许多不同的动物图腾糅合而成的一种综合体,这种虚拟的动物是中华民族祖先共同供奉的图腾。1987年,考古工作者在河南濮阳西北坡发掘出的六千多年前仰韶文化时期的古墓两侧,有用蚌壳摆塑而成的“龙”形,看上去那龙气韵生动,可与明清皇家宫殿器物上的龙相媲美。这些材料证明,甲骨文的“龙”的创造很可能是在这些“龙”的图案的基础上省减而成。关于“龙”的传说在甲骨文之前就早已在我们的祖先中开始流传了。

因此“龙”这种神异之物自然受人崇拜。历代以“龙”作为帝王的象征,皇帝被称为“真龙天子”。传说南宋末年,元军直捣江南,瑞宗赵昰卒,幼帝赵昺即位。在元军的追击之下,丞相陆秀夫陪同赵昺逃到珠江口东岸伸向南海的大鹏山上。当地的一位里长(相当于今之村长)听说皇帝来到这里避乱,带着几个人到巨石耸立的山中寻找到了一个景色秀丽的大洞穴,并将洞穴装修一下之后,就作为这位

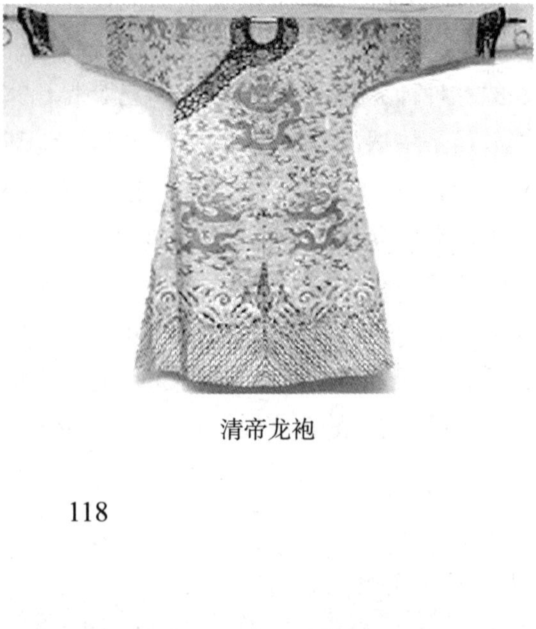

清帝龙袍

南宋皇帝的"寝宫"。这位小皇帝在兵荒马乱的时代有一个山洞安身也感到十分开心。一天，赵昺问陆秀夫："这里有八座山，一座山可说就是一条龙，那么这里该有八条龙了吧！"

陆秀夫回答道："不，陛下，这里有九条龙。"

幼帝不解地追问道："何谓九龙？"

陆秀夫答道："陛下为大宋皇帝，帝为天子，乃真龙下凡。这里的八座山就是八条龙，再加上陛下，当然是九条龙。"

幼帝听后，非常高兴。自此以后，人们把这个地方称为九龙山，也就是今天的香港特别行政区所辖的"九龙"。

在封建社会不仅皇帝称为"真龙天子"，凡是与皇帝有关的事物都要冠以"龙"字。如龙颜，指皇帝的颜面；龙袍，皇帝穿的绣有龙形图案的袍子；龙床，皇帝的卧具，等等。另外，龙在中国古代也作为吉祥的象征。总之，"龙"作为一种文化现象，在中华民族具有丰富的内容。

产自山崖上的石头

——"石"、"斫"二字趣释

《诗·小雅·鹤鸣》中的"他山之石，可以攻玉"的名言告诉人们这样一个事实：石头是从山上挖出来的。甲骨文的"石"字为""或""，正好反映了这一事实。其中的""或""即为厂(hàn)，像石壁高耸突出的山崖。左边的一撇像山上的峭壁，上面一横是横出的岩石，下面的空处常常是人类的祖先用来躲避风雨或居住的地方，所以在汉字中以"厂"为意符的字常常与山崖和房屋有关。"日"不是"口"字，而是一块石头形。全字合起来的意思是：产在山崖上的石头。可见"石"的本义是"石头"。《说文解字·石部》："石，山石也。在厂之下，口象形。"

与"石"字相关的"斫"(zhuó)字的甲骨文为""，左边是"石"字，右边

元　吴镇　竹石图

是“斤”，是古代的一种如斧斤类的工具，像今天一种用于挖石头的叫镐的工具。合起来像是用斤从山崖边挖石头的形状。可见“斫”的本义就是“斫石头”。从“斫”字我们似乎看到了先民们在山崖上开山挖石的生动情形，也进一步地说明了“石”来源于山崖。“斫”字的小篆继承了甲骨文的结构，同样是由“石”和“斤”组成。《说文解字·石部》：“石，击也。从斤，石声。”许慎所释显然是“斫”的引申义。所谓“斫”就是用“斤”撞击山崖上的石头，自然引申出“击”的意思。至于许慎认为“石”为“斫”字的声符更为牵强。

“石”是中国传统艺术“金、石、书、画”中的一项，是古代“石刻艺术”的简称。中国最早的石刻有秦以前的“石鼓文”，相传为周宣王时所刻，其书法艺术真是精美绝伦。秦代刻石有泰山刻石、琅琊刻石等。到了汉代，刻石之风大盛。

“石”还有一个雅号叫“寿石”。有的人认为石头的寿命比一般的动植物都要长，因而赐给它一个雅号叫“寿石”。也有人认为“寿石”之名来自于中国的传统艺术园林布置的山水盆景。在园林建筑和盆景中都少不了各种奇山的造型。这些山多叠石而成，或凿石而成。艺术家们将其中有着各种造型的石头称为寿石。当然中国传统国画中的“石”，也有人称之为“寿石”。

中国民间自古就有爱石藏石的习俗。中国的名石主要有太湖石（产自江苏太湖）、英石（产自广东英德）、建石（产自福建省）等。在长期玩赏石头的过程中，人们概括出上等石的外形特点为：“瘦”、“皱”、“漏”、“透”、“奇”和“丑”等。所谓“瘦”是指石头棱角分明；“皱”是指石头表面“波澜”丛生，凹凸不平；“漏”是指孔洞穿连；“透”是指石上孔道通达，透若海绵；“奇”指石头形态奇特；“丑”是指石显像十分苍老古拙。由于石质坚硬，因此受到历代艺术家的青睐。如清代著名书画家、“扬州八怪”之一的郑板桥最喜欢画石头。他曾经画了《竹石兰图》，并在上面题写了两句诗：“一竹一石一兰，有节有骨有香。”这两句话道出了郑板桥爱画“石”的原因，就在于它坚硬无比，有棱有角，有骨气。

历史上流传着“千人石”的传说。据《莲社高人传》载：苏州城门外的虎丘山上的“千人石”，相传为晋代高僧“生公说法”的地方。生公原名道生，对佛经颇有研究，还有不少著作。当时由于《涅槃经》刚传入中国，许多人都不太理解。生公到处讲解，他的同道们都不听。他晚年之时，便来到虎丘山下，搬来了许多石头，一行一行地排列起来。生公把它们当作听众，对着这些石头讲经说法。据说他讲得非常生动，而且坚持天天讲。有时生公还对石头们问道：“你们说我讲得对不对？我的解释是否符合佛经的原意？”那些石头竟然个个点起头来，似乎是在对生公回答道：“你讲得很好！你讲得很好！”正是由于生公讲得好，使石头也受了感动。这就是人们常说的“生公说法，顽石点头”的典故。

“石”又用作量词，读为 dàn。石头的“石”怎么会变成一石（dàn）的“石”的呢？《通雅》中说：“一石为石，再（二块）石为儋（通‘担’，重量单位，约 50 公斤），故后人以儋呼石。”显然这里的“石”（dàn）是指重量单位。“石”还用于容量单位，古代十斗为一石（dàn）。

冉冉升起的太阳

——“旦”字趣释

汉字是世界上最古老的文字之一，至今约有三千余年的历史。有的学者认为根据甲骨文的完整体系，可以推知我们民族在甲骨文之前一定还有一种更古老的文字，这种文字很可能还没有被我们发现，也有可能这种古老的文字由于书写的材料不同于龟甲兽骨，因而消失在历史的长河之中了。而今学者们从一些陶器上，寻觅到零零星星的这样一类的古文字材料。有的学者认为“旦”字在龙山文化中就出现了。新石器晚期出土的龙山文化黑陶外部出现的刻画形体“”，就是最早的“旦”字。按于省吾先生的考释，它表示早晨太阳从山峰上初升的景象：“”表示太阳，“”表示云气承托着初升的太阳，“”表示五个山峰形。古文字中的“山”多作三峰形，而商器父任尊的“山”作“”，与此相仿。此图形很可能是后来简化了的“旦”字。（参见许威汉《中国文化源·序》）

齐白石　旭日图

甲骨文的“旦”为“”，上“”为日，下“”为大地。其意思是旭日东升，太阳刚从地面上升起，天地相接。金文的“旦”作“”，与甲骨文的形体基本相同，其下部像广阔的水面（或曰大海）。

金文的“旦”展示了太阳刚刚跳出水面，日水相连的样子。由此看来，甲骨文和金文的“旦”所表示的意义是相同的，均为太阳刚刚从地面（或大海中）冉冉升起的时候，即“天亮”。可见甲骨文的“旦”承龙山文化的“旦”字而来。

对甲骨文的“旦”，于省吾先生作出了不同的解释。他在《殷契骈枝》中说：“契文旦字当系从日，丁声。丁、旦，双声并端母。”显然，于省吾先生认为甲骨文的“旦”字上面是“日”，下面的“口”为“丁”，“丁”表声。于先生的解释也不无道理。

“旦”的小篆为“”。《说文解字·旦部》：“旦，明也。从日见一上。一，地也。”许慎同样认为小篆的“旦”为象形字。不过他用“明”释“日”，显然所训释的意义为“旦”的引申义。饶炯部首订纠正了许慎的看法，认为“旦”的本义谓日出平明之时，即早晨或天明。如《木兰辞》：“旦辞爷娘去，暮宿黄河边。”

抓在手中的鸟飞走了

——“只”、“夺”二字趣释

现代汉语中一只鸟的“只”的繁体字为“隻”，它的甲骨文为“”，其上为“隹”，本指短尾鸟，这里就是指鸟。右下方为“又”，指手；是一个会意字，像是一只鸟被手抓住了。罗振玉《增订殷墟书契考释》云：“此（隻）从隹从又，象捕鸟在手之形。”金文的“只”为“”，与甲骨文的形体完全相同，更像一个人的手中抓住了一只鸟。由此，有的学者认为“隻”就是“获”的初文，动词。从“隻”字可知古人本领高强，用手就能抓住鸟，说明了我们的先民在长期的生活中，练就了一身捕猎的高超本领。

“只”的小篆为“”，仍然保持了甲骨文和金文的结构。《说文解字·隹部》：“隻，鸟一枚也。从又持隹，持一隹曰隻，二隹曰双。”许慎的训释并非本义，而是“只”的引申义。由于“隻”是手中抓住了一只鸟，所以引申为表禽鸟单位的量词。马叙伦《读金器刻词》云：“（隻）字从手持鸟，会意。今《说文》训‘鸟

一枚也’,而双训‘隹二枚也’,皆非本义。”如晋潘岳《悼亡诗三首》之一:“如彼翰林鸟,双栖一朝只。”“只”由指鸟一只引申为指一个,或指与“双”相对的“单”。如《公羊传·僖公三十三年》:“匹马只轮无反者。”句中的“只”指一个。又如《宋史·张洎传》:“肃宗而下,咸只日临朝,双日不坐。”此句中的“只日”为单日。

如果说“只”是手中抓住了一只鸟,而“夺”则是抓在手中的鸟正欲飞走。“夺”的繁体字为“奪”,金文为“”,上面像振翅欲飞的鸟,下面的“又”就是手,会意字。其意思是:一只振翅欲飞的鸟从手中突然向空中飞去。小篆的形体为“”,从奞,从又。其上“奞”(xùn),由“大”和“隹”构成。“隹”指鸟,所谓“大隹”就是猛禽,“奞”的意思是猛禽振翅欲飞。其下为“又”或“寸”,均指手。所以“夺”的初义是:抓在手中的鸟,又将从手中挣脱出去,振翅飞起。其本义就是失去了已抓到手中的鸟。《说文解字·奞部》:“夺,手持隹失之也。从又,从奞。”所谓“手持隹失之”,就是抓在手中的鸟将要飞走,即失去。于是“夺”由失去手中的鸟引申为失去、丧失的意思。段玉裁《说文解字注》:“(夺)引申为凡失去物之称。凡手中遗落物当作此字。”如《孟子·梁惠王上》:“百亩之田,勿夺其时,数口之家可以无饥矣。”其意思是:一家有百来亩耕地,只要梁惠王不妨碍他们的生产季节,那么几口人的家庭可以不挨饿。

宋　赵佶　芙蓉锦鸡图

有的学者根据“夺”字的形体,对“夺”的本义作了不同的解释:当鸟正要从手中飞走时,人们急忙用手将它抓住,使鸟没有飞走。因此“夺”又引申为夺取、抢夺的意思。如今天我们常说的夺冠军、夺红旗等。

男性生殖器的形象

——“且”、“祖”二字趣释

“且”的甲骨文是“”或“”，金文的形体与甲骨文相同。“且”是“祖”的本字。郭沫若先生认为“”就是男性生殖器的形象（见《卜辞通纂》），是象形字。

当父权制萌芽以后，男子曾作出种种努力，从而建立了男性生育的观念。人们认为，胎儿完全是由父亲的种子植入母体后形成的，母亲只是为他（她）的发育提供了一个场所，就像一粒植物的种子植入大地可以生长一样。这样，以男性为主要对象的新的生育意识便不可避免地产生了，“且”则是这种意识的凝聚物。

人们发现，远古先民对于祖先的崇拜是与对生育的渴望联系在一起的，或者说，对祖先的崇拜曾经是以对生育的崇拜形式表现出来的。人们对男性祖先繁育后代的功绩具有强烈的崇拜意识，因而对祖先的崇拜自然要以对男性生殖器崇拜的形式表现出来。

“且”为生殖器在考古中也时有发现。出土的远古时期石祖或木祖的形制，完全像男性生殖器的形状。从它的性质来看，考古学家们认为这些石祖或木祖无疑是古人顶礼膜拜的对象。这种拜“祖”的习俗至今在一些地方还保存着。四川木里县大坝村

汉画像石　野合图

附近的山间有一个鸡儿洞，在这个岩洞里供着一个石制的男性生殖器，有的妇女婚后不育时，就到洞里的石祖前烧香上供，然后在这个石质生殖器上坐一会。木里县俄亚乡卡瓦村也供有石祖，妇女不育时，先请巫师带到山洞里向石祖烧香叩头，在水池里洗浴，然后在石祖上吸喝圣水，据说这样做了以后，妇女就有了生育能力。我国少数民族中的西藏的门巴族和云南西双版纳的傣族，至今仍有供奉石祖或木祖的风俗。这些都可以说明郭沫若的分析是正确的。

其实，“祖”作为男性生殖器，在典籍中也时有所见。如唐代玄应的《一切经音义·六九》引北魏顾野王曰：“裸，脱衣露祖也。”这里的“祖”就是男性生殖器，即“祖”的本义。因为“且”象征着人类的祖先，又因它受人祭祀，后人便在“且”的左边加“礻”而作“祖”。在“且”旁加“礻”，一直到小篆才稳定下来。清代王筠在《说文句读》中说：“祖者，且也。钟鼎文凡祖字皆作‘且’。”

古人为了纪念祖先，以石祖或木祖表示故去的先人，并把它置于庙堂里，供人们祭祀，由此“祖”便引申出“祖庙”的意思。《说文解字·示部》：“祖，始庙也。”“始庙”就是为始封之君王所建的庙。如《荀子·成相》：“启乃下，武王善之，封之于宋，立其祖。”俞樾平议：“言封之于宋而立其宗庙也。”

“祖”字出现后，“且”的本义全由“祖”接替，“且”则专门借作副词、代词以及其他虚词。

井田制是怎么回事

——“田”字趣释

甲骨文的“田”写作“”或“”，金文作“”或“”，到小篆和楷书则省作“田”，象形字。“田”字外面的大方框，即“囗”，表示田地周围的道路或田界，它标明这块土地的范围。也有的学者说“田”字外面的方框是防止野兽践踏田间的禾苗和防止强盗偷取田中庄稼的墙垣。大方框中间纵横

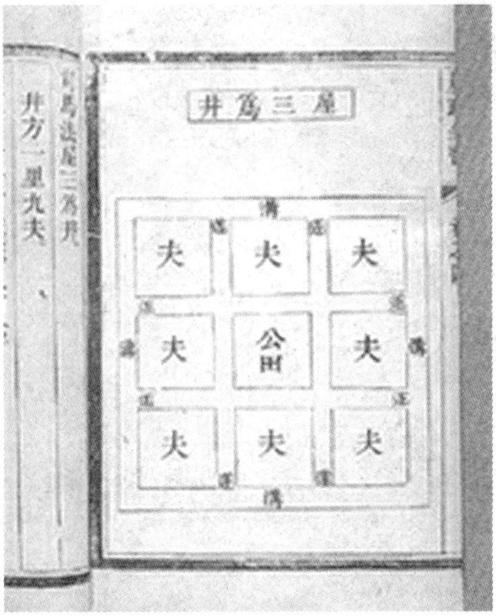

古籍上关于井田制的记载

交错的是田间的小路（古称阡陌）或田埂，也有的人认为是田中的小水沟。由此可见，“田”的本义是种庄稼的土地，即农田。《说文解字·田部》：“田，陈也。树谷曰田。象形。十，阡陌之制也。”所谓“树谷曰田”，即“田”是种庄稼的土地，讲的是“田”的本义。所谓“陈”，段玉裁认为“陈列之整齐谓之田”。因为“田”中纵横交错的小沟及一块块的土地排列整齐，因而“田”字便引申出陈列、整齐的意思。

“田”字显然是古代奴隶社会“井田制”的产物。在奴隶社会，商王把一大块田分成若干小方块的耕地。这样做一方面是为了依等级将一块块田分给各级奴隶主，奴隶主再一小块一小块地分给奴隶，主要目的则是为了强迫每个奴隶都要耕种一定数量的土地，同时又便于计算奴隶的劳动量。可见“田”字反映了奴隶社会井田制的情况。

在上古，“田”用于姓时，“田”、“陈”不分。如贾谊的文章常将“田单”写作“陈单”。这是什么原因呢？据《史记·田敬仲完世家》载：“田敬仲”即“陈敬仲”。陈敬仲是春秋时陈国的大夫，是陈厉公陈跃的儿子。厉公死后，其弟陈宣公继位。陈敬仲平时与太子御冠交谊很深，后来陈宣公想立妃子所生之子陈款为太子，陈敬仲怕受牵连，于是逃到齐国。因“陈”、“田”上古读音很相近，于是改姓田，所以叫田敬仲。以后就出现了“田”、“陈”姓氏相通的现象。

“田”字在上古又作“田猎”的意思。所谓田猎，就是古人开展的打猎活动。“田”作“田猎”义早见于甲骨文。如“王其田向”。（粹九七七）其意思是商王在向地田猎。再如《诗·郑风·叔于田》：“叔于田，巷无居人。”毛亨传：“田者，取禽也。”其意思是：阿叔们去打猎，巷子里没有人居住。蒋礼鸿在《读

汉　画像石　田猎

字臆记》中说："有树谷之田字,有猎禽之田字,形同而非一字也。"又说："田即网,田所以取鸟兽,因之凡取鸟兽皆曰田矣。"蒋先生认为"田猎"的"田"也是象形字,象捕兽的网形。

这里就出现了一个问题,"田猎"的"田"和"公田"的"田"到底谁先出现?学者们认为先有"田猎"的"田",理由是人类社会早期经历了从采集时代发展到渔猎时代、畜牧时代,然后再进入农业时代。这一历史现象,肯定了"田"先有"田猎"义,然后人们受"田"(渔网)的启发,再将其作为农田的"田"。为了避免使用时的混淆,后人在"田"字的右边加一"攵",为"畋",表示"田猎"的意思。自此,"田"就专指"农田"了。

传说苏东坡有一妹妹,嫁给当时大词人秦观,人称苏小妹。苏小妹很有才华。一天,苏小妹对丈夫秦观说:"为妻作了一则字谜,若郎君猜不出,可要像新婚之夜那样,罚站于门外让你再出洋相!我的谜面是:两日齐相投,四山环一周,两王住一国,一口吞四口。"秦观想了很久也没有猜出,只好跑到苏家,向苏东坡求教。秦观来到苏家,东坡正好在用饭。秦观说明来由及字谜,东坡不禁大笑,过后,他也没有说出苏小妹的谜底,而是叫厨子赶烧一盘西湖醋鱼端上。席间,苏东坡动手将鱼的头和尾去掉,留下中段,然后指着鱼身说:"秦观,这就是谜底!"秦观恍然大悟。原来,"鱼"字去"头"去"尾"即为"田"字。

秦观连忙道谢,急奔家中将谜底说出,避免了一次罚站。

女子出嫁

——“归”字趣释

“归”的繁体字为“歸”。《说文解字·止部》:“归,女嫁也。从止,从妇省,𠂤声。”许慎所说的“女嫁”,即女子出嫁的意思,是“归”的本义。“止”就是“足”,表示走、行走的意思。意符“帚”本为“婦”字,简化为“妇”,即“妇人”的“妇”。“婦”省略为“帚”,作“妇”字的意符时,仍为“妇女”的意思。“𠂤”指小土山,读duī,作“归”字的声符。“𠂤”与“归”在上古读音是相同的,由于古今语音的变化,今天的“𠂤”与“归”在读音上相去甚远了。“归”是一个形声兼会意字。段玉裁注《说文》时解释说:“妇止者,妇止于是也。”其意思是这里(指男子家)才是女子的住处。《公羊传·隐公二年》的注讲得很清楚,“妇人生以父母为家,嫁以夫为家,故谓嫁曰归。”古人认为夫家才是女子自己的家,从娘家来到夫家,犹如返回自己的家,所以“归”是回去的意思。《诗·周南·桃夭》:“之子如归,宜室其家。”其意思是:这个女子出嫁后,家庭生活一定很美满。

“归”较全面地反映了古人的婚姻观念和婚俗。父系氏族社会的建立,确立了一夫一妻的婚姻制度。那时的婚姻风俗是:男子要娶邻近氏族的女子为妻,他必须先到新娘家去生活一段时间,过夫妻生活(这种形式相当于某些少数民族至今仍然存在着的试婚习俗),然后男子才带上妻子回到自己的家。这对于女子来说叫做“出嫁”,同时也叫

莫高窟嫁娶图(部分)

回到自己的家。《易·渐》:“女归,吉。”唐孔颖达注曰:“女人生有外成之义,以夫为家,故谓嫁曰归。”可见古人把出嫁才叫做回到自己的家。

“归”是怎样由“回家”引申为“返回”的呢?前面已经说了,当那个男子到妻子家里去迎娶妻子时,对于女子来说叫“归”,即回家,而对于男子来说是从妻子家返回到自己的家,因此“归”有“返回”的意思。如成语有“视死如归”。“归”又是怎么引申出“归还”的意思的呢?有的学者认为,封建时代还有一种婚俗:第一代的女子嫁给男家以后,如果生了女孩,这个女孩长大后返嫁给她舅舅的儿子为妻子。这样做好像是对其舅舅家的一种补偿,因此“归”就有了“归还”的意思。这就是旧式婚姻中所说的“姑返舅”。如《孟子·尽心上》:“久假而不归,安知其非有也。”其意思是:借久了总不归还,你又怎能知道他将此物变成他自己的呢?

“男大当婚,女大当嫁”,出嫁是女子所欣羡和向往的事。在那个女子没有地位的社会里,女子出嫁后,有了男人,才有了自己的托身之所在。因此“归”又引申出“向往”、“依归”的意思。如《诗·曹风·蜉蝣》:“心之忧矣,于我归处。”郑玄笺:“归,依归也。”其意思是:我心里担忧的,是我时刻向往着的未来的家。

长空闪电

——“申”字趣释

“申”字最早出现在甲骨文中,为“”、“”,其后的金文形体多与甲骨文相似:“”、“”。看上去就像夏夜划破长空的一道闪电,电光闪烁,似有伴随着闪电出现的震撼大地的雷鸣,是一个象形字。“申”的创造,说明了我们的先民对闪电这种自然现象的观察是十分细致的。

“申”的小篆为“”。《说文解字·申部》:“申,神也。”许慎很可能讲的是“申”的引申义。古代科学不发达,古人认为空中的闪电雷鸣是神灵所造

成，不知道是一种自然现象。因而"申"由"闪电"引申出"神灵"。

又因为闪电的形状是一种动态的形体，看上去，给人以屈伸之感，所以又引申出"伸展"、"舒展"的意思。如《战国策·魏策四》："衣焦不申，头尘不去。"吴师道补注："申，舒也。""申"字用于地支的第九位，用以记时，是一借义字。"申"被作地支用字后，表示"伸展"、"舒展"之义，古人则另造一"伸"字来表示。

雷公电母图

宋朝常州有个知府叫徐申，此人最忌讳别人叫他的名字。一次，他管辖的部下有个县令向他申报地方情况，一连三次申报到徐申那里，未见批复，这个县令一气之下，就亲自去徐申府里找他。徐申一见这位县令，便气呼呼地责问道："你身为县令，难道不知道本官的姓名吗？"这个县令反倒不以为然，也大声答道："我的事申报到府里没人理，便向监司申报，监司不理，便向户部申报，申来申去，非到申死不可！"徐申被这个县令缠得没有办法，只好一笑了之，随即拿起笔，在他的报告上批了四个字："同意申报。"

据唐代《谢小娥传》载：谢小娥的父亲及丈夫均是跑江湖的商人。有一次，二人被强盗既抢了钱财，又丢了性命。谢小娥为报血海深仇，四处寻找仇人。后来，一位知情的渔翁想把强盗的名字告诉谢小娥，但又害怕累及自己。于是，他编造说，河神托梦给他，杀死其父、其夫的强盗分别叫做"车中猴，门東草"和"禾中走，一日夫"。渔翁把此事告诉谢小娥。谢小娥不明白这故事中两则谜语的意思，只好四处求教，均无人揭出谜底。又过了几年，仍无法弄清这两则谜语的意思。有一次，一位名叫谢公佐的游客为谢小娥解开了这两则谜："车中猴，即隐射'申'字。门東草，即隐'蘭'(兰)字。合为'申蘭'两字。'禾中走'，即穿田而过，隐'申'字。'一日夫'隐'春'字。合为

‘申春’两字。这就是说，杀害你父亲和丈夫的凶手分别叫申兰和申春。”不久，谢小娥终于查找到这两个强盗，并千方百计潜入申家当了两年佣人。在取得人证物证后，即报了这一深仇大恨。

集合众人发布命令

——“令”、“命”二字趣释

“令”的甲骨文为“”、“”，金文的形体与之相同，会意字。“令”字的上部为“亼”，是古代集合的“集”字，在这里指集合众人。字的下部的“”或“”，即为卩(jié)，是一个跽坐(一说跪)在地上的人的姿态。“令”字的上下两部分合起来的意思是集合众人，发布命令。其实“令”所表示的就是当时的酋长们把自己本部落的人(或者是抓来的奴隶)召集起来传达神的旨意或者酋长自己的意思。从“令”字中跪着的人形来看，发布命令者的态度十分严酷与冷淡，足以使人胆战心惊，俯首贴耳。《说文解字·卩部》：“令，发号也。从亼、卩。”

不过，对古文字的“令”字的结构有的学者作了不同的解释，认为“令”字上部的“亼”是一个朝下张开的“口”，下部是一个跪着的人，上下合起来的意思是在上的人(官长)用口向下级发布命令。上面两种看法有一个共同点：都有发布命令的意思。如《诗·齐风·东方未明》：“倒之颠之，自公令之。”其意思是：将上衣和下裳都穿

虎符

颠倒了，这是由于公爷发布命令时我太匆忙。

由于“令”的本义为发布上级的指示或命令，所以“令”引申为命令、法令的意思。如《史记 · 司马穰苴列传》：“将在军，君令有所不受。”又因为“令”的本义是发布命令，所以“令”引申为指“发布命令的人”，即官长。春秋战国时楚国“总其事”的宰相为令尹，这里的“令”的意思是由“令”的本义引申出来的。秦汉以后政府有的部门的主管人也称“令”，如郎中令、中书令。其后，各县的行政长官也称“令”，叫县令。

大概是因为“令”引申为“官长”，在古人看来为官者一定是好人，或才学之士，所以“令”又引申出美、善之意。如《孔雀东南飞》：“年始十八九，便言多令才。”在此基础上又引申为“对别人的尊称”，如“令尊”（指别人的父亲）、“令郎”（指别人的儿子）、“令爱”（指别人的女儿）等。

“命”在甲骨文里与“令”是同字的，直到金文中才出现“命”。“命”只是在甲骨文的“令”的左边加上一个发布命令的“口”。小篆“命”的结构与金文相同，不同的是将“口”置于“△”之下。“命”的本义与“令”相同，只不过强调了用口发布命令。《说文解字 · 口部》：“命，使也。从口、令。”它是一个会意字。因此，“命”也可引申出“命令”的意思。如《荀子 · 臣道》：“从命而利君谓之顺，从命而不利君谓之谄。”其意思是听从国君的命令就会有利于国君，这就叫忠顺；听从国君的命令，而不利于国君，这就叫做奉承。

“命”是怎样引申出“生命”的意思的呢？在古代，统治者，即那些发号施令的人，要求百姓绝对地服从他们的命令，把统治者的命令当做自己的生命，所以“命”引申指人的生命。

瓜儿连着藤

——“瓜”字趣释

“瓜”是冬瓜、南瓜、西瓜、黄瓜等植物果实的总称。“瓜”字早见于金文，作“瓜”，小篆作“瓜”。两者形体相同，其中的“八”像瓜蔓，中间部分是果实，看上去真是人们常说的“瓜儿连着藤”，即藤上长着瓜的形象，是象形字。《说文解字·瓜部》：“瓜，㼌（yǔ）也。象形。”许慎所说的“㼌”，就是瓜多的意思。照许慎的说法，“瓜”的形体所表示的是藤蔓上长着许多瓜的意思。

只用一个事物来描写众多事物，这是古代造字者造字时常用的一种方法。由此可见“瓜”的本义就是长在藤蔓上的许多果实。由于累累瓜果结在绵长的藤蔓上，古人常以此喻指世代绵长，象征子孙繁盛。早在西周时期，“瓜”便成为祝颂子孙众多的美好祝词。如《诗·大雅·绵》：“绵绵瓜瓞（dié），民之初生，自土沮漆。”意思是说周人发祥于漆、沮二水，在古公亶父之时，其地域甚小，至周文王时昌盛起来，成了一个大国。该诗是说周人的祖先们像瓜瓞一样代代相传，一直到文王时才奠定了王业的基础。周人的事业，好像那结满大瓜、小瓜的绵长的藤蔓，世代绵长，子孙万代不变。

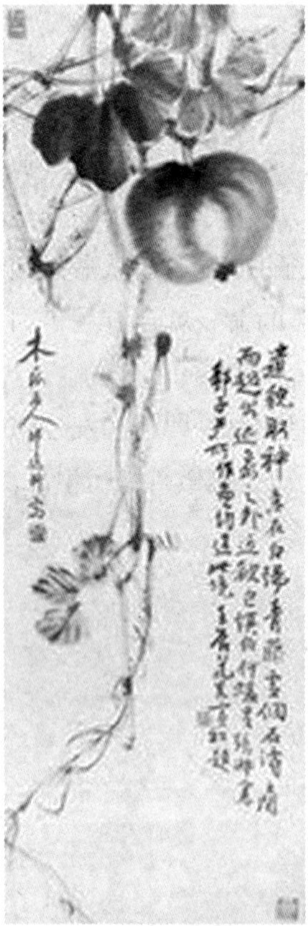
黄宾虹 瓜蔓图轴

人们吃瓜时，常用刀顺着瓜纹切开吃，因此用“瓜分”比喻分割或分配。“瓜分”后又指若干强国联合起来分割弱小或经济不发达国家的土地。

人们为何将愚蠢人称为“傻瓜”呢？据顾颉刚先生说，“傻瓜”一词来自古代的“瓜子族”。春秋时期生活在瓜州（今甘肃敦煌一带）的姜姓人被称作“瓜子族”，“瓜子族”的人十分勤劳，受人雇佣时总是一刻不停地干活。可有些人将他们这种老实的习俗看成是“傻”，于是就叫他们“傻瓜子族”，简称“傻瓜”。因此“傻瓜”一词沿用至今。

赵匡胤是宋朝的开国皇帝，年轻时就练得一身好武艺，无论走到哪里，随身总带着那条盘龙棍。但是，他不务正业，整天出没于赌场。

一个夏天的晚上，赵匡胤在赌场上又输得分文不留，此时的他又饥又渴，正好经过一片西瓜地，二话没说就闯到地里挑了一个大西瓜，一拳砸开后就狼吞虎咽地吃了起来。正好被看瓜的姓王的老头发现了，一把拉住赵匡胤说："瓜吃完了，要给钱！"赵匡胤以为王老头子要诈他，就想赌狠赖账，头一歪便厉声问道："你要多少钱？"老头子伸出一个手指头说："一文钱！"赵匡胤没想到只要一文钱，于是用手在衣袋里摸了摸，个个衣袋都摸遍了，也摸不到一文钱。无奈，只好双手把盘龙棍递给老头做抵押。王老头子接过盘龙棍，两眼打量了一下赵匡胤，感叹道："可惜呀可惜！这条盘龙棍要是握在英雄手里，可以去建功立业，治国平天下。今天拿在你手里，只能在赌场上显威风，瓜田里做押头。"

王老头子的一番话，说得赵匡胤无地自容。自此他暗下决心，痛改前非，以后再也不进赌场，专心练武习文。十年后，赵匡胤当了宋朝的开国皇帝，当他派人去查找那位瓜田里的老头时，王老头已经病故。为了感谢老头的劝诫之恩，赵匡胤给老头修了墓，并亲笔题写了"义士王老头之墓"的碑铭。

古人是怎样珍爱书籍的

——"册"、"典"二字趣释

《尚书》中说："惟殷先人，有典有册。""典"和"册"就是商代的书籍。尤其是"册"，形象地反映了我国古代图书的特点。早在三千多年前的殷商时期，我国就有了书籍。甲骨文的"册"字写作""、""或""等，金文形体与甲骨文基本相同，只是其中的"丨"（简牍之类的物体），较之甲骨文要多一些，如""、""，均为象形字。字中上下贯穿的有的有三条线，有的有四条线，有的有五条线，也有的多达六条线，其数不等。它所代表的是刻写文字的小竹片或小木片，即后来称为竹简或木牍之物。有的学者认为，如果仅仅以为是竹简或木牍是不够的。从甲骨文所用的材料来看，商代

末期的文字除了刻在竹简木牍上外，还有刻在龟甲兽骨上的文字，可见当时的书籍材料不仅仅是简牍，也可是龟甲兽骨片。上述各字中的绕成准长方形加一个准半圆形或两个准半圆形的线条，是编串竹木简牍等的绳索或皮条，古人统称为“编”。由编和简牍共同组成“册”，即古代的书籍。古人在阅读的时候将其打开，不读的时候将其卷起。

甲骨文时代后期，册除了竹简、木牍外，还应有龟甲片或兽骨片组成的册。有的学者发现刻有文字的龟甲和兽骨上下有凿过的小洞，这些小洞就是用来穿编的。由龟甲片和兽骨片组成的册，就是我们今人所说的甲骨书。还有的学者认为“册”的初形，还不是甲骨书，而是古人祭祀时的“列石”（即排列的石头），这些组成“册”的一根根石柱上都刻有字。20 世纪 70 年代初，考古工作者在江苏省铜山县丘湾的一处商代“祭册”遗址出土的古“册石”，由四块长形石条组成，周围还埋有人牲，而人牲均面向“册”而跪。据推测，当时在石条的腰部很可能缠有绳索或彩帛之类的东西，这就是最初的“册”。古人造“册”字很有可能受这些“石册”的启发，或就是这些石册的象形字。（参见康殷《文字源流浅说》第 588 页）

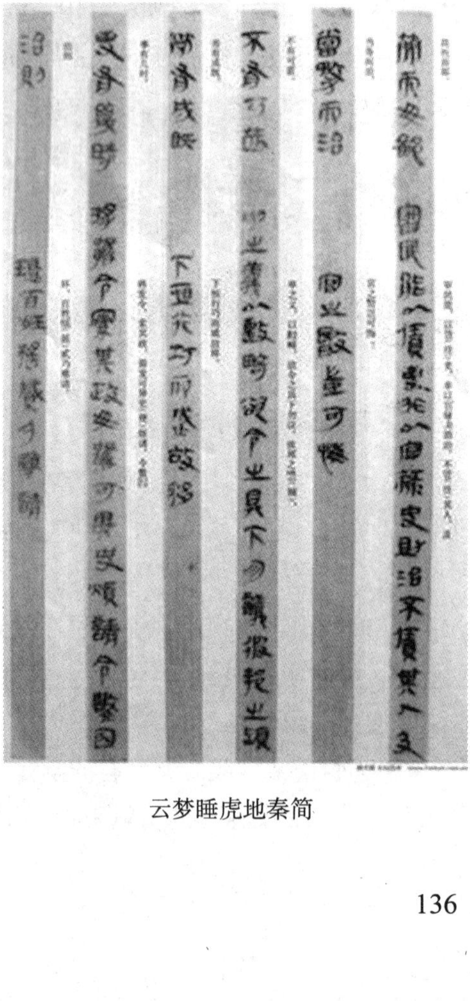
云梦睡虎地秦简

“册”的小篆为“”，其形体结构与甲骨文、金文相同。《说文解字 · 册部》：“册，符命也，诸侯进受于王也。其札一长一短，中有二编。”许慎对“册”的结构分析完全正确。不过他将“册”讲成“符命”，应是“册”的引申义。古代王者封赏诸侯之时，先把命辞写在简上，编成“册”的形式。在宗庙举行封赏的礼仪时，由史官

在仪式上宣读命辞，读毕，将此“册”(即符命)授于诸侯珍藏，作为受赏的凭证。由于符命与“册”相似，因而也称“册”。

永乐大典(部分)

随着历史的发展，纸张出现后，人们将字书写在纸上，然后装订成书，这时的书仍然称“册”，如“书册”、“账册”以及“纪念册”等等。

“册”作为科学文化知识的载体，首次记录下人类文明，受到先民的重视理所当然。为此“典”字顺应这一历史潮流而诞生了。甲骨文的“典”作“典”，金文作“典”，小篆作“典”。从甲骨文的形体来看，上面是“册”，下面是“廾”(gǒng)，指双手，会意字。其意思是：时时用双手郑重其事地捧起来的书册，方能称“典”。可见“典”的本义是重要的文献书籍。

从金文开始，下面的双手变成了“丌”。《说文解字·丌部》：“典，五帝之书也。从册，在丌(jī)上，尊阁之也。”从许慎的解释可以看到，汉人将典尊崇为五帝之书。“丌”是专门用来尊放典籍的案几，可见汉人将“典籍”抬到了与神灵并列的地步。不过许慎的解释可能有些夸大其辞。许慎还向我们介绍了当时对“典”的一种不同的解释，即庄都说：“典，大册也。”“庄都”，根据段玉裁的解释就是我们今天所说的大学问家，他认为“典”字是由“册”和“大”字会意而成。

历代对“典”字的解释虽然不尽相同，但从中可以看到，古人对书籍看得异常珍贵这一点是相同的。在古代，谁家有书，必然就会很隆重地珍藏起来或供奉起来，真是视作经典。

“典”字的诞生反映出我们的民族爱护书籍和重知识的传统美德，也反映了我们的先民十分重视图书和文化建设。当知识经济到来的当今，我们更应该实实在在地重视书籍、尊重知识。

《后汉书·蔡邕传》记载有这样一个故事：当董卓被杀时，蔡邕为他凄然叹息不已。司徒王允当即怒斥他为了感谢董卓对他个人的恩遇，而忘记了忠于汉王的大节，并且要将蔡邕治罪。此时，太尉急忙劝告王允说：“伯喈（蔡邕的字）旷世逸才，多识汉事，当续成后史，为一代大典。”此处的“典”是把蔡邕喻为汉代的一部重要的典籍。就是这一个“典”字，救了蔡邕的命。

由于“典”的本义是指重要的文献和书籍，所以后引申为指“带有指导性、典范性的书籍”，如《康熙字典》。《康熙字典》是清圣祖（玄烨）于康熙四十九年（公元 1710 年）亲自下令张玉书、陈廷敬等 30 余人，用了前后达 6 年的时间编辑而成。这是中国现存的第一部官修的字典。康熙皇帝要求把这部书编得完美无缺，因而称之为“字典”，即字书之典范。在清代，“字典”成了《康熙字典》的专名，但是编者们没有使这部御定的书达到完美无缺。到了乾隆年间，一位叫王锡侯的文字学家在他著的《字贯》一书中指出了《康熙字典》的不少错误之处，乾隆为了维护先帝康熙的威严，居然将王锡侯全家杀害了，并将《字贯》的书版和王锡侯的其他著作一齐销毁。自此无人对《康熙字典》加以批评。直到道光七年（公元 1827 年），王引之才奉道光之命，作《字典考证》12 卷，纠正了《康熙字典》引书错误 2588 条。不过，王引之所查出的错误并不是全部的，也只是部分的。

这一事实告诉我们经典的书也有错误，对经典不要盲从，这是读书人必须注意的。

众矢汇集于旗帜之下

——“矢”、“族”二字趣释

“矢”甲骨文作“”或“”，金文作“”。其形体就像箭一样，前端是

锐利的箭头镝，中间是箭杆，鼓起的部分像上下相接的地方缠的东西，下部分是箭尾，似结有雕羽。可见，“矢”的本义就是箭，是古代的一种射杀远方敌人的兵器或捕猎的工具。持有这种兵器不需与敌人交手就可起到刺杀敌人的效果，因而在古代的交战中使用特别多。

小篆的“矢”作“ 𠂒 ”。《说文解字·矢部》：“矢，弓弩也。从入，象镝栝羽之形。古者夷牟初作矢。”许慎的说解由于受小篆“矢”的限制，将其误为从入，实则是一种错觉。许慎又说矢为夷牟所发明，此说并不可靠。箭的历史悠久，早在石器时代，我们的祖先为了捕猎野兽或抵御猛兽的进攻，就用兽骨或石头制成骨镞或石镞。可以毫不夸张地说，人类出现在地球上时，为了生存，就有可能开始造箭了。如果说夷牟真有其人，他至多对前人制造的箭做过一些改进。

“矢”常引申为“起誓”，其意思同“誓”。据说这是因为古代出师之前，将士们常以手持箭在神灵的面前起誓，以此祈求神灵保佑，获取战争的胜利。如《诗·庸风·柏舟》：“髧彼两髦，实维我仪，之死矢靡它。”毛亨传：“矢，誓。”这段话的意思是：那垂发齐眉的少年郎，该和我来成一双，我发誓，到死也不会变心肠。清代学者阮元在《释矢》中说：“矢”还有“直而短”的意思。弓矢

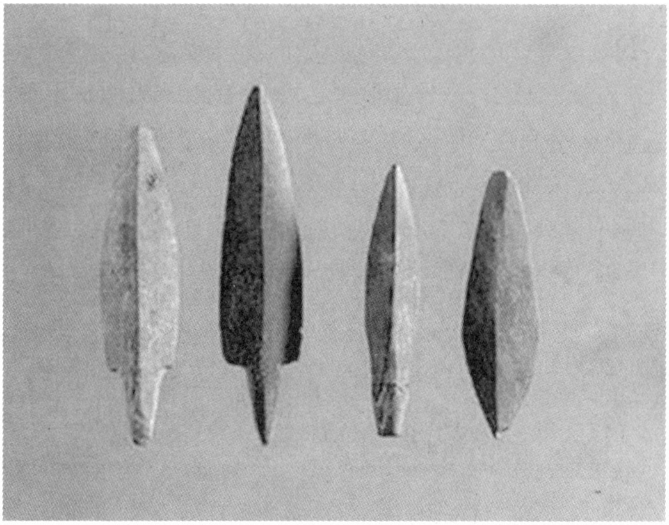

良渚文化石镞

的矢是不满一公尺的箭，射出后成直线飞行，但飞不了很远就会落地，因而引申出“正直”、“端正”的意思。如扬雄《法言·五百》：“圣人矢口而成言，肆笔而成书。”

古代投壶用的筹码，其形制与矢相近，因此称筹码也叫“矢”。投壶是古代宴会时的一种游戏。其方法是先将装酒的壶口当目标，手拿着筹码向壶口投去，按投中多少定胜负，谁输了就喝酒。如《礼记·少仪》：“侍射则约矢，侍投则拥矢。”以箭祈求吉庆的心理，在少数民族中至今仍有存留。永宁纳西族人常在家中供奉几支箭，他们认为箭有避邪驱鬼、保证家庭吉祥安宁的作用。纳西族在祭天结束之日还举行射箭仪式。这天，家族长者将箭分给族中的男子汉，然后让他们依次瞄准“敌人”射箭，每人射三支，若射中“敌人”，大家欢呼雀跃，并由族长给他敬酒，以此使他们不忘祖先的杀敌之功，并准备随时迎击来犯的敌人。

“族”的甲骨文作“”或“”。其中的“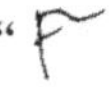”，即是“㫃”（yàn），古代部族的标志，像旗帜的形状。其中的“矢”有一支或两支。在甲骨文中，字的部首，单复数无别，即所表示的意思相同。“矢”在先民那里既是战斗的工具，也是生产的工具，还是一种强有力的标记。从上述分析可知“族”为会意字，它的本义是一群有着血统关系的人们聚居在一起。“族”也是古代的战斗单位。

“矢”与“人”的血缘关系发生联系，对此，有人认为似乎不可思议，但在古人看来，这是十分自然的。在许多原始民族中，箭矢都曾被视作男性生殖

汉画像石投壶

器的象征。箭矢为什么会同男性生殖器联系起来呢？在远古时代，弓矢是先民崇拜的神灵之物。他们认为“矢”决定人的吉凶祸福，具有“射日”、“救月”的种种神奇力量，而这些又与男性是紧密相连的。所以，在男性生殖器崇拜的原始思维作用下，古人用“矢”来象征男性生殖器。在那时，神化男性生殖器的功能，不但是可能的，甚至是必然的。

美国学者魏勒在他的《性崇拜》中说：原始人类中还以箭象征男性生殖器，箭的两羽竟意味着睾丸。传说爱神丘比特手中常拿着一张弓和一支箭或一盒箭，这些形象都是在合法的夫妻生活中激发的关于男性生殖器的象征。印度艺术中也有这一现象，爱神伽摩的形象就是在射一支用一个莲花苞做成的箭，莲花苞是男性性器官的象征。魏勒在他的书中虽然没有列举中华民族的祖先的这种习俗，但并不等于以箭象征男性生殖器的性崇拜在我们民族中不存在。“族”的造字意义就表明了汉民族的祖先也有类似的观念。在他们看来，最能体现部族力量的是男子，而体现男子力量的就是生殖器，因而在本族的旗帜“㫃”上加上“矢”。

由于“族”是许多箭同时汇集于大旗之下，因此引申出聚集、集合的意思。如《庄子·在宥》：“云气不待族而雨，草木不待黄而落。”又由于“族”的本义就是“部族”，因此引申出家族、民族等意思。

幼芽破土而出

——“生”字趣释

“生”的甲骨文作“”。字下面的一横表示地面，一横之上的“”指小草。其意思是地上刚刚长出一棵小草。中间是小草的茎，茎两边是小枝叶。看上去真像小草新芽破土而出，生机勃勃的样子，是象形字。其本义是“草木生长”。

“生”的金文为“”，与甲骨文稍有不同，其下部为“土”字，其上为“中”

(chè),草木的幼芽,是会意字。其意思是草木的幼芽破土而出。小篆的“生”为“”,仍然从土,从,会意字。《说文解字·生部》:“生,进也。象草木生出土上。”所谓“进”,就是生长、长出的意思,即植物生长的意思。

“生”由草木生长引申为指后人,自然就有了生育、出生的意思,如“生孩子”。《史记·秦始皇本纪》:“(秦始皇)以(在)秦昭王四十八年正月生于邯郸。”而生育的结果产生了新的生命,因此“生”又有了“生命”的意思。如《荀子·王制》:“水火有气而无生,草木有生而无知。”有“生命”就必然活着,则“生”引申出“活着”的意思。“活着”就要“生活”,因而“生”又引申出“生活”的意思等。“生”本指草木幼芽生长,由此喻指“年轻人”或“读书人”。如《史记》中的“郦生”;唐元稹的《莺莺传》中的“张生”等。

传说很早以前,有一个国王向全国颁布了一条奇怪的法律,规定任何判死刑的罪犯,在绑赴刑场处死之前,可以到主持刑罚的法官手中的盒子里随意抽出一张纸条。如果纸条上写有“生”字,则罪犯可以当众释放;如果纸条上是“死”字,那就立即处死。另外还有一条规定,在用刑前,罪犯的任何要求均可满足。这个国家有一个叫王雄的年轻人,他为人善良,还能仗义勇为。一次,王雄遭人暗算,被关进监狱,不久法官判他死刑。这个害王雄的人十分残忍,一不做,二不休,他怕王雄被处死前抽到“生”而被释放,因此用银两买通法官,将纸条全部写上“死”字,让王雄只能抽到“死”字。

这个秘密偏偏被透露出去,被王雄的一个朋友知道了,朋友急忙把这个消息告诉了王雄。王雄听后只是笑了一笑,什么也没有说,就走上了刑场。在行刑前,王雄突然向法官提个要求说:今天将抽签的规矩改一下,如果我抽到“生”字就是“死”,抽到“死”字就是“生”。执法官知道自己做错了事,但根据法律一定要满足王雄的要求,无可奈何只得答应了王雄的要求。王雄随意抽出一张纸条一看,上面写着“死”字,法官无话可说,就这样,王雄终于得到了自由。

听音乐使人快乐

——“乐”字趣释

“乐”是个多音字，常用读音为 yuè 或 lè。对“乐”字的这两种读音谁先谁后，说法不一。通常认为先有 yuè，而后才有 lè。（当然也有不同意此种看法的。）

“乐”的繁体字为“樂”，甲骨文为“”或“”，其上部即“丝”，为琴弦。其下部为“木”，即木头，绷琴之用。看上去像古代琴之类的弦乐器。因此，乐（yuè）就是乐器。罗振玉《增订殷虚书契考释》：“从丝附木上，琴弦之象也。”也有人对甲骨文的“乐”字有不同的理解，认为上面部分为乐器，即弦乐，下面的“木”是放乐器的架子。此说也不无道理。

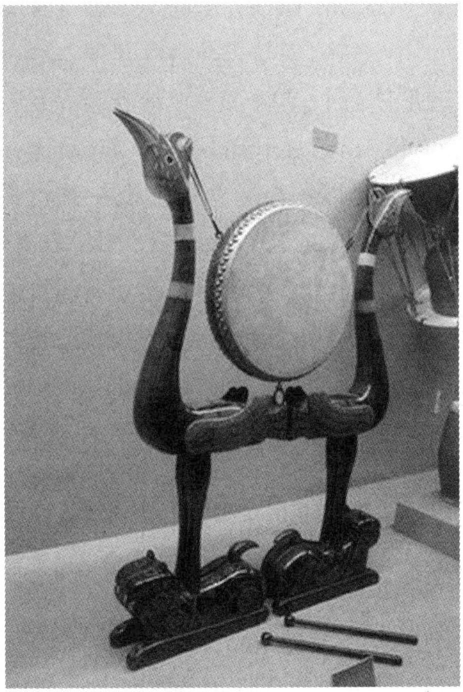

江陵纪南城出土的虎座鸟架鼓

“乐”字到了金文则为“”，在甲骨文的基础上增加了“白”字。“白”是什么东西？有人认为是一个调弦器，把弦装在木头上，然后再配上调弦之器，更清楚地表明此物为乐器。也有人认为“白”是大拇指之形，使“乐”更清楚地表明其弹奏乐器之意。（参见陈初生《金文常用字典》第 620 页）其实拇指也可说是调弦之器。因此，两种解释实则有着共同之处，均指乐器。

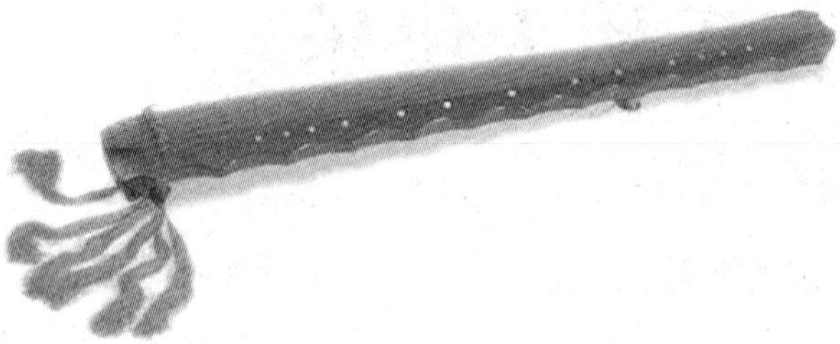

唐　大圣遗音琴

如《韩非子·解老》："竽也者，五声之长者也。故竽先则钟瑟皆随，竽唱则诸乐皆和。"

从"乐"字的历史，我们可以推知，中国弦乐器的历史早在3000年前的商代就已制造出来了。从音乐的发展史来看，学者们认为我国最早出现的乐器为打击乐，弦乐则是从西域引进到中原来的，然而从甲骨文的"乐"字的结构就可推翻这种说法。从"乐"字的创造，也足以说明中华民族的先民就是一个热爱音乐的民族，他们早已懂得音乐对于人的娱乐作用是不可低估的。

小篆的"乐"为""，保存了金文的形体。《说文解字·木部》："乐，五声八音之总名。"许慎讲的是由"乐器"引申出来的"音乐"的意思。如《吕氏春秋·古乐》："昔葛天氏之乐，三人操牛尾，投足以歌八阕。"其意思是：往古葛天氏时的音乐，演奏时，三人手持牛尾，踏着脚唱着舞乐八章。

"乐"（yuè）的本义是乐器，乐器可以弹奏出动人的音乐。音乐有娱目悦耳的作用，听后使人产生快乐之感，因此"乐"又引申出"快乐"的意思，此时"乐"读 lè。如《论语·学而》："有朋自远方来，不亦乐乎！"此处的"乐"（lè）为动词，"快乐"之意。

"音乐"能使人快乐，所以人们都很喜欢它。因此"乐"又引申出"喜好"、"爱好"的意思。如《论语·雍也》："知者乐水，仁者乐山。"其意思是：聪明的人喜好水，仁人喜好山。

小山·大山·名山

——“丘”、“山”、“岳”三字趣释

“丘”、“山”、“岳”在中国古代都是指山的。不过，“丘”一般指小土山，“山”除泛指所有的山之外，一般指大山，而“岳”则指名山。“丘”在这三字中所指的山最小。甲骨文的“丘”为“”或“”，看上去像并峙的山峰，即“两丘突兀之形”，其本义就是指小土山或小土堆。不过，在古文中，“丘”偶尔也指大山。如昆仑山古称昆仑丘。大的丘，就是大山附近造成的丘陵，小的丘则可说是蚁穴附近凸起的小土堆。因为蚯蚓是吃泥土的，在穴口处常排泄很多的小“丘”，所以称为坵蚓。“丘”为“坵”之古字，后又改作“蚯”。

“丘”字的小篆为“”。《说文解字·丘部》：“丘，土之高也，非人所为。从北，从一。一，地也。……一曰四方高、中央下为丘。象形。”小篆将山峰讹变为“北”，致使许慎释为会意字。不过他的其他解释正与古文字形相符。如唐柳宗元《钴鉧潭西小丘记》：“梁之上有丘焉，生竹树。”其意思是水梁的旁边有座小山，山上长满了树。

明　王履　华山图册(部分)

“丘”是中国古代著名教育家孔子的名字。孔子的得名据说是因为他的父亲叔梁纥与母亲颜氏求子心切，于是向家乡(山东曲阜东南)的尼丘山祈祷，因而怀孕生孔子，故而得名丘。也

清　梅清　仿赵子固泰山图轴

有人说是因为孔子的头生得像丘陵形，因而起名丘。孔子被历代封建统治者尊为“至圣先师”。按传统习俗要避孔子讳，因而有的典籍中，如遇有“丘”字，则刻成“”。这种避讳现象人们称为缺笔避讳。甚至读音也发生变化，将“丘”读成 mǒu（某）音。“邱”姓在清代以前为“丘”。至于以“邱”为姓，那还是从清代开始的。雍正三年（公元 1725 年）十二月，雍正皇帝为笼络人心，颁诏“尊师重道”，认为“先师孔子圣讳，理应回避”。孔子名丘，雍正以为用“丘”作姓犯了“圣讳”，所以下令回避，以示他的“尊师”。九卿奉谕议定后奏称：“凡系姓氏，俱加‘阝’为‘邱’字，凡系地名，皆更易地名，至于书写常用之际，则从古体‘丘’字。”雍正看完奏折，认为改用古体字仍不能体现回避之意，便规定除《四书》、《五经》外，凡遇“丘”字，一律加“阝”为“邱”，所以将“丘”姓改为“邱”姓了。后人虽然在其他场合又恢复了“丘”字的用法，但作姓氏的“邱”却沿用至今，没再变动了。

甲骨文的“山”是“”，是截取群峰的部分而成。有人对“山”与甲骨文“火”字“”容易混淆，其实只要我们仔细观察，就会发现古人造字是十分严密的。一般来说，“山”字最下一横平直，而“火”字下面一画朝上弯曲。另外我们发现甲骨文的“山”字所表示的均是三座山峰，而“丘”字均是两座山峰。以三峰代指群峰，说明以“三”指多数的意思，在殷商时就已开始萌芽了。

金文的“山”保持了与甲骨文相同的形体，仍然是三峰之形。古人为了书写的方便，将小篆的山峰线条化，而三个山峰仍然保持。在造字者看来，三座山峰最能体现“山”的特征，因此“山”的形体虽有变化，但三座山峰不能变。总之“山”像群峰耸峙，是象形字，其本义为“高山”。《说文解字·山部》：“山……有石而高。”王筠《说文句读》中说：“无石曰丘，有石曰山。”这也是“山”与“丘”的区别之一。“山”与坟墓形状相似，所以“山”喻指“坟墓”。北魏郦道元《水经注·渭水》：“秦名天子冢曰山，汉曰陵，故通曰山陵矣。”

“山”加“丘”则为“岳”，会意字。自然可以想到“岳”比山要高要大。甲骨文中有一个“岳”为“”，象山上有峰之形，即为高山。事实上，“岳”在古代不仅指又高又大的山，而且还要有名的山才称岳，因而中国古代有四岳、五岳之说。“岳”后来作“嶽”，从山，狱声，形声字。其后又简化为“岳”，简化字采用了“岳”的古文字。《诗·大雅·崧高》：“崧高维岳，峻极于天。”其意思是高山之中以“四岳”最高最有名，其山峰直插青天。毛亨传：“岳，四岳也。东岳岱，南岳衡，西岳华，北岳恒。”毛亨所说的“岳”就是高山之中的名山，即东岳泰山、南岳衡山、西岳华山、北岳恒山。四岳之名，据说是因为舜帝曾到泰山、华山、衡山和恒山狩猎，所以使这四座山名声大振，从此命名为“四岳”。到汉武帝时又增制为五岳，增添中岳嵩山，而南岳衡山改为安徽的霍山。据说汉武帝南巡后，因嫌衡山位置太远，又有江河阻隔，巡猎多不方便，因此将南岳改称霍山。不过，以后的人们仍然称衡山为南岳。

丈夫对妻子的父母称岳父、岳母，是因为泰山之中以丈人峰为最高，又为五岳之长而得名。

等 分 牛

——“半”字趣释

“半”字早见于小篆：“”。其上为“八”字，这里的“八”不是表示数量，用的是“八”字的本义，即分、分开的意思。其下为“牛”，“牛”为大物，在中国古代“牛”同样作为家庭财产的象征。“八”和“牛”组成“半”，会意字，其意思

是分牛。如果我们仔细观察一下“半”的古文字,就会发现“八”字均在“牛”字的头顶上,意思是将“牛”从头的中间分开,即中分。将一头牛分成两个部分,“半”就是牛的一半,或曰二分之一头牛,这就是“半”的本义,即等分牛。《说文解字·牛部》:“半,物中分也。从八,从牛。牛为物大,可以分也。”许慎的“物中分”的意思就是将物体分为两半,讲的是引申义。从“半”字的创造,可以推知先世分牛的活动是经常的。据学者们分析,在货币没有产生以前,商品的交换常常是以物易物,多用牛羊交换物品,必要时就要分牛。

“半”由“牛”的一半,引申为指物的一半。如杜甫《寄高三十五詹事》:“相看过半百,不寄一行书。”

《历代诗话》载,唐代诗人高适在任两浙观察使期间的一天,他去台州巡察,路过杭州清风岭,住在一间僧房中,并在房中的墙壁上写了一首诗:“绝岭秋风已自凉,鹤翻松露湿衣裳。前村月落一江水,僧在翠微角竹房。”写完后,吟哦了几遍,自己以为写得很好,就走了。

傍晚,高适来到钱塘江边,正是月落之时,发现江水随潮而退,只剩半江,突然意识到自己白天写的“前村月落一江水”显然与事实不符。于是当他巡察回来时,专程来到住过的僧房改诗。但一看原诗已被人改过。此时,僧房的人告诉他:一个月前,有一个当官的经过这里,看了你的诗后,觉得诗中的“一”字用得不好,不如改成“半”字。那个当官的改动后就走了。高适经过多方探寻,也不知道改诗的人是谁。

这个“半”字确实用得好,钱塘江随潮汐而涨落,月升时,海潮倒灌而入,江面宽阔;月落时,海潮退去,江水只剩下一半。高适写的是“月落”时的情景,所以用“一江”就不准确,经过观察改为“半江”则是符合生活真实的。

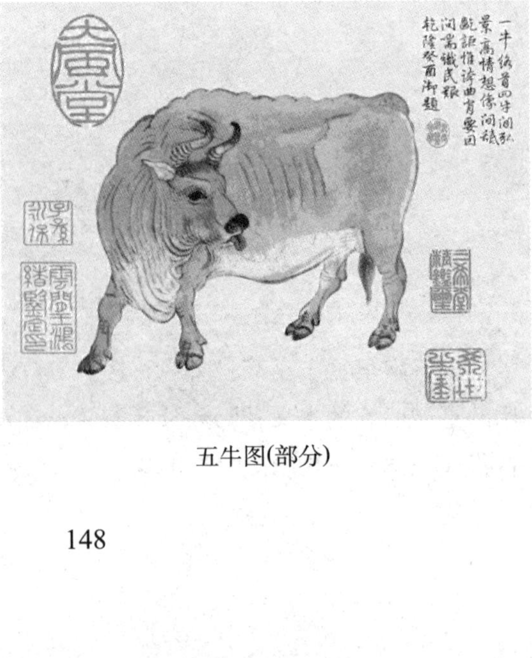

五牛图(部分)

王者之香

——“兰”字趣释

“兰”的繁体字为“蘭”，小篆为“”，甲骨文、金文均不见有“兰”字。《说文解字·草部》：“兰，香草也。从草，阑声。”形声字。“兰”的本义就是兰草。如《易·系辞上》：“同心之言，其臭如兰。”这里的“臭”为气味，“兰”显然是指香兰。其意思是从心底里发出的共同语言，如兰花一样清香。“兰”字在古代汉语中有一个特殊用法，就是常作文人雅士及士大夫之间的一种雅称，亦曰美称。如兰房，指文人雅士们的住房；兰友、兰交，是指文人雅士结交的朋友；兰言，既指心意相合之言，又指文人雅士的话语或书信等。再如南宋词人柳永的《雨霖铃》：“都门帐饮无绪，方留恋处，兰舟催发。”其意思是说：在京城（汴京）的郊外搭起帐篷备办酒宴为人送行时情绪很不好，正在恋恋不舍的时候，船上的人催促快出发。“兰舟”有人讲成兰木所造之舟，未必妥当。“兰舟”就是“舟”。这“兰”字已经虚化，其实没有什么意义。

此外还有所谓“兰梦”或称“兰兆”，更是富有传奇色彩。据《左传》记载，盼子心切的郑文公姬妾成群，可就是没人给他生个儿子。有一个叫燕姞的小妾，一天梦见天使给她送来了一束兰花，不久她怀孕了，生的还是一个男孩。文公喜出望外，给孩子取名为兰，这个孩子就是后来的穆公。可见“兰梦”就是美梦，又称“兰兆”，就是怀孕生儿子的吉兆。“兰”的姿态优美，芳香馥郁。古人誉之为“香祖”、“天下第一香”或“王者之香”。“兰”称为王者之香还有一段动人的故事。据《孔子家语》中载，孔子周游列国，从卫国返回鲁国，看见幽谷之中“兰香独茂”，便感慨道：“兰当为王者。”故后人称“兰”为“王者香”。

我国对兰花的栽种历史悠久。春秋战国时期的越王勾践被吴王夫差打败之后，退居于会稽山上，卧薪尝胆，励精图治，在山上种植了许多兰草，以

宋　郑思肖　墨兰图

迷惑敌人。这就是我国历史上栽兰草的最早记载。

南宋诗人、画家郑思肖善画花鸟，尤其擅长画兰。可就是这样一位画兰花的大师，在南宋沦亡后，隐居苏州之时，他笔下的兰花一反常态：花叶零落散乱，无土无根。一天，他的一位好朋友看他画的兰花后，建议道："这兰花无土无根怎么活呀？还是把根画上去吧！"哪知，郑思肖听了朋友的劝告后竟悲愤满腔，扔下画笔，长叹道："土地都被外人夺去了，叫我的兰花长在何处啊！"原来，他画"无根兰"，是藉以抒发爱国情怀与亡国之痛。

人们又将兰花称之为"空谷佳人"。除了它的美之外，还有它那"无人亦自芳"、"坚贞还自抱"的气质品格，更为世人所称道。所以有人把兰花放在"岁寒三友"的松、竹、梅之上，说："岁称三友，竹有节而无花，梅有花而无叶，松有叶而无香，唯兰独并有之。"正因为如此，兰花才博得人们的广泛厚爱。

清　郑板桥　峭壁兰花图

千万别踩着它

——“它”字趣释

“它”是一条毒蛇，说起来人们似乎难以相信，其实这话一点也不假。甲骨文的“它”为“”或作“”，是一个象形字，所描绘的是一条大头蛇。如果将“它”横向展开更像一条在地上爬行的蛇。从“它”的“头”来看，人们认为“它”是一条大毒蛇。

在甲骨文中有一个“它”的异体字为“”。其上部为“止”，代表人足。学者们认为在远古时代，草深林密，蛇虫很多，人们穴居，经常会踩到蛇。须知这种蛇是毒性很大的蝮蛇，蝮蛇又名草上飞，它主动追击人，一旦被它咬着，就将有生命危险。从“止”的“它”字，说明了“它”对人们的危害很大。此字告诉人们，走路时千万要小心，别踩着“它”。

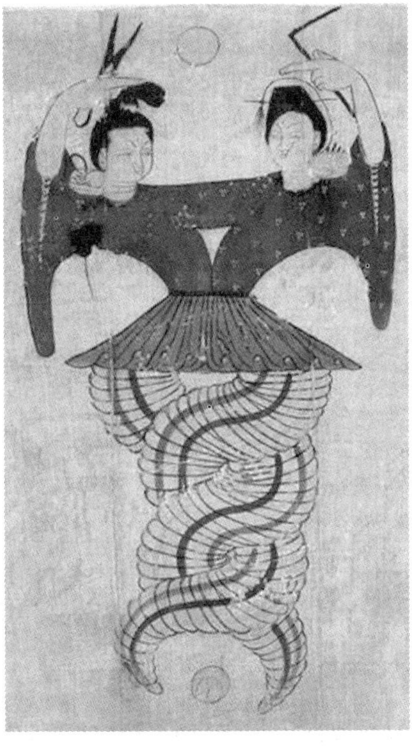

伏羲女娲交尾图

甲骨文的“它”，也反映了太古时代的先民与毒蛇猛兽进行斗争的一个侧面。从“它”字可以看到，那个时代真不知有多少人丧命于“它”之口。因此，人们把“它”作为灾难的象征之一。如甲骨文中就有“无它”，“无它”就是大吉大利了。“有它”则要遭大乱。《说文解字》也说：“上古草居患它，故相问‘无它乎’。”其意思是：上古时代的人们结草而居，害怕有蛇出没，所以见面互相问候时，首先就是问："没有蛇吗？"可见当时蛇灾对人们危害之大。在上古，由于"它"对人类的危害极大，因此在甲骨文中的"它"除了指蛇外，又引申指祸害、灾害。因而甲骨文中的"无它"与"有它"又有"无灾害"、"有灾害"的意思。

"它"字的小篆为""。《说文解字·它部》："它，虫也。"南唐徐弦说"它"字应读"蛇"音，后来作"蛇"，可见"它"为"蛇"的本字。这是因为"它"借用为代词的"它"之后，人们在"它"的左边加了一"虫"，即成"蛇"，以此来表示"它"的本义。"它"在远古时期，也是先民的崇拜之物。据说我们民族最早是崇拜蛇的，其后发展为对龙的崇拜。传说中的汉民族的祖先伏羲和女娲都是人首蛇身的形象，正好说明了这一事实。

听觉灵敏的人

——"圣"字趣释

"圣"的繁体为"聖"，其本义就是"圣人"。甲骨文为""或""，金文为""，其结构基本相同，均由"耳"、"口"、"人"三字组成，只是"口"的位置和耳朵的方向有所不同。不论是甲骨文或是金文的形体，"耳"形特别突出，看上去这些圣人都是大耳朵。在古人看来，耳朵大，人就聪明。其中的"口"表示这种人会说话，善于言谈。字中的""和""以及""，即指"人"。显然"圣"是一个会意字，其意思是听觉灵敏、善于言谈的人。这就是上古时代造字者心目中的"圣人"。

也有人认为，"圣"字刚造出来时，所表示的意义既没有宗教意思，也没有加入什么政治色彩，所谓圣人，就是指用"耳"知情，用"口"说理，知道什么事情会发生的人。李孝定《甲骨文字集释》中说："'圣'字的甲骨文象人上着大耳，从口，会意。圣之初谊(意)为听觉官能之敏锐，故引申训通。"《说文解字·耳部》："圣，通也。从耳，呈声。"所谓"通"，即无所不通的意思。显然许慎讲的不是"圣"的本义，而是引申义，是由"圣"的耳聪、口齿伶俐的人这一意思引

孔子像

申而来的。小篆的“圣”仍然是会意字，不是形声字。由此看来，造字之初的“圣者”并非高不可攀。就“圣”的本义来看，只不过是希望在上者能善于倾听下面的呼声，体察下情。在老百姓看来，能够做到这样，就算很不错了，便是“圣”。

然而，随着历史的变迁，由于人们对圣人的崇拜，圣人在社会中进一步升华、抽象，逐步带上了神秘的色彩，以至神化，使之具备了犹如神明一般的威慑力量，从而变得高不可攀。“圣”字还成为历代帝王所专有，于是臣下称皇帝一律称为“圣上”，皇帝下的命令叫圣旨，皇帝的听闻叫圣听等。历代统治者的做法，引起了人们的极大不满。他们打破了“圣”字的神秘色彩，因而称在某一方面有极高造诣的人也叫“圣”。如“诗圣”、“书圣”等。

从乳峰外露到不可侵犯

——“母”、“毋”二字趣释

俗话说“有奶便是娘”，此话充分体现了作为“母亲”的特点就是有“奶”。女子有奶水，便是做母亲的重要特征。而“母”的甲骨文为“”，栩栩如生地展现了作为母亲的这一特征。其中的“”为“女”，像侧身站立，低着头，双手收起，曲膝下跪的样子，充分体现了女子的温柔顺从之意（赵诚先生语）。然后在“女”的胸前加了两点，实为指事符号，点出了这位女子已是坦胸露乳，乳峰高耸的样子，看上去完全是一个正在奶小孩的母亲。不过，在甲骨文时代，“母”并非

专指“母亲”。从甲骨文所反映的事实来看,“母”是各代君主对母辈的通称,不管是亲生还是叔伯关系,皆称为母。(参见赵诚《甲骨文简明辞典》第45页)

“母”字的金文与甲骨文形体相似,而小篆为“ ”。《说文解字·女部》:“母,牧也。从女,怀子形。一曰象乳子形。”许慎认为“母”字形象地描绘出女子怀孕的形状,因而他将“母”训释为“牧”。段玉裁注:“牧者,养牛人也,以譬人之乳子。”许慎认为“母”的本义就是“育子”,即段玉裁所说的“乳子”。应该说“育子”是“母”的引申义。如《史记·淮南衡山列传》:“吏奉厉王上,上悔,令吕后母之。”

在汉字中,与“母”字形体相近的字有“毋”(wú)。“毋”是表禁止的副词,常用作“不”、“不用”、“别”等义。“毋”早见于甲骨文。在甲骨文、金文中,“毋”与“母”同形,直到小篆,“母”字胸前的两点变成了一横,即为“ ”,楷书则变成了“毋”。容庚先生《金文编》中说:“‘毋’与‘母’为一字。”后被借作表示禁止的副词,常作“不要”讲。这种说法比较普遍,在学术界影响也较大。

《说文解字·毋部》:“毋,止之也。从女,有奸之者。”其意思是:有一男子想对女子行奸情,那么这个女子必须立即制止他或劝阻他,请他不要这样做。在许慎看来,“毋”为动词,其意思是“制止他”或“阻止他”,因而由“毋”引申出“不要”的意思。

也有的学者认为“毋”源于“母”,“母”在古文字中极像一个坐着的女人用两个大乳头在哺育着婴儿。“毋”是“母”的一种变形,它有保护住胸脯,表明女性“不可侵犯”的意思。通过引申后变成了“禁止”、“不准”。(参见安子介《解开汉字之谜》第124页)

古代有一种习俗,为了保持女子的贞洁,人们常将女阴用一条形物体堵住,这样做是为了不让女子与男子随意性交。“毋”字在“女”字上加一横或后来的楷书改为一撇的构形,正是这一社会现象的反映。其实这是对女性的一种残酷迫害。

清　康涛　孟母断机教子图

六　画

手中信物

——"圭"字趣释

根据古籍记载,"圭"在古代指一种记日仪(一说测日仪),后来指古代诸侯及其他朝臣在朝聘及各种礼仪上手中所持的一种礼器，这种礼器的作用在于表示各级官吏的等级及身份。

考古学家们发现,"圭"与远古时期的一些石斧、兽骨和木棒上的刻纹有相似之处,因此,他们认为"圭"字的创造很可能源于早期人类遗物上的一些线条符号。原始人在石斧、兽骨或木棒上所刻下的一道道的刻痕,是古人类用来记数或记事的符号。在数字体系中,一道刻痕很可能表示的是一件事情。

有的学者认为那些木棒上的刻痕最初也可能是用于记日的。当原始人每天看到太阳从东方升起的时候,便在一根木棒上刻下一条痕。这一做法,对于那时的人类来说,无疑是个划时代的创举。他们由此受到启发:既然一条刻痕可以表示一次太阳的升起,那么另一条刻痕则表示又一次太阳升起,由此可以天天记下去,自然就成了最原始的记日仪器了。(参见王红旗著《符号之谜》第 217 页)

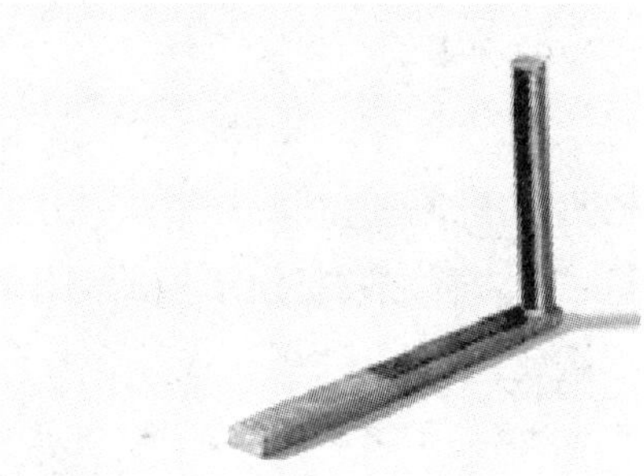

东汉铜圭表

正由于"圭"是古人用来记日(或曰测日影)的仪器,而"日"是古人崇拜的对象,因此"圭"也具有了神圣之感。

周代玉圭

于是古人将天子、诸侯及贵族们在各种典礼仪式上手中所执的一种象征身份的玉制礼器也叫“圭”。

也有的学者认为“圭”从二土，是因为这种“圭”的形制像堆起的土堆形。

“圭”作为一种观念形态的特种工艺美术品，自然是一定的社会生活在人们头脑中反映的产物。当石器时代结束，青铜制作的器具开始应用于人们的社会生活中时，人们常以留恋和崇拜的心情看待祖先的遗物，以其形制作为一种文化造型传统来借鉴，将其模拟出来，并在原来的基础上增添新的寓意，以此作为现实生活中的一种精神崇拜物。这是一种自然的过程，也是一种自然的心理。从石斧到玉圭的演变过程就是一个很好的例证。“玉圭”的制作很可能来源于古代的石斧。出土的许多古代石斧和圭的文物中，很难从外形上分辨出究竟哪一种是斧，哪一种是圭，必须经过仔细分辨，方能认出。一般说来，那些上厚下薄且差距较大的为斧，那些上下厚薄差别不大，并且很均匀的为圭。

《说文解字·土部》:“圭，瑞玉也。上圜下方。公执桓圭九寸；侯执信圭，伯执躬圭，皆七寸。……从重土。”根据许慎的解释，“圭”就是玉圭无疑，也是一种吉祥之物。至于圭的制作与使用，各个时期有所不同。据《周礼》等古籍载，圭在夏商周三代是作为天子、诸侯及其他朝廷高级官员们使用的信物。其后，天子不用圭，只有朝廷大臣们才使用圭。圭很像一块玉制的长条形的板，大小均有所不同，有的中间有孔，有的则没有；有的圭上刻有图案，有的则没有。圭的上部在夏商周三代有平头、尖头或圆头三种，天子插于腰间的大圭是尖头形。其后，因为崇拜山川的思想逐步盛行，于是圭制又取形于山形，其上为尖头形状。

《周礼·冬官·考工记》：“玉人之事，镇圭尺有二寸，天子守之。命圭九寸，谓之桓圭，公守之。命圭七寸，谓之信圭，侯守之。命圭五寸，谓之躬圭，伯守之。”这是说玉人制圭的规格。天子用的镇圭长一尺二寸，是最大者，喻其至尊之意，而其他万物皆俯身其下。所谓命圭，即为任命之圭，是天子封爵时所持之圭，公侯朝觐时必执此圭。桓圭有四陵，上尖下平直，像宫室的结构，寓意执圭者一定要为公。此形喻指执圭者的爵位为天子之下，万民之上，并表示他为天子的栋梁之材，可匡辅王室，辅佐天子治理国家。这些人死后，其墓碑和亡灵的牌位也要模仿圭形。至于信圭，寓意为执圭者为人正直忠诚，躬圭寓意为人如躬曲。他们身为人臣，在天子面前，无疑要忠诚、谦卑。至于其他各个不同历史时期，对“圭”的制作和使用均有不同。由于“圭”后来是玉制的，所以“圭”在古代又作“珪”。

手上提着一块肉

——“有”字趣释

“有”字的甲骨文作“”。有的学者认为“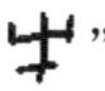”是一个牛头的形象，以牛头的形象表示有无之“有”的意义，无疑表现出在造字者心目中，牛是一种可作为财富象征的动物。（参见刘志其《汉字与古代人生风俗》第 159 页）“有”的金文形体与甲骨文相去甚远，金文作“”，上面为“”，“又”字，指手。下面为“”，是一个“肉”字，即一块肉。由“又”和“肉”组成，会意字，看上去像手中提着一块肉，自然是拥有肉。在远古时期，人们把解决温饱问题看作第一位的事，而那时野兽的肉是人类的主食，有了“肉”就能解决温饱，有肉才算真正的“有”。

许慎对“有”字作了不同的解释。《说文解字·有部》：“有，不宜有也。

《春秋传》曰:‘日月有食之。’从月又声。”许慎认为“有”为形声字。所谓“不宜有”是不该有而有之的意思,即不该有月蚀却出现了月蚀。

安子介先生也认为“有”由两部分组成,即由“𠂇”和“月”组成。“𠂇”有“集中”义,那么“集中(月)光”是什么意思呢?因为早期人类在夜晚只能借助于月光方能感到其周围事物的存在,这样就产生了“存在”、“具备”等观念,并最终产生了与上述观念相近的动词“有”。(参见《解开汉字之谜》第127页)

明朝末年的崇祯皇帝朱由检,一天微服私访,路遇一位测字先生,还自称小神仙,料事如神。自恃才高的朱由检,指着测字先生说:“你号称小神仙,想必能预知天地万事。朕说一个‘有’字,你如何测对?”测字先生一听此人自称为朕,料想此人一定是当朝皇上,便索性大胆戏谑道:“先生恕我直言:‘有’字寓大字掉了一半,‘明’字去了一边。就是说大明王朝已失去一半,乃亡国的凶兆也。”朱由检勃然变色,将测字先生大骂了一顿。

在山西、陕西及浙江等地流行着这样一种习俗。春节时,将红纸剪成菱形,并在上面写上“䨶”,由一个正“有”字和一个倒“有”字组成,俗称“倒有有”,是一种祝福家庭富裕的象征符号。当地人将这种符号写好后贴在水缸或粮囤上,取“一年四季常常有”的意思。

在浙江的金华地区,除了春节贴此符号外,每年稻谷收割后,农民们也常在谷仓和所有装谷的器皿上都贴上“倒有有”的符号,以讨一个吉利。其用意是用字形来表示顺也有,倒也有。以此祈求来年生活富裕如意。

潇洒的胡须

——“而”字趣释

翻开历史典籍,“而”字铺天盖地而来。即使到今天,“而”字的使用频率在虚词中仍然算得上是很高的。“而”字是一个人们十分熟悉的汉字。然而不时也有人发出这样的感叹:“而字难用!”此话一点不假。

“而”字的甲骨文作“”，字上端的“”表示人的面部，下端的“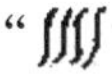”指一束胡须，象形字。从字形可知描绘的是一个人面颊上长着一束长长的密密的胡须。小篆的“而”则为“”，更像胡须形了。上面的“一”表示鼻端，“丨”表示人中，下面的弧形就是长在嘴巴周围及两颊上的胡须。《说文解字·而部》：“而，颊毛也。象毛之形。”从“而”的创造，可以看出古人的生活习惯：爱留胡须。他们之所以要留胡须，正是他们的审美观所决定的。在古人看来，男子汉有束长长的胡须，看上去当然潇洒。如《周礼·考工记·梓人》：“作其鳞之而。”清代学者戴震注《周礼》时说：“颊侧上出者曰之，下垂者曰而。”其意思是两颊向上长出的毛称为“之”，向下垂的毛称为“而”。这就更清楚地说明了“而”字的本义就是胡须。因此有的学者认为“而”是“须”的本字，这一说法不无道理。不过“而”作本义用在典籍中很少，而今天根本就不用，所用的均为“而”的假借义。

关公骑马图

“而”有时作代词用，相当于“尔”，即为“你”的意思。如《左传·昭公二十年》：“余知而无罪也。”意思是：我知道你是无罪的。“而”在古代大量假借为虚词，主要用作连词，其次还可借为副词和语气词等。这时的“而”完全失去了本义。这种借字只是借音、借形，不借义。

准确使用虚词“而”并非一件很容易的事，“而”字用得好，文章增色不少，用得不好，既害“文”，也害“义”。据雷瑨辑《文苑滑稽谈》中载：从前有一位考生，在考卷中用了许多的“而”字，考官在批阅试卷时发现，其中不少不该用“而”的地方都用了“而”。因此写下了一批语:“当而而不而,不当而而而,而今而后,已而已而。”

上面这段话的第一、二两句的第一、三个“而”字用作动词,即“使用而字”的意思,第二个“而”字作连词用,表转折,相当于“却”;第三句中的“而”均作助词,亦曰介词;第四句的两个“而”均为语气词,相当于“吧”。其意思是:当用“而”字的地方却不用“而”字,不当用“而”字的地方却用了“而”字,从今以后,停止(乱用“而”字的坏习惯)吧,停止(乱用“而”字的坏习惯)吧!

这位考官的批文实在妙不可言。此时有一个叫陈问樵的先生看了考官的批语写了一段开玩笑的话说:“而字如钉耙,然用之当,则可犁地,土松而秧插矣;用之不当,为击人,近头一耙,未有不致死者。”其意思是说:“而”字像只钉耙,用得恰当可以松土插秧,用得不恰当,是会打死人的。

此话虽然有些夸张,但中国历史上因为“而”字使用不当遭贬的事确实存在。据宋人罗大经《鹤林玉露》载:宋宝庆年间,朝臣洪舜俞无论是写文章还是讲话,都十分准确,极有分寸。一次,他在给皇上的奏折中偶然用了“请圣驾俟谒景灵宫而已”一句,因此犯了大罪。其原因就因为他在这句话中用了“而已”两字,皇上认为拜谒祖庙是国之大事,不能轻慢、亵渎。“而已”是两个语气连词“而”和“已”连用,“已”相当于“矣”,合起来表限制的语气,相当于“罢了”的意思。而皇上则认为“而已”有把大事化小,轻视此事之嫌。因此洪舜俞被削职为民,终于成为人生一憾事。

凭吊死者

——“死”字趣释

“生”是人生大事,“死”对于人生来说也是大事。因而“死”同样也受到重视。这一点,从“死”字的构形就可以了解到。甲骨文的“死”作“”,金文的形体与甲骨文相同。其左边是“歺”(è),朽骨。朽骨此处代指死者。右

边是跪着的人，看上去像是一个人跪倒在死人旁痛哭、祭奠，也就是凭吊死者的意思。商承祚先生将“死”释为：“象生人拜于朽骨之旁，‘死’之谊（义）昭然矣。”由此可知，“死”字是借活人跪在死人旁凭吊的情形，传达出有人死了的信息。《说文解字·歺部》：“死，澌也，人所离也，从歺，从人。”“澌”就是“尽”的意思，表示人的生命的终结。

不过，由于等级的差异，不同的人“死”的称法不同。在古代，年少者、庶民或下级官吏的生命终结叫“死”。《礼记·曲礼》：“天子死曰崩，诸侯死曰薨，大夫曰卒，士曰不禄，庶人曰死。”不过这是周朝对“死”的不同称呼，后来区分就不那么严格了。如司马迁《报任安书》：“人固有一死，或重于泰山，或轻于鸿毛。”文天祥的《过零丁洋》：“人生自古谁无死，留取丹心照汗青。”其中之“死”就泛指所有的人的生命终结。

由于人死了以后，尸体就僵硬了，不能动了，所以“死”便引申出“死板”、“不灵活”的意思。如鲁迅《而已集·略论中国人的脸》：“脸正如古人一般死，因为要显得活，便只好加上些旧式戏子的昏庸。”

古代赐死图

苏东坡在被贬岭南期间，外出游山，忽然看见一个小和尚满眼泪水跪于庙旁。他上前一问，才知那小和尚不慎打碎了油灯，所以老和尚才要他罚跪。而且，那小和尚手上脸上均有伤痕。东坡心想，出家人应以慈悲为怀，对徒弟怎么如此狠毒？于是他进庙见方丈。

方丈见东坡来访，不禁大喜，且要东坡留个墨迹。东坡非常厌恶这个方丈的伪善嘴脸，但想起那小和尚还跪在庙门口，于是提出要那个小和尚替他磨墨舒纸，他才愿意动笔。方丈听了，立即照

赵孟頫摹苏轼自画像

办。东坡提笔写了一副对联:“一夕化身人归去,千八凡夫一点无。”方丈以为此联是赞誉自己年高德劭,便叫人将此联刻于门上,以此炫耀。

有一天,当时名播一时的佛印和尚云游至此,见了此联不禁仰天大笑。庙中的方丈问其故,佛印说这是咒骂你的两个字谜:上联隐“死”字,下联隐“秃”字,合为“死秃”两字。方丈听后,气得火冒三丈。苏东坡上联的意思是“一”字加“夕”字,再加“匕”,即为“死”。古人谓“人死”叫“回老家”,因此叫“归去”。下联是“千”字加“八”字,再加“几”,就是“秃”。

从门前走过

——“过”字趣释

“过”的繁体字为“過”,与小篆结构相同,金文形体结构不明。《说文解字·辵部》:“過,度也。从辵,咼声。”所谓“度”就是经过。“过”在这里是指在陆地上走过某一地方,即“经过”的意思。而走过某一水域在古代则叫“涉”。更准确地说,“过”的本义是“从门前走过”。夏禹治水之时,工作十分紧张,结婚4天后便离开妻子女娇去治水,常年在外,没有时间回家。在这期间,禹几次从家门前经过,还听到孩子嗷嗷的哭声。此时的禹多么想进屋去看看自己心爱的妻子和不曾见过面的孩子,可是因为任务紧,没有工夫进门去看看。“过”字的创制,很可能受这一传说的影响。如《列子·杨朱》:“禹……

过门不入。”《孟子·离娄》中说：“禹……三过其门而不入。”其中的“过”都指从门前走过。“过”由“从门前走过”再引申为广义的“经过”。

“过”以“咼”为声。《说文解字·口部》：“咼，口戾不正也。从口，冎（古剐字）声。”“口戾”就是口歪斜的意思。“人口”有似屋门，因此“冎”有“门”义，由此，从“辵”和“咼”的“过”字，也自然可以会意为从门前走过或“经过”。

“过”是怎样引申为“过错”的呢？有人认为中国人崇拜“中庸之道”，即以适中为好，而“过”则有“过犹不及”之说，因而“过”又指过失、过错。如《商君书·闭塞》：“夫过有厚薄，则刑有轻重。”其意思是人犯的过失有大有小，则刑罚也应该有轻有重。

宋代有个陈舍人，一天，他偶然得到一部版本很旧的《杜甫诗集》，其中《送蔡都尉》一诗中有“身轻一鸟囗”一句，末尾那个字已看不清了。他想了好久，也不知道补上什么字。过了几天，他的几个朋友来看他，陈舍人便借机问他们该补一个什么字最好。

其中一个人说：“这首诗赞美了蔡希鲁高强的武艺，补一‘疾’字如何？”

雕塑　大禹治水三过家门而不入

另一个人则说:“不好。下句是‘枪急万人呼’,疾、急都是入声字,读音相同,意思也差不多。依我之见,补过度的‘度’字怎么样?”

陈舍人则说:“‘度’字后面往往应有字承接,而这里没有着落。再说,‘度’也显示不出身轻如鸟快飞的特点。”后来,有人主张补“落”字,有人主张补“起”字,还有人主张补“下”字,但都不满意。

于是陈舍人找到了一本《杜甫诗集》,一查,便知漏掉的是一个“过”字。陈舍人思索了一番,觉得这“过”字出神入化,用得恰到好处,仿佛觉得蔡都尉就像一只鸟在眼前飞过一般。他告诉朋友们漏掉的是“过”字时,朋友们佩服地说:“老杜真是‘语不惊人死不休’,就是这一个字的功夫,我们这么多人也不容易做到啊!”

由抢水引起的风波

——“刑”字趣释

古代的刑法是统治阶级维护地位,对劳动人民进行残酷压迫的工具。“刑法”的“刑”正体现了古代法律的阶级性。

“刑”字早见于金文,其形体为“”或“”,小篆为“”。《说文解字·刀部》:“刑,罚罪也。从井,从刀。《易》曰:‘井,法也。’井亦声。”“刑”字的左边是“井”,右边是“刀”,是会意兼形声字。“刀”与刑法之间的联系,人们似乎一望便知,而“井”与“刑”有什么联系呢?学者们根据清人马国翰的《春秋元命苞》所载推测,奴隶社会时期,奴隶主为了对奴隶进行残酷的剥削和迫害,实行了井田制。并在井田的中央造一口井,以供奴隶们灌溉庄稼和饮水之用,由于人多井少,经常出现抢水的风波。奴隶们为水发生争执,互相殴打,甚至有人被推到井里淹死。这时奴隶主就派人持刀守卫在井边,对打水不守秩序的人则用刀砍他们的头。这就是奴隶主对奴隶使用的刑,即刑法。传说这就是刑法的开始,也就是许慎说的“罚罪”,即惩罚罪犯。这就

河姆渡遗址水井复原图

是“刑”的本义。不过，我们要认识到，这种“刑罚”实质上是使奴隶主乱杀无辜的奴隶合法化。

“刑”由惩治罪犯引申为“刑法”、“法律”。如《论语·为政》：“道之以政，齐之以刑，民免而无耻。”其意思是：用政令来引导老百姓，用刑罚法律来整顿他们，人民只是暂时地免于罪过，却没有廉耻之心。

人（或动物）的脊椎骨

——“吕”字趣释

“吕”字人们常将它写作“呂”，在今天看来，无疑是个错字。然而“呂”字在历史上确实曾经这样写过，是象形字。它的甲骨文的形体为“”，是由两个方块形的“口”组成，表示人或动物的脊椎骨一块接一块地连成一串。金文的“吕”为“”，由甲骨文的方块变成了准圆形。这样一变其实更像脊椎骨的形体。小篆的形体为“”，它是在甲骨文和金文的两块脊骨之间加上一条短竖线，使一块块的脊骨紧密相连，看上去更像一串脊骨，因此楷书也作“呂”。“呂”的简化字又恢复了甲骨文和金文的形体，为“吕”。据说将中间的一条连线拿掉是为了书写的方便，同时又保持了“吕”的古文形体。

《说文解字·吕部》:“吕,脊骨也。象形。昔太岳为吕心腹之臣,故封吕侯。”可见许慎根据小篆形体也认为“吕”的本义是脊骨形体。许慎还认为吕侯太岳是后世所认为的吕姓的始祖,太岳是大禹的“心吕之臣”,就是说太岳是大禹的栋梁之臣,所以被封为吕侯,其子孙自此以吕为姓,历代繁衍下来。根据《姓纂》记载,这位吕侯太岳是炎帝姜姓后。由此看来,吕氏得姓,为时甚早,早在四千二百多年以前就有了。

当然有的学者不同意这样的看法,认为许慎的这种说法十分牵强,它把一种形容事物状态的词当成一个氏族的标记,根本不符合原始人类的思维习惯。他们认为“吕”字的意思来源于一种图腾信仰,这种图腾物就是一种形似鹿与驴的黑羊。在魏晋的时候称为“山驴”,在先秦时称“闾”或“闾侯”。由此可知,即使在建立了单独的氏族后,吕姓人也一直没有忘记自己原来的图腾。(参见王小盾《原始信仰和中国古神》第33页)

东汉末年大军阀董卓生前万万没有料到,自己居然会死在心腹吕布的手上。其实董卓死前,曾有人对他作过暗示,可董卓竟然没有意识到。据传,董卓在覆灭前夕,有一天在上朝的路上,遇见一位道士拦住去路。道士手拿一根竹竿,竿上挂着一条白布,布的两头各写一个“口”字。董卓问谋士李肃这是何意,李肃随口回答说,这是一个疯道人。于是,董卓当即下令手下将疯道士赶走了。其实,这个道士手持的两条白布上的两个“口”合起来就是“吕”字,是暗示董卓要提防吕布。可是董卓并不醒悟,最后终于被吕布所杀。

群鹿奔跑,尘土飞扬

——“尘”字趣释

“尘”的繁体字为“塵”,其籀文为“”,其中有三只“鹿”,即群鹿的意思;最上面的一个“鹿”字的两侧各有一“土”字。可见“尘”是一个会意字,合起

来的意思是群鹿奔跑时，尘土飞扬。“尘”字的小篆是在籀文的基础上减少了一“土”字，把另一“土”字移到下面，为“”，更形象地描绘群鹿奔跑脚下扬起尘土的情形。到了楷书，古人认为小篆的“尘”写起来太复杂，而将三只鹿减去了两只鹿，只剩一“鹿”和“土”构成，其本义不变。

天山岩画　围猎鹿群

《说文解字·部》：“，鹿行扬土也。”“尘”的古文充分反映了狩猎时代我们的先民为了生存，常常追捕野兽，成群结队的鹿在原野上拼命奔跑，由于速度很快扬起了尘土。受此情景的启发，于是古人用“鹿”和“土”来表示其意思，造出了“尘”字。“尘”的本义就是尘土。如晁错《论贵粟疏》“春不得避风尘，夏不得避暑热”中的“尘”用的就是本义。

清　郎世宁　秋林鹿群图

简化字的“尘”使用的是古俗字。现代学者将繁体“塵”的简化字确定为“尘”，实在是一高明之举，用“小”和“土”来表示尘埃的形象十分确切，尘埃就是小土，即细土。因为尘土受震动而随风飞扬撒在地面或物体上，都能留下人或鸟兽走过时的足迹，所以“尘”引申出“踪迹”的意思。又由于人的活动常引发出事件，所以“尘”又派生出“事迹”的义项。如《宋史·南唐李氏世家》：“思追巢(巢父)、许(许由)之余尘。”其意思是说：打算追随巢父和许由这两个人的踪迹。再如今之“步人后尘”。

哪里有尘土，哪里就不干不净，现实社会到处都是尘土。佛家认为现实社会到处不干不净，不如他们所称的极乐世界美好，因此称现实社会为尘世，称悲欢离合的人间之事为“尘事”或“尘缘”。于是，“尘”又引申为“人世间”。如“看破红尘”就是看透了人世间的一切事情。这是一种消极避世的思想。

善生孩子的女人

——“后”字趣释

“后”是“後”的简化字，也是“君后”的“后”的本字。古代的“后”与“後”有着什么关系，下面作些简要分析。在这里先说“君后”的“后”。“后”字的甲骨文为“”或“”，王国维认为是产子形，看上去均像生小孩的样子。前一“后”字的左上方为一个变形的人，右下方是一个正要挣脱母体来到人世的婴儿形。第二个“后”将“产子”的样子描绘得更逼真，左上方是一个“女”字，右下方是一个倒“子”形，孩子出世时是头先出来，倒“子”正体现了这一情形。倒“子”旁的几点，表示伴着孩子出生时的羊水。可见“后”的本义为妇女生子。

“后”字是母系社会的产物，“后”字的结构向后人展示了善于生育的女性才是先民早期的崇拜对象。早期的先民对生育为何如此渴望呢？这是因为远古时代由于生产方式的落后，以及部族战争的频繁，加之生产过程中种种非人力所能改变的灾难，人口增加困难。又因为那时人口的增加是部落或家庭生存、发展的重要条件，这就导致先民对善产者、多育者的重视与尊崇。

以女性为生育崇拜对象，虽然是母系社会的产物，而更深的原因，则因初民对生育过程中男性作用的无知。他们否认了生育是性行为的结果，都认为是某种精灵进入妇女体内所致。这种“感天而生”的神话传说在中国古代颇多。在母系社会里强调妇女在生育功能上的决定作用与维护母权是完全一致的。在远古时代，氏族作为一种社会的基本群体，实际上是一种血缘集团，因而氏族首领地位的确定最初是由生育繁衍后代的功绩奠定的。在

吕后画像

那个社会里，人们对一个氏族首领的确定及尊重，正好体现了人们对生育的赞美和崇拜。

在母系社会里，部落即氏族的最高主宰者是母氏，而母氏的最高德行就是生育，因此“后”就成了女性酋长的称呼。“后”是母系社会的写照。在这一社会中，与母权制相适应的婚姻制度是群婚制。以后，“后”的概念随着社会的发展而产生了变化，由群婚制发展到专偶婚，母权制度被夫权制所替代，作为氏族首领的“后”从女子变成男子。由于阶级、国家的出现，“后”又从氏族首领转变为君王或诸侯。而“后”的字形却因为文字的约定俗成的特性，没有发生相应的变化。于是字形和字义就出现了这种差异。如禹死后，由选举而产生的部落首领称“后益”，后来禹的儿子杀掉后益，继承了父位，并自称为“夏后”。

随着社会的发展，国家出现了。此时又改“君后”为“君王”，而称帝王的妻子为“君后”或“皇后”。《白虎通·嫁娶》：“天子之妃谓之后，何为后，君也，天下尊之，故谓之后。”在现代汉语中，“后”作“先后”的“后”时，另有一繁体字为“後”。

在上古无“後”字（有的学者认为甲骨文中有“後”字），那时表示先后的“後”就是“后”。“后”是怎样具有“先后”之“后”的意义的呢？据王国维说，甲骨文的“后”均像倒“子”在“人”后，故引申为先后之“后”。有的学者不同意这种解释，认为这种解释带有较大的主观性，不足以令人信服。表示君后的“后”用作“先后”之“后”，只是一种同音假借现象。郭沫若在《甲骨文研究》中指出：“（后）用为先后字者，盖出于假借矣。”此后，为表示“先后”的“后”，古人又造一字，即“後”字。

“後”到金文中才出现。《说文解字・彳部》:“後,迟也。从彳、幺、夂者,後也。”彳(chì)与走路有关,小步走。幺,古“玄”字,系也(一曰“小”也)。将足系住,当然要落在后面,不能前进。夂,“止”的变体,即“止”的反字,就是行,也与行走有关。可见“後”的本义是走在后面,落在后面。此后,“后”与“後”才有明确分工。而进入现代,“後”又简化为“后”,与古代相同。

只赚不“舌”

——“舌”字趣释

“舌”字的甲骨文作“”,或作“”,金文的“舌”大体与甲骨文相同。其下面部分是“口”,上面部分“”像一舌头形。全字像舌头从口中吐出的样子,是象形字。后一“舌”的形体较前一形体多出的几点,表示人的唾沫。“舌”指人的“舌头”,这是该字的本义。甲骨文中就有“舌疾”(续五・十七・三),其意思就是舌头生病,用的是“舌”的本义。

小篆的“”与甲骨文、金文的结构相同。“舌”是人们用来帮助发音、辨别味道、咀嚼食物的器官。《说文解字・口部》:“舌,在口所以言也,别味也。”许慎对“舌”的解释是对的。他具体指出了舌头的功用,是发音和辨别味道。不过“舌”字的创造者认为人的“音”是由“舌”发出的,显然是错误的。人的发音器官是嗓子,“舌”起一种帮助发音的辅助作用。

古代“五毒”图

也有的人认为“舌”的古文字形体像蛇的舌头,因为蛇的舌头是分叉的，蛇又非常喜欢将舌头吐出口外。

“舌”和折(shé)本的“折”谐音。在生意场上，“折本”的事是谁也不愿意干的，尤其是那些做生意的人，更是连听也不愿意听这类话。按照我国的传统习惯，人们都得图个吉利。因此，无论是在节日里或平时碰到要讲“舌”字时，总要将其读音改成“赚”(获取利润，赚钱)。如将买“猪舌头”就说成买“猪赚头”，“卤牛舌头”说成“卤牛赚头”等等。这种语言现象反映了人们渴望发财致富只赚不折的一种心态。

历史上围绕着“舌”字还演绎了一则笑话。传说从前，有一个县官，写字总是不大认真，十分潦草。一天，他想吃猪舌，就写了个纸条让仆人去买。古代是竖行书写，县官把“舌”字写得很长，致使仆人误认作“买猪千口”。

买千头猪谈何容易，致使仆人四处奔走。县官久等不见仆人买回来，就又派人去催，没想到催买的人又是一去不回，县官又气又急。

天黑了，外出的仆人才来回报说：“老爷，您要买的东西，今天怕是买不齐了。”

县官一听，不由得怒从心起：“你们出去了一整天，连个猪舌头也买不回，这不是存心和老爷我捣乱吗？”

仆人听了县官的话才恍然大悟，连忙说：“老爷，误会了。小的们见条子上写的得‘买猪千口’，我们忙了一天，还没买够半数。若早知道是买猪舌……”

县官一听，脸涨得通红，露出无可奈何的样子。

背靠大树好乘凉

——“休”字趣释

甲骨文的“休”写作“”，左边为人，右边真像一棵树，所以“休”是一个人背靠大树乘凉休息的意思。金文的“休”与甲骨文的形体相同。“休”字是

清　任熏　人物图

古人根据先民为躲避炎炎烈日在树下憩息的事实造出来的。“休”字的创制，说明先民把树木看成是人们生活中不可缺少的东西，也表示树木与人类的密切关系。《说文解字·人部》：“休，息止也，从人依木。”“休”的本义就是休息。紧张的工作后，炎热的夏天在浓荫密布的树下休息，是一件好事，也是一件愉快的事。因此“休”引申为“美”、“美好”和“高兴”、“喜悦”的意思。《尔雅·释诂一》：“休，美也。”如《诗·豳风·破斧》：“哀我人斯，亦孔之休。”（意思是多么可爱哟，我们的小孩子，只要能回家就是大大的美事。）《广雅·释诂一》：“休，喜也。”如成语“休戚相关”中的“休”就是“喜”、“高兴”的意思，“戚”为“悲哀”的意思。

从甲骨文到小篆的“休”，形体虽有区别，人与树的位置虽有变化，但有一点始终是相同的，就是“人”的背总是靠着树的，绝没有“人”面对着树站着的。因此可以说“休”字显示了先民们的一种共同感觉：背靠大树好乘凉。

红心的树木

——“朱”字趣释

“朱”的甲骨文是“”，金文是“”，小篆是“”，其形体基本相同，看上去像一棵树。上为树的枝叶，下为树的根，中间一圆点或短横，为指事符号，即为指事字。“朱”字的构成是在象形字“木”的基础上加一指事符号

"点"或"横",指出字的意义。由于对指事符号的理解不同,因而导致了"朱"的几种意义:一说指红心的树木。如《说文解字·木部》:"朱,赤心木,松柏属。从木,一在其中。"二说"朱"为"株"的本字,"株"就是露出地面的树根。郭沫若《金文丛考》:"'朱'乃'株'之初文……金文于'木'中作圆点以示其处,为指事字之一佳例。其一横者乃圆点之演变。"三说"朱"指树干。因为从甲骨文来看,指事符号在"木"之上者为"末"(树梢),在"木"之下者为本(树根),在"木"之中者应指树干。还有的学者认为"朱"的本义是朱色。把"木"的干一刀砍断之后,横线的"一"表示由横面切开,而中心部分的木质必定是红色,也就是朱色。

张大千　蕉下乘凉图

"朱"为什么会指红色呢?这是因为"朱"是一种红心的树木,因此而引申。"朱"色是古代帝王夏天的服装色,到了唐代,五品以上的官员穿朱衣,三品以上穿紫服。其后"朱紫"便成了品位较高的官员的代称。古代侯王贵族的大门常漆成朱色以示尊严。所以古人常以朱门、朱户代指高官显宦的府第。

"朱"又为姓。"朱"自古以来就是我国南方的大姓。据《姓纂》载,朱姓的最早祖先是颛顼帝的后代曹挟,在3000年前的周武王的时候,曹挟被封于"邾国","邾"最初是鲁国的附庸国。邾国的位置大致在今山东省邹县的东南方。邾国后为楚王所灭,曹挟的子孙就"去邑以朱为氏",即去掉了"邾"字右边的"邑",即

元　赵雍　临李公麟人马图(其中的人为朱衣)

“阝”,只留下左边的“朱”字为姓。

明代王室姓“朱”,人称“朱明”王朝。明朝以后,朱姓常遭劫难。一天,雍正皇帝正在翻阅因文字狱已被他先前关进大牢中折磨致死的江西主考官查嗣庭所著的《维止录》一书,此书为查嗣庭的短篇笔记小说。当雍正帝看到“某郡朱村有儒者朱某,童子师也,性放诞,善饮酒。醉后则挥毫,语多奇警,其为本村关帝庙题联曰:‘荒村古地犹留汉,野店浮桥独姓朱。’观者叹其工整云”这段文字时,突然大怒:“‘留汉’,保留汉人的政权!‘姓朱’,恢复明朝的天下,这岂不是要复辟‘朱’明王朝,推翻我大清?”于是雍正连夜降旨,将查嗣庭开棺戮尸。

朝北的窗户及其他

——“向”、“窗”、“牖”三字趣释

今天我们所熟悉的“方向”的“向”,原来就是古代房屋墙壁上的通风洞,也就是我们今天所说的窗户的原形。甲骨文的“向”是“”,金文形体与甲骨文相同,其中“”像房屋的一堵墙,而“口”则是开的一个洞,就是今之窗,是象形字。

《说文解字·宀部》:“向,北出牖也。从宀,从口。”许慎所说的“北出牖”就是向北的墙上的窗。许慎的说法是承毛亨而来的。《诗·豳风·七月》:“穹室熏鼠,塞向墐户。”毛亨传:“向,北出牖也。”从《诗经》所反映的上古人的生活现实来看,辛勤劳动的农民们到了冬天才从田野间回到家里,先是堵塞墙洞,熏老鼠,把老鼠从家中赶走,另外还要把朝北的窗户堵塞起来,再在用树枝编扎的门上涂上泥巴,以此抵御寒风的袭击。古文字的“向”逼真地反映了那个时代劳动人民住宿的简陋。这“向”正是学者们所说的我们今天意义上的既防风雨而且又透光的窗户。先民为了夏天房子里通风,在墙上打的一个不大的洞,当冬天来临之前他们就堵上了,北面墙上就再没有窗户了。

因为“向”是朝北的窗户，由此引申出“对着”、“向着”的意思。如《庄子·秋水》：“于是焉河伯始旋其面目，望洋向若而叹。”其意思是：于是黄河之神便转过头来，望着北海若神只是长叹。由“对着”、“向着”引申为“方向”的意思。“向”自从指窗户以后，再没有向指所有的窗户的意思方向发展，而是向着“方向”、“朝向”的意思引申。此后，“向”连朝北的窗户也不指了，于是古人又创造了一个“窗”字，取代了“向”的本义。

《说文解字·囱部》：“囱，在墙曰牖，在屋曰囱。象形。”在此条中许慎还收录“囱”的异体字“窗”，并解释道：“窗，或从穴。”还收录了“囱”的古文“[illegible]”。从“窗”的古文来看，较之“囱”更为形象。古人穴居之时，无所谓墙壁，要使室内通风透气只能在穴顶开窗，这就是“窗”的最初义，即指天窗。后来人们在平地建起房屋，同样在屋顶开窗，这就是真正意义上的天窗了。这种在屋顶开天窗的建筑风格一直流传至今，甚至传入欧洲。

古代房屋的门窗

“窗”后来由“天窗”引申为泛指所有建筑物及车、船上的通风透光口。唐杜甫的《绝句四首》之三：“窗含西岭千秋雪，门泊东吴万里船。”

许慎说“在墙曰牖”。他又在《说文解字·片部》中说：“牖，穿壁以木为交窗也。”段玉裁作注时说：“交窗者，以木横直为之，即今之窗也。”这就是我们今天所说的开在墙上的能通风透光的窗。唐王维《老将行》：“茫茫古木连穷巷，寥落寒山对虚牖。”

“牖”由于有导光、导风的作用，即能将屋外明媚诱人的阳光和新鲜的空气导入房子内，因此引申出“引导”、“诱导”等意义。如《诗·大雅·板》：“天之牖民，如埙如篪。”其意思是老天就像那用埙和篪演奏的曲调一样吸引诱导着老百姓。有的人认为“牖”的“引导”、“诱导”这一意思是它通用为“诱”后产生的，这种说法是不很妥当的。

何可一日无此君

——“竹”字趣释

“竹”的小篆为“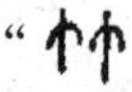”，与“草”字的古文字形状恰好相反，看上去很像两支带有竹叶的竹枝，象形字。

“竹”从自然美的角度看，有着特别的审美价值。它亭亭玉立，婆娑有致，清雅秀洁，加之它具有“值霜雪而不凋，历四时而常茂”（《花镜》）的特点，人们将它作为贤人君子的象征。因此竹备受历代文人的青睐。人们将“竹”与“梅”、“兰”、“菊”合称为四君子。人们除了在自己的屋舍书斋旁种上竹子外，还常常以“竹”为题吟诗作画。据《晋书·王徽之传》和《世说新语》载：晋朝大书法家王羲之的儿子王徽之，受父亲的影响，书法上颇有造诣，另外他还有一个特别的爱好，就是喜欢竹子。一次，王徽之临时寄居在一间空屋里，便令身边的人在屋旁边种上一些竹子。有人对他说：“你在这儿住不了几天，何必要种上竹子呢？”王徽之指着屋旁的竹子说：“何可一日无此君！”此后，

“此君”就成了“竹子”的雅号。

宋朝的大文学家苏东坡，生性爱竹，他的《于潜僧绿筠轩》诗中有这样几句：“可使食无肉，不可居无竹。无肉令人瘦，无竹令人俗。人瘦尚可肥，士俗不可医。”

苏轼像

清代扬州八怪之一的著名书画家郑板桥更是有着竹癖，他通过对竹子长期而又细微的观察，致使他笔下所描绘的竹子千姿百态，达到了匠心独运、神韵高远的境界。郑板桥画竹能取得如此大的成就，原因是什么？对此郑板桥有一段朴素无华的生动自述：“余家有茅屋二间，南面种竹。夏日新篁初放，绿阴照人，置一小榻其中，甚凉适也。秋冬之际，取围屏骨子，断去两头，横安以为窗棂；用匀薄洁白之纸糊之。风和日暖，冻蝇触窗纸上，冬冬作小鼓声。于时一片竹影零乱，岂非天然图画乎！凡吾画竹，无所师承，多得于纸窗粉壁日光月影中耳！”

郑板桥为了深切了解竹，夏天他常把竹床放在竹林中，然后躺在竹床上，观看新竹的生长气势；秋天，他用竹子作窗棂，透过纸窗观看竹影的多彩多姿。板桥爱竹如醉如痴，因而形成一种竹癖，他甚至睡在床上时，还在凝神静听竹子被风吹雨打的声音。

由于“竹子”能做箫笛之类的乐器，由此引申为“乐器”的意思。如晋左思《招隐二首》之一：“非必丝与竹，山水有清音。”其中的“丝”指弦乐器，“竹”指箫笛之类的管乐器。

在纸还没有发明以前，古人将“竹”制成短札，把字写在竹片上，因此“竹”

又指竹简。如《墨子·尚贤下》:“古者圣王,既审尚贤,欲以为政,故书之竹帛。”其中的“竹”是竹简,“帛”是绸子。

在我国西南少数民族中,还有以“竹”为姓的。“竹”姓源于一个有趣的传说。据《汉书·西南夷传》和东晋常璩《华阳国志》中载:古代贵州西部地区有一个夜郎国,这个国家的国王据说是一个弃婴,他出世后就被父母装进三节长的一支竹筒里,放入遁水中,漂流而下。一天,恰好一女子在遁水边洗衣服,忽然发现一支三节长的大竹筒漂到她的身边,还听到竹筒里隐约传

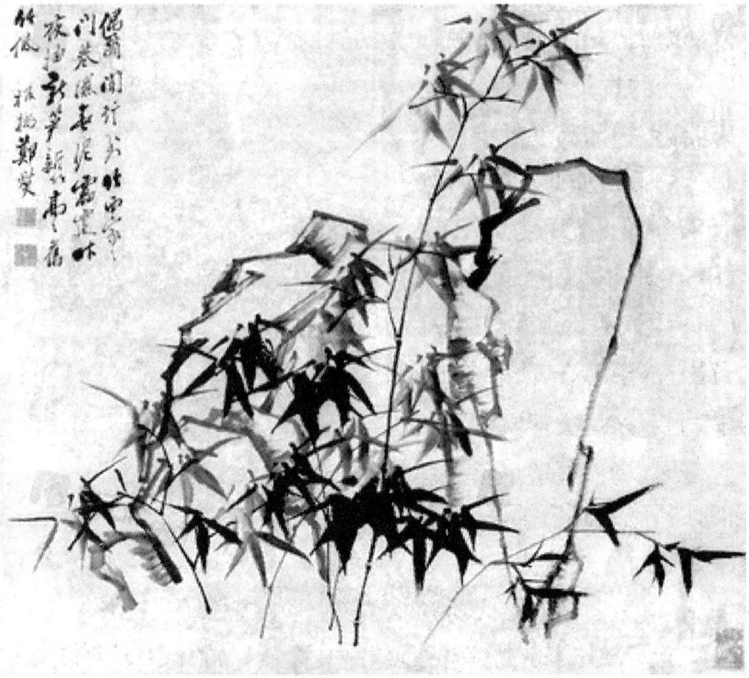

清　郑板桥　竹石图

出婴儿的哭声。这位女子立刻将竹筒打捞起来,劈开一看,里面竟是一个男孩,当即把他带回家里抚养。这孩子长大后强壮勇敢,志气不小,居然在一个方圆不满百里的弹丸之地称王,成立了一个夜郎国。因为他不知道自己的姓氏,于是就以“竹”为姓。不过,此人有一个最大的缺点,就是狂妄自大,因此留下了“夜郎自大”的笑柄。

像花一样美丽的国度

——“华”、“花”二字趣释

“华”的繁体字为“華”，它体现了我们中华民族的爱美心理。“华”早见于金文，作“ ”。有的学者认为古文“华”字像枝上繁花盛开的草木之形，既表示开的花形，又指草木荣盛繁茂之意。(康殷《文字源流浅说》第 273 页)“华”是一个象形字，其本义就是植物的花朵。

“华”的小篆为“ ”，其形体显然是承金文而来，而构字部件稍有所增加。《说文解字· 部》：“华，荣也。从艸，从 。”徐颢等人认为“ ”为古“華”字，象形字。秦人在其上加上“ ”作意符，而为“華”，会意字。后简化为“华”，其本义不变。“华”就是古“花”字。如《诗·周南·桃夭》：“桃之夭夭，灼灼其华。”其意思是小桃树长得又鲜又嫩，红的花儿放光芒。

因为花朵有各种颜色，所以“华”引申出“华丽”、“豪华”等意思，其读音则为 huá。于是人们则另造一“花”字指“花朵”，而“华”专指“华丽”等意思。“华”又为我国的古称，“花”是美丽的，其意思大概是喻指像花一样美丽的国家。以“华”作为我们国家的用字，表达了先民的爱美心理和爱国之情，这是毫无疑问的。至于古代我国为什么称“华”，说法很多。《左传·宣公十年》：“裔不谋夏，夷不乱华。”孔颖达

宋代　扇面牡丹图

疏:“中国有礼义之大,故称夏;有服章之美,故称华,华夏一也。”其意思是:古代中原地区的先民们自认为自己居住生活在穿着色彩华丽鲜艳的文明之地,所以称“华”。也有人认为,“华”含有“赤色”之意,周朝人崇尚红色,他们把红色看作吉祥的象征,因此称“华”。

清代著名语言文字学家王念孙在《广雅疏证》中说,南北朝以前,“花”字不见于各书,所有指“花”的地方均用“华”,不曾用过“花”。如《后魏书·李谐传》:“树先春而动色,草迎岁而发花。”“花”为形声字,从艸,化声。

“花”古代曾专指牡丹、海棠。宋罗大经《鹤林玉露》卷一云:“洛阳人谓牡丹花,成都人谓海棠花,尊重之也。”由于“花”很漂亮,因此人们常以“花”喻指女子。如白居易《霓裳羽衣歌》:“娇花巧笑久寂寞,娃馆苎萝空处所。”再如“寻花问柳”。

传说武则天登基后的一年,派人请来了花神,并命令花神说:“你得选择一个良辰吉日,让我御花园里的所有的花儿同时开放,行吗?”花神表示一定遵命。几天后的一个早晨,武则天醒来一看,果然在她的御花园中所有的花儿都绽开了,园中花团锦簇,真是美不胜收。

但是她发现被人们称为花中之王的牡丹花仍傲然地紧闭着花瓣,武后一怒之下,命御花园的园丁将园中的牡丹花全部连根拔掉。此时,看守御花园的花匠认为武后不是真正的赏花人,更不该残害园中的牡丹花,于是他暗中将牡丹移植到与长安相距七百多公里的东都——洛阳去栽种。牡丹在洛阳长得更加鲜艳,并成了洛阳的名花。从此,长安及全国各地的人都争相前往洛阳观赏牡丹。洛阳牡丹从此闻名遐迩。

一人尝一口

——“合”、“会”二字趣释

“合”字的甲骨文为“”,其后历经各个文字变革时期,其形体基本上没有变化,均由“”和“”组成。就其形体来看,像一个器皿,与它上面的盖子正好相合,有的学者认为这个器皿就是煮饭用的锅,下面的“口”为锅,上面的“亼”为锅盖,而这锅盖正好与锅相合。可见“合”的本义就是“相合”的意思。还有的学者认为“合”像一只半开半闭的蛤蜊的形状,蛤蜊两片硬质的贝壳正好关合在一起。由此得出“合”的本义为“会合”。(安子介《解开汉字之谜》第317页)

上述诸说,均认为“合”为象形字。而《说文解字·亼部》另有说法:“合,合口也。从亼,从口。”许慎认为“合”字从亼(jí),从口,会意字。有人认为“亼”就是古“集”字,有“集合”之义。所以,许慎将“合”释为“合口”(把口闭起来),不过许多人不大赞成许慎的说法。

殷墟　青铜器觯

由于“合”的本义指器皿盖正好盖在器皿上,由此引申出“合拢”、“闭”的意思。如《战国策·燕策二》:“蚌方出曝,而鹬啄其肉,蚌合而钳其喙。”据《世说新语》载:一次,有人给曹操送来一杯奶酪。曹操接过来品尝了少许就将杯子盖上,还在盖上写了一个“合”字,交给手下们传看。手下的人传了好一会,大家都不明白曹操又是打的什么主意。当杯子传到杨修手里后,杨修一看,便明白其中的意思,于是打开杯盖就吃,还一边吃一边说道:“这个‘合’字不正是‘人’、‘一’、‘口’组成的吗?主公的意思是让我们一人尝一口。”经杨修一解释,在座的人才恍然大悟,都向杨修投去佩服的眼光。

与“合”字意义相同的有“会”字。“会”的繁体字为“會”,甲骨文为“會”,像古代的蒸煮器,即“甑”,就是我们今天的蒸笼。最上部分的“亼”像器皿

壁画　宴饮百戏图

的盖，中间的“”像器皿中所盛之物，下面的“”像盛物之器，或者说是锅。整个字所表示的意义是：蒸笼盖和笼底相合在一起就成了一套炊具，是象形字。因此“会”的本义就是“会合”的意思。

金文的“会”字仍然描绘的是一个蒸笼形，小篆的形体为“”。《说文解字·亼部》：“会，合也。从亼，从曾省。曾盖也。”段玉裁《礼经》：“器之盖曰会，为其上下相合也。”许慎认为“会”是合“亼”、“曾”二字而成，实在是一误会。还是段玉裁讲得好，器皿的盖与器皿上下相合为“会”。不过他们对“会”的本义的解释是一致的。

“会”由“会合”引申为“相见”、“会见”、“集会”等意思。“会”是怎样引申为“会(kuài)计”的“会”的呢？“会计”的“会”的意思是“总计”、“计算”的意思。因为“会”有将器皿的各部分聚集起来的意思，而“计算”同样有将各种钱物汇聚到一起的意思，因此“会”引申为“会计”。

从上面我们对“合”与“会”两字的分析来看，“合”、“会”两字的本义是相同的，因此它们能组合成复合词“会合”。这种词是由两个意义相近或相同的字构成。古代汉语中不少意义相近或相同的字，随着汉语的发展，许多都组成了复合词，尤其是进入现代汉语后更是如此。如“疾病”、“分别”、“吟咏”、“欢欣”、“崇高”等。

鲜花与雨伞

——“伞”字趣释

人们轻易不会想到，伞的发明与鲜花有着密切的关系。“伞”的繁体字为“傘”，看上去完全像一把雨伞的形状，上面的“人”是伞盖，下面的“十”是支撑伞盖的架子。其中四个“人”站在伞下，明显突现出了“伞”的作用是用来遮雨的。也有的人认为其中四个像“人”字的东西不是人，而是连接伞盖与架子之间的“伞骨”，起支撑伞盖的作用。而从简化字的“伞”来看，两点更像“伞骨”。“伞”字最早见于《魏书·裴延儁传》：“假称帝号，服素衣，持白伞白幡。”北魏张揖《玉篇·㐺部》：“伞，盖也。”

“伞”字的出现虽然较晚，但关于“伞”的发明和使用历史特别悠久。“伞”的古字为“繖”。据《伞物纪原》引《通俗文》曰：“张帛避雨，谓之繖，盖即伞之用。”从这段记载来看，古人的所谓“伞”是由丝织品做的。最初的“伞”就是一块绸子张开在一个架子上，供防雨之用。

陕西兵马俑出土的铜马车中车上的华盖

关于“伞”的发明传说较多。晋崔豹《古今注·舆服》中有这样的记载：“华盖，黄帝所作也。与蚩尤战于涿鹿之野，带有五色云声，金枝玉叶，止于帝上，有花葩之象，故而作华盖也。”意思是说，伞是黄帝从鲜花盛开时的倒扣状受到启发而制造出来的，不过当时称为华盖。公元前11世纪，周武王伐纣，士卒们在烈日下行军，纷纷摘来荷叶，顶在头上遮阳，纣王和那些将领自然不便将荷叶顶在头上，就下令按荷叶骨架的样式，在行军道上每隔几里建一小亭，供王者停车、休息、避暑之用，人们受此启发而造伞。

也有人说伞是由鲁班的妹妹发明的。一年夏季的一天，鲁班和妹妹因室内闷热，只好到家门口乘凉，恰巧看到门前不远的一个人被烈日暴晒得酷热难熬。突然风云变幻，雷雨交加，那个人在泥泞中挣扎。此时，鲁班发出了同情的叹息。鲁妹说："阿哥，只同情叹息有什么用呢？我们得设法替他们排忧解难才行啊！"鲁班随口说道："谈何容易呀。"鲁妹说："阿哥，我倒想试一试！"鲁班说："那好啊，我愿与阿妹比试比试，看谁先成功。"鲁妹答道："一言为定。"

后来，鲁班凭着修房造屋的经验发明了亭子，供行人遮阳躲雨，还可歇息。亭子，美中不足的是，如果躲雨者万一遇上久雨不止，吃、住就成难题了。鲁妹凭着急人之所急的崇高精神发明了伞。伞，既能遮烈日，又能遮风雨，

古代的伞

还能保障行人在雨中到达目的地或吃、住方便的地方。

也有人说伞是鲁班的妻子发明的。鲁班终年在野外作业，若遇雨雪，经常被淋湿。于是鲁班的妻子云氏想做一种能遮雨的东西，供丈夫用。她把竹子劈成细条，在细条上蒙上兽皮，样子像“亭子”，收拢如棍，张开如盖。这就是伞的雏形了。

从此，伞便遵照它的发明者的愿望，千百年来一直忠实地为普天下的行人遮日晒、防雨淋。撑伞的人无论在烈日下还是在大雨中，都被伞保护着平安到达目的地。而人们一旦到达目的地后，却把伞悄悄地挂到背眼的角落里冷落下来，它也从无怨言。

伞后来变为权势的象征。当帝王将相出巡时，按等级分别用颜色不同、大小不同的丝绸伞伴行，以示显赫和威严。直到明代时，还规定“庶民不得用罗绢凉伞”，只可以使用纸伞。

纸发明后，丝由纸代替，制成纸伞。宋时称绿油纸伞。以后历代均有改进，有纸伞、油伞、蝙式伞以及现代的尼龙收折伞等，琳琅满目，品种繁多。

我国的伞唐朝时传入日本，18 世纪中叶传向西方。英国的第一把雨伞是由中国传去的。约在公元 1747 年，有一个英国人到中国旅行，看见有人打着油纸伞在雨中行走，认为适用便利，就带了一把回英国。从此，伞便在西方风行开来了。

指着鼻子说话

——“自”字趣释

不少人万万没有想到，一个“自己”的“自”原来就是人的鼻子。这里我们得先看“自”字的古文字。“自”的甲骨文作“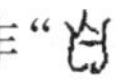”或“”。读者只要细心观察一下这两个形体，即使我们不先告诉你，让你猜一猜这是一个什么字，我想你也会猜得八九不离十，它多么像一个人的鼻子形状啊！你看，它的上

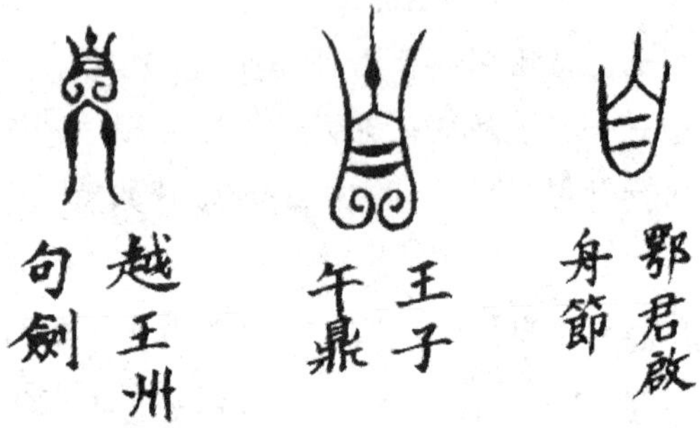

古代“自”字

面一竖就是人高高的鼻梁，最下面为鼻孔，中间还将鼻纹和两旁的鼻翼也描绘出来了。“自”指鼻子在甲骨文中也可找到证据。如“疾自”（乙六三八五），其意思是鼻子生了病。

“自”的金文和小篆仍然像鼻子的模样，只是到了楷书，将一道鼻梁变成了一撇。但我们仍然认为“自”字为象形字，并不是“目”字上加一撇而构成。《说文解字·自部》：“自，鼻也。象鼻形。”

“自”字既是“鼻子”，那么为什么古人又造一个“鼻”字呢？这是因为“自”被用作第一人称代词“自己”后，古人在“自”字下另加一畀（bì）字，表音，造出了“鼻”，专指人的鼻子，而让“自”专作自称代词“自己”用，以便将两者明显区别开来。

“自”字又是怎样引申出“自己”的意思来的呢？对此学者们有不同的说法。一种说法是，“自”用作自称代词，表示“自己”的意思，是一个借音字。第二种说法是，因为古人在和别人谈话时，如果谈到自己，常常用手指着自己的鼻子，所以“自”就引申出“自己”的意思。也有人说指着自己的鼻子说话是中国人的习惯，这种说法比较可信，现在我们在一些农村仍然可以看到，人们讲话为了突出自己时，同样用手指着自己的鼻子。因而有的学者认为“自”指“自己”，是古人万事以我为中心的一种理念的具体反映。如《老子》中有：“知人者知（智），自知者明。”其意思是一个既了解别人，又了解自己的人才算一个聪明的人。

“自”字又是怎样引申出“始”、“开始”的意思的呢？似乎人们对此没有作过探讨。在这里，笔者大胆提出自己的看法以供读者参考。前面说过，古人讲话为了突出自己时爱指着自己的鼻子。在他们看来，鼻子是人最重要的器官，只有它才可以代替自己。这种习惯也反映了古人以我为中心的理念。这种理念说具体些就是一切从自己做起，一切从自己开始。因此，“自”

才引申出“始”、“开始”的意思。如《韩非子·心度》:“故法者,王之本也。刑者,爱之自也。”所谓“爱之自”就是“爱之始”。须知“自”的“始”义也转嫁给“鼻”了。如“鼻祖”就是始祖。“鼻子”的古义就是始生之子。《说文解字》中说:“今俗以始生子为鼻子。”这里我们必须强调一下,古汉语中的“鼻子”与现代汉语中的“鼻子”是不同的。从前面的解释可知“子”读为”zǐ,实有其义,指孩子。而现代汉语的“鼻子”就是“鼻”,“子”是一个词缀,没有实际意义,并且只能读轻音“zi”。

战国时,魏王为了与楚国结交,特意给楚怀王送去一美女,这美女果然取得了怀王的欢心。大臣郑袖在一旁看见后也垂涎三尺,也想占她的便宜。郑袖的举动遭到了美女的拒绝,于是郑袖怀恨在心。一天,郑袖又对那美女假惺惺地说道:“大王非常喜欢你,可就是有点讨厌你的鼻子,你以后见到大王时一定要用袖子将鼻子捂住,大王就会更喜欢你,天天都会和你在一起的。”

那美女信以为真,每次去见怀王时,都用袖子将鼻子捂住,此举引起了怀王的不满。此时,郑袖趁机在怀王面前挑拨说:“那美女认为大王身上有股难闻的气味,所以将鼻子捂住。”昏庸的怀王一听,暴跳如雷,终于上了郑袖的当,立即下令把美人的鼻子割掉了。这位善良的女子,中了郑袖的奸计,竟然失去了自己十分漂亮的鼻子。

朝屋里走去

——“各”字趣释

“各”字的甲骨文为“”,金文为“”,小篆为“”,形体结构基本相同。看上去像是“名”字上面“夕”字中的一点加长而成。然而“名”与“各”其实完全不同,“各”上部为“夂”字,像一只脚趾朝下的脚,有行走的意思,下部的“口”为居所之象,居室之口,也就是房子的门。“夂”和“口”合起来其意思

是“有人朝屋里走来”。

也有人认为“各”字中的“口”像坑穴，“各”的意思是人走下坑穴，其本义是到达、进入。“各”的本义在甲骨文和金文中都有运用。清徐灏《说文解字注笺·口部》：“各，古格字。故从夂。夂有至义，亦有止义。格训为至，亦训为止。”其意思是“各”为“格”的本字。“格”字的意思是“到”、“来到”或“停留”的意思。这种说法是有道理的。

安子介先生认为“各”中“夂”指人，即许多人。“口”是表达思想，即说话的。“夂”与“口”组合在一起的意义是每个人有每个人的说法，即各说各的。（参见《解开汉字之谜》第135页）安先生的说法颇新鲜，富有创造性，不过与许慎的说法较为接近。

“各”字后来用作指示代词，当“各自”的意思讲是怎么一回事呢？对此，许慎作了解释。《说文解字·口部》：“各，异辞也。从口、夂。夂者，有行而止之，不相听也。”这段话的意思是：“各”字中“夂”的意思是有的走，有的不走，谁也不听谁的。所以“各”的本义就是各走各的。

不过许多学者不同意这种观点，认为“各”是假借作指示代词，根本不是引申。“各”专用作指示代词后，古人另造一“格”字表示“各”的“来到”、“到达”的意思。

我国北方常有一些带“各”字的地名，如“杨各庄”、“张各庄”、“留各庄”等，其意思就是“杨庄”、“张庄”、“留庄”。那么，其中的“各”字是什么意思呢？人们也不甚了了。

根据我国文字学家和语音学家论证，这些地名中的“各”字是“哥”的别写。这一来，这类地名的来历和含义就清楚了：所谓“杨各庄”、“张各庄”，那一定是由最初一个姓杨、姓张的汉子在此安家落户，附近人尊称他们为“杨哥”、“张哥”，其村名也就成为“杨哥庄”、“张哥庄”了。因为同音关系，就变成了“杨各庄”、“张各庄”。至于“留各庄”则为“留哥庄”，可以推想，这地名里可能包含着耐人寻味的爱情故事。

在山东，还有用同音字“戈”、“格”等代替“哥”的地名。如诸城县的“程戈庄”，黄县的“赵格庄”等。

自报其名

——“名”字趣释

老子在《道德经》中说：“无名万物之始，有名万物之母。”这就是说，人类之初并没有名，名是社会发展到一定的历史阶段的产物。有了名称，世界上的万事万物才能得以区分开来。名的出现，无疑是人类认识史上的一大进步。

甲骨文的“名”为“”，左边是“口”，“口”有说的功能；右边是“夕”，表示夜晚，是会意字。“名”的金文、小篆以至楷书其结构与甲骨文相同。《说文解字·口部》：“名，自命也。从口，从夕。夕者，冥也。冥不相见故以口自名。”许慎的意思是天黑以后，人们彼此你看不清我的面目，我也看不清你的面目，要使对方知道自己是谁，只好用口向对方报告自己的名字，对方才知道你是谁。简单地说，就是夜间向对方自报其名。所以“名”的本义就是自己的名字。如《楚辞·离骚》：“皇览揆余初度兮，肇锡余以佳名。”其意思是先人看到我初生之时容貌端庄又漂亮，他们便给我取了一个美名。屈原出世之时，家人就为他取名，这是一种古代习俗。

古人对初生的婴儿命名，往往借助于某种原因。如有以占卜命名的，有以梦兆命名的等。这说明在古人的观念里，一个人的名字不是凡人随意可以决定的，而必须由神冥的意志决定。这一点从“名”字本身就可以看出。“名”从夕、从口的造字意义应当是以“夕”表示冥间（神灵），以“口”表示指示或命令，会合这两个字素的意义，则为冥间神灵的指示或命令。（参见刘志基《汉字与古代人生风俗》第53页）

古人对于名字，不仅仅把它当做一个人的符号，而且把它看成与人的生命有着密切的关系，甚至连法国著名文学家巴尔扎克也认为在人还没有降生到尘世上，在天上时就已经取好了名字。人的名字，就好像是挂在人生路上的一块块里程碑，指引着他的人生道路。这当然是不可信的。

无论是汉族还是其他民族，人们对孩子的取名都不马虎，而是慎之又慎，这是因为他们认为“名”即“命”，“名”好就会有好命。从前，在我国农村有一种给孩子取贱名的习俗，在他们看来，取贱名孩子的命大，好养。因此，他们常给孩子取名“狗子”、“苕（sháo，傻的意思）货”、“祸害”等。

当然，名字终归是一个人的符号，它是不能决定一个人的人生的。鲁迅先生曾说过：“美名未必包含着美德。”我看在取名问题上讲名字的文化内涵是必要的，无可非议。

“名”又称“字”。《仪礼·聘礼》：“百名以上书于策，不及百名书于方。”郑玄注：“名，书文也，今谓之字。”这段话的意思是：百字以上的文告写在竹简上，不满百字的文告写于牍上。

庆贺丰收

——“年”字趣释

“年”对于中华民族来说是一个人人庆贺的传统节日，是什么原因使人们年年都要庆贺呢？要回答这个问题，还得从“年”的历史演变说起。

“年”的甲骨文为“”或“”，其上部是“禾”字。“禾”为谷物的总称，年成的好坏，由“禾”的生长及收成情况来决定，所以“禾”对于先民来说太重要了，而“年”中的“禾”看上去已被沉甸甸的穗压弯了腰，以此象征着禾谷丰收了。“年”的下部分是一个“人”。从甲骨文来看，好像是人头上顶着丰收的“禾”的样子。

有的学者认为“年”所描绘的是古代的丰收舞。当禾谷丰收后，人们头上插着禾谷以为装饰，翩翩起舞，以此庆贺当年的丰收。也有人认为“年”是由“千”和“人”组成的会意字，“年”字中的“人”有表声的作用。如果此说成立，那么“年”应为形声兼会意字。总之，“年”的本义是“禾谷丰收”。

金文的“年”也与甲骨文形体相同,也从禾、从人。小篆的“年”为“”。《说文解字·禾部》:“年,谷孰(熟)也。从禾,千声。”小篆将“年”字下面的“人”讹变成“千”,并将“千”作为声符,因而许慎采用了此说。其实甲骨文中的“”加点为饰作“”,点演变为短横则为“千”,而“千”本为有饰的人。(陈初生《金文常用词典》第718页)

古代中原地区大都一年收获一次,即禾谷一年成熟一次。而禾谷从播种到成熟之时,先民们视为一年。这样,“年”由禾谷丰收引申指时间“年”。人们收割完庄稼后,常常要庆贺一番,过一个丰收的节,这个节日就叫“年”。“年”的确定,正是农业社会先民的一种文化心理的显现。这里的“年”就是我们所说的“春节”。传统习俗,人们通常把春节说成“过年”。这个习俗从何而来呢?

明　文征明　食盈丰收图

据民间传说,很久以前,有头十分凶猛的野兽叫“年”,它比骆驼还要大,跑起来比风还快,叫声比雷声还要响。它经常骚扰人类,见人就吃,见牲畜就伤害,天神得知此事后,就把“年”锁进深山,只允许它一年出山一次。

有一次,“年”刚到村口,看到一个小牧童在噼噼啪啪地放鞭炮。“年”很惊恐,吓得赶紧躲开。没跑多远,它又看到一件随风而动的红衣裳,那鲜红的颜色又使它掉头就逃。气喘吁吁、惊魂未定的“年”,企图在一户人家的屋檐下休息,但那门缝里露出来的蜡烛光又刺得它头昏眼花,无可奈何之际,“年”终于跑回山里再也不敢露面了。

人们从此发现了“年”有三怕:一怕声响,二怕红色,三怕火光。这样,每到“年”要出山的时候,家家户户就放鞭炮,贴红纸写成的春联,点起堆堆篝火，将“年”赶跑了之后，大家互道：“新年好！”，“恭贺新禧！”这些传说慢慢演化，就成了今天的习俗。

当然，这不过是些民间的传说，其实“年”的正式称谓是在周朝，而将“年”正式定为岁之首是在汉朝。到了南朝，则开始有了关于年俗的记载。

从前有个人姓古名久，识得不少文墨，在乡间很受人尊敬，人称古久先生。古久先生家里很穷，常年吃了上顿没了下顿。到了过年的时候(即我们现在所说的春节)，他大发感慨，写了一副对联贴在门前。对联的字写得很好，可是有两个明显的错误，一是将“年”字贴倒了，二是他写的一个“家”字头上差一点。村里人看后都耻笑他，因此古先生便出来向乡亲们解释说：“这是我故意这样写的，意思是，新年已到，家中一点东西也没有。”听了古先生的解释，乡民对他更是佩服不已，并为他送来了各种过年的礼品。

南北贯通的大道与街道

——“行”、“术”二字趣释

“行”，这个今天人们十分熟悉的字，没有人不知道它的意思是行走，但是很少人知道它的本义是指南北贯通的大道。对此问题就连汉代的著名文字学家许慎也不知道。许慎在《说文解字·行部》中说：“行，人之步趋也。从彳，从亍。”由于许慎是根据“行”字的小篆进行分析的，因此把本义指道路的“行”(háng)误认为是行(xíng)走的“行”。不过许慎所释为“行”的引申义。

甲骨文的“行”作“”，金文作“”。从甲骨文和金文的“行”一望便知是一条纵贯东西南北、四通八达的交通要道，所以“行”的本义就是“道路”。这一意义是清末著名古文字学家罗振玉发现的。他在《殷墟书契考释》中说：“，象四达之衢，人之所行也。”如《诗·豳风·七月》：“女执懿筐，遵彼微行，爰求柔桑。”其意思是：姑娘们手提着漂亮的竹筐，走在那小路上，去采摘那嫩嫩的桑叶。

宋 马远 晓雪山行图

道路就是供人行走的，于是人们便把走路也叫“行”(xíng)，“行走”后来成了“行”的最常用意义。道路是成行(háng)的，因此“行”又引申出“行列”的意思。在汉字中，凡是以“行”为义符的字，其本义一般均与“道路”或“行走”有关。如“街”，就是街道；“衢”，就是通道；“衙”，走路的样子；“術”，村庄中的小路(亦说指街道)。

“術”字是“术”的繁体字，不过，“术”和“術”在古代是两个意义不同的字，“术”本是一种植物。简化字的“术”的意义对于人们来说是一个再熟悉不过的字了，人们只知道它当“技术”讲，而很少人知道它的本义。

《说文解字·行部》：“術，邑中道也。从行，术声。”形声字的形符，一般起着标志这个字所表示的意义的范围。如从水部的字，其意义一般与水有关。如“江”、“河”等。这里“行”是形符，就是指的道路，因而“術”的本义一定与道路有关，正和许慎所说“邑中道”相符。“邑”古指人群聚居之地，因此可知“术”的本义就是城市的道路，即街道。也有人认为“邑”古为人群居之地，所谓“邑中道”就是村庄中的道路。因为城中的街道纵横，路很多。“路很多”又叫“路子”多，可以通向城中的每一个地方。“术”由此引申出“方法”、

“策略”、“技术”等意义。如《孟子·尽心上》：“观水有术，必观其澜。”其意思是：观看流水的最好方法是看它水面上的壮阔波澜。

在汉字中，形声字的声义是相通的，也就是说声符兼有表义功能。“术”本为“秫”，古代指高粱，因而有人认为“術”的意思是：高粱地里的走道。引申为指古代小镇上的人在种植高粱地的田间小道上行走，即走在田野上。

在烈日下从事劳动的人们

——“众”、“昆”二字趣释

“众”和“昆”二字的古文字形体皆像众人在太阳底下从事劳动。下面分别对二字作简要分析。

“众”的甲骨文为“”，上部为“日”，即一轮悬空的烈日，其下部为三个人，“三”在古代表示多数，“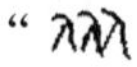”即为众人。是会意字。合起来的意思是：许多人在烈日下从事劳动。“众”所描绘的与唐诗中所说的“锄禾日当午”的情形十分相似。这些在烈日下从事劳动的是些什么人？据后人推测，在奴隶社会，从事田间劳动的不会是奴隶主或贵族，而是受压迫的奴隶。这就是“众”字的最初意思。甲骨文的“众”字向人们展示了商代的奴隶是何等的辛苦，以及他们所受的迫害之深。

金文的“众”字为“”，“”为“目”。周人将甲骨文“众”字上的“日”字换成了“目”字，更绘声绘色地表现了奴隶主对农奴的残酷。在那时，奴隶主或管理农业劳动的大奴隶经常在田间监督奴隶从事农业劳动，眼睛总是瞪得大大的看着奴隶们，奴隶们稍有怠慢，则举起皮鞭狠狠地打在他们的身上，这就是周人将“众”字上的“日”改成“目”的原因。小篆的“众”字承金文而来，仍然从“目”。《说文解字·㐺部》：“眾，多也。从㐺目。”“㐺”即为古“众”字，会意。许慎所说的“多”，显然不是本义，而是引申义，本义是在烈日下从事劳动的人们，或者指在烈日下从事劳动的古代农业奴隶。

简化字的“众”,从三人,同样为会意字。三人为众,体现众人的意义。因为今天的农民再不是过去的奴隶了,他们的劳动条件也得到了改善,再不用在烈日下劳动了,他们真正成了土地的主人。简化字的“众”,既形象生动地体现了“众人”的意思,又具有浓郁的时代色彩,且易写、易记。

“昆”字比“众”字出现要晚,早见于金文,为“”,其上为日,其下为比,“比”的意思是二人肩并肩,很亲密地站在一起。是会意字。其意思是:二人在太阳底下一起肩并肩从事劳动,并且十分亲密。在古代,那些一起从事劳动,并且十分亲密的人多为兄弟辈。由此“昆”引申指“兄”。如《诗·王风·葛藟》:“终远兄弟,谓他人昆。”毛传:“昆,兄也。”其意思是:终于远离我的哥哥和弟弟,而称呼别人为哥哥。《说文解字·日部》:“昆,同也。从日,从比。”段玉裁注:“从日者明之义也,亦同之义也;从比者,同之义。”“同”并不是“昆”的本义,而是“昆”的引申义。“昆”的初义是两个人一同在太阳下劳动,所以便引申为“同”或“一起”的意思。如扬雄《羽猎赋》:“群嬉乎其中,噍噍昆鸣。”颜师古注:“昆,同也。”

又由于“昆”是指两人一起劳动,两人就为众,所以“昆”便引申为“众、众人”的意思。《大戴礼记·夏小正·二月》:“昆,小虫,抵蚳(注:抵蚳,挤挤的意思)。昆者,众也。”这就是说“昆”有“众、众多”的意思。所谓“昆虫”,本来就是许多虫的意思。如《礼记·礼运》:“故无水旱昆虫之灾。”

金屋藏娇

——“安”字趣释

据《汉武故事》载,武帝为太子时,长公主欲以其女陈阿娇嫁给他,并问武帝:“将阿娇嫁给你好吗?”武帝高兴地回答说:“我若能娶阿娇,将建造一幢金屋,让她住在那里。”而“安”字的甲骨文为“”。从甲骨文以降,“安”的结构完全一样,外(或上)面是“宀”(mián),即房子,可以说是一座豪华的

住宅；内（或下）部是“女”，即一个面朝左跪着的女子。一个“女”字惟妙惟肖地展示了女子将双手交叉于胸前，十分文静、温柔的样子。由“宀”和“女”构成的“安”字看上去真像“金屋藏娇”。

“安”字反映了先民憧憬的美好生活及人生追求的目标：一要有房子，二要家中有个好妻子。这样的生活就算“安”，这样的家才是一个安逸、舒适而完美的家。

在今天看来，可能有人认为这种要求太低。要知道，在那远古时代，我们的祖先是没有房子的，传说中的有巢氏就是居住在树上，或者住在山洞里。即使是人类进入父系氏族社会，懂得了盖房子，但是在那生产力低下的情况下，要做到既有房子又有老婆实在不容易。即使到了今天，人类也未必全做到了“安”字所要求的目标。

对于“安”字也存在着不同的理解。有的学者认为，在先民所处的时代，妇女无疑是受到歧视的，尤其是出门在外的女子，更容易成为男子的猎物。因此，女人只有呆在家里把门一关，才是平平安安、舒舒服服的，即“家居为安”。

古代女子主内图

两种解释表示了不同的人对“安”的追求，而他们心目中的“安”就是“平安”、“安宁”。这也就是“安”的本义。

《吕氏春秋·喻大》载有一则故事：“燕雀争善处于一屋之下，子母相哺也，姁姁（xǔ xǔ）焉相乐也，自以为安矣。灶突决，则火上焚栋，燕雀颜色不变，是何也？乃不知祸之将及己也。”文中的“安”用的就是本义。其意思是：燕雀在一间房屋之下争夺好地方，母鸟哺育着小鸟，却快乐自得，自以为很安全。突然屋里的烟囱裂了，火烧了出来，烧着了屋梁，燕雀却安然自若，这是为什么呢？是它们不知道灾祸就要降临到自己的头上。

"安"在古汉语中可用作疑问词，其意思为"在哪里"、"在什么地方"。不过我们仍然以为用作疑问代词的"安"是"安"的引申义，因为"安"字中"宀"就是表处所的。如《史记·项羽本纪》："沛公安在？"其意思是：沛公在哪里？至于"安"作其他虚词用，则为假借字。

从"生子"到"哺乳"

——"字"、"乳"二字趣释

文字的"字"的本义是"生子"，而它在今天使用得最多的义项却是"文字"。"字"是怎样从"生子"演变为"文字"的呢？它们二者之间又有什么联系呢？

《说文解字·子部》："字，乳也。从子，在宀下，子亦声。"许慎认为"乳"的本义就是"乳子"，即生子的意思，不是现代汉语里的用奶水喂养孩子的意思。许慎还认为"字"是会意兼形声字，由"子"和"宀"组成，"子"既表音，也表意。"宀"像房子形，"子"就是婴儿。"子"和"宀"合起来就是女子在房子里生孩子。

夏渌先生提出了与许慎不同的看法，他认为"字"的金文为""，其中之""，不是"宀"，而是表示女人生孩子时张开的两条腿。"子"为婴儿。"字"为象形字，像女人生孩子的样子。所以我们从"字"可以想见婴儿挣脱母腹来到人间那一刻的生动情景。（参见夏渌《古文字学习散记》）夏渌先生的看法在古代文献中也可找到例证。如《周易·屯卦》："女子贞不字，十年乃字。"意思是女子不生孩子，于是占卜，卜问的结果是十年后才能生孩子。又如《山海经·中山经》："其上有木焉，名曰黄棘，黄花而圆叶，服之不字。"郭璞注："字，生也。"

另外学术界还有人将"字"会意为在屋里抚育孩子。

上述几种解释虽然有些不同，但是差异并不很大。而令人费解的是生孩子的“字”为何会引申出“文字”的意思呢？上古的文字并不叫“字”，或者叫“名”，或者叫“书”。如《论语》中载，孔子说：“必也正名乎？”其中的“正名”就是“正字”。古人称写字叫“书”，称写出的“字”也叫“书”，如今之“书法”就是“字法”的意思。

古代的文字如同花纹，因此古人称文字为“文”。“文”就是古“纹”字，花纹的意思。不过汉代人将文字分为“文”和“字”。许慎将自己所著之书命名为《说文解字》，而不叫《说解文字》，就很明显地表明，在他心目中“文”和“字”是有所不同的。所谓“文”，就是许慎说的独体字，即六书中所指的象形字和指事字。所谓“字”，就是许慎所说的合体字，即由两个或两个以上的“文”构成的文字。许慎《说文解字》中所收录的会意字和形声字就是汉人所说的“字”。随着时代的发展，由“文”繁衍出的字越来越多，占汉字总数的90%以上。这种由“文”衍生出“字”的过程就如同女人生孩子一样，因此本义为“生子”的“字”便引申出“文字”的意思。大约在东汉末年，“文”与“字”就合称为文字了。

“字”又为什么会指人的别号呢？古人一般都有两个名字，即“名”和“字”。按照传统的习俗，孩子出世3个月后命名，男孩子长到20岁时，将要为人之父，就该举行加冠礼，这时就要另取字。妇女到了15岁时，将要为人之母，必须结发加笄，此时也要取字。古人的“字”和“名”多有联系。如孔子的学生冉耕，他的名是耕，其字叫“伯牛”，“耕田”与“用牛”当然是密切相关的。又如屈平字“原”，“原”也有“平”的意思；诸葛亮，其名为“亮”，其字为“孔明”，“明”与“亮”当然关系密切。由此可以说人的别号“字”是在“名”的基础上派生出来的，也类同于女人的生子。因而称人的别号也叫“字”。

孩子生下来后，必须要哺乳喂养，于是人们又造“乳”字来表示。“乳”的甲骨文为“”，看上去像一幅母亲给孩子喂奶图：母亲伸开自己的双臂将孩子抱在怀里，那孩子张着大口，准备去吸取母亲的奶水，而母亲正露出乳头，将其塞进孩子的嘴里。一切描绘得那样细致，那样逼真。可见“乳”的本义是“哺乳”的意思，象形字。

而金文和小篆的“乳”字基本相同，为“”，其形体均承甲骨文而来，是由

“爪”、“子”和“乚”三部分组成，“爪”为母亲的手，“子”为孩子，“乚”则被郭沫若先生释为乳房的象形字。仍然为象形表意字。（参见夏渌《古文字学习散记·释字·乳》）

《说文解字·乚部》认为：“乳，人及鸟生子曰乳，兽曰产。从孚，乚。”许慎认为“乳”的本义是生子，是因为他没有见到“乳”的古文字，尤其是甲骨文而产生了错觉。不过“哺乳”的前提是“生子”，因而“乳”引申为“生子”。又因哺乳要用奶头，因此“乳”又引申出“乳房”、“乳汁”以及“喂奶”的意思。

“吉羊”就是“吉祥”

——“羊”字趣释

“羊”的甲骨文作“ ”或“ ”。“羊”字所描绘的是一只羊头的正视图，上端是两只弯曲的羊角，中间一竖是羊面的线条化，向上斜的两短画是羊的耳朵，中间一短横是嘴巴。从甲骨文“羊”字的造型来看，说明我们的先民在造“羊”字时，对羊进行过仔细的观察。他们发现羊的角既不同牛的角，也不同于鹿的角，而有着它独特的地方，羊角是柔软的耷拉着的。

宋　陈居中　四羊图

羊对于中华民族的祖先来说，在生活中占着重要的位置，祭祀和日常生活都跟羊有密切关系。一个人、一个部族获得的羊越多，就越富有，而且越吉祥。在上古许多器物上，常常可以见到

"吉羊"一词,"吉羊"就是"好羊"、"善羊"的意思,即羊长得又肥又壮。"吉羊"后作"吉祥","祥"是"羊"的后起字。《说文解字·羊部》:"羊,祥也。"就是说"羊"有吉祥之意。许慎以"祥"释"羊",是先民向往和追求吉庆祥瑞观念的物化表现,它折射出那个时代先民的社会心态、审美情趣。羊作为吉祥物后,古人就以羊作为祭祀时的珍贵祭品。古人祭祀时所用的"太牢"、"少牢"之中均有羊。

据王充《论衡》载:古代有一种独角羊,性正直,能辨识罪犯。传说皋陶办理诉讼案件,对罪犯拿不准时,就令独角羊触之,羊所触者,毫无疑问是犯罪分子。又据《春秋繁露》中说:"羔饮之其母必跪,类知礼者。"其意思是:小羊在母羊身边吃奶时是跪着的,表示对母亲的养育之恩的无比感谢,因此人们都称羊是懂得礼义之物。从此,人们把羊作为子女孝顺父母的标志,并引申到十二生肖之中。

古代犹太人认为羊性格温顺,并具有为人类承担罪过的精神。犹太教每年都要举行一次宗教仪式,在仪式上大祭司代表全民族向神求福时,一只手按在羊的头上,一只手按在胸前,表示全体犹太人的罪过都由这只羊来承担。仪式结束后,把羊赶向旷野,这就是人们常说的"替罪羊"。其后人们便用"替罪羊"比喻代人受罪。羊肉羹味极其鲜美,是酒席中的佳肴,常用来招待上宾。《战国策·中山策》记载,中山国的国君宴请士大夫时,他的大臣司马子期由于晚到一点,席上的羊肉羹竟被别人吃光了,自己没吃到,因而大怒之下,出走楚国。

三羊图

由于"羊"为吉祥之物,致使汉字中以"羊"为意符的字均带有美好的意思。如"美"、"善"、"鲜"、"羞"(原为美味的意思)、"羡"等。《史记·项羽本纪》中有一句话:“猛如虎,很如羊,贪如狼,强不可使者,皆斩之。”这一段话是宋义率军去解钜鹿之围的途中,怕项羽不听他的指挥,警告项羽讲的话。有的人将“很”理解为“狠”,因此说“羊”有“狠劲”。其实不然。《说文解字》中说:“很,不听从也。”所谓不听从就是倔强。据说两羊很少抵角,如果出现抵角之时,人们是很难将其分开的,它们一定要坚持到底,以至倒地而死方才罢休。由此上面这段话就很好理解了:谁要是(对我)像老虎一样凶猛,像羊一样倔强,像狼一样贪婪,一味逞强不听指挥的,我全部将他们斩首。

一夫当关,万夫莫开

——“关”字趣释

用李白的著名诗句“一夫当关,万夫莫开”来形容历史上为军事防御而修建的遍布祖国各地的许多雄伟险峻的关隘,真是再恰当不过了。这些关隘古代均称为“关”。从“关”的简化字似乎很难看出它的本义。“关”字在我国最早的甲骨文中还未曾见过。这说明了在商代末年用于军事上的“关”这种建筑还没有修建。直到西周金文中才有一个“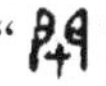”,有的学者将它释为“闭”字,也有的学者认为它是古“关”字,其外是一个“門”(门)字,门中“十”为甲盾之类的兵器。其意思是有武器的关口。这种构形告诉人们,“关”字一问世就与军事是紧密联系着的。到了春秋时又作“”,其意思为“陈二甲盾于门”。所表示的意思与前字相同。

“关”是古代设置在边境上的门户。如“玉门关”、“阳关”、“剑门关”等。《初学记》卷八:“关在境,所以察入御出也。”“关”的设置常在地势十分险要,易守难攻之地。如“函谷关”、“雁门关”、“潼关”等。当然,有的“关”同时具有双重作用。

函谷关是战国时秦国设置的,是秦国通往六国的惟一通道。据《史记·

孟尝君列传》载，战国时齐国丞相孟尝君出使秦国，秦昭王慕其才名，想拜他为相，孟尝君不同意，秦昭王要杀他。于是孟尝君向昭王的宠妃燕姬求救，燕姬提出要孟尝君送她一件纯白的狐毛袍子，孟尝君答应了她的要求。燕姬在昭王面前一说，昭王果然同意放孟尝君。孟尝君料到昭王一定会后悔的，就决定立即逃走。逃到函谷关时，正值半夜，关上规定，每天鸡鸣以后才能开关门，让商旅通行。这时，孟尝君的随行人员中正好有一个善于模仿鸡叫的人，这个人“喔喔”地叫了几声，附近村子中的鸡也都跟着叫起来了。守关人以为天将亮了，于是打开关门，趁此机会孟尝君逃出了秦国。等到昭王派兵追来时，孟尝君早已离关而去了。

“关”又为姓，“关”姓中最出名者似乎就是三国时蜀国大名鼎鼎的关公。关公是人们心目中仗义行善的英雄。对于他的姓氏，清朝梁章钜的《归田锁记》中说他不姓“关”，本姓冯名贤，字寿长。（参见戏曲选本《清音小集》）

关公少年时力气大而且勇猛，谁也管不住，父母对他很生气，于是把他关在后花园的一间空房里。一天夜里，他从窗口逃了出来，忽然听到墙边传

函谷关

来一位女子的哭泣声，他便寻声找到了哭泣的女子，询问原因。那名女子告诉他："我已订婚约，可本县县令的妻弟听说小女子有几分姿色，企图娶我为妾，我找到县令告状，却遭到责骂，为此痛哭不已。"关公听后勃然大怒，直奔县衙，杀了县令和他的妻弟后逃走了。逃至潼关，已是大汗淋漓，便伏在关旁的护城河边，用双手从河中捧起水准备洗脸。他面对河水一照，发现自己的脸已脏得变成黑色，他想官府不会认出自己了。于是挺身来到关口，关口守兵盘问他姓甚名谁，他便随口指关为姓。从此关公便改姓关了。

洪水时代的见证

——"州"字趣释

"州"的甲骨文为"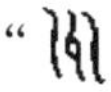"，象流水绕过一块水中的小陆地之形。《说文解字·川部》："州，水中可居曰州。周绕其旁。"许慎特别强调了"州"为人们"可居"之地。

尧舜时，中国历史上曾出现过一个"洪水时代"，那时整个大地浩浩渺渺汪洋一片，水面上只有星星点点的小陆地，这小陆地就是人们的栖息之地。这一历史已被近代的地质学、气象学及古生物学研究所证明。地球在冰河末期，气候开始转暖，使冰雪溶解，因此导致了世界性的大水灾。此时，也正是人类登上历史舞台的开端。这个曾给幼年期的人类带来巨大灾难的大洪水，在各民族的记忆中都留下了不可泯灭的记忆。而"州"字的创造，正是这种记忆的再现，也是"洪水时代"的见证。郭沫若先生在《洪水时代》一诗中所描绘的也是这种情形。

我望着那月下的海波，
想到了上古时代的洪水，
想到了一个浪漫的奇观，

使我心中如醉。
那时节茫茫的大地之上，
汇成一片汪洋，
只剩下几朵荒山，
好像是海州一样。
那时节鱼在山腰游戏，
树在水中飘摇，
孑遗的人类，
全都逃避在山椒。

郭老诗中所描绘的洪水泛滥的情景，并非虚构，不少典籍中均有记载。

中国古称九州，据说是大禹治水将洪水治好后所划定。以州名国足证在先民眼里，他们所居的土地不过是水中的小岛而已。那时先民选择生存环境的一个基本原则是临水而居。为什么临水而居呢？这是因为有水则有鱼，鱼在远古时代作为先民的重要食物资源，可以说是取之不尽，食之不竭的。捕鱼与猎取陆地上的野兽为食相比，其困难及危险都要小得多。因此，“州”自然会作为先民谋生的好地方。古人以“州”为栖身之所，足证人们常说的我们民族文明的发祥地源于黄河流域，是可信的。

作为区划的“九州”历代均有变动，不过“九州”成为中国的代称由来已久。如陆游的《示儿》诗中有：“死去元知万事空，但悲不见九州同。”

“州”专用于区域地名后，表示水中陆地的意思，则在原“州”字左边加上“氵”，即成“洲”。此后，“州”与“洲”就有区别了，现代更是要严格区别，使用时千万不要混淆。

据《晋书·王濬传》载：一天，王濬做了一个梦，梦见自家的房梁上悬挂着三把大刀，过了一会又“益（增加）一刀”，共有四把刀。醒来后，对这个梦，王濬百思不得其解，于是他将自己做梦的事告诉给季毅。季毅听后，立即站起身来向王濬道喜。王濬问道：“何喜之有？”季毅道：“三刀即为州字，又益一刀中之‘益’和‘州’加起来指‘益州’，这是告诉大人将要到益州做官。”王濬不以为然。不久，果然皇上降旨王濬升任益州刺使。此时王濬对季毅钦佩不已。

禹贡九州山川图

打扫庭院的人

——“妇”字趣释

“妇”字的繁体为“婦”，通常指已婚女子。“妇”的甲骨文是“[甲骨文]”，左上方的“[甲骨文]”即“帚”字的象形字，是一把打扫庭院的扫帚。右边的“[甲骨文]”，即“女”字。“帚”和“女”合起来的意思是一个长跪女子手持一帚打扫庭院。可见“妇”的本义就是打扫庭院的人。古代妇女婚后的主要任务是服侍丈夫和操持家务，而甲骨文的“妇”正好体现了古代妇女的这种身份。《诗 · 卫风 · 氓》：“三岁为妇，靡室劳矣。”其意思是当你的媳妇多年来，家务劳动全由我来承担。“妇”反映的正是这样一种社会现实。《说文解字 · 女部》：“妇，服也。从女持帚，洒扫也。”《释名 · 释亲属》：“妇，服也，服家事也。”古籍中以“服”训“妇”，足见中国古代妇女在家庭中的地位低下，也显示了夫尊妇卑的地位差异。

由于“妇”指已婚女子，已婚女子就是有了丈夫的女子。因此，“妇”又指“妻子”，常说的“夫妇”中的“妇”就是指“妻”。

据《鸡肋篇》记载，宋代著名的政治家和文学家王安石，有一要好的朋友叫王吉甫，他们两人经常在一起猜谜。一天，王安石出了一个字谜：“要左<右 >，横山倒出。”（谜底是一个繁体的“婦”字，“左<右 >”指“女”，“横山”指右边上部的“彐”，“倒出”指右边“彐”以下的“帀”。三者合起来便是“婦”字。）

明　唐寅　仕女图

王吉甫一听便猜出王安石所说的是个什么字，却没有直接说出谜底，而自己也作了一则谜语：“一上一下，春少三日，你猜我猜，合是一对。”（谜底为一“夫”字。“一上一下”，即上面是一个“一”字，下面是一个“一”字，合起来为“二”字。“春”字少了“三”字和“日”字后，只剩下一个“人”字。“二”和“人”合起来便是“夫”。后面两句的意思是我们两人猜的字合起来为“夫妇”二字，“夫妇”自然是“一对”。）

抱孩子的女人

——“好”字趣释

“好”字的甲骨文为“”或“”，金文形体与之几乎完全相同。“好”由“女”和“子”两字构成，会意字。由于对“女”、“子”两字的不同理解，因而产生了不同的看法。比较流行的看法是：“好”字中“子”指孩子，使用的是它的本义，即指婴儿。因而将“好”理解为“女人抱子”或“女人背子”。

从甲骨文“好”的构形特征来看，“女”和“子”两个部件虽然位置、方向不同，并且不是抱在手上，就是背在肩上，但各形体有一个明显的共同点，就是“女”字大，“子”字小。这种情况向人们展示“好”字中的“女”和“子”不是平等的，“女”是一个已婚的并有孩子的妇女的形象，“子”是“女”所生的婴儿形象。即“母子”俩。

“好”字充分展示了我们的祖先对妇女生育的一种赞美心态，以及在他们心目中“好”女的标准：首先是善于生孩子，即多生子；其次是能精心抚养孩子，非常疼爱孩子，体现女人的善良，即给孩子以“母爱”。

商朝有个很有名的妇女，叫“妇好”，就是因为她生孩子多而得名“好”。从出土的甲骨文来看，有关“妇好”的记载多达好几百条，其中有不少就是赞美她会生孩子。不过这个妇好还会带兵打仗，是个备受商王和百姓称赞和爱戴的女性。

其次，有的学者认为“好”的本义是“少女最漂亮”。《说文解字·女部》：“好，美也。”徐锴系传：“子者，男子之美称。”又因“子”为婴儿，有“小”义，因此将“好”会意为“少女最漂亮”。其实这些讲法太牵强，应该说，“好”指“漂亮的女子”，以至泛指漂亮，均为“好”的引申义。如《战国策·赵策三》：“鬼侯有子而好，故入之于纣。”其意思是鬼侯有个女儿长得很漂亮，所以就将她送给了纣王。

第三种说法是："好"中的"女"指女子，"子"为"男子"。其意思是男女之间相亲相爱为"好"。其实"子"指男子是后起义。同样，"好"指"男女相亲相爱"不是本义，而是引申义。如《诗·卫风·木瓜》："匪报也，永以为好。"其意思是：不是不报答呀，是要永远和你相亲相爱。

由于"好"引申为泛指一切东西"好"，又因为东西好，人就喜欢、喜爱，因此"好"又引申为喜欢、喜爱的意思，动词。不过这时的"好"要破读，即读为hào。如《诗·小雅·彤弓》："我有嘉宾，中心好之。""中心好之"就是心中很喜欢他。

明代有个大书画家兼文学家徐渭曾经作过一幅关于"好"字的对联："好读书不好读书，好读书不好读书。"上联的第一个"好"读hǎo，第二个"好"读hào，下联"好"字的读音则相反。其意思是：想好好地读书，但不爱好读书，本来很喜欢读书却不好好地读书。

三国时蜀国的司马徽，是一个备受刘备信赖的人，因为他善于识别人才，也曾向刘备推荐诸葛亮和庞统两位出名的军师。据说此人还有个特点，就是不论别人对他说什么，他总是回答说："好。"

一次，有一个人的儿子死了，他将此事告诉了司马徽。司马徽回答说："好。"他的妻子在旁边听到后，很不高兴地责备司马徽说："人们都以为你这个人很通人情，但是听到人家的儿子死了也说好，你实在是太无情了。"司马徽听了妻子的话，照样回答说："你说的也好。"因此人们戏称他为"好好先生"。

刘半农"打的一个大仗"

——"她"字趣释

作为第三人称代词，在上古汉语中本来就没有专门的字来充当，而常常用指示代词"彼"、"其"、"之"等来替代。而今所用的作为专指女性的第三人称代词“她”，是刘半农先生伴随着五四新文化运动浪潮而推出的。刘半农是新文化运动初期的重要作家之一，也是著名的语言学家。创造“她”字时，他还不满30岁，此时他已在全国最高学府北大任教。1918年，刘半农在《新青年》第五卷第二号首次发表了《她字的研究》一文，在此文中他最先把“她”字专作女性第三人称代词。谁知，一个“她”字在文化界竟引起强烈反响。

1918年8月，周作人第一个积极支持刘半农，他在《新青年》第五卷第二号上发表译文《改革》时，在小序中提出自己的看法，认为“她”和“他”并用极好，但又怕印刷厂没有“她”字的字模，因此文章中凡是要用到“她”字的地方，便在“他”字下注一个“女”字来代替，写成“他女”，以示区别。

刘半农

那时在北大任教的钱玄同先生虽然积极提倡简化字，提倡使用新式标点，但对用“她”指代女性第三人称却持有不同的意见。

反对最强烈的是一个署名“寒冰”的人。1920年8月前，他接连写了《这是刘半农的错》、《驳〈她字的研究〉》、《再驳〈她字的研究〉》等文，反对使用“她”字作为女性的第三人称。

1920年春，刘半农已去英国深造，对国内关于“她”字的辩论，又写出了《她字问题》一文，以此阐述自己的看法，在肯定了“她”字的同时，认为还应再取一个“它”字，以代物。刘半农的观点深受知识界的欢迎，至此，尽管“寒冰”多次反对“她”字的存在，但“她”字终于逐渐为人们所接受，并通行全国，成为现今的规范字。

“她”字成为女性的专用字，也是刘半农先生第一次从文化上将妇女从男性的附庸中解放出来，显示了妇女的独立性。刘半农先生造“她”字很显然是仿照“他”而造出来的。

从“她”字的结构来看，左边是“女”，代指“女性”，这是人人知晓的事。而右边的“也”是声符，还是意符，或者声符意符兼而有之，要了解这一点，就要看看“也”字的本义了。《说文解字》：“也，女阴也。”即“也”是女性生殖器的象形字。作为最具女性特征的“也”再加上“女”，构成“她”，为会意字无疑，其意思就再明白不过了。不过，有的人对“也”提出了不同的看法。清代学者王筠在《文字求蒙》中说：“也，古匜字，沃盥器也。”“匜”是古代一种盛水的器具。容庚先生在《金文编》中说：“也，与它为一字。”它，古代指蛇之类的动物。如果这两种说法成立，那么“她”字中的“女”就不是意符，而是声符，“她”就是形声字。孰是孰非，难以定论，只好留给后人去评说。

七　　画

李树与老子

——“李”字趣释

“李”字早见于古钵文，和小篆的结构相同，均由“木”加上“子”构成。《说文解字·木部》：“李，果也。从木，子声。”就其意义来看，将“果”作为“李”的本义是不恰当的。在古代，“李”既指李树，又指李树结的果实。古人常常将这两者混为一谈，应该说先有树，后有果，果因树而得名。那么“李”的本义应指李树，“果”应该是引申义。如《诗·大雅·抑》：“投我以桃，报之以李。”这里的“李”就是果实名。其意思是你送给我桃，我以李子来回报给你。《孟子·藤文公下》：“井上有李，螬食实者过半矣。”其意思是井旁有棵李树，金龟子已经将它的果子吃掉了大半。（参见杨伯峻《孟子译注》）因此，“李”在文献中哪儿指果实，哪儿指树，均要读者去仔细分辨。

老子像

“李”在中国传统文化中具有丰富的文化内涵。“李”字在前人看来是由“十”、“八”加上“子”构成，简称“十八子”；加之人们认为“李”是一种结子（果）的树，李树结实时，确实可以看到树枝上累累的赤色果子。因此，人们常

清　王逢辰　携李图

用它作为子孙满堂，生机勃勃，兴旺发达的象征。

李子味酸，女子怀孕后想呕吐时，非常喜欢吃李子。据说，李子有一种抑制呕吐的功效。又由于“李”是“木”下加“子”而成，加之人们将“子”理解为“儿子”，所以人们称李子为“嘉庆子”，作为一种表示祥瑞的果实，视为女子一举得男的佳兆。

“李”又为姓氏。在我国姓李的人很多，遍及全国各地。对于李姓的起源说法较多。传说李姓始祖为老子李耳，老子出生在李树下，所以姓李，子孙后代就袭用李姓。

另据宋郑樵《通志・氏族略四》载：李氏起源于古代部族首领高阳氏的曾孙皋陶。皋陶在尧帝时被授予大理的官职，因此命本族人为理姓。到了商纣王时，理氏裔孙中有个叫理徵的在朝为臣，理徵面对残暴的商纣王，多次直言相谏，得罪了纣王，被杀害。理徵的妻子利贞闻此噩耗，立即带着儿子逃到山中，以吃木子（实）而得以保全了性命。为了避免纣王的部下追杀，利贞便将儿子改为“李”姓，以后，理氏后裔均改姓李了。

历史上的唐朝皇室姓李，并自称是陇西李氏，老子李耳的子孙，否认自己是鲜卑达阇（达阇就是汉语的“李”字）。为此，唐太宗李世民还颁诏封道教为国教，高于佛教一等。此事还引起了一些佛教徒的不满。

一次，一个叫法琳的和尚当面指出唐太宗是鲜卑达阇，并指出这是历史事实。对此，唐太宗大怒，但又无法驳倒法琳。他想出了一个惩罚法琳的办法，就说：“你们佛经上不是说，只要口念观音菩萨，刀落在头上，头可以不掉下来吗？我给你七天时间，让你专门念观音菩萨，七天后，我用刀在你头上试试，看你的头落不落地。”

法琳和尚知道这话是骗人的东西，可今天却骗不过唐太宗的杀人屠刀，怎么办呢？想来想去，想了好几天，终于想出了个好办法。到了第七天，唐太宗派人将法琳和尚找来，问道：“法琳，你现在已经念了七天观音菩萨，今天可以试一试了吧！”

法琳答道：“陛下，这几天我没有念观音菩萨，而是天天在念皇上，不过，我的头同样可以不掉。”

唐太宗从法琳的话中得知他已认罪了，于是就免了他的死罪。

大火·烈火

——“赤”、“炎”二字趣释

“赤”字与“炎”字在古代均为描写火势的汉字。

“赤”的甲骨文作“”或“”，上面为“大”字，下面为燃烧的火焰，即为“火”。可知“赤”是会意字，其本义应为“大火”。金文的赤字为“”，其结构与甲骨文相同，上为“大”，下为“火”，仍然是“大火”的意思。

《说文解字·赤部》：“赤，南方色也。从大，从火。”饶炯部首订：“南方阳盛之区，其象昭著。火为之行，色赤。赤者，光明显耀也。凡火皆有明著之象，然微则荧荧，大则赫赫，故赤从大火。会意。”许慎将“赤”释为“南方之色”，显然是受古代五行思想的影响。五行家们以五方（东南西北中）配五色（即正色，指青、赤、白、黑、黄），南方为“赤”字。“赤色”不是“赤”的本义，而是“赤”的引申义，“赤”为大火色。古代的“赤色”就是今之朱红色，即比大红色要淡一点的红色。

古人认为人的心脏的颜色是赤色，因此将“赤”看作是心脏之色。例如《素问·风论》：“其色赤。”王冰注：“赤者，心色也。”

经大火焚烧后的地方，一切将不复存在。所以古人把一无所有或空尽无物称为“赤”。如《韩非子·十过》：“晋国大旱，赤地千里。”陈其猷集释：“焦竑曰：‘古人谓空尽无物曰赤。’”又如成语“赤手空拳”。古代称出生的婴儿为“赤子”。何谓“赤子”，众说纷纭。一说小孩挣脱母腹来到人间时，身上一丝不挂，即空净无物，所以称为“赤子”；二说婴儿出世时，全身皮肤呈红色，所以称之为“赤子”；三说“赤”通“尺”，比喻孩子很小，故称“赤子”。我们认为前两说比较可信。

灶王火神画像

在汉字中还有一个与“赤”字意义相近的字，就是“炎”。“炎”字早见于金文，为“”，小篆为“”。从文字结构来看，“炎”始终没有变化，均与金文的结构相同，从二火，即“火”上加“火”，像熊熊烈火燃烧的情形。《说文解字·火部》：“炎，火光上也。从重火。凡炎之属皆从炎。”所谓“火光上”就是火焰越烧越大的情形，即烈火。所谓“从重火”，即“炎”字由两个“火”字组成。

我们常常自称“炎黄子孙”，所谓“炎”，就是“炎帝”，这说明炎帝比黄帝更出名。

炎帝姓姜，曾经发明耒（lěi）、耜（sì），并教会万民耕作。传说炎帝曾经发明野火烧荒，由于炎帝族有这样一段刀耕火种的经历，所以他们才崇拜火，进而以太阳为图腾，并以表示烈火的“炎”为自己的族号。

炎帝族应当是确实存在的一个部族，发祥于黄河中游的仰韶文化，很可能就是他们创造的文化。他们同西北羌族有渊源关系，都以羊为图腾，所以他们姓姜。他们在向东发展时逐步走向以农业为主的宅居生活，所以又号为神农氏。

由于“炎”为烈火，其温度很高，“炎”又引申为“热”的意思。如王安石《和平甫舟中望九华山二首》之二：“此山高且寒，五月不觉炎。”

小孩搀扶着老人

——“孝”字趣释

“孝”字在甲骨文中似未曾见，金文为“”，由两部分组成，“”是一个“老”字，像一个老态龙钟、伛偻着的老人。可见“老”就是“老人”。《说文解字・老部》：“七十曰老。”左下方的“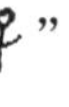”，即为“子”，是一个小孩。全字看上去像一小孩扶着一老态龙钟的老人行走，小孩起着拐杖的作用，是会意字。如果对“孝”字的形义进行综合分析，就会发现，中华民族提倡的尊敬老人的社会风尚应在“孝”字没出现之前，在我们的先人中就已形成。

“孝”的意识起于何时，学术界有这么几种主要意见：一说起于周代，一说起于殷代，一说起于父系氏族社会；也有人认为“孝”的意识不仅始于父系氏族公社，而且成熟于父系氏族社会时期。不过比较可信的说法是：“孝”的观念在西周时期与“孝”字同时产生。早在西周金文、《周书》、《诗经》等文献中就已经出现了大量关于“孝”的事件的记载，这就说明“孝”的观念在当时已经产生。

孝子房玄龄

《说文解字・老部》：“孝，善事父母者。从老省，从子。子承老也。”许慎的解释符合“孝”字所体现的观念。古时“孝”的内容包含两个方面，一是对活着的父母的孝，一是对已故父母及祖先的孝。对在世父母的孝包括奉养、尊敬、服从等方面。对于已死父母及祖先的“孝”，通常又叫追孝。“追孝”是对在世父母孝的延伸，其内容就是决心继承祖先的事业，按祖先的办法办事，这样就会使后代兴旺发达，永远绵延不断。孔子要求自己的学生："其为人孝悌"，"弟子入则孝，出则悌"。(《论语·学而》)即把孝顺父母、尊重兄长的道德修养放在学业的首位。

《孝经》更明确提出："夫孝，德之本也，教之所由生也。身体发肤，受之父母，不敢毁伤，孝之始也。立身行道，扬名后世，以显父母，孝之终也。"这里把孝与立身扬名、光宗耀祖联系起来。这一观念对后人产生了深远的影响，构成了"孝"的又一特征。

"孝行"在汉代备受重视。汉代任官必先"举孝廉"，所谓"孝"就是孝敬父母，所谓"廉"就是清廉正直。朝廷任命官员，先由地方将那些孝敬父母、为人正直的人推为"孝廉"，然后朝廷方可任职。如《三国志·魏书·武帝纪》："(曹操)年二十，举孝廉为郎。"

受孝道的影响，中国历史上也出现过许多行孝的故事，如《孝子传》中所载老莱子儿戏娱亲的故事："老莱子孝奉二亲，行年七十，作婴儿戏。身着五色斑斓之衣，尝取水上堂，诈跌仆，卧地为小儿啼，弄刍于亲侧，欲亲之喜。"老莱子，周代楚人，是古代著名的孝子，年近七十孝心不减。一天，为了让父母亲欢笑，他身着五色彩衣，打水来到堂上，来到父母亲面前，假装跌倒在地，并像小孩子一样戏要啼哭，使父母开怀大笑。还有董永卖身葬父、木兰替父从军等关于孝行的故事不胜枚举。

孝行作为中华民族的传统美德，今天仍然要大力提倡，它将会使我们的国家更加安定，家庭更加和睦。

将柴草捆起

——"束"字趣释

"束"的甲骨文作""、""。金文、小篆以及楷书的形体与甲骨文基本相同，均为"木"上加一个圆圈或方框，看上去像是一根绳子将树枝之类的

物体捆扎起来。可知“束”的本义是“捆”。《说文解字·木部》:“束,缚也。从囗,木。”徐锴系传:“束薪也,囗,音围,象缠。”按照许慎的解释,“束”是由“囗”(古“围”字)字和“木”字组成的会意字。所谓“束薪”就是古人用藤条或绳索之类的东西将自己砍下来烧饭用的薪柴捆起来。

牙雕　樵夫

这样既便于搬运,又便于存放。准确地说,“束”的本义应该是“束薪”,即俗话说的“捆柴”。许慎所讲的“缚”是“束”的引申义。

对“束”字的甲骨文,有的学者提出了不同的看法。李孝定在《甲骨文集释》中说:“(束)象囊橐括其两端之形……引为凡束缚之称。”李先生认为“束”像甲骨文的“东”字,像是一个无底口袋装上东西后系其两头的样子,因此引申为“束缚”的意思。

古人有以“束薪”作为婚姻的礼物,“束薪”是用白茅草作绳索捆起的薪柴。“白茅”象征爱情婚姻的牢固、纯洁。所以,“束”字的创制,有可能是受上古婚礼中使用束薪这一习俗的启发而造的。如《诗·王风·扬之水》:“扬之水,不流束薪。”这两句是写长期在外服役的征夫对妻子无限的思念。其意思是请滔滔的流水,不要把那一捆象征他们爱情婚姻的柴草带走了。又如《诗·唐风·绸缪》:“绸缪束薪,三星在天,今夕何夕?见此良人。”这里是以“束薪”喻指他们夫妻经营的爱情巢穴。其意思是:当星空的群星闪耀时,我们仍然在捆扎柴草,今夜是什么样的一个不平凡的夜哟!我和心上人儿相见之时,激动的心情使我不知如何是好!

由于“束”是将分散的柴草捆起来,使之不散乱,因此引申为“约束”、“限制”的意思。如《庄子·秋水》:“曲士不可语于道者,束于教也。”其意思是乡曲之士不可同他谈道,因为他们受到所受教育的限制。

由于“束”是将散薪收集拢来，然后捆起，所以“束”引申为“收拾”、“整理”的意思。如《战国策·燕策二》：“老妇不知长者之计，乃命公子束车制衣为行具。”

汉字史上的一桩错案

——“来”、“麦”二字趣释

“来”本来是“麦子”的“麦”，而“麦”本来是“来往”的“来”，人们就这样误用了两千多年。而今还没有谁来纠正这一错误，使它们各自还其本来面目，因此只好让这一桩错案继续错下去了。

“来”的繁体字为“來”，其甲骨文为“”，金文的形体为“”或“”，均象麦子（亦说小麦）之形。下部为根，中间部分为叶子，上面部分为麦穗。罗振玉《增订殷墟书契考释》：“卜辞中诸来字皆象形。”

麦穗

小篆的“”仍然保持麦子形。《说文解字·来部》：“来，周所受瑞麦来麰。”《诗·周颂·思文》：“贻我来麰，帝命率育。”朱熹集注：“来，小麦；麰，大麦。”上古在陕西关中平原中兴起的周人，认为麦子是天帝命神鸟从天上衔来，赐给他们的。这种说法当然不可信，但周人最早开始种麦是可信的。

“来”本指“麦”，怎么会变成“来往”的“来”的呢？据《说文解字·来部》：“来，天所来也，故为行来之来。”据许慎所说，“来”是从天上来到人间的一种农作物，因而“来”引申为“来往”的“来”。不少学者认为这种说法并不可信，倒是认为“来”用作“来往”之“来”是一种假借。

元　钱选　归去来辞图

对繁体字的“來”，安子介先生在《解开汉字之谜》中作了有趣的解释。他认为可以理解为两人（或众人）相会在树下。早期农业社会的东方民族，不在树林中生活，这种情形是常见的。所以他们要经常从四面八方来到树林中，彼此相聚，享受树木的浓荫，这就是“来”的意思。按照安子介先生的解释，繁体的“來”字应从木，从二人，会意。这是一种大胆的想像。

另外，“来”又用作姓氏。“来”姓是以“国”得名。据《史记·殷本纪》载：“契为子姓，其后分封，以国为姓。有殷氏、来氏、宋氏、空桐氏、稚氏、目夷氏。”有人猜测，“来地”在古代很可能是以种植小麦而闻名，因此而得国名。

关于“来”姓，还有一则故事。春秋时，孔子想把中国民间的各种姓氏收集起来，编辑成册。他的这种想法得到鲁国官府的大力支持。后孔夫子经几年的积极努力，编辑了中国最早有关姓氏的一部书，并送官府审查。

一天，孔子的好友得知他收集的民间姓氏一书已经完成，特地邀请他到家饮酒，表示庆贺。两人正在饮酒欢谈之时，主人的一位不久前从外地搬来的佃户前来拜望他，看到孔子在场，便和他的朋友谈了几句就走了。

佃户走后，孔夫子问他的好友说：“这人姓什么？以前我到你这里来好像没见过他。”好友心不在焉地随便说了一句：“是姓来的。”孔夫子回到自己家里，晚上睡觉时还在想自己编写的姓氏一书是否把民间姓氏都收集到了，该不会有漏掉的吧？正想着，他突然记起来，白天在好友家吃酒时好友不是说他的佃户姓“来”吗？哎呀！差点漏掉一个姓。为此，他一夜没有睡好觉。好不容易等到天亮，孔夫子便跑到官府要来了他编写的有关姓氏的书，又补上了一个“来”姓。从此，百家姓中就有了姓“来”的。遗憾的是孔夫子编的这一部中国历史上第一部姓氏书没有流传下来。

“麦”的繁体字为“麥”，本来是“往来”之意。“麦”字的甲骨文为“”，从倒（zhǐ），即“止”，来声，形声字。“夂”表示行走，所以“麦”的本义是“来往”。“来”的本义本来是“麦”，自从“来”用作“来往”的“来”以后，“来”则放弃了自己的本义，专指“来往”的意思，代替了“麦”的本义。此时“麦”字也放弃了自己的本义，即“来往”的意思，专指农作物的“麦”了。自此汉字史上的一大错案便开始了。《说文解字·麦部》：“麦，芒谷。”这里的芒谷就是指的麦子。这一错案至少开始于西周时代。《诗·卫风·丘中有麻》：“丘中有麦，彼留子国。”其意思是：山丘的地里长有麦子，谁在那儿留下子国。

另外，《史记·宋微子世家》载有一则关于“麦”的故事。周武王灭纣后，纣的大臣箕子被迫来到周朝。当他经过殷故都时，看到昔日豪华宫殿已消失殆尽，到处长的是绿油油的麦子，为此感伤至极，于是作了一首《麦秀歌》：“麦秀渐渐兮，禾黍油油。彼狡童兮，不与我好兮。”诗中以“狡童”喻指商纣王，正是由于纣王不信任箕子，不让他为国效力，终于导致国破家亡。殷人听了这首歌后，都情不自禁地为之凄然泪下。

“豆”原来不能吃

——“豆”字趣释

“豆”原来不能吃，并非假话，的确是事实。其中的奥妙只要我们看一看甲骨文“豆”字的形体，一切就会明白。甲骨文的“豆”原来是“”或“”等形。金文“豆”字的构形与甲骨文相同。它是一个象形字，描摹的是一种类

似于古代高脚盘的器皿，一般用来盛肉类食物。甲骨文的“豆”字最上端的一横表示盖子，不过豆也有无盖的，中间的部分是豆腹，豆腹中的一横表示盛在豆腹中的食物，腹下的部分就是豆的脚和底盘。“豆”字的结构更接近于商周时期的豆的形体。

铜豆

据文献记载，古代的豆就其质地来看，主要是木制的，还有竹制的和陶瓦豆、青铜豆等。豆是先民的主要食器。如《国语·吴语》：“觞酒，豆肉，箪食。”其中的觞是古代的酒器，箪是古代盛饭的圆形竹器。这句话的意思是：一壶酒，一豆肉，一箪饭。可见“豆”就是盛肉的。由此可以得知古人在使用器皿时十分讲究，分工明确，不随意混淆。《说文解字·豆部》：“豆，古食肉器也。”许慎同样认为“豆”为盛肉食的器皿。

“豆”后来由食器引申为量具，又指容量单位。《小尔雅·广量》：“一手之盛谓之溢，两手谓之掬，掬四谓之豆，豆四谓之区。”意思是一把的容量叫溢，两把的容量叫掬（捧），四掬的容量为豆，四豆的容量为一区。如《左传·昭公三年》：“齐旧四量豆、区、釜、钟。”

“豆”的初意在古代指食器，那么古代的豆科植物称什么呢？称“尗”，后作“菽”。《说文解字·尗部》：“尗，豆也。象尗豆生之形也。”清朱骏声通训定声：“古谓之尗，汉谓之豆，今字作菽。菽者，众豆之总名。”如《诗·豳风·七月》：“六月食郁之薁，七月亨（烹）葵及菽。”意思是六月吃山楂及野葡萄，七月煮葵菜和豆子来吃。

后来，表食器的“豆”用来指豆科植物，多数学者认为这不是引申而来的，是一种假借，即借用古代食器的“豆”指菽豆的“豆”。也有学者认为是引申，因为豆科植物的大豆、豌豆的外形与古代食器的“豆”形状很相似，所以引申

清　髡残　秋虫豆荚图

为豆科植物的“豆”。如《战国策·韩策一》：“韩地险恶，山居，五谷所生，非麦而豆。”这就是说韩国地形险恶，老百姓居在山间，不是种麦就是种豆。

“豆”在古代是重要的粮食作物，也是人们的主食之一。因为豆的生长力旺盛，容易种，产量在古代来说也是很可观的，对百姓来说还是主食。因此“豆”也就备受人们的欢迎。所以古人认为不识豆麦的人便是痴呆的一种表现。

传说汉光武帝刘秀早年陷于贫困之中，饥饿难忍之时，就是靠一个叫冯异的人送给他豆子粥，才保全了自己的生命。后来他虽然当了汉皇，却并没有忘记冯异的豆粥之恩，而以珍珠宝器加倍地报答他。这就是“豆粥之恩”的典故。

“折买”误写为“拆买”

——“折”、“拆”二字趣释

“折”的甲骨文是“ ”，它的左边看上去像是一把砍向树木的曲柄大斧，即为“斤”；右边是一断木，即为树。其意思是一把大斧朝着一棵树的主干中部砍去，将它砍成上下两段，即砍断的意思。

“折”为会意字。它形象地描写出我们的先民开发森林的生动情景，这就是《孟子·梁惠王上》中所描写的“斧斤以时入山林，材木不可胜用也”（如果砍伐树木有它的季节性，木材也会用不尽了）的劳动场景。

“折”的金文是“ ”或“ ”。从形体来看，金文的“折”字仍然从斤，只是“斤”的位置从左边移到了右边，其中的“木”讹变成了割断的“草”，中间的两横为指事符号，指砍断之处。意思是以斤断草。

力群　伐木

小篆的“折”，其形体与金文基本相同，作“ ”。《说文解字·艸部》：“折，断也。从斤，断草。”段玉裁注：“从手，从斤，隶字也。”段玉裁的注释说明，楷书的“折”从“手”（扌），承隶书而来。也就是说，从小篆到隶书，“折”左边的“ ”讹变成了“手”。“折”字形体上的这些变化，也引起意义上的变化：从“断木”到“断草”，再引申为广义的“折断”之意。“折”字从手从斤后，仍然没有放弃断木、断草的意思，可以会意为手持斤去断树或草。

在汉字中，“折”与“拆”在形体上只有一“点”之差。就这么一“点”导致“折”与“拆”二字在读音和意义上均有差别。折，音 zhé；拆，音 chāi。尤其是书写时，要特别注意这一点，忽略了这一点，甚至会酿成大错。“拆”从扌(手)，从斥，斥亦声。也就是说“拆”是一个形声兼会意字。“斥”有“裂”的意思，即是将东西分开的意思。那么“拆”的本义则是用手将东西分开，引申为“拆开”、“拆散”的意思。

1947 年，解放区开始进行土地改革，共产党的一位高级干部到这里检查工作，发现有一个村子里，把地主的房屋拆掉后卖了，再将钱分给缺房的贫雇农。见此情景，这位高级干部大吃一惊，当即就问村干部为什么不把现成的房子直接分给农民，而要拆掉它。村干部告诉他说：“上级是这么规定的，我们只有照办。”

听了村干部的回答，这位高级干部感到很奇怪，土改政策中根本没有这一条规定。经查询才发现，原来是区政府的干部把上级的文件抄错了一个字。党的土改政策规定，对地主的房屋可以“折卖”分给群众。其意思是房子不便于平均分的，可以折价卖给分房户，多分了房的户头要拿出钱来，分给那些分不到房的户头。但是，区干部把“折卖”抄成了“拆卖”。虽然只多了一“点”，但意思相去甚远，致使不少村子将一些好端端的房屋全拆掉了。

善于跑路的人

——“走”字趣释

“迈开大步朝前走”中的“走”字在古代则为“跑”的意思。为什么这样说呢？只要看看“走”的古文字结构，就一目了然了。它的甲骨文为“”，像一个人迈开大步朝前奔跑的样子，说明这个人是个善于跑路的人。在卜辞中可以常常见到“走”表示“跑”的意思。

奔马岩刻

“走”的金文为“ ”或“ ”，它是在甲骨文的基础上增加了“止”(即一只大脚)或“辵”(行走)而成，其结构更突出了这个人善跑的特点。小篆承金文形体而来，为“ ”。“走”字到了楷书后，上面的“夭”讹变为“土”。《说文解字·走部》：“走，趋也。从夭，止。夭止者，屈也。”饶炯部首订：“凡人举步则足屈，走者行之疾，其足愈屈。故从夭止会意。”这里的“夭”就是弯曲的意思，“止”代指人的腿。人行走时必然弯曲腿，可见“走”的本义就是屈腿迈步向前跑。如《韩非子·五蠹》：“兔走触株，折颈而死。”其中的“走”用的就是本义“跑”。如果兔不是跑，而是走，绝不会撞到树上，也不会将颈子折断，正是跑得快，因而折断颈子的。古代的“走马观花”就是“跑马观花”。

由于“走”中有尽力奔跑之意，所以“走”引申为善于跑路的人和指供人役使和乘骑的人，即为“仆”。“仆”是奴隶社会一种最下层的奴隶，他们像牛马一样供人乘骑，拉车驾辕供驱使。奴隶主骑牛嫌慢，骑马怕危险，于是便骑人。在奴隶社会，还有一种专门供奴隶主骑坐的奴隶，为了跑得快，奴隶主骑男性奴，平时还把他们当凳子坐。为了舒服，奴隶主有时还选用女奴。古时将这种供奴隶主骑、坐的奴隶都叫“走”。

这种古代骑人之事在古籍中有记载。如《汉书·叙传上》说汉成帝的屏风上“画纣醉踞妲己”(商纣王醉后坐在妃子妲己身上)。另外，在汉武梁祠画像中，画夏桀骑在两个妇女背上。再如司马迁《报任少卿书》：“大史公牛马走，司马迁再拜言。”李善注：“走，犹仆也，言己为太史公掌牛马之仆，自谦之辞也。”

誉满杏林

——“杏”字趣释

“杏”字乍看起来是由“木”字加上“口”字构成。而许慎《说文解字·木部》则说：“杏，果也。从木，可省声。”按照许慎的说法，“杏”字是一个形声字，即“木”为形符，“可”为声符。而段玉裁作注时则说：“杏，杏果也。从木，向省声。”这就是说，段玉裁认为“杏”字是以“向”字为声符的形声字。根据段玉裁的解释，学者们作过不少附会之说。有人认为“杏”的发音来自于表示芳香宜人气味的“香”字。这是因为“香”是描述禾谷(米)蒸煮后放在容器上的形象，这些米饭放在容器上当然有着一股袅袅飘散的香气，这香气常常又通过屋子墙上的通风口向屋外散发出去，因而人们称这个散发“香气”的洞叫“向”，而“杏”吃在嘴里时也有一股浓浓的香味。为此，造字者又以散发香气的“向”作声符，既表声又道出了“杏”的香味。(参见逸群《中国文字学故事大辞典》第133页)

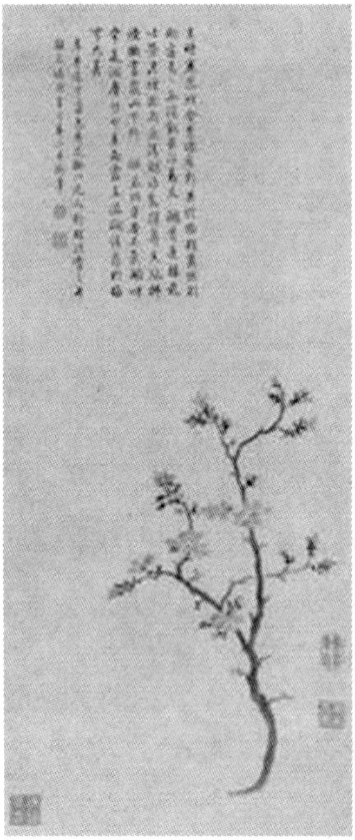

清　乾隆　杏花图

古人还习惯于将“杏”比作女人漂亮的眼睛或漂亮的脸蛋，即“杏眼”或“杏脸”。如王实甫的《西厢记》第四本第一折：“杏脸桃腮，乘着月色。”古时考进士常常安排在正值三月杏花开放之时，因此古人又把杏花称作“及第花”。人们还常把杏花盛开与飞燕组成的图案称作“杏林春燕图”，其寓意为科举顺利或及第有望。

据晋葛洪《神仙传》载：相传三国时吴国有一个叫董奉的人常年居住在庐山为人治病，向来不收报酬。对那些前来治好了病的人别无所求，只要求他们种植杏树，轻者植一株，重者种五株，以此作为治病的费用。如此数年，种得杏树十万余株，时人称之为董仙杏林。自此后人乃以“杏林”作为称颂医家之词，并称有成就而且有名的医家为“杏林春满”或“誉满杏林”。

留得青山在，不怕没柴烧

——“寿”字趣释

追求人生长寿，是人们共同的心愿。在中国人看来，长寿也是人生最大的幸福，尤其是我们的先人更是认为“留得青山在，不怕没柴烧”。为此，他们将这种理念几乎全部倾注于“寿”字之中。

“寿”的繁体字为“壽”，而甲骨文的“寿”为“”，对此形体学者们作过不少猜测：有人认为是一个古“畴”字。《说文解字·田部》：“畴，耕治之田也，从田，象耕屈之形。”《说文解字》还收录了“畴”的一个异体字“”。“”由“”演变而来，形体结构基本相同。徐锴系传认为“畴”的异体字“象耕田沟诘屈（弯曲）也”。也有的人认为“”就是指耕种的土地。还有人认为它是古代一种耕田的农具。长“寿”的“寿”为何与“畴”共形呢？有人认为很可能是我们的先人认为：只有劳动即耕作才能使人长寿。另外有人认为土地对人类来说太重要了，有了土地，就有了生活的保障，因而就能长寿。这也是早期人类的长寿观。

“寿”字进入西周金文时期，在形体上则发生了较大的变化，为“”或“”，其上为从老省，即将“老”字省略了部分笔画后作为“寿”字的意符。“老”，许慎说“七十曰老”，自古有“人生七十古来稀”之语，可见“老”有长寿之义。字的下面是“”，为声符。“寿”为形声字。“寿”字的小篆为“”，

寿字图

形体与后一“寿”字相同，它的意符与前者相同，仍然是从老省。而下面的“𠷎”仍为声符。《说文解字·老部》：“寿，久也。从老省，𠷎声。”所谓“久”就是“长久”、“长寿”的意思。而“𠷎”为声符之说不可信，人们并不知它为何字，有人认为“口”为酒器，繁体的“壽”字下又加“寸”，“寸”为手，即手举酒杯向人敬酒，祝人长寿之意。这样理解是合理的。可见“寿”的本义就是“长久”、“长寿”的意思。如《诗·小雅·天保》：“如南山之寿，不骞不崩。”其意思是像南山一样长久，永不崩毁。“寿”由“长寿”之义引申为“敬酒祝人长寿”的意思。如《管子·小称》：“阖不起为寡人寿乎？”其意思是何不起身举起酒杯祝我长寿呢？

正因为“寿”体现了人们长寿的共同愿望，所以人们赋予“寿”字以丰富的吉祥内涵，简直成为人们迫切要求长寿的象征。中国传统观念有所谓人生有“五福”，其中居第一位的就是“寿”。（见《尚书·洪范》）古人认为只要长寿，只要活着，一切都好办，也就是人们常说的“人在一切在”。中国人就是这样一种现实观，他们将理想、幸福大多寄托于人的生命。

湖南祈阳县的浯溪有一著名的寿字碑，为篆文变体。传说此碑为吕洞宾所写。碑高160厘米，宽72厘米，碑上有铭文对“寿”字作了介绍。铭文曰：“吕仙纯阳书，上红点为日，下红点为月，三点白圈为星，日月五星为之七政；上作天，中作地，口作人，天地与人为之才；上半亦作金，中亦作木，寸亦作水，移日同配，口亦作火，工亦作土，金木水火土为之五行；地两边顶上两条白气为之；两仪生四象，生八卦；天亦作永，地亦作世，工亦作公，工至下亦作侯，永世公侯，子子孙孙，世代荣昌；日亦作福，月亦作禄，本身是寿，三点白圈是星，福禄寿之星拱照，永昌无疆！……”总之，此“寿”字富有丰富的吉祥之意。

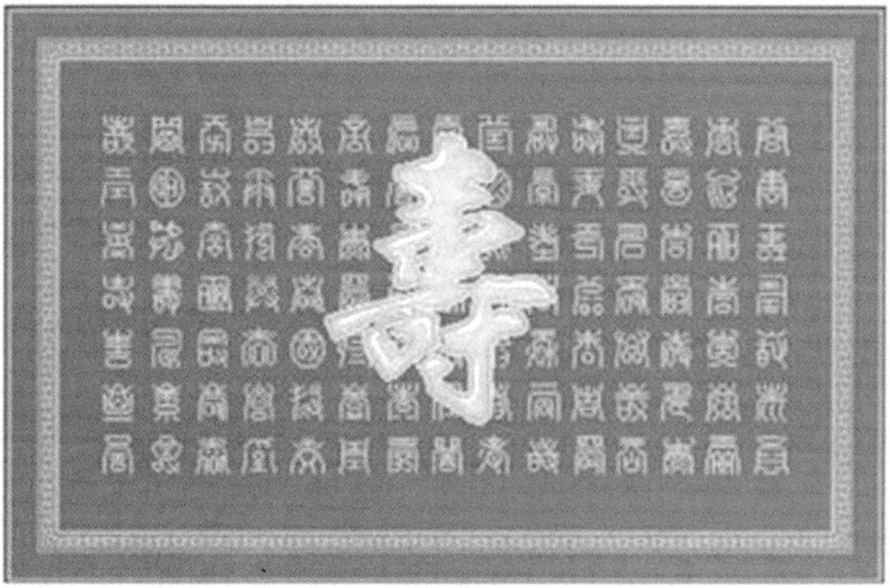

百寿图

古人在“寿”字上做了不少文章，他们将“寿”字图形化，符号化，艺术化，创造了近三百个不同的“寿”字。古人有用一“寿”字表意的图案，竖长方形的“寿”字叫“长寿”，圆形寿字叫“圆寿”（即无病而终的意思）。也有许多寿字组成的图案，如有一百个小寿字组成的一个大寿字图案叫“寿图”，还有“双百寿图”等。从前祝寿时，常送一幅“百寿图”，人们将它看作是最好的礼物，其寓意自是不言而喻了。不仅如此，古人还在日常生活中使用的器皿、家具、房屋、衣被等用品上均刻有“寿”字。“寿”字成了中国人心目中不可或缺的艺术品。

院中有树与牢中有人

——"困"、"囚"二字趣释

"困"字的甲骨文写作"",小篆是""。可见"困"字从甲骨文到楷书的结构完全相同,由"囗"(音 wéi,古"围"字)和"木"字组成,是会意字。许慎《说文解字 · 木部》说:"困,故庐也。从木,在囗中。"段玉裁作注时,对许慎的说法作了一些补充,他说:"庐者,二亩半一家之居,居必有木,树墙下,以桑是也。"其意思是,按照规定,古代一居家的房屋占地面积可达二亩半,即除了房屋的占地面积外,屋子周围还留有空地,供人们种树之用,其树以桑树居多。从"困"字可以推知古人早就知道要在房屋四周多栽树,以此美

现代困字屋

化自己的庭院，改善居住条件。从“居必有木”之说来看，我们的先民在造“困”字之前，就懂得用树木绿化环境及保护人类生活环境的重要性。

古代囚笼

据安子介先生说，从“困”字可知种植在庭院中的树木，由于受到空间和范围的限制，即受到“囗”的限制，不能自由生长，因而引申出“围困”、“受困”等意。如《左传·襄公二十二年》：“子三困我于朝，吾惧，不敢不见。”

又因“困”字在“囗”中只有一“木”，即有“树木少”的意思，因而引申出“物质少”或“物质缺乏”等意思。如《左传·僖公三十年》：“行李之往来，共其乏困。”

自称西楚霸王的项羽，少年时代就特别喜欢树木，如果看到有人损害树木，他总要千方百计去制止。他邻居家院子里种有一棵桂花树，当桂花盛开，香气四溢之时，这家的主人却挥动着大斧，准备将桂花树砍倒，他急忙上前制止道：“老伯，桂花树长得多可爱，请不要砍掉它吧！”

听了项羽的劝告，老伯放下手中的斧子，叹息道：“我这院子四四方方的，中间长着这么一棵树，看上去好像一个‘困’字，我怕不吉利，所以才狠着心，准备将它砍掉。”此时老人脸上还露出了无可奈何的神情。

听了老伯的话，少年项羽哈哈大笑道：“老伯，照您的说法，如果您将这棵桂花树砍掉，此院中就只有您一个人了，那不又成了一个囚犯的‘囚’字，岂不是更不吉利吗？”

项羽的回答，驱散了老伯心头的疑云，老人一边收斧子，一边对项羽说：“你讲得有道理。”随后就高高兴兴地回到屋子里去了。

对于“困”的含义，近代学者俞樾有着不同的解释，他认为“困”为“捆”的古文。“困”中的“囗”就是门框形状，而“木”不是树，而是古人设于门中作为门限的短木桩。俞樾先生的解释不无道理。

“囚”字早见于甲骨文,为“”或“”。从形体来看,它与“困”字有相同之处,均从口,会意字。不同的是“囚”从口,“口”在这里看上去像是筑起的一道方形围墙的俯视图或一口陷阱的俯视图;中间是一个面朝左或面朝右的人。这个人可能是囚犯,也可能是从战场上抓来的俘虏。至于“囚”字中人周围的几点,表示囚犯难受得汗直淌。其意思是把囚犯或俘虏监禁在牢房或陷阱里。可见“囚”的本义是“拘禁”、“囚禁”的意思。《说文解字·口部》:“囚,系也。从人,在口中。”所谓“系”就是“拘禁”。如《左传·桓公十三年》:“莫傲缢于荒谷,群帅囚于治父以听刑。”其意思是:莫傲在荒山野谷中上吊自尽,众将帅被囚禁在治父而听从发落。

“囚”由动词“囚禁”引申为名词“囚禁的人”,即囚犯或俘虏等。如白居易《歌舞》里有:“岂知阌乡狱,中有冻死囚。”意思是:哪里知道阌乡县的监狱里,有冻死的囚犯。

种田高手

——“男”字趣释

“男”的甲骨文形体有两种:“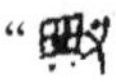”或“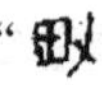”,学者们根据前一种形体,也是甲骨文最早的形体来猜测,其中的“”,象田地之形,右下“”为手形,中间几小点,象种子形。由此得知“男”字似一人用手往田里播撒种子之状。播撒种子的技术在农业劳动中无疑是一种技术较高的劳动,可知“男”的本义大概是指种田的高手,也是对男子汉的一种美称。因此,掌握高超播种技术的人在以农耕为主的部落中自然要担任首领。又因为担任首领的常是一些男子,所以“男”字才有“男子”的意思。

甲骨文的后一“男”字的左边是“田”,右边是“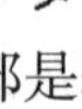”,即一种耕田的农具,其实就是古代的“耒”,它的上部是木制的柄,下部是犁田的“犁头”。又因为

汉画像石　牛耕图

用“耒”耕田是一种力气活，所以后来男字中的“⼃”（耒）被体力的“力”所替换。金文的“男”字与甲骨文的形体相同。《说文解字·力部》：“男，丈夫也。从田，从力。言男用力于田也。”许慎是根据小篆形体来训释“男”字的，他虽然没有见到甲骨文的“男”字，却分析得很准确，并指出了“男子”成为农业劳动的主要承担者的重要原因。徐中舒先生认为小篆的“力”象耒形，“力”为“耒”之异体字。按照徐先生的解释，那么“男”字的结构从甲骨文到小篆以至楷书完全一样，均从田，从力。

从以上的分析，可以看出古人关于男子的概念就是以“力”（或耒）、“田”之形来表示的。在古人看来，农业劳动，尤其是耕种，那只能是男子的事。从“男”字的创造，可以看到这样一种历史事实：当社会进入农耕时代以后，男子由于体力的原因，成为农耕的主要承担者。又由于男子在生产中所处的重要地位，必然导致男子的社会地位的提高。

稳步前行

——“步”字趣释

“步”字的甲骨文为“⾛”，在甲骨文中“⽌”（止）的脚趾所指的方向，就是前进的方向。“步”字一“止”在前，一“止”在后，形象地描绘出一个人在行

唐　阎立本　步辇图

走时,两只脚一前一后稳步前行的姿态。“ ”为“止”,就是脚。金文的形体是两个脚趾朝上的一前一后的大黑脚印,更清楚地表达出了“步”的步行意。小篆的“步”为“ ”,是一正一反的两个“止”字,表示行走时的左右两只脚。楷书的“步”字上面部分仍然保持了“止”的形体,下面仍然是一个反“止”,有些人不理解这一点,常以为“步”的下面是一个“少”字,因此将下面的“止”字的右上方加上一点,这是完全错误的。《说文解字・止部》:“步,行也。从止,㔾相背。”罗振玉《增订殷虚书契考释》:“步,象前进时,左右足一前一后形。”如《战国策・齐策》:“晚食以当肉,安步以当车。”其意思是:吃不起肉,可以把吃饭的时间延迟一些,饿极了吃,吃起来也会觉得像吃肉一样;没有车子坐,只要安安稳稳地慢步行,就好比坐车子一样。

由于步行时一只脚在前,一只脚在后,两脚之间总有一定的距离,所以“步”引申为古代的长度单位。我们现在的“步”就是指两脚之间的距离,而古代则不同,古人称一举足叫“跬”(半步),左右两脚各向前跨一次才叫“步”。《小尔雅・广度》:“跬,一举足也。倍跬谓之步。”如《孟子・梁惠王上》:“以五十步笑百步,则何如?”意思是那些败逃了五十步的士兵竟然来耻笑那些败逃了一百步的士兵胆子小,你看行不行?

测日记时的见证

——“时”字趣释

“时”的繁体字为“時”，甲骨文为“㞤”，上面的“㞢”是“之”，“之”有行走的意思，下面是“日”，即太阳。可见甲骨文的“时”是由“之”加上“日”构成。其意思是：太阳在空中运行。徐锴《说文系传》：“古文（㞤）从日，之声。”由此可知，甲骨文的“时”是形声兼会意字。“太阳运行”与时间有什么关系呢？这是因为古人计算时间，总是根据太阳在空中运行的位置，或它在地上的投影运行的情况来决定的。甲骨文的“时”正是古人测日以记时的见证。这种测日记时的方法是古人长期观察太阳运行的结果，也反映了先民的智慧。

《说文解字・日部》：“时，四时也。从日，寺声。㞤，古文时，从之、日。”《玉篇・日部》：“时，春夏秋冬四时也。”这里说的所谓四时，就是春、夏、秋、冬四季，可见“时”的意思相当于今之“季”。而季节是古人根据太阳运行的位置来确定的。由此看来，“时”指季节是引申义。

太阳图

对繁体的“時”字安子介先生作了更为有趣的解释，他认为“時”反映了古人测量太阳位置的方法。他认为“時”拆成三部分：“日”、“土”和“寸”（手）后，同样也能得到满意的解释，就是“在地（土）面上测量（寸）太阳（日）的位置”。古人认为不论太阳在哪一个方向，它的影子总是有的。人们根据日晷的移动来具体测定时间，在古籍中不乏记载。（参见《解开汉字之谜》第217页）简化字的“时”从日，从寸，是会意字。其结构同样保持了“测日记时”的原貌。

总之，“时”从古代的甲骨文到今天的简化字，一直保持古人测日记时的特征。

一种表达爱意行为的产生

——“吻”字趣释

接吻是男女表达爱的一种方式。而“吻”的本义是什么呢？《说文解字·口部》：“吻，口边也。从口，勿声。”许慎说得很清楚，“吻”的本义是嘴唇。

“吻”由指嘴唇引申为用嘴唇接触人或物以表示爱意。如“亲吻”。

由于“亲吻”是男女双方以嘴唇相接触，所以“吻”又引申为“吻合”。“亲吻”是人类共有的一种表达爱意的行为。这种行为是怎样产生的呢？科学家们研究发现，“吻”在人类诞生之前就已出现了。也就是说“吻”来自于动物。不过当初的“吻”并不表达什么爱意，而纯粹是一种本能。当一个属于哺乳动物的幼小生命诞生后，体内制造抗体的组织并没有发育成熟，很容易受到细菌、病毒以及食物中未消化的蛋白质里的异体分子侵害，从而引起感染和过敏反应。婴儿之所以不被感染，是因为母亲的乳汁中含有抗体，使婴儿获得了免疫力。但是，母亲事先并不知道婴儿体内接受了哪些细菌，需要哪些特定的抗体。于是，一种本能的“吻”在母亲与自己的后代之间产生了！通过“吻”，母亲从婴儿体中吸入了细菌和病毒，从而母体中产生出对此种细菌和病毒有效的特定抗体。然后，又通过母乳将这种特定的抗体回输到婴儿体中，使婴儿得到了抵抗疾病的能力。这是一种特殊的免疫交流途径，这种特殊的免疫交流便是“吻”的全部含义。

今天，人类借助这种高尚和无私的“吻”来表达自己纯真的爱意了！据传，这样的吻来自古罗马帝国。古罗马帝国时代严禁妇女饮酒，男子出外归来要先检查一下妻子有没有饮酒，便凑到她的嘴边闻一闻，这样沿袭下来，成为夫妇见面时的第一道礼节。欧美人士的接吻礼，只限于夫妇、情人或是长辈对晚辈。然而，在另外一些地区，并不限于男女之情，它还表示尊敬和关心。

汉画像石　拥抱接吻图

敢于对天发号施令的人

——“吴”字趣释

甲骨文中不曾见过“吴”字，金文的“吴”为“”或“”。据文字学家康殷先生说，左边为“大”，即“人”。右上的“”或“”为陶器器皿，像一个人肩扛着陶器的形状，实为表示制作陶器之意。古代曾以“吴”作为国名。这个“吴”国是个比东周末期的吴国更早的吴国，在这个国家里制陶业发达，这儿的人个个都会制陶器，为了标榜这个国家的特征，因此以“吴”为国名。（参见《文字源流浅说》第 303 页）

“吴”的小篆承金文而来，为“”。繁体字为“吳”，承小篆而来。《说文解字・夨部》：“吳，姓也，亦郡也。一曰吳，大言也。从夨、口。”从康殷先生对“吴”字的解释来看，许慎所说的吴为“姓”、为“郡”，均非本义，而是“吴”的引申义。许慎认为“吴”为会意字，从夨，从口。“夨”读 cè，把头歪着叫“夨”，

孙权画像

“夨”实为“大”字，“大”为人形。由此认为“吴”为“大言”之义。所谓“大言”，就是一个人在那里大声喧哗。段玉裁注《说文》时认为：“大言非正理也，故从夨、口。”按照段玉裁的补充，许慎的“大言”就是不讲道理，在那里大喊大叫。所谓“从夨、口”，简言之就是“歪嘴”，不按常理讲话，或者说是一本好经叫一个歪嘴和尚念坏了。这就是“吴”的本义。如《诗·周颂·丝衣》：“不吴不扬。”毛亨传：“吴，哗也。”其意思是不喧哗不傲慢。

简化字的“吴”，由“口”和“天”构成，其文化内涵较之古文字更具有新意，体现出20世纪中国人从过去的一切听命于“天”，受“天”的摆布，转而进入一个新的思想境界：敢于对天发号施令，表现了他们敢于征服自然的雄心壮志。

据《三国志》载，蜀国刘备派张奉出使吴国，吴王孙权举行宴会招待蜀国使臣。在宴会上，张奉十分傲慢，当着吴王孙权的面，取笑吴国尚书阚泽，以此来羞辱吴国。吴国大臣薛综十分气愤，当场还击，他拿着酒壶来到张奉面前为他劝酒说：“蜀者何也？有犬为獨，无犬为蜀；横目苟身，虫为其腹。”这实际上是一则以“蜀”字为谜底的谜语。薛综从字形的离合上，把“蜀”字同“犬”字联系在一起，有力地戏弄了一顿蜀国使臣。张奉听出这是奚落蜀国，也非常生气地问道：“那么，你们吴国的‘吴’又该如何解释呢？”薛综马上回答说：“无口为天，天口为吴。君临万邦，天子之都。”他将“吴”字解释得既完善又堂皇，吴国的官员们听后都自豪地笑起来，张奉却无言以对。薛综巧用两则字谜成功地制服了对方。

“丘八”之说不可信

——“兵”字趣释

旧时代的军队中的士兵到处横行霸道、欺压百姓,引起百姓的极大愤慨,因此将他们称之为“丘八”。如果从汉字的造字结构来看,这种分析显然是对“兵”字结构的一种错误理解。

从“兵”的古文字来看,甲骨文为“ ”,其上“ ”为“斤”,“斤”是古代的一种斧子类的工具,其下为“ ”,即为“廾”(gǒng),双手形。金文为“ ”,小篆为“ ”,均从斤,从廾,是会意字。有的学者认为“兵”像双手挥斤斫木之状。(参见康殷《文字源流浅说》第 314 页)也有的学者认为是双手拿着兵器。不过学术界多从许慎之说,认为“兵”的本义是兵器。《说文解字 · 廾部》:“兵,械也。从廾持斤,并力之貌。”许慎认为“兵”的本义是“械”,“械”就是兵器。可知“兵”的本义指“兵器”。如《荀子 · 议兵》:“兵不血刃,远迩来服。”意思是兵器上血迹都没有,就取得了战争的胜利,远近都归顺于他们。

汉画像石　逐鹿之战

“兵”由指“兵器”，引申为拿兵器的人，即士兵、军队。如曹操《置屯田令》：“夫定国之术，在于强兵足食。”其意思是：安定国家的最好办法是要建立一支强大的军队，还要有充足的粮食。

“兵”由“军队”引申为调兵遣将进行作战之事，即为“军事”。如《孙子兵法·计篇》：“兵者，国之大事。”意思是：军事，是国家的大事。

“自环谓之厶”

——“私”、“厶”二字趣释

“私”的古字为“厶”。甲骨文、金文均不见有“厶”字，古钵文为“”，小篆为“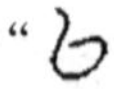”，是会意字。对“厶”的本义，学术界说法较多。有的学者根据古钵文的形体，认为“厶”像人的口的形状。在古人看来，人人都有口，他们常常借“口”以表现自己的私心。就“厶”的小篆看，其形体好像是从左边向右边缠绕，“厶”就是为自己划定的一个利益范围，在这个利益范围内的一切都属于自己，其他人不得染指。《韩非子·五蠹》中说：“古者仓颉之作书也，自环谓之厶，背厶谓之公，公厶之相背也。”其意思是专为自己打算，什么东西都往自己身上捞，时时把手背弯向自己就是“私”。

也有的学者认为古“厶”字像人的鼻子形状，私心重的人只看到鼻尖上那一小块，别的一概不管。

“厶”字的出现，应该是私有制的产物。原始社会前期，生产力水平十分低下，没有人压迫人、人剥削人的现象，也没有剩余财产，人们头脑里还没有多少私有观念。随着社会的发展，剩余财产开始出现，同时也出现了财产上的分配不公，因而就出现了一些专门为个人牟取私利的邪恶现象。于是，我们的先民便造出了这个万恶之源的“厶”字。

“厶”字最早见于战国时期，但并不是说人的私有观念在这时才产生。其实人类的私有观念产生的历史比“厶”字的历史不知要悠久多少。

有人认为人的私有观念是直接从动物那里继承来的。在他们看来，许多动物都有领土概念，它们各自占有自己的活动空间，不容许其他动物，特别是同类动物的侵犯。另外，还有许多动物，特别是雄性动物都有对配偶的占有欲。近年来，动物学家们发现这样一个事实：雄性的野马甚至不容许雌马生育它的前任配偶的后代，它非常残酷地折磨雌马，直到流产。显然，雄性动物对配偶的占有，扩展到“对子女”的排斥，这就是一种私有概念。

“厶”字所表示的私有观念，早就被人们视为罪恶的渊薮，是与“公”势不两立的东西，由此引申出“奸邪”、“邪恶”之义。《说文解字·厶部》：“厶，奸邪也。”看来，克服“私心”是一个长期的任务。

“厶”的后起字“私”是由“禾”和“厶”组成的一个形声兼会意字。《说文解字·禾部》：“私，禾也。从禾，厶声。”照许慎的说法，“私”本是一种禾谷的名称，后假借为“厶”，便有了公私之“私”的意思，取代了“厶”。其后“私”字流行，而“厶”则被弃而不用。

安子介先生认为，“只有对禾谷的过分自私才算自私，所以加了一个‘禾’字。”(《解开汉字之谜》第637页)按照安先生的解释，“私”是古人在“厶”旁加了一个“禾”构成，其意思是把公家的禾谷据为己有。

不过，直至今日人们仍然偏爱“厶”字，有的学者还建议将“私”淘汰，重新取用“厶”，其原因就在于“厶”准确表达出了“自私”的意思。

痛饮不止

——“饮”字趣释

“饮”的繁体字为“飲”，它的古字为“歠”。“饮”字最早创制于商代，其甲骨文的形体为“”，其中“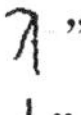”即为“人”，像是一个将脖子伸得长长的人；“”为人之口，张得很大；“”即为“舌”，像一个从口中伸出的舌头；“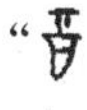”为“酉”字，古代盛酒的坛子之类的器皿。是会意字。合起来的意思是：一个人

饮酒图

张着大口，伸出舌头对着酒坛子痛饮不止。由此确定“饮”的本义为饮酒、喝酒。

对于甲骨文的“饮”，康殷提出了不同的看法，认为其中的“ ”像今天人们喝饮料时所用的吸管，因此，他认为全字的意思是像一个人俯身张口，手执长长的吸管吸饮器皿中的酒的样子。古人的这种喝酒方法与现代人饮汽水的方式相同。他认为这种饮酒的方法，在我国西北的民间和南方的某些兄弟民族中仍然保留着。康殷先生还认为造成“饮”字甲骨文和金文的形体不同的原因，很可能是因为商人和周人饮酒方法的不同。(参见《文字源流浅说》第 497 ~ 498 页)

“饮”的金文为“ ”，仍然保持了甲骨文“饮”字的本义，只是结构有一些变化。金文将左上变为“今”，作声符，右边是一个面朝左站着的人，张着大嘴，嘴中的舌头仍然可见。从酉，从人，今声，是一个形声字。

小篆的“饮”为“ ”，隶定为“歙”，左边继承了金文的形体，只是右边的“人”变成了“欠”，“欠”为张口吐气不止的人。可见“饮”仍然保持喝酒的本义，由“喝酒”引申为“喝”。如《孟子·告子上》：“冬日则饮汤(热水)，夏日则饮水(生水)。”

“饮”由“饮酒”又引申为“喝的东西”或“吃的东西”。如《战国策·秦策一》：“张乐设饮，郊迎三十里。”其意思是：安排了乐队，摆上了酒席，到郊外三十里的地方去迎接(苏秦)。

简化字的“饮”在结构上更科学，学者们将左边的“酉”改成“食”字，指所

明 万邦治 饮酒图卷(部分)

有的食物、饮料,去掉声符“今”,右边仍保留“欠”字。其意思是:人吃食物,又喝酒等饮料,富有浓郁的现实感。

大腹便便

——“身”、“孕”二字趣释

《后汉书·边韶传》中记载了这样一个故事:东汉的边韶,字孝先,读过不少孔孟之书,以教书为业,他肚子肥大,行动迟笨,大白天躺着休息时,挺起的大肚子简直像座小山。于是,他的学生编了一首顺口溜,唱道:“边孝先,腹便便,懒读书,但欲眠。”边韶听了很生气,也编了几句,作为对学生的回答:“边为姓,孝为字,腹便便,五经笥(即装五经的书箱),但欲眠,思经事。”此段公案谁是谁非我们没有必要去探究,我们只想告诉大家的是,在汉字中描写“腹便便”的一个字就是“身”。可见古文的“身”是大腹便便的男子的形象,是

1982年辽宁东山嘴遗址出土的“陶塑孕妇”

一个有地位的受人尊敬的人物形象，也就是我们今天说的有身份的大腹人。

“身”字的甲骨文为“ ”或“ ”，是一个面朝左或面朝右的人，手臂向前伸，中间的椭圆形就是人的身子。一望便知是一个大腹便便的人。这个人是怀孕了吗？不是，因为甲骨文中的“身”只用于男人。如：“王疾身。”（乙七七九七）其意思是王身子有病。这种病可能是大肚子病，即今之血吸虫病。这里的“王”是商王武丁，男性。

甲骨文中指女人怀孕另造了一“孕”字，为“ ”或作“ ”。其中的“ ”为“女”字，整个字为象形字，指女人怀孕后肚子挺起的样子。如卜辞中有“妇好孕”（京二〇三五）。“妇好”为商王的妃子，其意思是妇好怀孕了。可见“孕”是指女人大腹便便。《说文解字·子部》：“孕，裹子也。从子，从几。”可知“孕”的本义为怀孕，动词。“几”为“人”，小篆之“乃”实为“人”字的变体。因此“孕”是一个会意字，其意思是人腹中有子，这个“人”当然是女人。

弥勒佛画像

《说文解字·身部》：“身，躳（躬）也。象人之身。”可知“身”的本义指人之身，即人的躯体，名词。《诗·大雅·大明》：“大任有身，生此文王。”毛亨传：“身，重也。”郑玄笺：“重，谓怀孕也。”孔颖达疏：“以身中复有一身，故言重。”有人认为这里的

"身"就是"孕"。其实不然，仍然指"身子"。"大任有身"的意思是大任肚里有个身子，就是肚里有个"胎儿"，当然是怀孕。

"角"先生与"毛"先生

——"角"字趣释

"角"的甲骨文为""，金文为""，均像从牛羊头上扳下来的一只角的形状，其中的曲线，表示角上的角纹。可见"角"的本义就是牛角或羊角，其后泛指所有动物的角，是象形字。小篆和楷书的"角"均承甲骨文和金文的形体而来。《说文解字·角部》："角，兽角也。象形。"《玉篇·角部》："角，兽头上骨出外也。"

"角"是动物用来护身和进攻敌人的武器。我们今天所看到的惊心动魄的斗牛场面，那些牛就是用角同对方进行战斗的。几乎所有的动物都喜欢用角相抵，由此"角"引申出格斗、比武、较量等意思。如《礼记·月令》："天子乃命将帅讲武……角力。"这里的"角力"就是以力相斗，比较高下。又如《三国志·吴书·华覈传》："当今角力中原，以定强弱。"

兽角，古人常用作军中的乐器，如画角、号角。以角为军中乐器历史悠

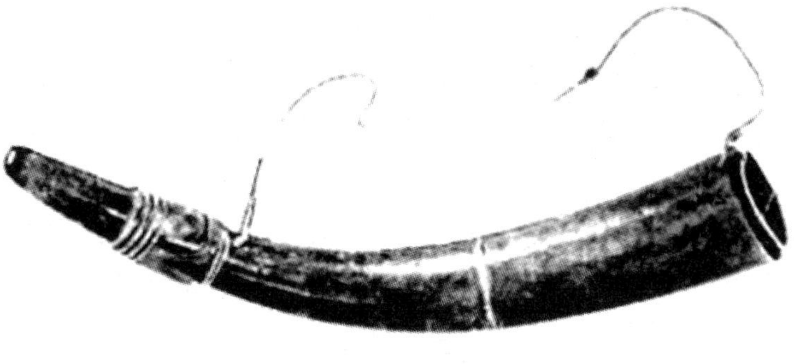

陕西华县井家堡出土的陶角(属仰韶文化)

古代酒器角

久。《通典·乐一》载:“蚩尤氏帅魑魅与黄帝战于涿鹿,帝乃命吹角为龙吟以御之。”据此人们认为用“角”做军中乐器始于黄帝,“角”作为军乐其作用是“晓晨昏,整军容”。角声宏亮悲壮,在古典诗词中常有描绘。如唐李贺的《雁门太守行》:“角声满天秋色里,塞上燕脂凝夜紫。”

古人最早用“兽角”作酒器或量器,因此“角”引申为指酒器。清朱骏声《说文通训定声·角部》中说:“疑古酒器之始,以角为之,故觚(gū)、觶(zhì)、觞(shāng)、觥(gōng)等字多从角。”《礼记·礼器》:“宗庙之祭,尊者举觶,卑者举角。”要注意的是指酒器的“角”应读jué。

由于“角”可以做乐器,所以“角”又引申为古代的音阶之一,角(jué)音相当于工尺谱上的“工”,现代简谱上的“3”。《周礼·春官·大师》:“皆文之以五声:宫、商、角、徵、羽。”

“角”又作货币单位名称。广东人有一个习惯,将货币单位中的“角”称作“毛”,因此还闹出了一则笑话。从前,有一广东人来到上海开了家商店,并请了一个上海人在店里帮忙卖东西。一天,这个上海人看到广东老板的账上出现了“二毛”、“三毛”、“五毛”等数字,感到非常奇怪,便问老板,经老板一说,才知道这些“毛”就是几元几角中的“角”。到了月底这个上海的伙计开账单时,以为“毛”和“角”的意思既然相同,于是将客户中一个姓毛的先生写成了“角先生”。老板一看账单上有个“角先生”,心想,在我的客户中从来就没有什么角先生。便问那个上海伙计。伙计告诉他说:“你不是说在你们广东‘角’就是‘毛’的意思吗?所以我就将‘毛先生’写成了‘角先生’。”这位伙计不知道只有在作货币单位时,“角”、“毛”二字才通用。

众人围坐在一块

——“坐”字趣释

“坐”的小篆为“ 𡋬 ”(坐)。《说文解字·土部》:“坐,止也。从土,从留省。土所止也。此与留同意。”许慎认为“坐”与“留”同义。因此他在《说文解字·田部》中说:“留,止也。”“土”加上“留”字省去下面的“田”,留下上面的“卯”,然后组成“坐”字。是会意字。“坐”的意思由“留”和“土”会合而成,就是止于土上,或者说是停留在地上。

对于古文的“坐”,段玉裁的《说文解字注》说:“止必非一人,故从二人。”按照段氏的解释,“坐”也是会意字,是由二“人”加上“土”字组成,其意思是像两人对坐在地上的样子,他们坐在那里或饮酒或聊天。从古文的“坐”的结构来看,“坐”的本义是众人围坐在一块的意思。林义光《文原》:“(坐)象二人对坐土上形。”而小篆的“坐”的本义是止于地上的意思。“止于地”可能是站在地上,也可以是坐在地上,可以是一人,也可以是众人。据此,将“坐”的本义确定为众人围坐在一起比较恰当。

汉画像石　蹲坐讲学图

“坐”是古人的一种止息方式。“坐”所反映的是在椅凳没有出现以前的古人的坐姿。那时的人们大多席地而坐,席地而坐时的姿势各异。第一种是坐时两膝着地,臀部压在脚跟上;另一种是坐时两膝着地,两股直立,正身腰部挺直,古人称这种坐的姿势为危坐或长跪。除此之外还有箕坐，这种姿势是坐时臀部着地，双足伸开，两手按在膝上，像箕状，故称箕坐。箕踞而坐古人认为是一种傲慢、不尊敬人的表现。还有所谓的“隐几而坐”，“隐几而坐”就是坐在地上，靠在座几上。

成语有“坐怀不乱”，其事出自《诗·小雅·巷伯》毛亨所作的传中。春秋时，鲁国大夫柳下惠以品行端正闻名于一时。一天晚上，天气很冷，柳下惠来到城门口，遇到一个找不到住处，冻倒在城门口的女子。见此情景，柳下惠急忙将那女子扶起，解开自己的衣服，让她坐在自己的怀里，用自己的体温将那女子偎暖。就这样柳下惠坐了一夜，对那女子非但没有一点非礼的行为，就是连一点越轨的想法都没有。“坐怀不乱”的“坐”显然是“靠”在怀里的意思。

由此可见，“坐”字正好反映了古代“坐”的姿势特点是席地而坐。椅凳出现后，凡将臀部着于椅凳上，以支撑身体的重量者为“坐”。此后，人们再也不用坐在地上了。坐姿的这种变化是“坐”的意义的引申，而不是原来的“坐”的意义了。

据《渊鉴类函·居处部·台》中载：一天，金代的章宗皇帝完颜璟与爱妃李宸两人在新建的台榭上欣赏周围的景色。章宗一时高兴，便随口说道：“两人土上坐。”一旁的李宸也随即对答道：“一月日边明。”两句合起来，恰好是一副难得的对联。章宗皇帝听后，连声称赞道：“好联！好联！”其中的“两人土上坐”，正好拆的是一个“坐”字。下联“一月日边明”拆的正好是一个“明”字。李妃用比喻的手法将皇上比做太阳，将自己比做月亮，同时用“明”字喻指两人，含蕴深刻。从此，李妃更受完颜璟的宠爱。

有条不紊

——“乱”字趣释

“乱”在今天看来是一贬义词，有动乱、战乱、混乱、杂乱的意思，很难想到“乱”会有“治”，即有条不紊的意思。“乱”的繁体字为“亂”，其古字为“𤔔”，其小篆为“”或“”。上面的“爪”与下面的“”（又）均代表手，中间的“”像一个理丝的工具，上套有一束丝，其中的“”是一束乱丝，“”很可能是理丝的工具。整个形体像用两只手在理一束乱丝，使其条理化，便于纺织。可见“乱”的本义是理丝。

煮茧缫丝图

《说文解字·𠬪部》：“亂，治也。……读若乱同。一曰理也。”杨树达《积微居小学述林》：“余谓(𤔔)字当从爪、又，爪、又皆谓手也。𤔔，从爪，从又者，人以一手持丝，又一手持互以收之，丝易乱，以互收之，则有条不紊，故字训治训理也。如此则形义密合无间。”《说文解字·乙部》说：“乱，治也。从乙，乙治之也。从𤔔。”也就是说“乱”是一个会意兼形声字。“𤔔”有“治”义，“乙”有“治”义，合起来当然表示“治”的意思。不过，事实上，“𤔔”多废而不用，而“亂”得以通行。

许慎所说的“治”和“理”应是在“乱”的本义的基础上直接引申出的一个意项，并不是“乱”的本义。如《书·泰誓中》：“予有乱臣十人，同心同德。”孔传：“我治理之臣虽少而心德同。”所谓“乱臣”，就是治国之良臣，也即是忠臣。

“乱”是怎样会有与本义相反的意义的呢？这是因为“乱”的本义是将乱丝理顺，其中包含有“杂乱”的意思，所以“乱”引申出动乱、不安全等意思。如《孟子·滕文公下》：“孔子成《春秋》而乱臣贼子惧。”其意思是孔子著《春秋》，乱国的臣子、不孝的儿子都害怕。这里的“乱臣”也可说是奸臣。

“乱”在古代还有一种非常特殊的意义，就是指古代乐曲的最后一章，或指辞赋最后的能体现全篇要旨的一段。“乱”的这一意思也是在本义的基础上引申出来的，因为“乱”是对一束乱丝进行整理，而整理的最后目的是使其条理化，达到有条不紊。可见达到“治”是“乱”的最后目的，因而“乱”引申为指乐曲或辞赋的最后一章或一段。如《论语·泰伯》:“师挚之始,《关雎》之乱,洋洋乎盈耳哉。”朱熹集注:“乱,乐之卒章也。”其意思是:当太师挚开始演奏的时候,当结尾演奏《关雎》之曲的时候,听到的却是动听的音乐呀!文中的“始(开始)”与“乱(结束)”对应,更显示了“乱”是指乐曲的尾声。又如《汉书·扬雄传上》:“乱曰:崇崇圜丘,隆隐天兮。”颜师古注:“乱者,理也,总理赋中之意。”

山谷与百谷

——“谷”字趣释

“谷”的简化字既指五谷,又指山谷。在繁体字中,“谷”本指山谷,五谷的“谷”则为“穀”。两者似乎相去甚远,毫无关系。“谷”早见于甲骨文,为“”。对“谷”的构形,其说不一,有的说上面的“”是两座重叠的山峰,其下之“口”表示通道,“谷”的本义指山谷。也有人认为上之“”为水流,下之“口”为山谷出水口,本义是水从山谷流出。《说文解字·谷部》:“泉出通川为谷。从水,半见,出于口。”《尔雅·释水》:“水注川曰溪,注溪曰谷。”根据上述说法,古代的“谷”似山间的水道,即指山涧。水出山成山涧,山涧的水汇入山溪,山溪之水汇入川流。

如《淮南子·齐俗》:“水处者渔,山处者木,谷处者牧,陆处者农。”其间的“谷”就是指两山之间的狭长地带。其意思是住在水边的人靠捕鱼为生,住在山上的人靠材木为生,住在山谷的人靠畜牧业为生,住在平原地区的人靠农业为生。

明　沈周山　谷云吞图

因“山谷”为荒僻之地,

所以"谷"常用以比喻险恶艰难的环境。如《诗·大雅·桑柔》："人亦有言，进退维谷。"其意思：古人有言说，进也是山谷，退也是山谷。

"谷"还用作姓氏。根据历代学者的考证，谷氏的始祖是上古的颛顼帝高阳氏的后裔伯益。据说谷氏的远祖由于善驯鸟兽而被虞舜赐姓嬴。传到秦非子时，又被封于秦谷。此后，秦非子的后代有的以祖传的嬴氏为姓，有的则以地为姓，则姓"谷"了。

郑午昌　五谷丰登图

下面再谈"谷"的繁体字"穀"，此字承小篆形体而来。《说文解字·禾部》："穀，百谷之总名。从禾，㱿声。"段玉裁注："㱿(qiào)者，今之殼字。谷必有稃甲，此以形声包会意也。"可见它的本义是指各种粮食作物，即稻、粱、麦、黍、粟、豆等。"㱿"指粮食颗粒的坚硬的外壳，这些粮食作物都是由壳包裹的"仁"。"㱿"除了表声外，还表示了这些粮食作物的果实的特征。

我国种植粮食作物历史悠久。传说是神农发现并最早开始教民众种植农作物的。神农发现农作物的经过大体是这样的：他用红褐色的鞭子抽打百草，从而分辨哪些草的性质平和，哪些草有毒，是主寒的还是主热的。神农掌握了百草的性质以后，就从中挑选出谷物教天下百姓种植，于是民众就公认他为"神农"，即是农业之神。

由于古代官吏的俸禄以谷充当，因此"谷"又引申为俸禄。如《孟子·滕文公上》："经界不正，井地不钧，谷禄不平。"焦循正义："禄俸以谷，故谷即禄矣。"其意思是：田界划分不正确，井田的大小就不均匀，作为俸禄的田租收入也就不会公平合理。

简化字为什么采用"谷"来替代"五谷"的"谷"呢？这是因为山谷的"谷"

在古代常借作五谷的“穀”。清朱骏声《说文通训定声·需部》:“谷,假借为穀。”如《新语·慎微》:“弃二亲,捐骨肉,绝五谷。”其中的“谷”的本字为“穀”。可见选择山谷的“谷”作为“穀”的简化字,既指五谷的“谷”,又指山谷的“谷”是有根据的,即承继了古代汉语的传统。

捍卫自己的尊严

——“我”字趣释

第一人称代词“我”的本义是什么,历来众说纷纭,没有一个令人满意的答案。自从20世纪初甲骨文被发现后,“我”的庐山真面目就逐步被人们所认识。甲骨文的“我”为“”或“”,金文为“”或“”,上述的“我”的形体从直觉上告诉我们:“我”是一种古代的兵器,像戈,却又比一般的“戈”上多几把像匕首形的锋利的小刀。从整个字形来看,似乎又是一个不可分割的整体,即一个独体的象形字。王国维先生早就指出“我”象兵器之形,郭沫若先生认为“我”是一种锯形的兵器。

说“我”是一种兵器,还可以从出土的文物中得到佐证。1975年3月陕西扶风县一西周墓中出土了一种兵器,其形状为“”,其刃部为圆齿状,背部有两椭圆形的突出的供装柄用的环形孔。如果将这种兵器装上木柄,就与甲骨文的“我”形状极其相似,因此有的学者肯定这就是上古时的兵器“我”。1978年,湖北随州市曾侯乙墓中出土了一种类似三戈戟的兵器。有的学者叫它多戈戟。学者们较一致地认为这种三戈戟就是“我”。因此,学术界初步认定作为第一人称代词的“我”的本义,实在是古代的一种三戈戟的象形字,而且认为这是一种杀伤力很强的武器。

“我”在甲骨文中虽然没有用作本义的例子,但有不少地方将“我”用于动词,当“宰”、“割”、“切”等意思讲的不少。如“廿牛不我”(甲二三八二),其意思是20头牛不用“我”(兵器)宰杀。

“我”作为第一人称代词用，早见于殷商时代的甲骨文中。甲骨文中的“我”作代词用时，均指“我们”（即指以商王为代表的国家军队，或以商王为代表的一群狩猎者），而没有指代个人的“我”。为什么会出现这种现象呢？这是因为“我”字作为己称代词的出现，应在人的“自我”观念产生以后。开始，人类的生活方式是以氏族为单位的共同生产、平均分配的共产生活方式，没有私有财产，没有私人权益，没有家庭。这时以自身为中心的“我”的概念还不可能出现。但是由于氏族是独立的单位，那种以氏族为中心（或说以氏族全体成员为范围）的“大我”倒是出现了。这种“大我”，就是“我们”，即一个群体。这种语言习惯首先进入商人的书面语中。随着私有制的出现，导致个人的私欲渐旺，占有性渐强，代表个人的“我”的观念顺应这个历史潮流便出现了。因此，进入商代以后，“我”指代个人的这种语言现象在商人的口头语中必然会出现，只是没有进入书面语而已。这就致使甲骨文中的“我”只代“我们”，不代个人。这是“我”作为第一人称代词用时与后代不同的地方。

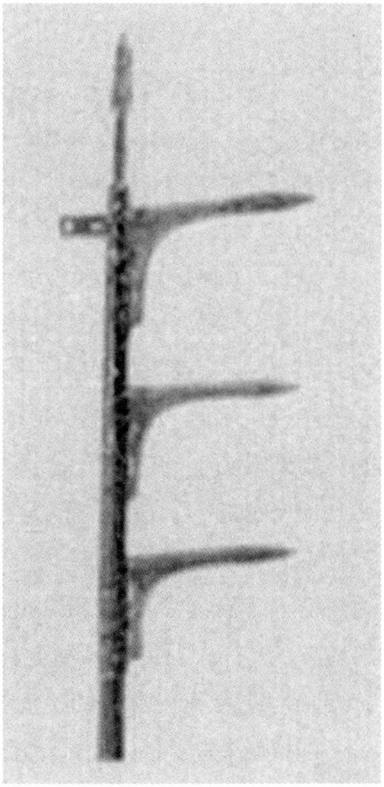
战国三戈戟

到了西周时代，“我”便开始指代个人了。如“以祭我皇祖”（见栾书缶）。从此，“我”在古代既指个人，也指集体。这就是学术界所说的古汉语中人称代词单复数同形的现象，也是古代汉语中人称代词发展不够完备的一种表现。古汉语不像现代汉语单数为“我”，复数为“我们”，彼此区别十分清楚。

有的学者认为“我”用于第一人称代词是一种假借现象。对此有的学者提出了不同的看法。他们认为，从“我”字来看，“我”是一种兵器，说明作为表人的“我”与指兵器的“我”是有联系的。私有制出现后，人与人，部族与部族之间的争夺便开始了，为了保卫部族“大我”的利益，或个人的“小我”的权利与尊严，是要靠武力的。由于古人要用兵器来捍卫个人的利益与尊严，于是“我”便引申为第一人称代词。

还有的学者认为，“我”是由“戈”（兵器）和“禾”（禾谷）构成，“禾”是古人最大的私有财产，用武器来保卫财产“禾”就是“我”。（参见徐一青、张鹤仙著《姓名趣谈》第49页）安子介先生也有相同的说法，他认为“我”是由“禾”和“戈”来描述的。因此他说，人们为了生存下去，禾谷可使人免受饥饿，有了武器后，可以捍卫个人尊严，抗御强敌的侵犯，有了这两样东西才有“我”的存在。（参见《解开汉字之谜》第112页）

“秃顶”与“秀才”

——“秃”、“秀”二字趣释

“秃”字的初义是指人头上没有毛发。《说文解字・秃部》：“秃，无发也。从人，上象禾粟之形。”这就是说“秃”是会意字，是由“禾”字和“儿”（人蹲下之形）字构成。有人则认为“禾”在这里表示农作物的上端受到病害的危害或阳光过度暴晒，使禾穗及顶端的枝叶脱落，只剩下一根禾秆，变得光秃秃的。如果人头上的毛发因病或其他原因脱落光了，没有一根头发，形成了一个光顶，犹如光秃秃的禾秆，这就是“秃”。

古人秃头的现象，在古籍中多有记载。《吕氏春秋・尽数》：“轻水所多，秃与瘿人。”高诱注：“秃，无发也。”其意思是：水中含盐分及其他矿物质过少的地方，多有头上无发或颈上长瘤的人。《谷梁传・成公元年》：“各使秃者御（迎接）秃者，使眇者御（迎接）眇者，跛者御（迎接）跛者。”

许慎《说文解字・秃部》引王育说：“仓颉出，见秃人伏禾中，因以制字，未知其审。”许慎在这里又附会出了古人造“秃”字的神话：据王育说，古代造字者仓颉出世后，一天看见一个头上无发的人趴伏在禾麦之中，受其启发而造“秃”字，至于其他情况不得而知。此说自然是受汉字为仓颉所造之说的影响。其实，“仓颉”何许人也，是人是神，众说纷纭。这种说法当然不可信。段玉裁认为“秃”与“秀”古为一字，并同音。他在《说文解字·秃部》的注中说：“其实秀与秃，古无二字，殆小篆始分之，今人秃顶亦曰秀顶是古遗语。”

“秃”是如何变成“秀”的呢？此事为东汉许慎所为。许慎所处的时代，为东汉光武帝刘秀当权之时，许慎在著《说文解字》时为了避刘秀之讳，就将“秀”改为“秃”，因而后人称“秃顶”为“秀顶”。现在有些方言中仍有人将“秃顶”写为“秀顶”。

不过，读者应该明白，“秃顶”写作“秀顶”只是因为“秃”、“秀”二字同音所致，它们在意义上相去甚远。许慎因为要避刘秀的讳，所以他在《说文解字·禾部》中对“秀”没作解释，只是说：“秀，上讳。”因此造成以后的文字学家对“秀”的本义其说不一。《尔雅·释草》：“木谓之花，草谓之荣，不荣而实谓之秀。”这里的“荣”指花。南唐徐锴在《说文系传》中说：“秀，禾实也，有实之象，下垂也。”上述解释告诉我们，“秀”是指禾本科植物抽穗扬花的阶段。由于禾本科植物的花没有花被，没有通常意义上的花，所以古人便将它称为“秀”。如《论语·子罕》：“苗而不秀者有矣夫？秀而不实者有矣夫？”其意思是：庄稼生长过程中，不吐穗开花的有吗？吐穗开花了却不结实的植物有吗？

僧人

由于“秀”指植物抽穗扬花的阶段，也是植物成熟和最有希望的阶段，所以引申为特别优异或状貌特别出众。如《楚辞·大招》：“容则秀雅，穉朱颜只。”王逸注：“言美女仪容闲雅，动有法则，秀异于人。”历史上曾称德才优异者为“秀才”，到了汉朝将“秀才”定为举士的科目，后又因避刘秀的讳将“秀才”一度改为“茂才”，三国魏后又复称“秀才”，一直沿用至明清。

“灵物”与“王八”

——“龟”字趣释

甲骨文的龟“”是一只直立的乌龟的形状，象形字。上面是龟头，下面是龟的尾巴，中间是龟身、龟甲和两足。金文的“龟”是一只龟的俯视图，它惟妙惟肖地画出了龟的形态。小篆的“龟”为“”，《说文解字·龟部》：“龟，旧也，外骨内肉者也。从它，龟头与它头同。”许慎认为“龟”也是一种与“它”(蛇)相同的动物。繁体的“龜”与简化字的“龟”均为象形字。

汉画像石　仙人乘龟图

“龟”字的文化内涵十分丰富。它在中国传统文化中被视为吉祥之物，与传说中的神物“龙”、“凤”、“麟”并称为四灵物。“四灵”中的其他三物现实生活中并不存在，只有“龟”确有其物。龟为何如此受人尊重呢？其原因有多方面，主要因为龟是一种长寿之物，传说有的龟可以活上千年。任昉《述异记》中说：“龟一千年生毛；寿五千岁，谓之神龟；寿万年，谓灵龟。”因而古人常用“龟龄鹤寿”喻人长寿。古人常用龟甲来占卜吉凶。《淮南子》中说：“必问吉凶于龟者，以其历岁久也。”中国至今发现的最早的文字甲骨文,大量就是刻写在龟甲上的。

传说龟曾帮助夏禹驮运“息壤”制服洪水,帮助女娲补天,因此龟渐渐成为帝位的象征,与龙靠近。古人又将国之重器铸成龟形,使之与鼎靠近。

西方传说上帝安排宇宙秩序时,龟总是陪伴着在他的身边,立下了大功,后来上帝为了报答它,便赐给龟一万年的寿命。

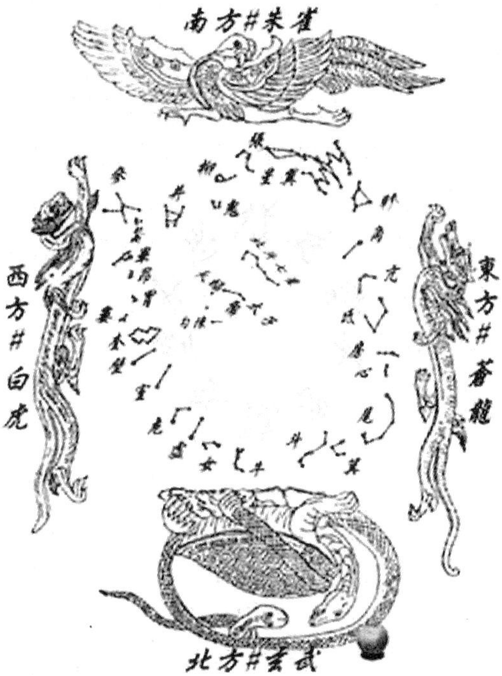

古代四象图(其中玄武是龟的别名)

龟在中华民族的传统文化中影响巨大。由于“龟”与“贵”谐音,因而作为富贵的象征。龟壳在古代作为货币,因此龟又成了财富的象征。受此影响,有很多人用“龟”作自己的名字。如杜甫的好友叫李龟年,唐代诗人有陆龟蒙。这种文化现象还影响到我们的近邻日本,日本人名中有叫龟田、龟山、龟太郎等的。

古人还以龟作佩饰。唐代官员身上佩“龟”,本来他们是佩“鲤”的,由于“鲤”与唐“李”姓同音,武则天时便改为佩玄武,玄武就是龟。古人还有将印章上部刻成龟形的。

《晋书・毛宝传》载有一个关于龟的动人故事。传说晋代豫州刺史毛宝部下有一士兵,一天到街上买回一只小白龟,养在家里,待龟长大后,这个士兵又将龟放回长江里去。不久,战争爆发,毛宝的部队全军溃败,士兵纷纷堕入江中。这时一只白色巨龟从江底浮出,托住那个救过它的士兵,并将他送到岸上,使他保全了性命,而其他士兵全部被淹死。此后《西游记》中所写唐僧师徒去西天取经,渡过通天河也是那只巨龟的作用。

“龟”的本义就是乌龟，然而“乌龟”在中国文化史上并不总是光彩的。大约从唐宋时起，龟成为骂人之词，开始带有贬义。妻子被别人侵占，即古代所说的戴了绿帽子而不知道的人叫乌龟，开设妓院的男子也叫乌龟。乌龟又叫“王八”，被称“王八”的人就是由于忘记了中国封建社会提倡的“忠、孝、仁、爱、信、义、平”等八德，简称“忘八”，又通过音转便成为“王八”。

乌龟的甲壳像盖子般由外裹住它的身体，一旦发生危险，它就把头、尾和四肢缩进龟甲中，以保护自己，所以“龟”就引申出了胆小怕事的意思。人们常称胆小怕事的人为缩头乌龟。

戴帽子的太太

——“每”字趣释

汉代吕雉画像

“每”字甲骨文写作“ ”，字的下部是“母”，上面的“ ”，学者们有不同的说法。鲁迅先生将“每”趣释为戴帽子的太太是有一定道理的。说“每”为“太太”是毫无疑问的，分歧就在“太太”头上所戴究竟为何物。赵诚先生认为“ 以表笄饰”。古代女子满 15 岁后，就算是成年，将要为人之妻母。此时就要举行笄礼，把头发挽成发髻，用笄（即今簪子）扎起来。可见“每”字中的“ ”是古代“母”和“女”的区别。（参见《甲骨文简明辞典》第 192 页）

康殷在《文字源流浅说》中说："每字上部象妇女头上或发髻上插的羽毛之类的装饰品，以表示美丽的妇女形。"

也有的学者认为，甲骨文的"每"为长有一头浓密长发的女性。这也是健康女性的象征。健康的女性会一年接一年地生下一个又一个婴儿。"每"由此引申为指植物茂盛的样子。

许慎则有不同的解释。《说文解字・中部》："每，草盛上出也。从中，母声。"许慎认为"每"是一个形声字。现代学者安子介先生持有相同的观点，不过他在许慎的基础上作了新的解释。他认为"每"字下面的"母"喻指土地，即人们常说的母亲大地，上部指草，上下两部分会意为"各种植物能茂盛生长"，含义是"所有的母亲都对她的每一个孩子予以相同的关怀"。（参见安子介《解开汉字之谜》第358页）

"每"的"逐个"、"各个"的意思是在"植物茂盛"的基础上引申出来的。因为"植物"是个集合概念，其中包含有每一种具体植物，因而引申出"各个"、"逐个"、"所有"等意思。

修改文章真的要用刀吗

——"删"字趣释

"删"字的左边是"册"，右边是一把"刀"。"册"本是中国古代把竹简或木牍用丝绳或牛皮绳编起来的书籍。"书"与"刀"怎么联系在一起的呢？修改文章真的要用刀吗？这的确是一个有趣的问题。

《说文解字・刀部》："删，剟也。从刀、册。册，书也。""剟"读 duō，削、刮的意思。难道是用刀在书上刮、剥吗？确实如此。在我们今天看来，用刀在书上刮必将把书弄坏，似乎不可思议。我们现在做文章、修改文章均用笔，而古人要把竹简上的错字改正，把多余的字去掉，不是一件轻而易举的事。用水擦是擦不掉的，因为黑色的墨汁浸入竹片或木片内后难擦掉，竹简又那么狭窄，容不得任意涂改，唯一的办法就是用刀子把那些写错的字或多余的字刮去，然后重写。将多余的字或错字刮去，就叫删，即为“删削”。这也是“删”的本义。如《汉书·律历志》：“故删其伪辞，取正义著于篇。”其意思是：在刮去那些错误部分的同时，还要保留那些正确的部分。由此“删”引申为“取舍”。

南唐徐锴《说文系传》说：“古以简牍，故曰孔子删《诗》、《书》，言有所取舍也。”其意思是，古人使用的是简牍，因此人们常说的孔子删《诗》、《书》叫“删”，所谓“删”就是孔子用刀子刮去《诗》、《书》中的在孔子看来不必要的东西，保留其中的精华部分。正如段玉裁在《说文解字注》中所说：“凡言删者，有所去即有所取。”“删”字在甲骨文中就出现了。（参见陈炜湛《汉字古今谈》第64页）这一事实足以证明在竹简上删削修改文辞之事在殷商时代就已出现了。商代甲骨文是用刀刻在龟甲兽骨上的一种文字，要改掉其中的错误。只能用刀将其刮掉后再刻。据学者们考证，有的甲骨文字是用笔写在龟甲兽骨上的。即使是写的文字，要修改，仍要用刀。这就是刀笔并用了。古人制作简册、书史记事、传递命令除了用笔外，手头还得备有刀才行，也就是必须刀笔俱备，缺一不可。不仅要精通写字作文的“笔法”，而且还要熟悉删削

孔子删《诗》正乐图

简牍的“刀法”。由于古人写作时常常刀笔并用,因此,“刀笔”便成了书写工具的泛称,也指那些以“刀笔”为业的官员,即“刀笔吏”。

中国古代的弃子说

——“弃”字趣释

“弃”的本义是“弃婴”,它的甲骨文是“”,由“”(gǒng,双手形)、“”(为古“箕”字)、“”(为“子”,婴儿形)构成,是会意字,像双手捧着一只装有婴儿的箕,准备将孩子丢弃。李孝定《甲骨文字集释》中说:“(弃)字象纳子于箕中弃之之形,古代传说中常有弃婴之记载,故制弃字象之。”古文的“弃”是“”,与今之“弃”的结构接近,从廾从倒子,其意义与甲骨文相同。“子”为什么倒置呢?婴儿挣脱母体来到世间时是头先出来,即倒着出世,此处的倒“子”就是初生的孩子,即婴儿。“弃”在文献中多作“棄”,简化的“弃”字使用的是“古文”的形体。“弃”从甲骨文到简化字形体上有些变化,但“弃婴”之意没变。

弃子之说,早见于古代神话传说之中。据《诗·大雅》和《史记》记载,周人的始祖叫“弃”,长大后被尧帝任命为“后稷”,后稷是管理农业官吏的职务名。后稷原名为何叫“弃”呢?传说,后稷的母亲叫姜原,她是有邰氏之女,成人后嫁给帝喾为妻,婚后多年没有生孩子,她多次祈求上天仍然无效。一天,姜原到野外去游玩,看见地上一只清晰的巨人脚印,心中十分高兴,立即将双脚踩在巨人的足迹上,过了一会,她感到腹中似乎有什么东西在轻轻蠕动,马上意识到自己怀孕了。经过十月怀胎,姜原生下了一个男婴。这个男婴被一个肉蛋包着,在场的人将他视为不祥之物,于是拿来一个筐子,把这个刚刚出世的孩子装在里面,丢到狭窄的胡同里,准备让过往的牛羊将他踩死,奇怪的是那些来来往往的牛羊看到这个可怜的孩子,总是绕开他。见此情景,人们又将这个孩子丢弃在山林中,让野兽将他吃掉,

后稷教民稼穑图

恰好山林中砍伐树木的人很多,不便丢弃。于是又将他丢到河中的寒冰上,想将他冻死。此时,空中盘旋的飞鸟看到了这个可怜的婴儿,纷纷栖息在他身边,用双翼将他紧紧地裹住,使他保住了幼小的生命。看到这一切,人们以为这孩子是什么神仙转世,不应该丢弃,就将他抱回家中养起来。因为他是一个要抛弃的孩子,因而取名弃。

儿童时代的弃就有大人志向,还善于种植麻、禾和豆类等农作物,他种的这些农作物长得特别好,人们都很喜欢他。长大后的弃更喜欢农耕,他还把耕种和收割的技术传授给民众。尧帝得知后,就推荐他任后稷。后稷初生的故事,与“弃”字的造字意义十分接近,因此,有的学者认为,古人造“弃”字,很可能受到了这一传说的影响。可见汉字与中国传统文化是紧密相联的。

“弃”最常用的义项是“抛弃”、“舍弃”,它是在本义“弃婴”的基础上直接引申的。《说文解字 · 華部》:“弃,捐也。”许慎讲的并不是“弃”的本义,而是弃的引申义。如《诗 · 周南 · 汝坟》中“既见君子,不我遐弃”,用的就是引申义,即抛弃的意思。

尽力走到洞的尽头

——“穷”字趣释

现代汉语“穷”常作贫穷讲，就是没有钱财、经济拮据的意思。而古代的“穷”的意义则与此不同。要知古代“穷”的意思是什么，必须对“穷”字的结构作一番分析。“穷”的繁体字为“窮”。《说文解字·穴部》：“窮，极也。从穴，躳声。”“躳”为“躬”的异体字。那么“窮”就是“窮”的异体字。许慎认为“穷”的繁体字从穴，躬声，是形声字。这种说法并不完全正确，应该说它是一个会意字。“穴”作意符，指洞穴；“躬”指一个人身子弯得像弓。合起来的意思是：人在洞中身子弯得像弓，或者说人在洞中只好将身子弯下来。这是因为古人多穴居，洞穴既浅又矮小、狭窄，人进洞后只能躬（弯）着身子。“穷”给人一进穴后就有一种走到了洞底，即走到了洞的尽头的感觉。这就是许慎所说的“极”的意思。由此“穷”便引申为“尽头”、“走到尽头”、“完结”等的意思。如成语“日暮途穷”，其本义是天已黑了，路又走到了尽头。

北京猿人居住的洞穴

也有人对繁体“窮”作了这样的解释：人弯着身子屈居洞穴之中，总抬不起头来，身子也站不直。以此喻指人在仕途上或事业上遭坎坷、遇曲折、受压抑，总不得志。如《后汉书·马援传》：“丈夫为志，穷当益坚，老当益壮。”这里的“穷”就是指不得志，遭遇曲折。所以“穷”在古代与“达”构成一组反义词。所谓“达”就是指人在仕途或人生道路上通达、顺畅。如孟子所说的“穷则独善其身，达则兼济天下”中“穷”、“达”对举，就说明了这一点。

由于“穷”是走到了洞的尽头，再没有路往前走了，所以“穷”便引申出“走投无路”的意思。如《孙子·军争》：“穷寇勿追。”其中的“穷”就是走投无路的意思。

又由于“穷”有“穷尽”的意思，当它用于人的生活时就是钱财用尽用完，自然就有了贫穷的意思。

“穷”的简化字从穴，从力，会意。其意思是无论洞穴多深，人一进到洞穴后，总要尽力走到洞的尽头，以探明其中的奥秘。这样简化，既保持了“穷”的原意，又使其笔画减少，写起来方便。这是一个成功的简化字。

古代床的用途多

——“床”字趣释

一个老师在讲授李白的《静夜思》“床前明月光，疑是地上霜。举头望明月，低头思故乡”时，有一个学生当面问老师：李白睡在床上，怎么好“举头”、

晋　顾恺之　女史箴图(部分)

“低头”呢？这位学生由于不知道古代的床是既可卧，又可坐靠的家具，也就不会想到此时的李白不是卧在床上睡觉，而是坐在床边。

床是人工制造的最早的家具之一。“床”的繁体字为“牀”。在商代甲骨文里，“床”字写作“”。如果我们把它横放，就成了“”，既有床板，又有床腿，可供休息和睡眠，是象形字。甲骨文中“床”字的出现说明，在三千多年前人们就已开始使用床了。河南信阳长台关曾出土过一张保存完好的漆木床，长 2.18 米，宽 1.39 米，床腿高 19 厘米。经考证，为战国时楚国人使用过的床。床的周围有栏杆，两边栏杆留有可以上下床的地方。床体施以黑漆，装饰红色方形云纹，6 条床腿雕成长方卷云形。床框有两条横带，一条竖带，上边铺着竹编的床垫，床上有竹枕。这是我国目前发现最早的床。魏晋以后，随着房屋增高，居住面积加大，床的种类日益增多，在晋代大画家顾恺之画的《女史箴图》中，床的高度已和今天的床差不多了。

《说文解字·木部》：“牀，安身之坐者。从木，爿声。”段玉裁注：“床之制略同于几而庳（低）于几，可坐。故曰安身之几坐。”对床的作用，《释名·释床帐》也讲得很清楚：“人所坐卧曰床。床，装也，所以自载也。”说明床除坐卧之外，还可以装东西。事实也是如此。古人常在床上放上小几，用来就餐、读书、写字。小篆和繁体字的“床”在结构上相同。如果从甲骨文来看，小篆和繁体字的“床”是在甲骨文“床”字的基础上加一“木”字而成，“木”表示古代的床所使用的材料。应该说“床”是会意兼形声字。由此我们可以推知，甲骨文时期的“床”使用的可能是其他的材料，如在石板下面放几块石头做脚，将石板支起来就成了床，后改用木制。“床”字形体的变化反映了劳动人民的智慧，也反映了人类正向着文明逐步迈进。

日光或月光射进门内

——“间”字趣释

简化字的“间”字从门，从日，是会意字。也就是门内有阳光，具体地说，就是门扇紧闭而日光仍然可以透过门缝射进屋里。这一事实说明门板上一定有缝隙，由此可以悟出“间”的本义为“门缝”。这样会意正好与“间”的繁体字“間”以及“间”的古文字所表示的意义相吻合。

繁体“間”又作“閒”，承小篆而来，小篆的“间”为“”。金文的“间”写作“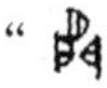”。三者结构相同，均从门，从月，会意。不同的是小篆和繁体字的“月”均在门内，而金文的“月”正好在门上。金文的“间”更形象地表达了“间”的本义：一弯明月悬挂在天空，月下有两扇紧闭的大门，而人们可以通过两扇紧闭的大门看到天空中的月亮（或月光），自然说明了门扇上有缝隙。

小篆和繁体的“间”则把“月”从门上方移入门中，古人这样做完全是为了适应汉字的方块化及审美的需要。《说文解字·门部》：“间，隙也。从门，从月。”“隙”的本义是“土缝”，其引申义为“空隙”。显然“空隙”是“间”的引申义，而非本义。许慎只说“间”是会意字，具体怎样会意，未作说明。南唐徐锴在《说文系传》中对“间”的会意作了具体说明：“大门当夜闭，闭而见月光，是有间隙也。”从徐锴的解释可知“间”的本义是“门缝”。如《史记·管晏列传》：“晏子为齐相，出，其御之妻从门间而窥其夫。”其意思是：晏子当齐国的宰相时，有一次外出，他的车夫的妻子从门缝里偷看丈夫（车夫）的动态。

唐　李白　望月图

对“间”字康殷先生作了不同的解释，他在

《文字源流浅说》中说："门上加月形，表示由门隙间可以望见月或月光泻入门隙，用以表示门未紧闭，其中有间隙之意。"

其后"间"由本义"门缝"引申为缝隙、间隙。如《庄子·养生主》："彼节者有间，而刀刃者无厚。"意思是那牛的骨节处有缝隙，而使用的刀又非常锋利。

因为"间"的本义指门缝，门缝是有宽度的，由此"间"便引申出距离、空间的意思。如曹操的《度关山》："天地间，人为贵。"其意思是：天地之间，人是最宝贵的。

古人常以"缝隙"喻指人与人之间在思想上存在的分歧，所以"间"又引申出隔阂的意思。如《左传·哀公二十七年》："君臣多间。"其意思是：君王和臣下之间多有隔阂。由"空间"、"空隙"之义喻指多余的、充裕的时间，"间"又引申为空闲、闲暇的意思，此时的"閒"则读为 xián。

在古代表示"闲暇"之义的还有一个"閑"字（简化为"闲"）。"閒"也表示"闲暇"之义，据段玉裁说"閒"与"閑"是通假。其后"閒"与"閑"两字均简化为"闲"。简化字的"闲"只表示空闲、闲暇的意思。

从关牲畜到监禁犯人

——"牢"字趣释

人们只知现今的"牢"是关押人的地方，却很少人知道古代的"牢"是养牛马等牲畜的地方。甲骨文的"牢"为""，其外部""为牲畜圈周围的护栏的象形，中间的"牛"为牲畜的代表，是牛或其他牲畜关在圈里的形状。据此有的学者认为"牢"的本义是"牛圈"。对"牢"字还有不同的解释：其中的"牛"为牲畜牛、羊、马等的代表，因此认为"牢"的本义是养牲畜的栏圈。《说文解字·牛部》："牢，闲。养牛马圈也。从牛，冬省。取其四周匝也。"许慎说的"闲"本是遮拦物，此处就是养牲畜的栏圈。许慎所说的"冬省"显然

汉代陶羊圈

有误，他认为小篆的“”的外部正是他自己所说的“取其四周匝也”，即四周都是遮拦物，圈的象形。说“牢”为牲畜圈也有文献为证。《战国策·楚策》：“亡羊补牢，未为迟也。”此处的“牢”就是养羊的地方，可见“牢”并非只是养牛的圈。

还有的学者认为“牢”字在卜辞里并没有用于指畜牧生产、养牛等，而是指祭祀时的牲畜。“牢”代表的是祭祀的种类及数量。“牢”的初意相当于现在所说的一圈牛，因为在甲骨文中还有“”、“”等字均为“牢”，即指一圈羊、一圈马。（参见康殷《文字源流浅说》第222页）

由于小篆的“牢”的写法更形象地表示把牛关在栏圈中，然后在圈门上横上一根大木头，圈中的“牛”确实无法从圈中跑出来，十分牢固。因而“牢”便引申出“牢固”、“坚固”的意思。如《韩非子·难一》：“期年而器牢。”意思是一年后所制的陶器十分坚固。

又因为“牢”是关牲畜，主要是关牛、羊、猪的地方，因而古代用来祭祀的牛、羊、猪也称牢。如祭品用牲是牛、羊、豕各一，则称太牢，羊、豕各一则为少牢。

古代关牲畜的地方，也常用来关犯人，所以“牢”又引申为“监狱”。如司马迁《报任安书》：“故士有画地为牢，势不可入。”其意思是：所以读书人面对着在地上画一个圈作为牢狱，按情势也是不可进入的。“牢”到后来专指监狱，关牲畜的地方则称为圈。“牢”从关牲畜到关犯人的变化，反映了封建社会统治者将那些“犯人”视为牛马，这是反人性的罪恶行径。

孔子圣道图　牢祭祀

大地之神

——“社”字趣释

而今“社会”的“社”字在古代原来是指土地神。“社”字的字形就体现了“社”字的本义。“示”字在古代就是神灵、神主，“土”就是大地、土地，合起来的意思就是土地之神，或谓主宰大地之神，也有人称之为地母。《说文解字·示部》：“社，地主也。从示、土。《春秋传》曰：‘共工之子句龙为社神。’”《白虎通义·社稷》：“社者，土地之神也。土生万物，天下之所主也。”《礼记·祭法》：“共工氏之霸九州也，其子曰后土，能平九州，故祀以为社。”据史学家们考证，我国各民族各地区都各自有自己的社神，而社神都没有留下自己的名字。只有共工族的社神句龙影响最大，他“能平九州”，为全国所共同信奉。土地神的产生是人类进入农耕社会时代的产物。人类对土地特别重视，因为它是人类赖以生存的生活资料的来源，所以把它供奉为神灵，即土地神。

明鎏金土地神像

郭沫若《甲骨文研究》：“（甲骨文）土为社字。”郭沫若的说法是有根据的。郑玄为之作注的《今文孝经》中说：“土地广阔，祭祀无法遍及各角落，均收集五方（东南西北中）土石，封之成堆，受祭之封土即为社。”由此可知“社”的原始形态是一堆封土。而后来的社稷坛，就是在这一堆封土的基础上形成的。

“社”由社神引申为祭祀社神的场所，即社庙。《礼记·祭法》：“王为群姓之社，曰大社；王自为立社曰王社。诸侯为百姓立社，为国社；诸侯自立为社曰侯社；大夫以下，成群立社，曰置社。”从上述记载可知，古代从天子到平民百姓均建有社庙，周代平民百姓是以 25 家立一社庙。每逢节日群众纷纷前往祭拜，其后各代百姓之社庙均有不同。由此“社”又用以指古代的地方基层行政单位，再引申为指各种集体组织、团体或国家机构。

古代“灾”字何其多

——“灾”字趣释

“灾”是“災”的简化字。在现代汉语中“灾”既指天灾，也指人祸。从“灾”字的结构来看，是由“宀”即房子加上“火”字构成，显然是一个会意字。其意思是火烧着了房子。对于人们来说，房子烧了，自然是灾祸临头。其实简化的“灾”使用的是古文字的“灾”。我们先看看“灾”字的甲骨文：“”，外面是一个“宀”，里边是一堆熊熊的烈火，即“火”的象形字。由此可见，简化字的“灾”是甲骨文的“灾”字线条化的结果，两者结构完全一致。其本义指火灾。

林义光《文原》：“灾，或从宀、火。按：象屋下火。”这种火灾是指自然界因雷电引起的火灾。“灾”的创制，充分反映了远古时期的火灾是威胁人类的重要灾害。

除了火灾以外，威胁先民的还有水灾。水灾的“灾”为“𡿧”，甲骨文的“”或“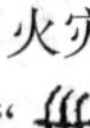”，象洪水泛滥横流之形。（赵诚《甲骨文简明辞典》第 282 页）这个水灾的“灾”所描绘的情形与典籍中所记载的“当尧之时，天下犹未平，洪水横流，泛滥于天下”（《孟子 · 滕文公上》）的远古“洪水时代”情景何其相似。小篆承甲骨文形体而来，为“”，在“川”字上加“一”，将水堵住，因而成灾。

《说文解字 · 川部》：“𡿧，害也。从一雝川。”王筠句读：“𡿧，谓水害也。”罗振玉《增订殷虚书契考释》曰：“象水壅之形。川壅则为𡿧也。其作、等状者，象横流泛滥也。”

火灾图

当私有制开始萌芽后，部族之间的争夺也就开始了，降临到先民头上的又一大灾害就是兵灾。于是先民又造一“𢦏”字。《说文解字·戈部》：“𢦏，伤也。”段玉裁注曰：“谓受刃也。”可见“𢦏”的意思是受刀伤之灾。商承祚《福考》曰：“水灾曰巛，兵灾曰𢦏。”

随着历史的发展，大约到了东周时期，聪明的先民大概认为各类灾害均造一字，那实在太繁琐，事实上也不可能做到，于是又造了一个“災”字。其上“巛”代指水灾，其下“火”代指火灾。在人类所遇到的灾害之中，选择了水灾和火灾为代表，而造“災”字用以泛指所有的灾害，实在是一个聪明之举。如《国语·周语下》：“古者，天災降戾，于是乎量资币，权轻重，以振救民。”韦昭注：“災，谓水旱蝗螟之属。”此后“災”字通行，而其他“灾”字则自然被淘汰了。中华人民共和国成立后，在颁行简化字时，将“災”又简化为“灾”，显然是为书写的简便起见而又重新取用了古代指火灾的“灾”，以此“灾”泛指一切灾害。这就是古今之“灾”字不同的地方。

人类告别赤身裸体的见证

——“初”字趣释

当人类刚从类人猿进化而来时，仍然是茹毛饮血，赤身露体，那时也就无须“量体裁衣”。随着身上的毛皮的退化，生产的进步，人类开始需要保护身体，抵御风寒，因而要穿衣蔽体了。那时没有布帛，能够遮掩身体的，只有树叶、兽皮。因而有的学者推测，最初的衣服制作简单，实际上是一张兽皮用刀裁剪过后，披在身上，就成了抵御风寒的衣服。古人将这种裁衣的情景用最简单的线条画出来，再加以符号化就是甲骨文的“初”字了：“”。其左边为“衤”，即衣服的“衣”。右边是一把裁衣服的刀，其作用相当于今天的剪刀，当然其构造没有今天的剪刀这样科学。可见“初”是衣服和剪刀的结合，它反映出古人做衣服与今天一样，同样需要先用刀裁剪，然后缝。“刀”和“衣”的结合，反映了古人制衣服最开始的一道工序，即量体裁衣。

金文的“初”与甲骨文的“初”结构大致相同，同样是一把剪刀、一件衣服，只是“刀”的位置不同，有时“刀”在“衣”的左侧或下方。这种形体结构不固定是古文字形的一大特征。古文字的这一特点正好说明了古人裁衣时还没有固定的方式，反正哪里不合适，就在哪里下刀。“初”字的出现，正反映了先民的聪明之处。“初”的出现在人类历史上是一件意义重大的事件。“初”字的创制说明人类与野兽彻底“划清界线”，从而结束了那赤身裸体的野蛮生活的时代。“初”字的出现也是人类步入文明时代的开始。

《说文解字·刀部》：“初，始也。从刀，从衣。制衣之始也。”许慎所说的“始”即“开始”的意思，是由“初”的本义“制衣之始”引申而来的。这里必须明白，“始”是“初”的引申义。如唐柳宗元的《封建论》：“天地果无初乎？吾不得而知之也。”其意思是宇宙果真没有一个开始阶段吗？我不可能知道。“初”由“开始”又引申为“当初”的意思。如《左传·隐公元年》：“遂为母子如初。”意思是母子和好如当初。

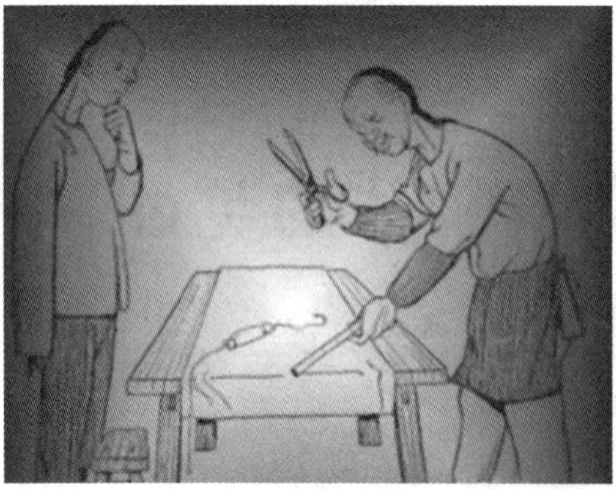

量体裁衣图

“初”就顺序来说还可引申为“第一个”、“第一次”，如初伏、初试。就等级来说，又可引申为“最低的”，如初级、初等。“初”还可引申为时间副词，当“刚刚”讲。如《战国策·齐策》：“令初下，群臣进谏，门庭若市。”意思是命令刚刚下达，群臣就进到朝廷劝谏，宫门前像闹市一样。

学术界对“初”还有不同的解释。据夏渌先生在《古文字散记》中说，“初”其实不是裁衣之始，而是“人生之始”、“人之初”。从制衣来说，也可以说应从纺纱织布开始。“初”已经是“衣”了，就谈不上用“刀”来裁。因此过去有些学者以为最初是用皮革、兽皮制衣，才用“刀”开始，其实，即使是皮毛做衣，主要也是用针缝缀，不是刀。夏渌先生认为甲骨文的“衣”为“”，其上之“”疑为母体下肢，“”为产子的衣胞上连有脐带，“衣”是衣胞的象形字。而甲骨文和金文的“初”显然是用“刀”割断小儿的脐带和“胞衣”的连接部分。人生之初，婴儿同母体中衣胞分离是人生的开始。夏渌先生的解释颇有新义。

流过心脏的水

——“沁”字趣释

“沁”早见于小篆。《说文解字·水部》：“沁，水，出上党羊头山，东南入河。从水，心声。”按许慎的说法即指沁水，河流名。学者们多认为“沁”的本义并不指河名，而另有其义。

许慎认为“沁”为形声字，并不准确。“心”既是声符，又兼有表意功能，它的意思是“流过心脏的水”，或者是“流过心脏的河”。两个意思中，前者侧重指广义的“水”的特征，后者侧重指“沁水”这条河的特征。安子介先生对“沁”字也作过类似的解释。（参见《解开汉字之谜》第767页和778页）。正由于“沁”是“流入心脏的水”，似在用水浇自己的心田一样，因而引申出“浇灌”的意思。清朱骏声《说文通训定声·临部》：“沁，按唐人诗用为沁脾字，此渍灌之意。”

又由于“沁”是流过心脏的水，它有流入心脏和从心脏流出两层意思，因此引申出“渗入”或“透出”的意思。如唐彦谦《咏竹》：“醉卧凉阴沁骨清，石床冰簟梦难成。”再如今之常语“沁人心脾”，“额上沁出汗珠”。

在现代汉语中，“沁”字和“泌”字常常容易混淆，应当引起注意。1930年5月，蒋介石与冯玉祥、阎锡山在河南进行中原大战，双方集结了一百多万军队。战前，冯、阎经过周密部署，决定先在河南沁阳集合，然后一举歼灭蒋介石在河南的军队。

谁也不曾料到，冯玉祥部队中的一个参谋在拟定进军命令时，竟然将“沁阳”写成了“泌阳”，恰好在河南又有一个泌阳，沁阳与泌阳一个在河南南，一个在河南北，相距数百里。冯玉祥的军队一接到命令，便迅速向泌阳进发，本来要向北进军的冯玉祥部队却向南开去，真是南辕北辙，致使冯部贻误聚歼蒋军的有利战机，使蒋介石有充裕的时间调动军队，掌握了战争的主动权。在将近半年的中原大战中，造成冯、阎联军处处挨打的被动局面。就是由于“沁”和“泌”之间的一笔之差，使冯的军队在中原大战中以失败告终。

人为何有尾巴

——“尾”字趣释

甲骨文的“尾”为“”，其左边的“”是一个“人”，右下边的“”像是条长长的尾巴。全字像是一个人的屁股上拖着一条长长的长着毛的尾巴。古代的人果真有尾巴吗？当然不是，须知有尾的是低级动物，人正是在甩掉了自己的尾巴后，才进化为高级动物——人的。

这到底是怎样一回事呢？《说文解字·尾部》：“尾，微也。从倒毛，在尸后。古人或饰系尾，西南夷亦然。”“微”就是指脊椎动物身体末端部分的尾巴。小篆的“尾”是由“尸”（人）和“毛”组成的会意字。这个人屁股上的毛茸茸的尾巴原来是古人的一种装饰品。据说古人有一种把动物的毛系在人的臀部作为装饰的习俗。也有的学者认为臀部有尾巴是古代奴隶的一种服饰。可见“尾”的本义是人的“尾饰”。

由于动物的尾巴与人的尾饰很相似,所以“尾”后来引申为指动物的尾巴。如《左传·昭公十一年》:“末大必折,尾大不掉,君所知也。”其意思是:树枝太粗大,树一定会折断,尾巴太大,身体就甩不动,这是你应该知道的。

吉木乃县沙吾尔北麓岩画　其中的猎人就有尾饰

由于动物的尾巴处在身体的后部,身体的后部是动物生殖器所在的部位,也就是交配的地方,所以“尾”引申为动物交配、交尾的意思。如《尚书·尧典》:“鸟兽孳尾。”孔传:“乳化同孳,交接同尾。”其意思是:鸟兽繁殖称交尾(交配)。

中国古代造纸法的佐证

——“纸”字趣释

“纸”是中国古代的四大发明之一,西汉时代就有了纸。《说文解字·糸部》:“纸,絮一箈(qián)也。从糸,氏声。”许慎的训释清楚地道出了纸的发明来源及造纸的流程。

“纸”的发明是古人在制造丝絮时的偶然发现。许慎所说的“絮”就是我们今天所说的丝絮之类的东西。箈是一种细密的竹帘,古人在制作丝絮时,先把蚕茧煮过,将茧壳浸入水中反复捣碎,然后将碎茧铺开晒干便成丝絮。古人又将那些漂下的短丝绒,即箈,捞起均匀地铺开晒干,便成了一块块薄薄

汉代造纸流程图

的可供书写的东西。这就是最早的纸。因为最早的纸是用丝绒做成，所以“纸”字从“糸”（mì，细丝）。这就是古人利用漂絮法的原理做成的纸。

又因为“纸”的读音为“氏”，与古代“砥”的读音相近，所以《释名·释书契》中说：“纸，砥也，谓平滑如砥石也。”“纸”字充分反映了我国古代造纸的原料及工艺过程。“纸”字为我们研究古代的造纸法提供了有力的佐证。

1957 年陕西出土的灞纸，1973 年甘肃出土的金关纸，以及 1978 年陕西出土的中颜纸，均出土于西汉古墓或西汉时期的遗址上。经化验，这些纸均为丝絮制成。这些文物正好与“纸”字所反映的纸从“糸”的事实相符。

用丝絮制作的纸在中国历史上使用了一段时间后，人们发现这种纸使用的原料丝絮产量低，价格高，一般人使用不了。对此，东汉和帝时有一个宦官叫蔡伦，在分析了古人用丝絮造纸的原理后，对古人的造纸工艺及使用的原料进行了改进，用树皮、麻缕以及破渔网为原料，发明了一种价格低、原料容易获得的“蔡侯纸”。“蔡侯纸”的发明为中国乃至世界的文化事业作出了不可磨灭的贡献。

就食·已食·对食

——“即”、“既”、“卿”三字趣释

“即”、“既”、“卿”三字在古文字领域里，无论在形体还是在意义方面彼此均有着密切的联系，它们反映了古代宴饮时的不同情景。

“即”的甲骨文为“”、“”。左边是一只盛食物的高脚器皿，里面盛满了美味食物。右边是一个跽坐的人，此人正面对着食器，准备吃东西。是会意字，其本义是走近去吃东西。金文的形体与甲骨文大致相同。小篆和楷书均出现了一些讹变。《说文解字·皀部》：“即，即食也。”徐锴系传曰：“即，犹就也，就食也。”林义光《文源》：“卩，即人字。即，就也……象人就食之形。”如《易·鼎》：“鼎有实，我仇有疾，不我能即。”高亨今注：“《说文》：‘即，就食也。’此用其本义。”这段话的意思是鼎里有食物，我妻有病，不能和我一道吃饭。

“即”的本义是“就食”，“就食”的过程含有“走近”食器和“靠近”食器的意思，因此“即”引申出走近、靠近的意思。如《诗·卫风·氓》：“匪来贸丝，来即我谋。”其意思是：他不是真的来买丝，而是来找（靠近）我商量婚事。“即”由走近、靠近的意思引申为到、到达的意思。如南朝梁庾肩吾《乱后行经吴御亭》：“青袍异春草，白马即吾门。”

“既”字的甲骨文为“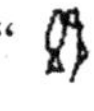”，左边与“即”的形体相同，即是一个高脚的食器。右边是一个背向食器而跪坐的人，背着食器张着大嘴巴，看上去已经吃饱了，转过头去，准备离开食器。可见“既”的本义是“吃完了”，即“已食”。李孝定《甲骨文集释》：“契文（甲骨文）象人已食，顾左右而将去之，引申之义为尽。”也就是说“既”的本义是“已经吃了”，由此引申出“尽”、“完了”、“结束了”等意思。如韩愈《进学解》：“言未既，有笑于列者。”其意思是：话没有说完，人群中就有人笑起来了。

汉代画像石　对饮图

又由于"既"的本义是"已经吃完了"，其中有表示动作已经完成的意思，所以"既"引申为"已经"、"既已"等表过去时间的副词。如《论语·季氏》："既来之，则安之。"其意思是：已经使他们归顺于你了，就要使他们安下心来。

"卿"字的甲骨文为"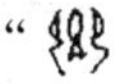"，中间部分与"即"、"既"二字左边部分相同，同样是一个盛有食物的器皿，左右两侧是面对面跽坐的两个人，此时正在享用器皿中的食物。可见"卿"的本义就是"相向就食"，即对食，有如今之对饮。容庚《金文编》："卿，象两人相向就食之形。公卿之卿，鄉(乡)党之鄉(乡)，饗食之饗皆为一字。"

"卿"是怎样由"两人对食"，而又指公卿，即古代天子诸侯所属的高级官僚的通称的呢？有的学者认为这是一种假借。其实并非如此，应该是一种引申。"卿"的意思是对食，准确地说就是二人对饮。在古代有酒喝，有肉吃者，绝不会是奴隶或平民，而是那些官吏、公卿等。古人称当官的为"肉食者"，就是"卿"的别名。如《左传·庄公十年》："肉食者鄙，未能远谋。"其意思就是居高位享有俸禄的人眼光短浅，不能深谋远虑。

"卿"由公卿引申为对人的尊称。可作为君王对宠臣的称呼以及夫妻间的爱称。如《史记·孟子荀卿列传》："荀卿，赵人也。"唐司马贞索隐："卿者，时人相尊而号为卿也。"《三国志·吴志·鲁肃传》："此天以卿赐我也。"古诗《为焦仲卿妻作》："我不自驱卿。"

"卿"用以专指公卿后，"卿"的本义古人则在"卿"字的下面加"食"为意符，造一"饗"字，专表其义，引申为指以酒肉款待人的意思。"饗"又简化为"飨"。

当刀刃刺向心脏时

——“忍”字趣释

“忍”字看上去，确实令人毛骨悚然，它所描绘的是一把锋利的刀正刺向人的心脏。“忍”字真是这样可怕吗？《说文解字·心部》：“忍，能也。从心，刃声。”许慎认为“忍”字是一个形声字。准确地说“忍”字是一个会意兼形声结构的汉字，因为“刃”除了表音之外，还具有表意功能，其表意功能十分强烈。当锋利的刀刃刺向一个人的心脏时，彼此之间的表现是多种多样的。下面我们看看段玉裁的解释。《说文解字注·第十篇下》中说：“贤者称能，而强壮称能杰也。敢于行曰能，今俗所谓能干也，敢于止，亦曰能，今俗所谓能耐也。……忍之义亦兼行止，敢于杀人谓之忍，俗所谓忍害也，敢于不杀人亦谓之忍，俗所谓忍耐也。”上面这段文字，就是段玉裁根据“刃”和“心”会意

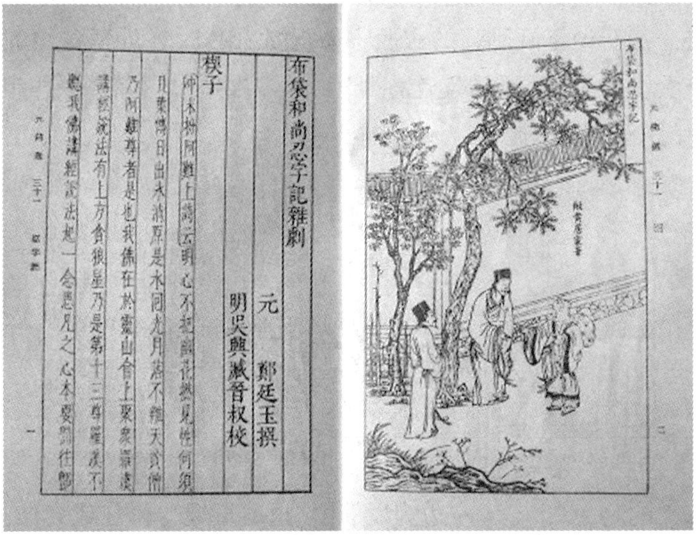

元　郑廷玉撰《布袋和尚忍字记》剧本插图

出来的“忍”字的意义。段玉裁所说的“忍”的意思有三：一是有才干者；二是敢于杀人者；三是有忍耐、宽容精神。段玉裁的解释有其正确的一面，也有其片面的一面。当“刃”是邪恶的代表，“心”是正义的代表时，刀刃刺向你的心脏，在这千钧一发之际能从容制止，这既要胆量，也要智慧。当“刃”为正义的代表，“心”为邪恶的代表时，敢于用刀刃刺向邪恶，这也是勇敢的表现，也是“忍”。两者均具备者，为“能”。当别人用刀刃刺向自己时，自己克制自己，总是避开，不愿和别人发生正面冲突，忍耐、容忍别人，这也是“忍”。以上所说的“能”是“忍”的本义。“容忍”、“克制”均为“忍”的引申义。如《荀子·儒效》：“志忍私，然后能公。”其意思是决心克制私心，然后才能为公。

“忍”是中华民族的传统处世观，也是儒家所倡导的。“能忍则安”肯定了“忍”的作用。因此时至今日，仍然有不少文人学士在自己的书斋，甚至工作室里挂上一个“忍”字，以鞭策自己。

五代王仁裕《开元天宝遗事》卷下载有这样一则故事。唐朝有个叫王守和的人，官至光禄卿（掌管皇室膳食、祭品及酒宴的官），处世从不和别人争吵。他还在自己的书案上写了一个大“忍”字，在室内的帷幔上绣上“忍”字。唐玄宗李隆基得知此事后，召见王守和，并问道：“爱卿，你名叫‘守和’，别人已经知道你这个人不愿和别人争执，你又喜欢写‘忍’字，尤见你的用意。”王守和答道：“我听说坚硬刚直的东西容易折断，因此，在处理各种事务时，均以‘忍’字为上。”玄宗听了，连连称赞王守和讲得好，当即赏赐些布帛给他，以表彰他的“忍”字精神。

从野鸡到家鸡

——“鸡”字趣释

甲骨文的鸡为“”。左边为“奚”，这里有用绳子系住或套住的意思。其实“奚”也表“鸡”字的读音。右边为“鸟”，表示鸡属鸟类。“鸡”字由“鸟”

加上“奚”构成。其意思是用绳子套住鸟来进行驯养，是形声兼会意字。古代的“鸡”为什么会是鸟类呢？甲骨文的“鸡”从鸟，正反映了鸡是从野生的鸟类而演变成家鸡的。

早在三四千年前的商代，我们民族就已经有人将捕猎的活野鸡用绳子捆住脖子驯养，因为野鸡在山林中能飞行相当远的距离，只有用绳子拴住它，进行饲养，才慢慢使它成为不会飞的家禽，即今天的鸡。

“鸡”字在金文中是一只大公鸡的形象。小篆的“鸡”则与繁体“雞”结构完全一样，与甲骨文相比，只不过是“鸟”变成了“隹”(zhuī)，“隹”也是指鸟。《说文解字·隹部》：“雞，知时畜也。从隹，奚声。”所谓“知时畜”，是说鸡是一种能够按时鸣叫报时的家禽。如《诗·卫风·君子于役》：“曷至哉？鸡栖于时。”其意思是(出征在外的人)什么时候才回家？现在又是鸡进巢的时候。

历史上有一则关于鸡的起源的动人传说。相传古时候在太行山下的李家庄有个奚员外，老俩口生有一男一女，儿子娶了个美丽贤惠的媳妇，又生了一个胖小子。女儿年仅10岁，也生得聪明好看，但是被父母娇生惯养，从小养成贪吃懒做、任性骄横的坏习惯，常常和母亲一起欺侮嫂子。

鸡图

有一次，女儿自已偷吃了亲友送给奚员外的鲜桃，在母亲面前却谎说是嫂嫂偷吃的，唆使她的母亲责骂媳妇，气得她嫂子受屈大哭，只好发誓说：“我要是偷吃了鲜桃，就马上死去。”女儿见嫂子发了誓，也说：“要是我偷吃了鲜桃，我就不是人。”女儿发誓后，突然向后倒去，她母亲赶紧去扶，不料抓住的只是女儿的衣服，人不见了。母亲将衣服抖了抖，却抖出个圆不圆，长不长的蛋来。

看见女儿变成这个样子，奚员外老俩口伤心极了。此后奚太太把那个蛋装在贴身上衣的口袋里，日夜不离身。20天过去了，突然蛋里钻出个像鸟的东西，还能跑能吃。员外见这小东西像鸟，自己又姓奚，“奚”加“鸟”不就是“鷄”（鸡）吗？所以，就将它定名为“鸡”了。

侗族同胞中流传着这样一则关于鸡的故事。远古时候，公鸡没有鸡冠，却有一对威武的角。据说那时天地间魔鬼很多，弄得人们不得安宁。东海龙王想为民除害，但那时龙王还没有角，难以斗过魔鬼，公鸡得知后，便慷慨地将自己的角借给龙王，老龙王终于征服了魔鬼。这时，龙王却不愿意把角还给公鸡，于是躲到东海里去了。

从此，公鸡很伤心，整天叫唤着：“角打角打，角、角、角！”此事惊动了天上的太白金星，为了安慰公鸡，太白金星采集来了一枝美丽的映山红戴在公鸡头上，于是公鸡才有了红冠。后来人们为了颂扬公鸡的这种助人为乐、不惜牺牲的精神，就在每年新春之际上山采摘映山红献给公鸡。

鸡在古代很受人称许，甚至将它作为文武双全的代表。西汉刘向的《新序・杂事第五・鸿鹄与鸡》中说：“君独不见鸡乎？头戴冠者，文也；足付距（爪）者，武也；敌在前敢斗，勇也；见食相呼，仁也；守夜不失时，信也。”

八　画

从前洪水泛滥的日子

——“昔”字趣释

甲骨文“昔”字写作“”，或作“”，在“日”字的上面或下面画上水波汹涌的情景，其意思是：从前曾经有过可怕的洪水泛滥的日子，大家千万不要忘记。对远古滔滔洪水产生的原因，神话中并没有讲得很具体，于是古人作了大胆的推想：大约是因为下方的民众不行正道，造成种种恶事，触怒了天帝，这才特地降下洪水来警告世人。如《书·大禹谟》：“洚水儆予。”注：“洚水，洪水也。”甲骨文的“昔”字所反映的古代洪水泛滥的情景证实了古代神话的真实性。这种解释同基督教的传说十分相似。正如《旧约·创世记》中所说：耶和华因为看见世人作恶，便使洪水泛滥在大地上，要将人类毁灭。《旧约·创世记》第六章中又说：耶和华见人在地上罪恶很大，就后悔造人在地上，便使洪水泛滥在地上，毁灭天下。

鲧禹治水图

古时候曾经一度有过可怕的洪水，一般学者们认为这是真实的。关于古代洪水的问题，我们民族和世界上其他许多民族也都有过传说。由此可知，古代因自然界的变化，洪水泛滥遍及全球。“昔”字正好反映了这样一种事实：人类到今天，在他们的脑海里还保存着远古时期洪水为灾的痛苦记忆。

但洪水泛滥到底是在什么时候，没有确切的判断。中国历史上的大洪水大约发生在四千多年前的尧禹时代。历史上关于鲧和禹治水的神话，就是明证。

学者们认为，从古籍中所描述的中国古代洪水的情形来看，不像是长江、黄河某几次短暂的泛滥，而是一种大规模的长时间的洪水灾难，这一点，已被近代地质学、气象学、古生物学的科学研究所证明。地球在冰河期末期，随着气候转暖，大地上冰解雪融，因而导致了全球性的大水灾。而这时正是人类登上历史舞台的开端。这次洪水给幼年时期的人类造成的大灾难，在世界各民族中留下了不可泯灭的记忆。这些记忆不仅在史籍中以传说的形式记载下来，在上古神话里也得到了反映，同时也在像“昔”一类的汉字中留下了痕迹。“昔”字的构形，充分体现了我们的祖先在洪荒时代深受的洪水之苦，以及对那痛苦往昔印象之深。

由于“昔”表示的是往日洪水泛滥的日子，所以引申指过去、往日。如《吕氏春秋·淫辞》：“昔者公孙龙之言甚辩。”高诱注：“昔，昨日也。”

也有的学者对古“昔”字形体作了不同的理解，认为“日”上的“”不是水，而是一条条的干肉，其意思是：把一条条的肉放在太阳下晒干。《说文解字·日部》：“昔，干肉也。”这种看法似乎是错误的。

细雨濛濛

——“雨”字趣释

“雨”字的甲骨文写作“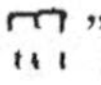”、“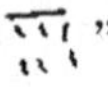”，金文的“雨”写作“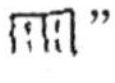”、“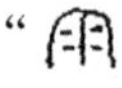”。总之，古文的“雨”字将下雨的情景描绘得栩栩如生，足见古人对下雨这种人

们司空见惯的自然现象观察得多么细致。其上一横代表天空中降雨的云层，其下之点或短竖表示从云层上落下的雨滴。看到古文的“雨”，就好像看到“雨”字所描绘的细雨濛濛的景象，似乎还能听出那哗啦啦或淅淅沥沥的雨声。“雨”字只用了简略几笔，就把这种复杂的自然现象再现出来，不能不使我们为古人表现手段的高明而佩服。

商汤祈雨图

小篆的“雨”作“雨”，是古人在甲骨文和金文的基础上对下雨的情景作了更为科学的描绘，在云层上又加了一横，这一横代表“天”。小篆的“雨”更清楚地向人们展示了这样一种自然现象：雨是从天空中的云层上飘落下来的。古人把“云”和“天”分得十分清楚，无论是甲骨文、金文，还是小篆乃至楷书的雨点绝没有突破云层之上的现象。三千多年前的古人凭着自己的肉眼，对雨这一自然现象的观测竟然与几千年之后用科学仪器观察到的结果是完全一致的，这不得不使人惊叹。《说文解字·雨部》：“雨，水从云下也。一象天，冂象云，水靁其间也。”

从甲骨文、金文和小篆“雨”的形体，及许慎对“雨”的解释，可知“雨”的本义同时具有两个方面：一是指下雨，动词，其读音为yù；二是指从天空云层上落下的水滴，即今之雨，名词，其读音为yǔ。有的学者认为“雨”的本义是空中落下的小水滴，所谓“雨”指下雨是在“雨滴”的基础上引申的。我看这样解释很勉强，两者实难分出哪是本义，哪是引申义。如《周易·小畜卦》：“密云不雨。”这里的“雨”就是下雨的意思，用于动词。又如《诗·小雅·甫田》：“以御田祖，以祈甘雨。”其中的“雨”就是名词，指“雨滴”。

清　樊圻　江干风雨图

由于“雨”字有表示雨从空中落到地上的意思，所以引申为“下”、“落下”的意思。如《淮南子·本经训》：“昔者苍颉作书，而天雨粟，鬼夜哭。”其意思是：古代当仓颉造字的时候，出现了天空下粮食，鬼神嚎啕大哭的怪事。久旱的庄稼，如果有了雨水的浇灌，就得以复活或迅速成长。由此“雨”便引申为“滋润”的意思。如《说苑·贵德》：“吾不能以春风风人，吾不能以夏雨雨（yù）人，吾穷必矣。”

在古人看来，下雨这种自然现象是由雨神操纵的，雨神在古籍中常称为雨师。如《楚辞·天问》：“蓱号起雨，何以兴之？”王逸注：“蓱，蓱翳，雨师名也。”《山海经·海外东经》：“雨师妾在其北。”晋郭璞注：“雨师谓屏翳也。”另外，还有的古籍中称雨师为“玄冥”、“毕星”等名字。可见古人认为雨神不只一个，而是有几个。

“雨”与人们的生活及农业生产的关系实在太密切了，中国从原始的农耕时代开始就有祈天降雨的习俗，这就对雨师有了直接的崇拜，以至于数千年的中国封建社会一遇见干旱之时，人们仍然是祈求雨师下雨。

“妻”是抢来的

——“妻”字趣释

古代的“妻”是抢来的，这种行为在今天看来是违法的，在古代未必全如此。只要看看“妻”的古文字就知道古代的抢妻是怎么回事了。

“妻”字有人认为甲骨文里没有，但陈炜湛先生认为甲骨文中已有“妻”字，“妻”的配偶意思也十分明显。甲骨文的“妻”为“”或“”。金文的“妻”与甲骨文基本相同，为“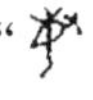”。无论是甲骨文还是金文，一望便知古“妻”字中有一个或跽或跪的被奴役的女子形象，这个女子的头发显然是飘散的，另外加一只罪恶的手，这只手正伸向女子的头部，将她的头发抓住。可见“妻”是一个会意字，其意思是：用手去抓住一个女子的头发。古文的“妻”字生动地描绘了上古社会中抢夺别人的女子作为自己配偶的一种风俗。

抢别人的女子为妻这在古代是一种极为普遍的现象。在古代抢妻的方式是很多的，有的是通过战争公开夺取，将战败部落的女子抢来作为配偶。也有的是暗抢，或者是夜间去抢另一部落的女子为妻。可见古代的婚姻是无感情基础的婚姻，是一种野蛮的婚姻，而“妻”字就是这种野蛮婚姻的见证。

恩爱夫妻图

随着社会的进步，这种抢婚习俗当然要退出历史舞台，但是在人们的婚姻中，还保持着一种假抢的情形。所谓假抢，就是这种婚姻是得到女方和女方家长同意的“抢”。现在许多地方流行的娶亲要在天亮之前，或者是在天黑时的习俗，就留有古代抢妻习俗的痕迹。

《说文解字·女部》：“妻，与夫齐者也，从女，从屮，从又。又，持事，妻职也。”许慎的说解告诉我们，“妻”与“齐”是两个读音相近的字。“与夫齐者”的意思是：在妻妾之中，唯有妻才与丈夫有同等的地位。从字形看，“妻”从“又”，“又”就是手，所以可表示秉持妻职之义。古人造“妻”字之所以千方百计表明其比较尊贵的身份和主子的地位，当然是因为在家庭中还有比妻子更低贱的，被妻子支配的妾的存在。不过，在古代的家庭中，妻子对于丈夫来说又永远是处于被支配的地位，也就是说“妻”子不可能与丈夫“齐”，不可能享有平等的地位。直到今天，在我们的许多家庭中，婚姻一方的男子，仍有不少人还要极力维护“夫权”的。看来，妻子在家庭中真正要想获得与男子平等的地位，还有一段路要走。

“妻”由“配偶”又引申为动词，指以女嫁人或娶别人的女子为妻。如《论语·公冶长》：“子谓公冶长，‘可妻也，虽在缧绁之中，非罪也。’以其子妻之。”其意思是：孔子说公冶长这个人（很好），可以把女儿嫁给他。他虽然在监狱之中，但这并不是因为他有罪。因此，（孔子）便把自己的女儿嫁给他为妻。

李鸿章是清末朝廷名臣。一次，他有个远房亲戚赴考，这个人不学无术，接到试卷一看，竟然一题也不会答。此时他灵机一动，突然想到自己是当朝中堂大人李鸿章的亲戚，于是在试卷上写道：“我是当朝中堂大人李鸿章的亲妻。”这个不学无术的亲戚竟然将“戚”写成了“妻”。主考官看了哈哈大笑，于是在试卷上批道：“既是中堂大人的亲妻，我不敢娶。”因此，李鸿章的这个亲戚还是落第了。

取耳与抢亲

——“取”、“娶”二字趣释

“取”字的甲骨文为“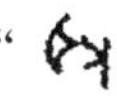”或“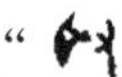”等。其字的左边为耳朵形，即后之“耳”字，右边为“又”，即人的手，是会意字。整个字描绘的是一个人用手割取另一个人的耳朵。金文和小篆的“取”字均与甲骨文“取”字的结构相同，从又，从耳。

《说文解字·又部》：“取，捕取也。从又，从耳。《周礼》：‘获者取左耳。’”所谓“取左耳”，是指古代打仗时，抓住了俘虏或杀死了敌人，割下他的左耳来作为记功的凭证。“取”字的左耳右手，正是像用手割取耳朵的样子。当然，这种“取”是以武力获取。

“取”字的构形反映了古代的一种习俗。先秦时，双方交战，获胜的一方常以割取所杀敌人的左耳的数量来计算功绩。可见“取”的本义就是割取耳朵。如《周礼·夏官·大司马》：“获者取左耳。”其意思就是说：割下被俘者

清宫迎亲图

的左耳朵。

据《左传·宣公二年》记载，郑国公子归生接受楚国的命令攻打宋国，结果宋军大败，郑军囚禁宋国的华元，俘虏了250人，割下了被打死敌人的100只耳朵。这种割耳记功的做法虽然到战国时代逐渐被废止了，但“取”字的结构将这一历史事实记录下来了。

“取”字在甲骨文中还与后来“娶”的意思相同，即娶媳妇的意思。有的学者认为“取”用作娶媳妇之“娶”，反映了中国传统的抢婚习俗。

至于抢婚习俗古籍中多有记载。《易·睽》：“上九，匪寇昏媾，往遇雨，则吉。象曰：遇雨之吉，群疑亡也。”这段话的意思是：来婚媾的人起初被怀疑是强盗，后来云“吉”。于是那男子就雄赳赳地乘马而来，这样做是为了抢亲。“遇雨之吉”，是抢到女子后，遇上大雨，大雨冲掉了抢婚者的足迹，无法再追。这些材料说明先秦时代存在过一种劫夺婚，即后之“抢亲”。

以“取”表示“娶”的意思，透露出古代婚俗中存在着掠夺婚，即抢婚这样一个严酷事实。古代每当部落或民族间发生战争，妇女就成了被掠夺的对象，抢来的妇女或做奴隶，或做妻妾。以“取”为“娶”，正反映了抢夺女人以成婚的往事。这种抢婚的习俗在我国一些少数民族中至今还保留着。哈尼族娶新娘时，男方必须请强壮的青年数人，佯装闯入女方家，背上新娘就逃跑。这时，新娘的女伴们上前来用手掐、捏、捶打这些抢亲的男青年，而抢亲青年不能还手，只是背着新娘夺路而逃。女伴娘还可以用芋头、橄榄枝之类的东西击打抢亲的青年，直到他们逃出寨子大门方才停止。

不过，今天的抢婚已是一种象征性的，不是古代的那种名副其实的真抢。也有的学者认为“取”用于“娶亲”之义，是通假。朱骏声《说文通训定声·需部》：“取，假借为娶。”其实“娶亲”义是由“抢婚”义引申而来的。如《诗·豳风·伐柯》：“取妻如何？匪媒不得。”唐陆德明释文：“取，亦作娶。”其意思是：怎样娶个妻子呢？没有媒人是不行的。“取”与“娶”到底是什么关系呢？准确地说，它们应该是一组古今字，这是由于“取”后来专指捕取、获取、争取、采取的意思，而“娶亲”之义古人则在“取”字下另加一意符而成“娶”，以此来表示。《说文解字·女部》：“娶，取妇也。从女，从取，取亦声。”可见“娶”是一个会意兼形声结构的字。所谓“取妇”，就是用武力“抢老婆”的意思。须要明白的是“娶”的抢婚方式或许不同于“取”。“取”是通过大规模的部落或邦国之间的战争，明火执仗地抢婚。“娶”所表示的“娶妇”的意思比“取”更形象逼真。“取”与“女”会意为：把年轻的女子抢（或接）到自己的身边作妻。“女”表示“娶”的对象是女性，“取”既表示“娶”的行动，又表读音。

另外，“取”在古汉语中常常表示比较容易获取的意思。如《三国演义》第二十五回：“曹操曰：‘将军（指关公）真神人也！’关公曰：‘某何足哉！我弟张翼德于百万军中取上将之头，如探囊取物耳。’”后一个“取”字有表示轻而易举地获取之意。

扛枪上战场，戍边保家乡

——“武”、“戍”二字趣释

当祖国需要的时候，作为一个公民应毫不犹豫扛枪上战场，戍边保家乡。这是我们民族的光荣传统。“武”和“戍”两个字将这种精神充分展示出来了。

“武”字的甲骨文为“”、“”，上面是“戈”，“戈”是古代作战时用的兵器，在这里代指交战用的武器；下面是“止”，为脚，在这里表示行走、行动。可见“武”字是由“戈”和“止”组成的会意字。其意思是：扛着武器上战场，去攻打敌人。总之是用武力去战胜对方。于省吾先生在《释武》中说：“武从戈，从止，本义为征伐示威，征伐者必有行，‘止’即示行

汉画像石　武士图

也。征伐者必以武器，‘戈’即武器也。”

《说文解字·戈部》：“武，楚庄王曰：‘夫武，定功戢兵，故止戈为武。’”许慎对“武”作了另一种解释，他在训释“武”字时吸收了《左传·宣公十二年》中所载的一句话，楚庄王说：“武力是为国建立功业的重要行动，用它可以将天下的兵器收集起来，从而去制止那流血的战争。”这就是从止、从戈的“武”字的意思。许慎认为这就是“武”字的本义。其实不然。楚庄王并不是一位文字学家，他也不明白“武”的造字意义，他只不过借“武”字来表达和发挥春秋时代一种普遍的反战思想。他认为“止”为“制止”的意思，“戈”代指战争，所谓“止戈”就是制止战争。应该说这种反战思想在甲骨文的“武”字中还没有产生，即造字之初的先民们还不具备这种思想意识。

“武”字的楷书“戈”字上没有一撇，其实它将一撇隐匿其中。受此影响，初学者写“武”字时总要加上一撇，这纯属蛇足之举。楷书的“武”中“戈”上为什么不能加一撇呢？这是因为“戈”字上的一撇移到一横上面去了，这一撇移动后，我们就不会再在“武”字的“戈”字上加一撇了。

由于“武”字中含有“戈”，“戈”为作战用的兵器，所以“武”字又引申指兵器、武器。如《逸周书·允文》：“收武释贿。”其意思是：收取别人的兵器，不接别人的财物。又由于“武”字中包含有“止”，上战场时，人的足总要在地上留下足迹，所以“武”又引申为足迹的意思。如《楚辞·离骚》：“忽奔走以先后兮，及前王之踵武。”其意思是：我匆匆忙忙地忽前忽后为你奔走效力，其目的就是要追赶上先王并踏着他们的足迹前进。

“武”还用作姓，其始祖为周平王的幼子姬武。据《姓纂》一书载：“周平王少子生而有文在手，曰武，遂以为氏。”其意思是：东周迁国都于洛阳的周平王的小儿子姬武刚出世时，人们发现他的手掌中有一种特殊的纹理，看上去就像一个“武”字，因此，就给他取名武。不仅如此，他后来的子孙也因此以武为姓。也有人认为以武为氏，其先祖一定是尚武者。此说也有它一定的道理。

当国家受到外敌的侵犯时，人民应毅然去戍边卫国。古人根据这种思想创制了“戍”字。“戍”字的甲骨文为“”，由“人”和“戈”两字构成。“戍”字

的这种结构从甲骨文一直延续到金文、小篆及楷书，而无变化。其意思是：一个人（即战士）扛着兵器（戈），在那里守卫边疆。可见“戍”的本义就是“戍边”，即守卫边疆。由此“戍”又引申为“守卫”。《说文解字·戈部》：“戍，守边也，从人持戈。”如《诗·王风·扬之水》：“彼其之子，不与我戍申。”其意思是：他那个人，不和我守卫申地。

飞翔在田野上

——“奋”字趣释

“奋”的繁体字为“奮”，金文为“”，中间为“隹”，“隹”就是鸟。外面的“”，表示鸟振翅欲飞之势。其下为“田”，指宽阔的田野，用以指鸟飞翔的处所。是会意字，其意思是：一只鸟振翅飞翔在广阔的田野上。

古代飞鸟图

“奋”字的小篆为“”。《说文解字·奞部》：“奮，翬也。从奞在田上。”所谓“翬”就是鸟类振羽展翅高飞。奞，读为 xùn，与“奋”同义。《说文解字·奞部》：“奞，鸟张毛羽自奋也。从大，从隹。”“大”和“隹”合起来的意思准确地说就是：大鸟（鹰隼类的）或猛禽振翅待飞。那么“奞”与“田”合起来的意思就是：雄鹰展翅飞翔在广阔的田野上。如《诗·邶风·柏舟》：“静言思之，不能奋飞。”其意思是：平心静气地一想，没有翅膀怎能高高地飞翔?

鸟飞翔时要张开双翼,因此“奋”引申出展开、张开的意思。如林嗣环《口技》:“于是宾客无不变色离席,奋袖出臂,两股战战,几欲先走。”

《尔雅·释鸟》:“雉绝有力,奋。”清郝懿行义疏:“飞鸟之属,凡有力者皆谓之奋。”因此,“奋”引申出振作、奋发的意思。如“精神振奋”。

简化字的“奋”形体从大,从田,既保持了它的本义,更具有时代的色彩,其意思是:在广阔的田野上是大有可为的。

如玉一样的国家

——“国”字趣释

“国”字的繁体字为“國”,而“国”的古字为“或”,“或”即“域”字。“或”的甲骨文为“”,从戈,从囗(wéi)。《说文解字·戈部》:“或,邦也。从囗,从戈以守一。一,地也。域,或又从土。”许慎的意思是:“或”、“域”本为一字,其中“囗”表示城邑地域的范围,“戈”表示武器。“一”的意思许慎讲得很牵强,不足为信。合起来的意思就是人拿着武器守卫国土(或自己的城邑领地)。吴大澂《说文古籀补》:“或,古國字,从戈,守囗,象域有外垣。”其后“或”用作无定代词,“域”指“区域”,而“或”、“域”的“邦国”之义由“或”再加一“囗”的“國”字所专有,一直沿用至今。

《说文解字·囗部》:“国,邦也。从囗,从或。”清朱骏声《说文通训定声·颐部》:“国者,郊内之都也。”朱骏声在这里指出“国”的意思是“国都”,自古以来国都是国家的政治、经济、文化的中心,代表了一个国家,这是“国”的引申义。如《左传·隐公元年》:“先王之制,大都不过参国之一。”其意思是根据先王的规定,大的城邑的城墙不能超过国都城墙的三分之一。

由于“国”代表着一定的地域,所以就引申出地方、区域的意思。如《周礼·地官·掌节》:“山国用虎节,土国用人节,泽国用龙节。”此处的三个“国”

字均是“区域”的意思。

“国”字曾被武则天改为“⿴囗武”、“圀”。武则天当了女皇后，为了显示自己的威望，新造了一个“曌”，作为自己的名字，意思是：日月当空，照耀天下。当时有位幽州学子，为讨武皇所好，向她上书说，国家的“国（國）”字方框中的“或”字像“武”字而实际上又不是“武”，有“乱天象”之嫌。当今国乃“武”姓之国，应当将方框中的“或”字改为“武”字，上承天意，下合民愿，武氏将永承国祚。武则天一听，高兴极了，随即诏令天下，将“國”字改成“⿴囗武”字，并下诏颁行天下。可是不到一个月的时间，又有人上奏说：“把‘武’字嵌进‘囗’中，与把‘人’放在囗中为‘囚’的意思似乎相同，此为不祥之甚，请即罢改。”并建议用八方的“分”字取代，即成“圀”。

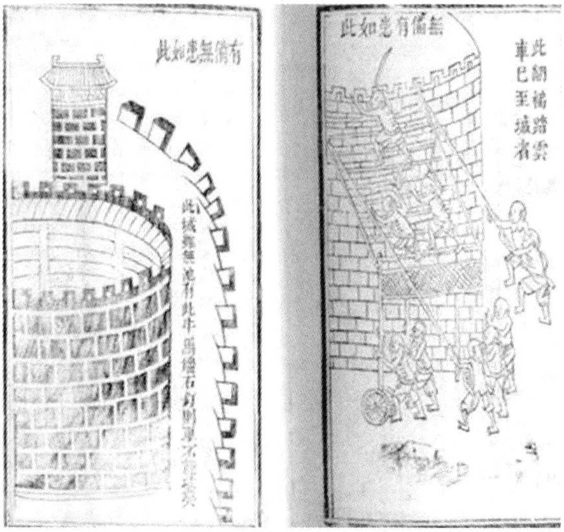

明　吕坤《救命书》中古代城池图

这一说使武则天惊恐难堪，于是又下令停用“⿴囗武”字，改用“圀”字。“圀”意为四面八方是武氏的天下。不过这个方框中嵌进“分”的“国”字，还没有推行开来时，武皇的皇位也就宣告结束了。而武则天改“国”字的事，也随即成了后人的笑柄。

洪秀全在南京建立了太平天国后，具有浓郁帝王思想的他也在“国”字上用了一番心思。在他看来，他所建立的“国家”的“國”字中，不应与一个表示大概或可能等“疑惑”之意的“或”字谐音，要树立自己的绝对权威就得将“國”字改一下。于是在1853年，诏令将“國”字中的“或”字改为“王”字，这样才与他自称的“天王”二字相符，同时也与他一心要代替上帝主宰一切的思想相吻合。洪秀全将“國”字改为“国”后，使之成为自己国家政权的专用字，立即颁诏天下，遵照执行，并规定凡是其他国名、地名不得用“国”字，只能用“郭”字替代。不过洪秀全颁行的这个“国”也只用了十多年。

中华人民共和国成立以后，即 1956 年 6 月 1 日，中央颁行的简化字中，将“國”简化为“国”。在此之前，参加汉字改革的学者们曾经讨论过“國”的简化字，有“国”、“国”、“国”和“囗”等。在讨论时，有的学者认为应确定“国”为简化字，有的学者则反对，认为中间为“王”的“国”充满了帝王思想，不符合新的民主国家的特点。争来争去，最后还是确定了“国”，这是一个从“玉”的“国”字。他们认为我国的玉文化有着悠久的历史，从玉很得人心。加之“玉”是珍宝，又是美好事物的象征。其意思是：让人们像爱护宝物一样珍爱自己的国家，为创造一个如玉一样的美好国家而努力。这就是从玉、从口的“国”字的深刻含义。

捕鸟的网

——“罗”字趣释

“罗”的繁体为“羅”。很多人将“罗”字上的“罒”误以为“四”字，因此有些罗姓人，有人问他贵姓时，他便脱口而出：“四维羅。”这样回答显然是他们对“罗”字的结构不了解。这是因为“罗”字中的“罒”不是“四”，而是“网”。我们只要看看“罗”字的古文，一切疑问便可冰释了。

“罗”字的甲骨文为“”，它的上半部分是一张古代捕赶鸟所用的“网”的象形字。“网”字甲骨文作“”或“”，象一张拦网的形状。商承祚《殷墟文字类编》谓甲骨文“象张网形”，左右两边是插在地上的两根木棍，中间挂的是网。《易·系辞下》：“包牺氏作结绳为网罟，以佃以猎。”这段文字告诉我们，网是包牺氏发明的，有了网，人们就可以捕取鱼、飞鸟和走兽。下半部分是“隹”字，“隹”是描写鸟的形态的象形字，在古代既同于鸟，又有别于“鸟”。“鸟”的初义一般指尾巴长垂的鸟，“隹”指尾巴短、身体胖而且矮小的

鸟。不同的是“隹”用于字的部件时，和“鸟”经常通用，可见其意义是相同的。由“网”和“隹”合起来的“罗”字的意思是：一只鸟落在网内，被网网住，飞不走了。可见“罗”描绘的是张网捕鸟的情形。小篆的“罗”字则是在甲骨文“罗”字下部“鸟”的旁边增加了一个“糸”字，即一根系鸟的丝绳（糸）。这一部件的增加，使古人捕鸟的情形更形象地再现了出来。《说文解字·网部》：“罗，以丝罟鸟也。古者芒氏初作罗。”许慎还指出“罗”是由芒氏所发明，那么这个芒氏到底是谁呢？史书上没有记载。有的学者根据甲骨文推测，这“芒氏”可能是古代专管织网的官吏，这种官吏至少在商代以前就产生了。《周礼·夏官》中有“罗氏掌罗”之语。

古代的“罗”不仅用来捕捉鸟类动物，还可用来捕捉老虎、兔子、野猪等走兽及江河中的鱼类等动物。如《诗·王风·兔爰》：“有兔爰爰，雉离于罗。”毛亨传：“鸟网为罗。”这两句话的意思是：兔儿跑掉了，野鸡却陷入猎人的网中。

这种捕鸟的方式 20 世纪五六十年代在我国南方还保留着。每到寒冬腊月，冰雪覆盖着大地，麻雀之类的小鸟难以觅食，一些小孩于是在空地上用小木棍支起一只筛子，筛子下面撒上一把谷或米，并在小木棍上系上一根绳子，小孩拉着绳子躲在远处麻雀看不见的地方，待那些麻雀飞进筛子下觅食时，躲在一旁的小孩将绳子一拉，棍倒筛落，麻雀被扣在筛子下面了。从“罗”字的结构可以推知，这种捉鸟的方法早在三千多年前，我们的先民就发明了。陈炜湛先生认为甲骨文的“罗”字描绘的是这样一种捕鸟的方法。（参见陈炜湛《古文字趣谈》第 31 页）

两手举鼎与双手捧物

——“具”、“共”二字趣释

“具”字的甲骨文为“”或“”，其中的“”为古“鼎”字，即釜鼎，古

霸王举鼎图

代用来烹煮的器具。“”为“廾”(gǒng),指人的双手。是会意字,其意思是:用双手举起鼎。

金文的形体将甲骨文的“鼎”省作“贝”,或省作“目”。即为“”或“”,小篆则承金文的后一“具”字而来。

从“具”的形体演变来看,后来从贝从廾或从目从廾的“具”均是承甲骨文而来,其中的“贝”和“目”均是由“鼎”省减而来,因此我们完全有理由认为小篆和楷书的“具”字的结构是从廾,从鼎省。陈初生说:“(具字)金文或同甲骨文,或省鼎为贝(甲金文中,鼎贝字形相混),或更省贝为目,即为小篆所本。从字的源流考察,当以从鼎为正,其余均为变体。”(陈初生《金文常用字典》第284页)

《说文解字·廾部》说“具”字从廾,从贝省,显然是难以令人相信的。由此我们可以确定“具”字的本义当是两手举鼎。“两手举鼎”反映的是这样一种情形:古人祭祀时,将各种祭品装在鼎中,用以祭祀。祭祀时,必须向神灵一一陈述清楚,然后用双手将盛满各种祭品的鼎端起,举到头上,放到神灵的面前,准备祭祀。因此,“具”字引申出准备办理的意思。如《左传·隐公元年》:“缮甲兵,具卒乘。”其意思是:修理好了铁衣和兵器,准备好了步兵和战车。

“共”字的甲骨文为“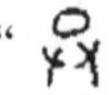”。西周早期的金文亦作“”或“”。对于甲骨文和早期金文的“共”字,郭沫若认为象双手捧璧之形,其下之“”,即为廾,指双手。有的学者认为郭老的训释太拘,其上之“”不是单指玉,而是代表器具,因此认为甲骨文的“共”字为双手捧一器具。

对后期金文的“共”字，有的学者认为，其上之“”为一用于烹煮食物的釜。“釜”即为锅。因而将“共”释为双手捧一锅。《说文解字·共部》：“共，同也。从廿、廾。”许慎认为“廿”是众多的意思，共为众手齐举的意思。许慎没有见到甲骨文和早期金文，故而将“共”字上之器皿释为“廿”，应该说小篆和楷书的“共”字仍然体现着双手捧起器物的初义。

由于“共”字是用双手共同举物，所以“共”字便引申出一同、共同等意思。可见许慎所释不是“共”的初义，而是引申义。

山兽之君

——“虎”字趣释

“虎”字的甲骨文为“”、“”，象一只侧面虎的形状。由于甲骨文的象形字接近原始的绘画，虎的特征圆头、大口、利齿、巨掌以及美丽的花纹均描绘得十分细致，活现了虎的一副凶猛无比的样子，是象形字。“虎”字的读音是根据老虎能发出令人恐怖的吼声而拟定的，“虎”为拟声词。

金文的“虎”与甲骨文的“虎”字基本相同。小篆的“虎”则为“”。《说文解字·虎部》：“虎，山兽之君。从虍(hǔ)，虎足象人足。象形。”许慎的分

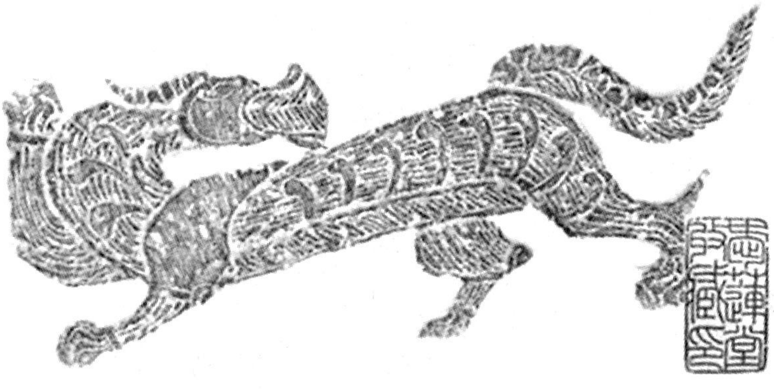

汉画像石　虎

宋　允迪　谒虎图

析并无疏漏之处，他也认为“虎”为象形字，象虎形。“虎”其实为虎头（亦说虎的省字），其下之“人”并非人，而是描绘的虎足形。许慎称虎为“山兽之君”，即山中百兽之长。因此，“山君”或“百兽之王”就成了虎的别称。

虎性威猛无比，也备受古人喜欢。因此，古人多用虎象征威武勇猛。《风俗通义·祀典》：“虎者阳物，百兽之长，能执搏挫锐，噬食鬼魅。”如“虎将”，喻指英勇善战的将军；“虎子”，喻指雄健而奋发有为的儿子；“虎步”，指威武雄壮的步伐；“虎踞”，形容威猛豪迈。

古代还有一种用来调兵遣将的信物，称虎符。此物盛行于战国、秦、汉时期，用铜铸的虎形，背有铭文，分为两半，右半存朝廷，左半则授予率兵的将帅。调动军队时，必须持符验证。虎在古代被人视作神兽，有镇邪驱鬼、保佑平安的作用。唐段成式《酉阳杂俎续集》：“俗好于门上画虎头，书聻字，谓阴刀鬼名，可息疫疠。”后世民间，常以为虎具有镇邪的作用，并将它视为象征吉祥之物。因此人们常将它用于小儿的“虎头帽”、“虎头鞋”、“虎枕”以及其他虎形的玩具上。陕西关中地区，姑娘陪嫁品中必须有一对特大的面老虎，还有给新娘挂面虎的习俗。

古代还有在门上或房子的四角悬挂虎骨头的习俗，据说这样可使子孙繁荣，家庭兴旺，象征吉祥。据敦煌遗书《诸杂略得要抄子》载：“建日（即按‘建除十二辰’来定之日），悬虎头骨门户上，令子欢长寿吉，悬口骨舍四角，令人家富贵吉利。”

宋初画家厉归真，生平喜欢画虎。他搜集历代画虎的作品，用心临摹，还虚心向那些画虎高手求教。经过一段时间的刻苦学习后，他的虎画得有了点名气。但是由于他没见过真老虎,所以他画的老虎使人感到总有点“虎味”不足。

一天,厉归真听说附近村子里有人捉到了一只老虎,他急匆匆地赶去,围着老虎足足看了一整天。他看了那笼中老虎踱来踱去的雄姿及健美的体形后,重新画了一幅老虎图,并自认为这是他最满意的虎作品。可是一位猎人看了,却不以为然地说:“你画的虎,虎气不够,倒是猫气更多一些!”

听了这话,厉归真很不高兴,转而一想,自己从没见过山中之虎,猎人的话可能有些道理。于是,厉归真又带上干粮,跑到老虎经常出没的深山之中,看到老虎有时出没在树下,有时伏卧在草丛里,有时独立在高石上。就这样一天天过去了,他觉得山中的老虎也不过如此,便打算回去。

一天夜里,山风呼啸,松涛哗哗。突然,一只野山羊跳到树下,厉归真拿起棍棒,正要下去打,忽然听到虎啸,只见一只白额猛虎从林中窜出,吓得他差点从树上摔下。又是一声巨吼,那老虎腾跃而起,用爪将山羊按在地上,那山羊就一动不动了。

见此情景厉归真不觉失声叫道:“妙啊!这才是真正的虎气!”不料那虎听到人声,便抛掉山羊,直逼厉归真。厉归真吓得毛骨悚然,赶忙攀上树杈。老虎又一次窜起,厉归真急忙向树上爬去,越攀越高。那老虎无可奈何,只好叼起山羊走了。此时,厉归真才真正认识到,山中虎不同于笼中虎。于是他又把棚子架高,对老虎进行了全面的观察,还画了不少有关老虎的速写图,才离开深山密林。

厉归真回来后,每次作画,都好像看见各种生动的老虎在眼前跃动,提起笔来,得心应手。此后,厉归真画的老虎真的有了“虎气”,不仅样子像虎,神态也像虎。从此,厉归真以画虎而闻名于世。

日月辉映

——“明”字趣释

“明”在甲骨文和金文中有两种写法:“”、“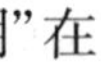”或“”、“”,前面两个“明”字均从日,从月,只是“日”和“月”的位置不同罢了,所表示的意义是完全相同的。它所反映的是“日”在东方天际,“月”在西边天际,或“月”在西边天际,“日”在东边天际的一种日月辉映的天象。什么时候日、月才并见于天空相互辉映呢?在农历每月的十五日前后的傍晚,人们能看到西边的天际一轮红日正徐徐下沉,而东边天际则是一轮明月冉冉升起,形成日月辉映的瑰丽景象。到了农历每个月的月末几天,所见到的日月辉映却是另外一番景像:西边天际一弯新月正徐徐西沉,东边天际一轮旭日正冉冉升起。《易·系辞下》中就记录了这样一种自然现象:“日往则月来,月往则日来,日月相推而明生焉。”这种日月并悬于天空,交相辉映的现象使大地更加明亮。可见“明”的本义就是明亮、光明。古人正是基于这一自然现象来造“明”字的。为什么“日”、“月”并悬于天空之时,会更明亮呢?这大概是古人反复观察日月运行的天象之后得出的结论。在他们看来,白天是“日”给大地带来了光明,夜间是“月”给大地带来了光明,日、月并现于天空时,光明倍增,因此大地更明亮。这就是古书中常说的“在天者莫明于日、月”(也就是说,在天上没有再比太阳和月亮更明亮的东西了)。在他们看来,日与月均是宇宙中的发光体,这当然不符合今天人们对月亮进行科学观测后所得的结论。

有的人对“日月相映即为明”作了不同的解释,他们认为今人正是从“明”字的日月相映中,推知古人通过对天象的观测,已经了解到了“月”本身是不发光的,它只有依靠太阳才发出反射光。由“明”的结构可以了解到古人对天象研究之深。

明月松间照

后两个“明”字则与前两个“明”字的结构不同，“明”字中的“日”变成了“冏”字，从月，从冏(jiǒng)，“冏”是房屋窗户的象形字。这个结构的“明”字是前一个“明”的今体字，其意思是：夜间月光照进窗内，使整个黑暗的房子里亮起来。《说文解字·月部》：“朙，照也。从月，从冏。古文朙从日。”许慎认为“明”的本义是“照”，其实并不确切，应该说“照”是“明”的引申义，其本义仍然是明亮。

有人认为“朙”是由“明”讹变而来，我看并非如此，而是古人另造的一个“明”字。其后在古文中“明”与“朙”并用，简化字则又取用了古文的“明”。简化字为何要取用“明”呢？主要因为“明”表示光明的意思比“朙”更准确、形象，写起来又方便。

“明”由光明、明亮引申为明白、明确、清楚等意义。如《史记·屈原贾生列传》：“博闻强志，明于治乱，娴于辞令。”其意思是：(屈原)学识广博，记忆力强，明白治国的方法，善于外交辞令。由于“明”是日月相辉映后，发出更亮的光，把大地照得更明亮，而人的眼睛明亮时，眼力一定很好，所以“明”又引申指人的眼睛。如《孟子·梁惠王》：“明足以察秋毫之末，而不见舆薪。”这是说有些人的眼光能看清像秋天鸟兽的毫毛那样细小的东西，却看不见满车的木柴。

将珍宝毁坏

——“败”、“贼”二字趣释

“败”字在甲骨文中写作“”或“”。前一字的左边为“贝”，即贝壳。贝壳在商人眼里是极其珍贵之物，只有占人口极少数的部落酋长或贵族才有。右下方为以手持棒的“攴”(pū)字。可见“败”是一个会意字，其意思是：手持木棒去敲击贝壳，也就是将珍宝毁坏。后一“败”字，则不从贝，而从“鼎”。在上古“鼎”比“贝”还珍贵，常称之为国宝。传说禹收九州之金而铸九鼎，因此以鼎为国宝，后来还作为王权的象征。将“贝”换作“鼎”其意义不变，以手持棒敲击鼎，也是将珍宝毁坏的意思。这就是甲骨文的“败”字所表示的本义。

金文的“败”写作“”。在甲骨文的基础上增加了一个“贝”，其意思大概是不只毁坏了一只贝，而是毁坏了两只，甚至是许多只“贝”，这种破坏性当然更大。而小篆作“”，大概是嫌金文写起来太麻烦，因而，仍用一个“贝”。《说文解字・攴部》：“败，毁也。从攴、贝。会意。”段玉裁注：“贝亦声。”许慎所说的“败”就是“毁”的意思，这是因为珍宝被棒击碎了，即损坏了。所以“败”便引申出毁坏、败坏等意思。又因珍宝即“贝”，对于持棒者来说，为被击的一方，并且是失败的一方，所以“败”又引申出了“失败”的意思。如《老子》第六十四章：“民之从事，常于几成而败之。”

在汉字中，与“败”的本义相同的还有“贼”字。“贼”字早见于金文，写作“”，左边是“刀”(亦说是手)，右边是“戈”，也是古代的一种兵器，中间是“贝”，“贝”代指贵重之物。所表示的意思是：用刀、戈将贝毁坏，亦即将珍贵之物毁坏的意思。“贼”的小篆则写作“”。《说文解字・戈部》：“贼，败也。从戈，贝声。”段玉裁注：“败、贼皆从贝，会意。”许慎以“败”训“贼”，是正确的，说明“贼”、“败”同义。但认为“贼”为形声字，显然是一种讹误。

根据段玉裁的说法,“贼”也是从贝、从戈、从刀的会意字。引申为“毁坏”、“危害”、“残害”等意思。如《论语·先进》:“贼夫人之子。”其意思是:残害了人家的儿子。

西周毛公鼎

“贼”是以戈、刀去将人的贵重东西毁坏,实际上就像是窃取人家的东西,因此“贼”引申指强盗,名词。如《晋书·陶侃传》:“天下宁有白头贼乎?”由此“贼”又引申为作乱,危害国家的人。如《周礼·秋官·师》:“二曰邦贼。”郑玄注:“(贼)为逆乱者。”

清朝李汝珍的《镜花缘》中假托玉儿之口讲了一个“贼”字的笑话。明朝有个书生叫成名,早年因交不上朝廷征收的蟋蟀,将儿子的性命都赔上了。后来,时来运转,一下子就升官发财了,随后又娶了三房太太,生了八个儿子和一个女儿。一天,他请人给他的孩子各取一个绰号,要求名不离姓之形,号不脱名之象,喊起来并且还十分有趣。那个人给他的第八个儿子便取名叫“背时哥”。其中“背”谐“贝”的音,“时”谐“十”的音,“哥”谐“戈”的音,因此“贝”加“十”加“戈”就为“贼”字。

地上拾豆粒

——“叔”字趣释

“叔”字早见于金文，写作“ ”，左边是“尗”(shū)，为豆子的形象。“十”像豆科植物的茎与枝，上面的“丿”像是枝茎上结的豆荚，下面的“',”像豆成熟裂开后，散落在地上的豆粒。右边是“又”，即“手”形。“尗”与“又”合起来的意思就是：用手将散落在地上的豆粒拾取。“叔”的本义为“拾”，“拾取”的意思。

《说文解字・又部》：“叔，拾也。从又，尗声。汝南名收芋为叔。”许慎也认为“叔”的本义为“拾”或“拾取”，但他认为“叔”是一形声字，此说不够全面。从前面的分析可以知道，“叔”字中的“尗”同样有表义的作用。因此，准确地说，“叔”是一个会意兼形声字。如《诗・豳风・七月》：“八月断壶，九月叔苴(jū)。”其意思是：八月上菜地里摘葫芦，九月到田间拾麻子。

许慎认为“叔”还有“收芋”的意思。对此有的学者表示赞同。郭沫若根据“叔”字的金文形体，对“叔”的本义提出了与许慎相同的看法。他在《西周金文辞大系考释》中说：“叔……以金文字形而言，实乃从又持戈以掘芋也。”与此观点相同的还有清末古文字学家罗振玉先生。

野外拾物图

“叔”的本义为“拾豆粒”，因此，“叔”在古代引申为指今之“豆子”。“叔”后来专门用于指兄弟排行中的年少者，后指“豆”的意思则另造一“菽”字表示。“叔”用于兄弟排行中的年少者，有人认为是假借，其实不然。“叔”中包含有豆粒，所以“叔”字引申指豆粒，而豆粒均为小颗子，自然“叔”也有“小”义。“叔”用于兄弟排行中年少者，即指年纪小的弟兄。可见用于排行的“叔”是“叔”的引申义。

清明种豆图

古代兄弟排行用伯、仲、叔、季四字是按其年龄顺序从大到小排列的，即今天我们常说的老大、老二、老三、老四等。“叔”是排在第三的，当然是其中年纪较小者。如《战国策·秦策一》：“妻不以我为夫，嫂不以我为叔。”

进入现代汉语后，“叔”的本义已完全不再使用了，而只用于指兄弟中排行年纪小的。

从幼禾到排行在末的

——“季”字趣释

“季”字早见于甲骨文，为“”。它的上部为“禾”，即指禾苗，下部为“子”，本指婴儿，这里有幼小的意思。“季”由“禾”和“子”两字构成，是会意字，本义当然是幼禾，即幼嫩的禾苗。其金文、小篆与甲骨文的结构相同。《说文解字·子部》：“季，少称也。从子，从稚省，稚亦声。”许慎讲的“少称”就是年纪最小者的称呼，自然不是本义，而是引申义。许慎还认为“季”是形声字。林义光《文原》则纠正了许慎的说法：“禾为稚省不显。《说文》：‘稚亦声’，是季与稚同音，当为稚之故，幼禾也，从子禾，古作季，引申为叔季之季。”

垦民插秧图

古代以伯、仲、叔、季指兄弟之间的排行，其中以“伯仲”指排行在前的，“叔季”指排行在后的，而“季”又是指排行第四或年纪最小的、最年轻的。如《诗·召南·采苹》：“谁其尸之，有齐季女。”其意思是：祭祀由谁来主持，有个美丽的少女。

“季”由排行在末的意思又引申为指一个朝代、一个时期的末期。唐刘禹锡《祭福建桂尚书文》：“始识尚书，贞元季年。”又如称“清季”，就是清朝末年。还可以引申为指一个季节的最后一个月，如“季春”，就是农历三月，“季秋”就是农历的九月。

另外，“季”还用作姓。宋郑樵《通志·氏族略四》载有两种说法，一说为鲁桓公“季子”（即小儿子）友之后，一说为陆终氏之子季连之后。又传说季姓本姓“李”，不知是哪朝哪代，一李姓人士在朝廷任要职，因触怒皇上，皇上要将天下李姓满门抄斩。一天，朝廷官兵来到一个李姓山村，将全村的男女老少召集到村头，准备将所有人的头砍下。此时，村中一个秀才便站出来对官兵说：“你们要杀的是李姓人士，可我们这个村里的人不姓李，全是姓季的。你们错杀无辜，我将告到皇帝面前，治你们的罪。”那些官兵对这位秀才的话表示怀疑，于是挨家挨户去查看各家的祖宗牌位，上面果然写的是姓“季”，在事实面前官兵们只好全部撤走了。这是怎么回事呢？原来这个秀才听到官兵要抄斩李氏满门时，便在头天晚上连夜在各家神主牌位的李字上加上了一撇，“李”姓便成了“季”姓。从此，百家姓中就有了季姓。

日落抢亲

——“昏”、“婚”二字趣释

“昏”字的甲骨文为“”或“”，其下为“日”，其上为“氏”，“氏”即“低”也，即落下的意思。是会意字，其造字意义是：太阳已经落下。太阳已经落下，也就是夜幕降临之时的黄昏时候。《说文解字·日部》：“昏，日复也，从日，氏省，氏者，下也。”许慎的解释与“昏”的甲骨文的结构完全一致。如《诗·陈风·东门之杨》：“昏以为期，明星煌煌。”其意思是：我和她约定在黄昏时相会，此时那天空中的星星已亮晶晶。由于日落之后，天色已经黑下来，所以“昏”引申为黑暗模糊的意思。如《红楼梦》第五回：“忽剌剌似大厦顷，昏惨惨似灯将尽。”“昏”喻指人的头脑中黑糊糊的，什么也分不清，所以“昏”引申为昏愦、昏迷等意思。

古代娶亲常在天黑时进行，这在周代几乎成为习俗。娶亲为何要在天黑时进行呢？有的学者们认为，这是因为上古时代的婚姻男女双方不是自愿的，而是带有强迫性的，也就是抢婚。既然要抢，只有在黑夜里进行，所以“昏”又引申为结婚的意思。如《诗·邶风·谷风》：“宴尔新昏，不我屑以。”其意思是：你的新婚蜜月多快乐啊，所以不愿和我再相爱。

人约黄昏后

刘申叔《古政原始论》中解释说：“其行礼必以昏时者，则以上古时代用火之术尚未发明，劫妇必以昏时，所以乘妇家之不备，且使之不复辨其谁何耳。”这正反映出从母系制度向父系制度过渡的历史时期中的一种“劫夺婚”制度。可见，上古的“昏”有结婚的意思。其后，“昏”专指日落黄昏之时等意思，而结婚的意思古人则用“婚”字表示，即在“昏”的左边加一“女”字为意符而成。

应该说“婚”更准确地表达了结婚的意思。从女，表示对于男子来说此事和“女”有关系；从昏，同时也反映了古代婚礼常在黄昏时举行的习俗。现代社会有些地方的婚礼也是安排在晚上，这无疑是古代的遗风。《说文解字·女部》：“婚，妇嫁也。礼，娶妇以昏时，古文曰婚。从女从昏，昏亦声。”可见从女的“婚”字，仍可作为古代先民抢婚习俗的旁证。不过“婚”表示的“抢婚”习俗不同于“娶”所表示的“抢婚”习俗。“娶”在古代也是抢婚，但不论时间，随时可以进行。而“婚”所表示的抢婚是凭借夜色的掩护而进行的小规模的抢婚，类似今日某些少数民族中尚存在的“偷婚”。

手持一株禾与手持二株禾

——“秉”、“兼”二字趣释

“秉”的甲骨文为“ ”。左边的“ ”，为“禾”，即禾苗。右边的“ ”，为又，即“手”。是会意字，表示的意义是手持一株禾。“秉”的金文为“ ”，与甲骨文的结构基本相同，仍然从禾，从又，不同的只是“禾”与“又”的位置变换了。不过，在甲骨文中也有左为“又”，右为“禾”的形体。可见金文的“秉”仍然保持了手持一株禾的形体。朱骏声《说文通训定声》：“（秉）从又持禾，会意。手持一禾为秉。”

汉画像砖　弋射·收获

小篆的“秉”写作“ ”，均为从又持禾之形。《说文解字·禾部》：“秉，禾束也。从又，持禾。”许慎认为“秉”的本义为“禾束”，即“禾把”，也就是一把禾。如《诗·小雅·大田》：“彼有遗秉，此有滞穗。”毛亨传：“秉，把也。”其意思是：那块田里有丢弃的一把一把的禾束，这块田里有落下的一根根的禾穗。

收获图

“秉”字的创制，充分反映古人在收割禾谷时的方式，即先将禾谷割下，一把把扎好后放在田里，然后运回家中。这种古老的收割方式在我国南方一些地方仍然保持着。由于“秉”字有一手持禾的动作，因此引申为持、拿的意思。如《诗·邶风·简兮》：“左手执籥，右手秉翟。”其意思是：左手拿着六孔笛，右手拿着野鸡尾巴上的毛。

“兼”字的出现比“秉”字要晚，直到西周金文中才出现，写作“ ”。字中并排着两株“禾”，中间是一只长长的手同时抓住了这两株禾。这当然是一个会意字。“兼”的小篆与金文差不多。《说文解字·秝部》：“兼，并也。从又，持秝(lì)。兼，持二禾。秉，持一禾。”朱骏声《说文通训定声》：“手持两禾为兼。”应该说“手持二禾”是“兼”的本义。所谓“并”，并不是“兼”的本义，而是“兼”的引申义。因为“兼”是一手将两禾合并在一起，所以“兼”便引申出并、合并、吞并的意思。如《左传·昭公八年》：“孺子长矣，而相吾室，欲兼我也。”

“兼”字古文形体表示一手同时持两禾，因此又引申出“同时”的意思。如王符《潜夫论》：“君之所以明者，兼听也。其所以暗者，偏信也。”其意思是：有的君王之所以贤明，就在于他同时听取各方的意见；有的君王之所以昏聩，就在于他偏听偏信。

丝织品与麻织品

——“帛”、“布”二字趣释

“帛”字早见于甲骨文，历经数世仍然保持它原来的结构，从白，从巾。《说文解字·巾部》：“帛，缯也。从巾，白声。”许慎认为“帛”为形声字，有人则认为“白”除了表声外，也表意。因此“帛”的本义是指白色的丝绸。段玉裁《说文解字注》：“帛，今之璧色缯也。”所谓璧色缯就是白色缯，即白色丝绸。可知“白”在“帛”字中既表声，也表示缯的颜色。“帛”字又从“巾”，《说文解字·巾部》：“巾，佩巾也。”所谓佩巾是古代妇女戴在头上的头巾。“巾”和“白”构成“帛”，其意思应是：用白色丝织品做的头巾。“白”、“巾”和“帛”三字均见于甲骨文，这一事实说明蚕桑业及丝织业至少在商代末期均已出现。

“帛”是由白色丝绸做成的头巾，后引申指白色丝绸。白色是丝绸的本色。由于印染术的出现，人们将白色丝绸染成各种颜色，因此“帛”又引申指各色丝绸，也就成为丝绸的代称了。如《左传·闵公二年》：“卫文公大布之衣，大帛之冠。”晋杜预注：“大帛，原缯。”

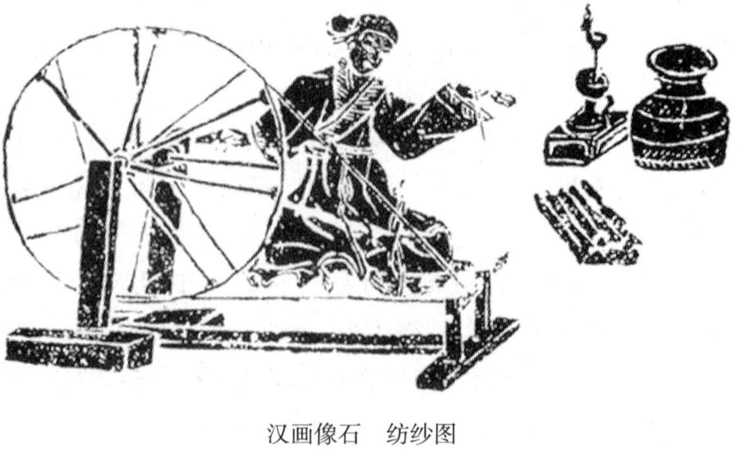

汉画像石　纺纱图

到了战国时代，帛和竹简木牍在很长一段时间内作为我国历史上用于书写的主要材料，这种用帛作材料写的书称帛书。文献记载，东汉末年的大军阀董卓，阴谋篡权，逼迫汉献帝迁都长安时，他的部下曾用帛书连缀起来做帐篷或车篷。这一事实说明，帛书在纸发明后相当长的一段时间内，仍然很流行。如章碣《焚书坑》："竹帛烟销帝业虚，关河空锁祖龙居。"其中的"竹"指竹简，"帛"指帛书。

长沙楚墓出土汉代绫纹罗绮

在上古时期，人们进行交换时，常用布帛作为交换的媒介，即后之钱币。《说文解字·巾部》："币，帛也。"如《诗·卫风·氓》："氓之蚩蚩，抱布贸丝。"毛亨传："布，币也。"孔颖达疏："币者，布帛之名。"

传说历史上有一个皇帝，一次微服出游时，在街头看见个测字先生正准备给一个面带愁容的人测字。那人写了一个"帛"字，测字先生看后，不住地摇头晃脑，然后带着几分同情的口吻说："这'帛'字就是'白巾'，'白巾'就是戴孝。由此看来，你家中该有丧事。"那人听了，长叹一声，转脸走了。

在一旁的这位皇帝颇觉新奇，于是也要那位测字先生给他测个字。那位测字先生要这位皇帝先写一个字，他也写一个"帛"字。这时，测字先生已认出他是皇帝，于是又惊又喜地说："这'帛'字是'皇'字的头，'帝'字的脚。由此看来，你应该贵有天下啊！"皇帝听后，不禁一惊，急

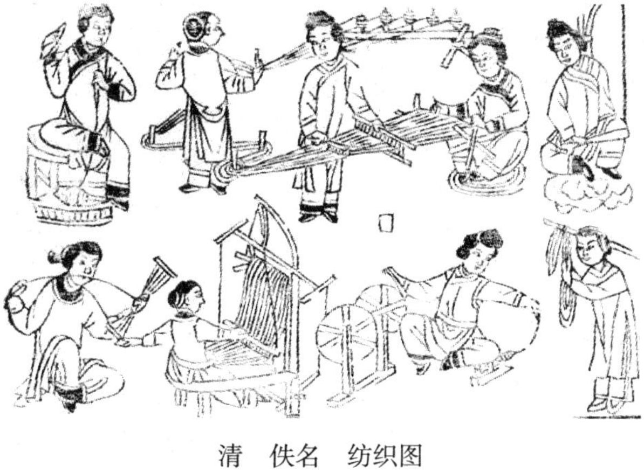

清　佚名　纺织图

忙付了笔可观的钱就走了。测字先生望着他的背影，得意地笑了。

“帛”在古代指丝织品，而“布”并不指棉织品，而是指麻织品。“布”的金文作“”，其上为“父”字，作字的声符，其下为“巾”字，作义符，是形声字。《说文解字·巾部》：“布，枲（xǐ，麻）织也。从巾，父声。”段玉裁注：“古者无今之木棉布，但有麻布及葛布而已。”这就是说，“布”是由麻纺织而成，而“布”引申指棉织品，应在我国开始种植棉花以后，今天的“布”则包括用化学纤维等为材料的纺织品。

古代的“布”与“帛”一样，也用作钱币。朱骏声《说文通训定声·豫部》：“古以布为币，后制货泉即以名之。”《史记·平准书》：“虞夏之币……或钱，或布，或刀，或龟贝。”

在古代，丝织的帛一般为士大夫之流所用，而老百姓只能穿麻织品，因此，古代称老百姓为“布衣”。

何谓“五色金”

——“金”字趣释

今天人们一提到“金”，自然就知道是指一种极贵重的金属——黄金。然而“金”的本义却不是指黄金，而是金属的总称。“金”字早见于金文。商周时期，在中国历史上也叫青铜器时代，因为这时期铁的冶炼还没开始，人们使用的器具均为青铜制品。这一时期的“金”指的就是青铜。所谓青铜是锡和铜构成的一种合金。这时期用青铜范铸的制品主要有钟（古代的乐器）、鼎（古代礼器）和祭器等。钟鼎上的文字称为“金文”。金文是继甲骨文之后在我国兴起的又一种汉字字形。

“金”字的小篆为“”。《说文解字·金部》：“金，五色金也。……生于土。从土，左右注，象金在土中形，今声。”许慎认为“金”为形声字。所谓“五色金”指金、银、铅、锡、铜、铁等金属。古称“银”为白金，铅、锡为青金，铜为

西汉　豹形金权

赤金，铁为黑金，金为黄金。可见“金”是金属的总称。如《荀子·劝学》：“锲而不舍，金石可镂。”其意思是：若能用刀一直刻下去而不停止，就是金属和石头之类的坚硬物也是可以雕刻出东西来的。因为“金”为金属的总称，其中当然包括有黄金，所以“金”引申指黄金。如《史记·文帝本纪》：“不得以金、银、铜、锡为饰。”其中的“金”就是指黄金。可见“金”从汉代开始就专指黄金了。

“金”字从汉代开始专指“黄金”，并不是说汉代以前就没有黄金。据史学家们考证，西周时期人们使用黄金很少，到了战国时黄金就多起来了。据《史记·燕召公世家》载，战国时燕昭王为了招聘天下贤士，特地筑起高台，在台上放置黄金千斤，以招聘天下贤士。千斤黄金在我们今天听起来可是个天文数字，而在当时竟然拿出千斤黄金招揽人才，可见小小燕国的黄金之多。

据清赵翼《二十二史札记》中记载，汉代是中国历史上黄金比较多的一个时期，帝王动辄以重金相赠。如叔孙通定朝仪汉高祖赐金五百斤，陈平使楚为反间计成功，赐黄金四万斤，吕后崩遗诏赐诸侯王黄金各千斤。这个数字在今天看来更是很惊人的。

人们何以看重鱼

——“鱼”字趣释

“鱼”的甲骨文是一个典型的象形字，为“”，它表现出浓郁的原始图画痕迹。从字的形体看，不仅是鱼头、尾、躯体像真鱼，而且鱼鳍、鱼鳞也不缺。金文比甲骨文更逼真，连鱼眼、鱼张嘴的样子也都揭示出来了。小篆和楷书的鱼尾变成了四点，但仍然保持了鱼的模样。简化字的“鱼”将四点用一横来替代，这样简化主要是为了书写上的方便。《说文解字·鱼部》：“鱼，水虫也。象形。鱼尾与燕尾相似。”

在“鱼”的音义关系中，不但蕴涵着先民对于食物等物质资料丰饶充沛的企盼，而且透示出他们对子孙繁衍不绝的无限祈求。

在中华民族的历史上，从狩猎、采集时代开始，鱼就为先民所看重，其原因当然是它的实用价值。到今天的工业文明时代，鱼仍然是人们餐桌上不可缺少的美味佳肴。无疑，当人们注意到鱼的实用价值时，鱼也不知不觉地活跃在人类的文化生活当中。考古学家们发现，新石器时代仰韶半坡彩陶鱼及人面含鱼纹的实物，具有祝福氏族繁荣昌盛的含义。据考证，半坡先民有一种以乞育为目的的祭祀仪式。而女性们在举行仪式之后的实践活动不是与男子的性交，而是吃鱼。她们以为吃了鱼后，便可以获得鱼一样的旺盛的繁衍能力。通俗点说，她们以为吃了鱼之后，鱼的生殖能力便会“长在”自己的身上。半坡彩陶上的人面鱼纹口边衔鱼，便是半坡先民鱼祭的一个写照。

在先民眼里，鱼是取之不尽，食之不竭的。原因就在于鱼有其他任何生物不可相比的生殖能力。在极推崇种族繁衍的先民的观念意识中，鱼的这种性质必然备受关注，因而鱼被视为匹配、生殖的象征，奉为生育崇拜的对象，是具有某种必然性的。鱼是先民食物中最充沛的资源，由此，人们以鱼象征富足、丰裕。鱼可以说是一道意义独特的菜肴。逢年过节，其他的山珍海味或许可有可无，而“鱼”是必不可少的。这是因“鱼”与“余”谐声。“鱼”与“余”不仅现代同音，上古也同音。从文化背景上看，“鱼”与“余”是一对同源字，也就是说，它们的读音相同，是因为它们在意义上的某种联系而产生的。“鱼”与“余”同源或者说鱼的象征丰饶的意义是同鱼作为先民充沛易得的食物资源相联系的。

汉画像石　河神出行（局部）

从前，人们餐桌上必定要有鱼，但对桌上的鱼在一般情况下均不能尽情享用，必须有剩余。因此，有的人家的餐桌上的鱼仅仅是摆摆样子，并不享用，到宴会结束了，桌上的鱼仍然是原封不动。其中的原因，无非是在人们的观念里，餐桌上有鱼，象征生活有余，故以这种饮食习惯，祈求生活物质的丰饶。

历史上的慈禧太后最爱吃鱼，她垂帘听政后在生活上更加奢侈豪华。她每顿饭要吃 36 样菜，特别爱吃有营养价值的金色鲤鱼。每次吃鱼必须用两名宫女三次净手后，再将鱼肉中的刺一根根剔干净，然后才能将鱼肉送入她的口中。一次，一名宫女不小心，将鱼肉的刺没有剔干净便送入慈禧的口中，慈禧紧张万分，呼啦一下，将鱼肉吐了出来，随即她大动肝火，将宫女痛骂一顿。此事惊动了李莲英总管，他急忙跑过来，也大骂那个宫女对老佛爷不忠不孝，有意陷害老太后。在慈禧的旨意下，当即赐这名宫女自缢而死。

鱼在中国古代还被称为信使，据说此事可追溯到三国时期。相传吴人葛玄与河伯书信往返，让鲤鱼充当信使，因此，古代诗文中常将信函称之为“鱼书”、“鱼函”等。也有人认为古人多通过赠送鲤鱼来寄赠书信，因此有所谓“鱼腹藏书”、“鱼传尺素”之说。明朝杨慎的《丹铅总录》对“鱼传尺素”有不同的说法，他认为古人的“鱼书”并不是真的将信函装在鱼的肚子里，而是把信函折叠成两条鲤鱼的样子，以此代替信封，并且便于传送。或者说是把装书信的木函（即木匣子）的底和盖刻成鲤鱼形的上下两块，然后把书信夹在里面传送。

总之，无论从物质方面还是精神方面来看，中国人是特别看重鱼及鱼文化的。

在家千日好

——“定”字趣释

在我国民间流传着这样一句话：“在家千日好，出门一时难。”而汉字中的“定”字正是这一传统观念的写照。甲骨文的“定”字为“”或“”，金文为“”，小篆为“”。“定”字古今形体变化不大，而结构基本相同，均从宀，从止。“宀”指房子。房子在古人看来是生活中最重要的部分，没有房子就等于没有家，没有家就要受漂泊之苦，以至于唐代大诗人杜甫发出了“安得广厦千万间”的呼喊。“止”有停止的意思。因此“宀”和“止”合起来的意思就是：长期留在家里与亲人生活在一起，不愿外出了。

上古时期，我们的祖先经历了部落之间的长期征战，使许多人有家难归，备受了别离之苦。因此他们时刻盼望着战争早日结束。当战争结束回到家里后，倍感家庭生活的幸福，再也不愿外出。即使不是战争，或是为生活而外出奔波，也使他们饱尝了那游子生活的艰辛。回到家中后，自然倍感家庭生活的温馨，当然就会情不自禁地发出“在家千日好，出门一时难”的感慨。

“定”字的创造，体现了先民渴求和平、安定生活的心态。因此，我们可以肯定“定”的本义就是“安定”、“安宁”的意思。《说文解字·宀部》：“定，安也，从宀，从正。”徐锴系传：“定，安也，从宀，正声。”许慎和徐锴都认为“定”与“安”是同义词，其本义就是“安”。不同的是许慎认为“定”为会意字，徐锴认为是形声字。我看两人说得都不很完全，准确地说，“定”是一个会意兼形声结构的字，即从宀，从正，正亦声。如《易·家人》：“正家而天下定矣。”其意思是：家治理好了，国家也就安定了。

由于“安”和“定”是同义词，所以“安”和“定”结合为“安定”一词。如《书·

盘庚》:“安定厥邦。”这是商王盘庚在迁都动员大会上对臣民们讲的一句话,意思是迁都能使国家安定。

也有的人根据“定”字从宀,从正,“正”有治理的意思,将“定”字会意为“正”家风,即整顿家风,使其有一个好的家风。

妇人产子

——“育”字趣释

“育”字亦作“毓”,此字早见于甲骨文,写作“”、“”、“”或“”。

甲骨文中各种形体的“毓”字或从女,或从每,或从母,或从尸。“女、母、每”本为一字,表示生育是女性的行为。“尸”是侧面人形,此处泛指女性。女性人体的下方着一倒子,表示婴儿出生时头先出。有的“毓”字中“子”字的头下有三小点,那是指生产时流出的羊水。“毓”字将妇女生产的情形和部位形象地表现出来,可见甲骨文的“育”的本义就是产子、育子。罗振玉《增订殷虚书契考释》说:“此字变体甚多,从女从(倒子),或从母从,象产子形。……从人与从母从女之意同。……故产子为此字之本义。”如《易·渐》:“夫征不复,妇孕不育。”其意思是:丈夫长期征战在外不回家,妻子肚中怀的孩子也没有

孟母教子图

生下来。

“育”字的小篆为“”，由甲骨文的会意字讹变为形声字。《说文解字·𠫓部》：“育，养子使作善也。从𠫓，肉声。育，毓或从每。”𠫓，读为tū，倒子形。而“毓”继续保持了甲骨文的结构，“㐬”为倒子头上长有头发，从每、从㐬，会意。许慎所释不是“育”的本义，而是“育”的引申义，即教育、培养的意思。所谓“养子使作善”讲的就是教育的作用。“育”的“教育”义就是在“育”的本义的基础上引申的。生子后要养，使之长大，又要对他进行教育，使他成才，为人类做好事，不做坏事。如《孟子·告子下》：“尊贤育才，以彰有德。”其意思是：尊重贤人，培养人才，以此来表彰有德行的人。

供神·供佛·供仙

——“庙”、“寺”、“观”三字趣释

为什么供神的地方称“庙”？这要从“庙”的结构来看。“庙”是“廟”的简化字。“庙”字早见于金文，写作“”，从广，朝声，形声字。不过“朝”也兼表意。小篆的“庙”字保持了金文的结构。广（yǎn），本表示依山崖而建起的房屋，汉字中以“广”为意符的字的初义均与房屋有关，这里表示供奉祖宗神位的地方，即宗庙。宗庙在古代也是帝王或诸侯祭祀祖宗的地方。“朝”除表声外，还有朝廷的意思，它还表示被祭祀者是一些与朝廷君王一样应受到尊重的人，或者宗庙与朝廷一样同时受到尊重。

许慎也这样解释。《说文解字·广部》：“庙，尊先祖貌也。从广，朝声。”庙中设有祖先的牌位，这牌位就是代表祖宗形貌的。《释名·释宫室》：“庙，貌也，先祖形貌所在也。”在古代，人死了后，活着的人为他们建造房屋，然后将他们的牌位供奉其中，使后人仿佛可以见到他们生前的容貌。这就是许慎所说的“尊先祖貌”。

《礼记·王制》：“天子七庙，三昭、三穆与太祖庙而七。”帝王子之庙称昭，

帝王孙之庙称穆。其意思是:天子家族七室,三子之庙在太祖庙之西,三孙之庙在太祖庙之东。《谷梁传·僖公十五年》:"天子至于士皆有庙。"即从天子到一般的士大夫皆置庙。其后各朝帝王均建宗庙。

曲阜古庙

"庙"从"宗庙"引申指供奉历史上那些有才德或对国家作过贡献的人物的建筑,在庙中除了供奉这些人物的牌位外,还在庙中塑造他们的像,供人烧香膜拜。如孔庙、岳庙、太白庙等。

在中国古代,人们认为他们的先人、在人世为帝的人,以及那些对国家对民族作过贡献的人死后均变成神,因而要祭拜。可见宗庙是供奉"神灵"的地方,也是祭神的地方。"廟"中含有"朝",即"朝廷"的意思,因此,"庙"引申指朝廷。如范仲淹《岳阳楼记》:"居庙堂之高,则忧其民。"其意思是身居朝廷的高官,就要为他的百姓担忧。

"寺"为什么会指佛寺呢?"寺"的小篆为"寺"。《说文解字·寸部》:"寺,廷也,有法度者也。从寸,之声。"朱骏声通训定声:"朝中宦曹所止理事之处。"这就是说,"寺"的本义是指古代的官府的名称。如古代有"大理寺"——主管审核刑罚事件,"太常寺"——职掌祭祀、礼乐,"鸿胪寺"——负责接待宾客。又因为这些

深山藏古寺图

机构办事一定要讲法度，故“寺”又指“有法度者”。而“寺”字中的“寸”字就是表示这些机构与法度有关的。

“寺”是怎样由官府变成佛教庙宇的呢？据典籍所载，东汉明帝时，佛教开始从印度传入中国，天竺（即今之印度）僧人摄摩腾、竺法兰两人用白马驮着佛教经典来到东汉，住在都城洛阳，先住在洛阳鸿胪寺。第二年，明帝专门在洛阳雍关西建白马寺作为他们二人的住处。此后寺便成为僧人的住所和佛教供奉如来佛等佛教菩萨的地方。如唐张籍《野寺后池寄友》：“佛寺连野水，池幽夏景清。”在此同时，“寺”的本义“官府”反而逐渐消失了。

“观”又是怎样变成供奉道教仙人的地方的呢？要回答这一问题必须了解“观”字的结构。“观”的繁体为“觀”，此字早见于甲骨文，为“”，金文的结构与之基本相同。其字象古之鸱鸮一类的鸟，即今所称的猫头鹰。其上为长有毛的角，中间的两个“口”，像两只突出明亮而又炯炯发光的大眼睛。其下为“隹”，即鸟。古人都知道“雚”（guān）在夜间视力最强，因此用它表示观看或仔细看的意思。“观”字的小篆是在甲骨文的基础上增加“见”字而成。《说文解字·见部》：“观，谛视也。从见，雚声。”所谓“谛视”就是十分仔细认真地看。“观”是有目的地看。前面已经说过“雚”就有“看”、“观看”的意思。许慎认为它为声符，并不完全正确，应该说它既表声，也表意。

简化字的“观”，从又，从见，会意字。“又”表示多次、反复的意思，加上“见”字后其意思就是：反复地看，仔细地看。简化的“观”字，更充分体现了“观”的本义。在这里还要说明一下的是，古代的“观”表示“看”时，还是一种带有欣赏性地看。如《左传·襄公二十九年》：“请观于周乐。”现在的“观”同样含有带欣赏性地看的意思。如观光、观月、观山、观水等。

“观世音”中的“观”有些奇特。南海观世音是佛教中最受世人尊敬的菩萨之一。据《法华经·普门品》中说，众生如果遇到什么灾难时，只要口中默默地诵念“观世音”三字，菩萨就会前往搭救。应该说“世音”即世间之音，只能听，何以“观”呢？佛教取此名，无非是进一步神化观世音的法力无边罢了。

因为“观”所见的一般是值得人们欣赏的景观，所以，“观”引申指奇观、壮观之景物，又用于指古代那些壮观的高大建筑物。此后，道家又将供奉仙人灵位的房屋也称为“观”（guàn）。道家将自己的庙宇称“观”，始自南朝。据宋赵彦卫《云麓漫钞》卷八载：梁元帝患了病，有人从汉中请来一个叫王仲都的道士为元帝治病，并把他安排住在昆明观。王仲都果真为元帝治好了病。此后，“观”就成了道家的住所名，也即道家供奉仙人的地方。如唐刘禹锡《元和十年自朗州召至京戏赠看花诸君子》：“玄都观里桃千树，尽是刘郎去后栽。”

家中有成串的珍宝和钱

——“实”字趣释

“实”字早见于金文，作“”或“”。前一字，从宀，从“毌”，从贝。“宀”，房屋。毌(guàn)，象形字，本义是将财物、珍宝用绳索穿起来，便于携带。《说文解字·毌部》：“毌，穿物持之也。从一横贯，象宝货之形。”段玉裁注：“𠀃者，宝货之形……一者，所穿而持之也。”据段玉裁的解释，“毌”就是成串的珍宝钱财。贝，古代曾作为物质交换的媒介，即钱币。合起来的意思是珍宝财物和金钱装满了整个屋子。钱多、财物多的人家当然很富。可见“富”就是“实”的本义。

后一“实”字，将“毌”改为“田”，有的学者认为这是一种错讹，我看是古人有意改之。在古代，有钱的人家总要买田置地，这是因为田地对于古代的民众太重要了，有田就可以免受饥饿之苦。田多收的粮食就多，田地对他们来说也是非常重要的财产，因此用“田”作为财物的代表，然后加上金钱(贝)，这样的家庭自然也是很富有的。两个金文的“实”字虽然在结构上略有区别，但所表示的本义是相同的。

小篆的“实”承金文的第一种形体而来。《说文解字·宀部》：“实，富也。从宀，从贯。贯，货贝也。”段玉裁注：“以货物充于屋下，是为实。”许慎和段玉裁的说法都有不足之处。许慎认为“贯”就是钱币，他在《说文解字·贝部》中说：“贯，钱贝之贯。”所谓“钱贝之贯”就是钱串，即成串的钱币。那么在许慎看来，所谓“富”，就是钱币多。段玉裁则认为“实”的本义是“货物充于屋下”，即财物装满了屋子。在段玉裁看来，家中财物多就叫富。上述对“实”的解释，不管是财物多，钱币多，还是钱财都多，均认为“实”的本义是富、富裕。这是因为各家对“富”的衡量标准有所不同，所以有了不同的解释。

因为“实”字的本义包括有财物，所以“实”引申为“财物”的意思。如《淮南子·本经训》：“实不聚而名不立。”高诱注：“实，财也。”又因为“实”字又指财物、钱币装满了房子，所以“实”又引申出满、充满、充实等意思。如屈原《九歌·湘夫人》：“合百草兮实庭，建芳馨兮庑门。”洪兴祖补注引五臣云：“实，满也。”其意思是：各种花草满庭院，屋里和走廊上到处都陈放着芳香之物。

简化的“实”字，将“宀”下的财物、金钱或土地一概去掉，换成了“头”，“头”在这里代表人。在造字者看来，人是财富的创造者，有了人，才有了一切，对于一个国家是如此，对于一个家庭（宀）也是如此。“实”字的这一结构充分体现了现代人的富裕观，具有浓郁的时代性。从古文的“实”字到简化的“实”字，充分反映了中国人“实”的观念的转变过程。

在法律面前人人平等

——“法”字趣释

“法”字本为“灋”。《说文解字·廌部》：“灋，刑也。平之如水，从水；灋”廌，所以触不直者，去之，从去。”说明“灋”字由“水”、“廌”（zhì）和“去”三字构成。水，喻执法要公平公正、不偏不倚，要像水一样平。“水”在字中的作用同于现代法官肩章上的“天平”图案。廌，据说是一种独角兽，又叫獬豸（xiè zhì），对于这种兽的形体有各种说法：有的说像牛，也有的说像羊，更有人说像鹿。不管它像什么，人们都认为这种兽是一种能“别曲直”的神异之兽，它“性知有罪……有罪则触，无罪则不触”。《神异经》中记载说：“北荒山中有人斗，（廌）则触不直者。”可见“法”的作用在于治不正、不直以及办事不公道者。

獬豸图

古“法”字的创制，充分体现了我们民族早期的法律意识，蕴涵着我们先人的法制精神：在法律面前人人平等，执法一定要“平”、“直”、“正”。如果执法不正不平，社会秩序就会受到危害，国家政权就要受到威胁。一般学者认为根据中国的历史记载，夏朝（公元前 212 至前 16 世纪）便完成了由原始社会到阶级社会的过渡，随着氏族制度的解体，国家的形成，法也就产生了。不过，最初的法一般为习惯法。真正成文的法规到春秋战国时才正式出现，如晋国的《刑罪》，郑国的《刑书》、《竹刑》等。

古“法”字所体现的法制精神应该说是健康的，“法”应该以维护百姓的利益为出发点，以制止统治阶级的胡作非为为目的。它体现了我们的先人多么期盼建立一个法制齐全、执法公正的民主社会啊！然而，“法”一问世，便成为历代统治阶级维护自己统治地位，压迫百姓的工具，完全违背了“法”字本身所体现的“在法律面前人人平等”的期盼。

而今之“法”字是古“灋”字的省减，其中的“氵”，即“水”，“水”是很“平”的，在这里仍然表示平、公平，即执法要公平、公正。右边的“去”，据《说文解字・去部》：“去，人相违也。”段玉裁注曰：“违，离也。”“人相违”的意思是：不要离开。可见“去”有离开、违背的意思。全字的意思是：执法公平、公正的原则，任何时候也不能丢。

藏弓之所与官府

——“官”、“府”二字趣释

“官”字的甲骨文为“ ”或“ ”，其中外部的“ ”，为“宀”，上古指房屋。内部的“ ”为“弓”。弓箭是古代部落用来打猎或抵御敌人的武器。在先民看来，善用弓者，是能人，这些人常常担任部落的酋长。因此“弓”在古代成了权力与权威的象征。“官”字所表示的意思就是屋子里挂有弓，即藏弓之所。藏弓的地方是有权威的象征，这样的屋子不是一般的房舍，而是官府，即古代官员办事的地方。可见“官”的本义指官员办事的地方。

对古文的“官”字，有的学者作了不同的解释。其分歧就在于对中间的“ ”作了不同的解释。他们认为“ ”为“自”，即古“堆”字。《说文解字・自部》：“官，吏事君也。从宀，从自。自犹众也，此与师同意。”许慎认为“官”是众官吏为君王办事的地方，即官府的意思。杨树达《积微居小学金石论丛》：“官字从宀，凡从宀之字皆以屋室为义。官字下从自，盖象周庐列舍之形，谓臣吏所居之舍。”杨树达先生认为“官”中的“自”作为“房屋相连之形”。历来官府均为房屋相连，所以“官”的本义为古代的官署、衙门，即今之“官府”的意思。

古代官府

上述几种解释虽不相同，但在“官”的本义为“官府”这一点上是相同的。如宋王安石《上田正言书二》:“安石五月还家,八月抵官。”由于“官”的本义指官员办公的地方,即官府,所以“官”引申为官员的意思。如《易·系辞下》:“百官以治,万民以查。”“官”进入现代汉语后,只用于指政府官员,不再指官府了。

宁波天一阁的宝书楼

“府”字早见于金文,早期金文的“府”写作“”,其上为“府”,其下为“贝”。从贝,说明了“府”与钱财有关。可知早期金文的“府”为库藏财物的地方。后期金文的“府”则简化为“府”。小篆的“府”继承了后期金文“府”的形体。《说文解字·广部》:“府,文书藏也。从广,付声。”段玉裁注:“文书所藏之处曰府。”许慎和段玉裁都认为“府”本为古代藏文件、书籍的地方。可知“府”的本义为书库或今之档案库。古人认为,府不仅要收藏钱和财物,还要收藏书籍和文件。由此可知,古代官府不只是官员办事的场所,另外还有三件大事:一是收藏钱财;二是制定与收藏公文及法定文件;三是收藏书籍。

由于“府”有收藏典籍、政府文件及财物等功用,所以“府”引申指收藏财物的仓库。如《史记·项羽本纪》:“吾(刘邦)入关,秋毫不敢有所近,籍吏民,封府库,而待将军(项羽)。”此处的“府”与“库”为同义词,即藏钱财的仓库。

由于“官”的本义是官员办公的地方,即装人的仓库,“府”为装钱财的仓库,二字均有“仓库”的意思,也就是说它们都有着相同的意义,因此,“官”和“府”结合成复合词“官府”。

学习是孩子的大事

——“学”字趣释

“学”字的繁体为“學”，甲骨文为“□”、“□”、“□”等形体。根据甲骨文的形体，学者们作出了这样的解释，他们认为“学”字表示古人用双手构木为屋，或修葺房屋的情形。其中的“□”为双手形，上部中间的“□”或“□”为构筑房屋用的木料等物品，其下“□”为房屋形。是会意字。构筑或修理房屋在先民眼里是十分复杂的技术，一定要向别人学习才能获得。因此甲骨文中的“学”字，有“学习”的意思。不过甲骨文的“学”字还有“教”的意思。事实上向别人学习房屋的建造或修理技术，自然也包括着掌握这种技术的人向学习者传授技术的过程，即“教”。如甲骨文中：“王学众。”（丙二一）其意思是：王教众人。所以有的学者认为甲骨文的“学”与“教”同为一字，那就是“学”字。

清 蔡嘉 秋夜读书图

“学”字的金文为“□”或“□”，小篆的形体与金文相同。前一形体为后一种形体省减而成。总的来看，甲骨文以后的“学”字的古文字多在甲骨文的基础上增添了一个“子”字，“子”指小孩，即需要学习者。对此，有的学者认为“学”字从“□（双手）”，从“□（渔网）”，“□”为大人的双腿，下为“子”。其意思是：像一个小孩子在大人膝下学习编织渔网的技术。因为编织渔网是一种复杂的技术，不

古代传教图

学是不能掌握这种技术的。也有的学者认为，在古人看来，学习是孩“子”们的大事，他们出世之后就需要接受教育，但他们是被关在“冖”（mì）里，即“狭小范围”内。在古代，教孩子学习计算时，开始是用短竹签来计数的。“爻”就是代表这些竹签的象形字，“𦥑”是两只手。由此看来，“学”的最初意思是：孩子们学习搬弄短的竹签。显然，这是启蒙前的一种学习内容和教学方法。

对于“学”的金文“斆”，有的学者作出了这样的解释，他们认为这是一个以“教”和“冖”（mì）为意符的形声字，意符用“教”，取其教诲之义，使“学”字有教和学的意思。“冖”的本义是蒙覆，以“冖”为意符，意思是“子（孩子）”尚被蒙覆，也就是说孩子尚处于蒙昧之时，因此需要学习，然而他们的学习是不自觉的，必须要“攴”(pú)，即鞭打，督促。秦朝以后“斆”字废去“攴”，改用“学”，取自觉、自学之义。《说文解字·教部》：“斆，觉悟也。从教，从冖，冖，尚矇，臼声。”所谓“觉悟”，就是了解、学到了一些自己所不知道的东西。

繁体“學”其实也包括“教”与“学”两方面的意思。可以理解为用双手（𦥑）持爻（本为卦术，此处指古代的书籍），以教膝下（冖，两腿之形）之子（子），或“子”用双手（𦥑）捧书（爻）学于大人膝下（冖）。可见，古代的“教”与“学”原为一字，以后才分化为二字。简化字的“学”字的上部“⺍”为“𦥯（古‘学’字）”的省减，然后加上“子”构成，它的构形充分反映了我们民族的先人早就注重对儿童的教育，教育必须从孩子们抓起。看来，学者们从“学”字的结构出发，作出了不同的理解，但他们有一个共同点，即都认为“学”字有“学习”的意思。这大概就是“学”的本义。

贝壳比玉还珍贵

——“宝”字趣释

而今一切值得珍视或贵重的东西均可以称宝，然而我们的古人并不这么看，他们将什么东西视之为“宝”呢？我们只要对古文“宝”字的结构作一简要分析就可明白此中的道理。甲骨文的“宝”字写作“”或“”。上为“宀”，“宀”为房屋。中间的“”为“贝”，即贝壳。“贝”在今天看来只不过是一些平常之物，海边似乎遍地皆是，然而在古代却十分珍贵，古人还用它作钱贝。下面的“王”是“玉”，“玉”为珍宝。这是一个会意字，其意思是：屋中收藏有玉、贝等珍贵物品。后一“宝”字下之“”为古“朋”字，即成串的钱贝。从甲骨文的两个“宝”字来看，在殷人眼里，“玉”、“贝”都是珍宝，尤其是“贝”更为珍贵，甚至比“玉”还珍贵，无论什么情况下，“宝”字中可以缺“玉”，但不能缺贝。

鲁叔奂父盨铭文“子子孙孙永宝用”

金文的“宝”字则为“”，从宀，从王，从贝，从缶。金人将“缶”，即陶器，也视之为宝。有的学者认为：在周代，普通人家是难以用到缶的。可见缶在西周时期同样被人们视之为珍稀之物，因而古人造“宝”字时加了一个“缶”字。当然

也有的学者认为“缶”同时表声。此说也足以令人信服。上古“缶”、“宝”读音相同,声类均为重唇音。“宝”的小篆形体承金文而来,为“寶”。《说文解字·宀部》:“宝,珍也。从宀,从王(玉),从贝,缶声。”不过进入秦汉以后,陶器业已较发达,缶便失去了昔日的光辉,不再是珍宝了。许慎认为“缶”在“宝”字中只表声,是符合当时的社会历史的。

简化字的“宝”,其结构仍然保留了会意的特征,其意思是:房子中藏着美玉。对“宝”字进行简化时,学者们之所以将“贝”、“缶”均省减掉,而只保留了“玉”,这是因为“贝”这种产于海中之物在交通发达的今天,已不是什么珍稀之物了,相反变得极为普通。至于“缶”不但不“宝”,相反已是极普通之物了。今天仍然被人们视作宝物的只有“玉”,因此在简化的过程中只保留了“玉”。“宝”由原来专指“玉”、“贝”等极其珍贵之物引申为指一切珍宝,或“以……为宝”的意思。如《孟子·尽心下》:“诸侯之宝者三:土地、人民、政事。宝珠玉者,殃必及身。”其意思是:诸侯的宝贝有三样:土地、百姓和国家大事。以珍珠美玉为珍宝的,祸害一定会降临到他的头上。“宝”还引申为喻指美德及重要理论。如《论语·阳货》:“怀其宝而迷其邦,可谓仁乎?”皇侃疏:“宝,犹道也。”其意思是:自己有一身的本领,对国家的事情却糊里糊涂,可以称得上是仁爱吗?

《左传·襄公十五年》中有这样一则故事。一天,宋国有一个人拾到了一块宝玉,便将它献给楚国的当权者子罕,子罕当即予以拒绝。那个献宝玉的人误以为子罕认为这宝玉是假的,因此不愿收,便对子罕说:“我曾将这块玉给治玉的工匠看过,工匠告诉我说这是一块珍宝,因此我才将它献给您的。”子罕说:“你以玉为宝,我以不贪为宝,如果你把玉送给我了,我们两人都会丧失其宝,不如我们各自保留住自己的宝吧。”从这个故事中,我们看到了一位清廉不贪的人物形象。

以羊为头饰的人们

——“羌”、“姜”二字趣释

“羌”的甲骨文为“”或“”，前一个形体就像是一个头戴羊角头饰的人，后一个形体是一个头上用绳索之类的东西捆绑着的羌人。“羌”字的后一种形体正符合卜辞中所载的这样一个历史事实：那时羌人常和中原的商人交战，羌人每次战败被商人俘获的不少。而商人常用绳索将被俘的羌人捆绑后押回本国。

据历史典籍记载，“羌”是一个早期就活动在我国西北地区的游牧民族，这个民族以养羊为主，并且常用羊角来作为自己的头饰。《说文解字·羊部》：“羌，西戎牧羊人也。从人，从羊，羊亦声。”是一个会意兼形声字。

甲骨文的“姜”为“”。金文的形体与之相同。从女，羊声。赵诚先生说“象女子头上有羊角之形，指从羌族俘虏来的女俘”。因为甲骨文中有关商人从羌族俘获女俘，即“姜”，后常用作祭祀的人牲的记载不少。《说文解字·女部》：“姜，神农居姜水，以为姓。从女，羊声。”“姜”字显然是个富有丰富文化涵义的汉字，它的上半是“羊”字，下半是个“女”字，可以解释为“羊母亲”，也可解释为“头戴羊角的女人”。

姜子牙画像

“姜”姓出自陕西省岐山县西边的姜水之滨。姜水西出岐山，东流入渭河。不过我们现在很难辨别到底是先有姜水河名，还是先有以姜为姓的人群。在那个时代，水源和母亲具有相近的意义，它们都意味着生命的来源。学者们认为，姜姓的产生与一个古代的民族有关，这个民族就是一直活动在中国北部和西部的羌族。“羌”字原来就是一个广义的族名。

在甲骨文中,羌、姜只有性别上的区别,羌是男羌,姜是女羌。从这里可以理解为:先有以“羌”为标志的部族,后有以“姜”为标志的姓。当需要有个符号来标记羌族的各个分支时,姜姓就产生了。古文字研究证明,羌族和姜姓都代表着一种头戴羊角的风俗。这种风俗叫作图腾风俗,他们用某种装饰表明一个氏族同某种动物具有血缘关系。既然羌人和姜姓人都是羊的后代,那么他们之间的血缘关系不是显而易见的吗?

根据许慎所说,“姜”姓发源于姜水之滨,神农氏是其祖先。神农氏对中华民族的一项卓越贡献就是他尝百草以疗疾病和立市廛以通财货。也就是说,我国早期的社会经济制度和医药学在神农氏手中已建立了最初的形态。

在姜姓人中,有人们最熟悉的姜太公这个名字,他原名姜尚,字子牙。由于他不满商纣王的暴政,放弃了禄位,为了生计,他来到渭水边的蟠溪(今陕西宝鸡市附近),在那里搭了间茅屋,住下来,以钓鱼为生。渭水一带是周人的居住地,其首领周文王很贤明。姜子牙来这里其目的不在钓鱼,而想借此遇见周文王,以使自己有施展才干的机会。所以他钓鱼用的是直钩,钩上既没有鱼饵,也不把钩沉入水中,垂钓时,口中还不停地念道:“愿者上钩,不愿则罢了。”就这样钓了好几年。一天,周文王打猎经过渭水,发现他见识高远,才智不凡,就把他请回去,并封他为国师,称他为太公。其后,姜太公果然辅佐武王灭了商朝,建立了周朝。

头上架着刑具的女人

——“妾”字趣释

甲骨文的“妾”为“”,下面是女,即是一个面朝左跪着的女人形象。上面的“”是“辛”字,指古代的一种刑具,是会意字。其意思是:受刑的女人,

古代官宦之家妻妾成群图

即人们常说的"女奴"，或者就是侍候主人的丫头、女佣。金文和小篆的形体结构与甲骨文相同，均从辛，从女。如《尚书·费誓》："臣妾逋逃。"这句话的意思是：男女奴隶都逃跑了。孔安国为这句话作注时说："役人贱者，男曰臣，女曰妾。"其意思是：从事劳动的那些下等人（即奴隶），男的叫臣，女的叫妾。在奴隶社会，"妾"是女奴的代名词。那时的妾除了在劳动上与臣一样受奴隶主的残酷剥削外，还要充当奴隶主发泄性欲的工具，常常为奴隶主唱歌跳舞，供奴隶主观赏和玩乐。

其后，"妾"字上的"辛"变为"立"。有的学者认为"妾"从立，从女。也是会意字。意思是"立"着的"女"子，也就是后人常说的"使女"，或"小老婆"，她们不像主人那样高贵，是一些经常只能与其他没有身份的人接触的女人。(参见安子介《解开汉字之谜》第47页)这样理解仍然保持了"妾"的本义，也未尝不可。

至于"妾"指"男人在正妻之外所娶的女子"的意思肯定是较晚才有的。中国古代社会并未实行一夫一妻制，男人在明媒正娶了正妻外，仍允许纳妾，但是，妾在家族中的地位是低贱的，被人看不起，与佣人地位差不多。到了封建社会，随着一夫多妻制和家长制的发展，妾的名目更繁多了。周朝时，大老婆为"正室"、"正妻"，小老婆则为"侧室"、"副妻"。小老婆又要分成好多种，天子的大老婆叫后，小老婆分别叫夫人、世妇、嫔和御妻；诸侯的大老婆叫夫人，小老婆分别叫世妇、妻、妾等。这是贵族中的情形。一般人的大老婆叫妻，小老婆叫妾。到了汉朝，名目就更多了，单是地主们的小老婆，就有小妻、小妇、少妇、旁妻、下妻、外妇等等的区别。

小老婆的名目虽然多，但从周朝开始，都总称之为“妾”。汉朝人写的《白虎通义》上说：“妻妾者何谓也？妻者齐也，与夫齐体，自天子下至庶人，其义一也；妾者接也，以时接见也。”意思是说：妻子和丈夫在名义上是同等的，从天子到老百姓都一样；妾是有时才能和丈夫在一起的女人。

《广雅·释亲》：“妾，接也。”以“接”训“妾”，亦是声训。“接”有“续”义，因而“妾”也有“续”义。《广雅·释诂》：“接，续也。”因此，“妾”字有接续之义是可信的。从这里我们似乎可以发现古人对“妾”所持的观念，只不过是作为“妻”的某种续补而存在。妾的续补作用主要表现在：一是“续补”“妻”生育上的缺陷，这也是妾存在的一个重要原因。第二个“续补”是对“夫”来说，“妻”往往还有一个更普遍的缺陷需要“妾”来续补，那就是妻年老色衰，或者虽然青春年少，但已失去了对丈夫的吸引力，便需“妾”作色相之续补。

总之，“妾”字的创制，真实地记录了古代女子受压迫受奴役的事实。

“姐”原指母亲

——“姐”、“姊”二字趣释

“姐”字古义指母亲，今人看后一定感到不可理解。不过我们只要对“姐”字的结构作仔细的分析，对此字的疑惑就会消除了。《说文解字·女部》：“姐，蜀谓母曰姐。从女，且声。”由此可知，许慎所处的时代，“姐”指称母亲仍然保留在蜀地的方言之中，这种现象应该是“姐”在更古的时代指“母”这一语言现象的遗存。

“姐”字由“女”和“且”构成。“且”是“祖”的本字，其本义指男性的生殖器，而“姐”字中的“且”字在这里指的是一个人的来源。“姐”字的结构说明，“女”性要生孩子、当母亲的先决条件一定要有“且”，这就是“姐”字创制的初始意义。“姐”字的创制，充分体现了人类对生殖的科学认识。此前我们的先民对

清 康涛 贤母图

女性生育能力的认识是愚昧的,他们不知道女性的生育是男女结合的结果。“姐” 字的形成, 是先民对女性生育认识的一个飞跃,这种认识是科学的。

“姐”字古文为“她”或“毑”,这种同字异构现象是颇值得玩味的。“也” 不少学者认为它代表女性生殖器,从女、从也或从母、从也的构形与 “姐” 指 “母” 的意义自然是相符的。显然,“姐”字的历时演变透示出先民生育观念的科学变化。

其后“姐” 由指“母亲”引申为指父母,或比自己年纪大的女子。自此,“姐”将本义让位于“母”字,而专指比自己年纪大的女子。

“姐” 上古既然作“母”,那么上古的“姐”称什么呢? 上古的“姐”称“姊”。《说文解字·女部》: “姊,女兄也。从女,𠂔声。” 如《诗·邶风·泉水》: “问我诸姑,遂及伯姊。” 毛传: “先生曰姊。” 这两句的意思是: 问候我的那些姑姑们, 同时还问候我的大姐姐。

自从 “姐”引申为指比自己年纪大的女子后,“姐” 则与 “姊” 同义,并沿用至今。

女之初

——“始”字趣释

“始” 字早见于金文,作“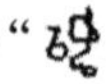”、“”两种形体。右边的部分为“女”,即

“始”字的意符。左边的“”为“”，“以”字的古文。“”即为“台”(yì)，也为“以”的古文。可见“”和“台”的读音相同，作“始”字的声符。《说文解字·女部》：“始，女之初也。从女，台(yì)声。”所谓“女之初”，即指作为女人之初。闻一多说，“始”是指女性对初次性生活的体验。

夫妻恩爱图

两性交合是人类繁衍生育的第一步，先民对两性交合的生物学意义的理论是逐渐形成的。人类对自身的这种认识是建立在父系血缘关系社会的基础上的。当人类完全认识到人之所从出乃在于“祖”(男性生殖器)时，从前的那种以女性占居统治地位的社会基础也就开始动摇了，直至崩溃，从此确立了父系制的永久性的血缘关系。“始”字的出现具有深远的文化意义，它反映了人类自我认识的升华。

由于许慎以“女之初”对“始”进行的解释比较模糊，因而对“始”的本义也出现了不同的解释。有人认为所谓“女之初”是说人类起于女子，从“始”字的创制，说明了人类的始祖是一个女子。这样理解也不无道理。中国古代神话传说“女娲造人”中的女娲就是人类的始祖，她就是女性。还有人将“始”解释为女子的初潮，即首次来月经。

由于“始”的本义中含有开始、起始的意思，所以引申为广义的开始、起始、从前等意思。如《论语·公冶长》：“始吾于人也，听其言而信其行。”其意思是：最初我对于别人，听到他的话，便相信他的行为。

人类血缘关系的标志

——"姓"、"氏"二字趣释

姓，是一种代表个人家族的特定符号，就是用以别婚姻的一种符号。但是，人类并不是一开始就有姓的。人类在刚刚脱离动物之时，过着昏昏噩噩、随意性交的原始蒙昧生活，是不存在什么姓观念的，他们只知女人生孩子这一生理现象。而"姓"字正好反映了人类的这一段历史事实。将"姓"字拆开来看，是由"女"和"生"字构成，据此可以推知，"姓"的最初涵义是生孩子或女人生孩子。清代学者徐灏在《说文解字注笺》中说："姓之本义谓生，故古通作生，其后因生以赐姓，遂为姓氏字耳。"

"姓"字甲骨文作""，从女、生，会意。"生"字像草木生出土上，此处表示人的出生；"女"则表示人生之所由。许慎《说文解字·女部》："姓，人所生也。"意思是"姓"标明人由谁所生，即是一种血统的标记。显然，在造"姓"字之时，在古人的观念里，孩子的血统似乎仅仅维系在母亲身上。"姓"的产生同那个时期的婚姻制度有关。"姓"作为部族的特定标志，则要追溯到原始社会的母系氏族前期。随着生产力水平的提高和人们思维能力的发展，原始人群逐渐认识到近亲婚配对后代造成了不良的后果，从而出现了群婚制。群婚制的特征是族外婚，氏族内部禁止婚配，即一个女子可以同时与其他氏族的许多男子保持夫妻关系。为区别氏族以别婚姻，姓便应运

汉画像砖　桑林野合图

而生。

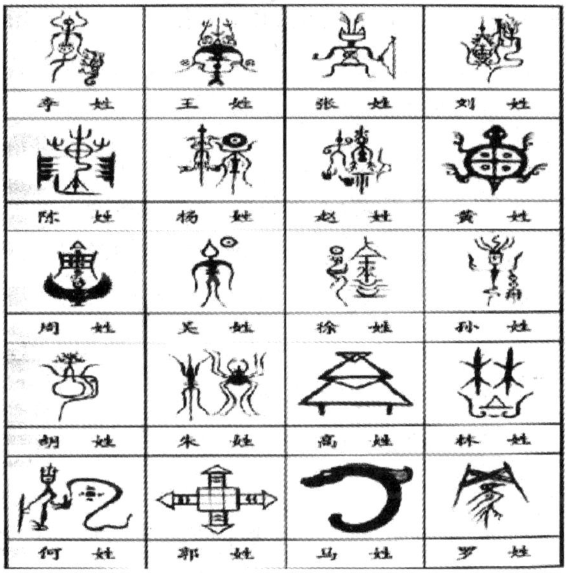

姓氏图腾

“姓”作为部族的特定符号，反映了那个时期，人们只知其母，不知其父，就是一个女子可以同时与许多男子保持夫妻关系，男子亦然。《吕氏春秋·恃君览》：“昔太古尝无君矣，其生民聚生群处……无亲戚兄弟夫妻男女之别，无上下长幼之道。”这种婚姻是一种彻底的性自由。由此，从女、从生之“姓”的造字，也反映汉族先民的群婚习俗。

群婚制这一历史现象的出现，使孩子只知其母不知其父，孩子的血统当然只能根据母亲来确定，因而必须姓母亲的姓。根据这一历史文化背景，古人自然也会选择一个字（即一种符号）作为本部族的标志，这样就产生了“姓”。姓作为氏族的特定符号，其起源要追溯到原始社会的母系氏族时期。我国许多古姓都是女字旁，如姬、妊、姒、妫、妘、嫪等，这便带有母系氏族社会的痕迹。

“氏”字早见于甲骨文，其甲骨文形体为“”或“”，两者形体相近。对它的本义说法较多，林义光在《文原》中解释“氏”时说：“本义当为根柢……姓氏之氏，亦由根柢之义引申。”按照林义光的说法“氏”作为姓氏之氏，是从本义“根柢”引申而来。此说法似乎可以为人所接受。

“氏”最早是贵族作为宗族系统的标志。在上古时代，“氏”是姓的分支。《通志·氏族略序》：“三代之前，姓、氏分而为二，男子称氏，妇人称姓，氏所以别贵贱，贵者有氏，贱者有名无氏。”

“氏”是以男性为社会主体的产物。原始社会末期，由于私有财产的大量积存，男子在生产中的地位随之日益提高，而女子的社会地位日益低下，便形成了男子称氏，女子称姓的局面。“氏”也是男姓氏族首领的标记。每一个首领的产生往往同土地、权力的分配有关，所以氏名常常又是地名或官职名。比如炎帝的后代吕氏、申氏、许氏、封氏、高氏、崔氏、卢氏等都以所封地名为氏。照学者们的推断，“姓”的历史要比氏的历史悠久得多。由于我们的祖先直到父系氏族时代才发明文字，这使人类的历史几乎变成男性英雄的历史，致使“姓”的历史消失在“氏”的历史之中。

到了东周以后，这种男子称氏，女子称姓的制度开始发生变化，姓氏的界限开始逐步消失，氏变成了姓。这种氏、姓相混，即男子和女子一样称姓的情形，据顾炎武《日知录》说始于司马迁。《日知录》卷二十三：“姓氏之称，自太史公始混而为一，《本纪》于秦始皇则曰姓赵氏，于汉高祖则曰姓刘氏。”此后，姓氏无别，在姓氏史上打破了贵贱之分的旧格局，开辟了一个姓氏为一的新时代。

九　　画

爱看树的人

——“相”字趣释

早期的地球上，草木繁茂。这些树木就是人类赖以生存的重要条件，先民们要经常采集树上的果实来充饥，还要构木为巢，作为自己的居室。树木也可美化他们的居住环境。总之，树木成了先民生活中必不可少的东西。这一事实从汉字“相”的结构可以得到补证。

清　禹之鼎 王翚　李图南听松图

“相”字早见于甲骨文，其形体为“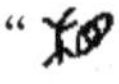”或“”，金文的形体与甲骨文的前一“相”字相近，只是金文的笔画变粗了些。不论是甲骨文还是金文，其结构均由“木”和“目”构成。其中的“”就是今之树木。“”为人的眼睛，外边的轮廓像眼眶，里面像瞳孔，即今之“目”的象形字，此处表示看的意思。学者们根据“相”字的结构，将其最初意义理解为看树木。《说文解字·木部》：“相，省视也。从目，从木。《易》曰：‘地可观者，莫可观于木。’”段玉裁作注时说：“此引《易》说从目木之意也。目所视多矣，而从木者地上可观者莫于木也。”由此可以得知，“相”字的构形，透露了我们的先民喜欢树木的心理，同时也说明他们是一些爱看树的人。在他们看来，大地上的树木最值得看，而且百看不厌。许慎用“省视”来训释“相”，正体现了先民的这种心理。“相”作细看、认真看的意思是从“看树木”的初义引申出来的。

也有的学者将“相”字中的“木”理解为木材。清代古文字学家徐灏《说文解字注笺》引戴侗曰：“相，度才也。工师用木，必相视其长短、曲直、阴阳、刚柔之所宜也。相之取义始于此会意。”这就是说古代的工匠用木材做器具之前，必须认真选材，因此要仔细观察木材的质地。而“相”所表示的本义就是考察木材。此说也不无道理。以上的“相”均读为 xiàng，动词。

那么“相”又是怎样引申为相(xiāng)互的“相”的意思的呢？这是因为“相”这一动作表示了“目”(即人)与“木”之间的相互关系。段玉裁注曰：“目接物曰相，故凡彼此相交接皆曰相。”如《庄子·大宗师》：“四人相视而笑，莫逆于心，遂相与为友。”其意思是：四人彼此你看着我，我看着你，心里感到很舒坦，于是一起结为朋友。句中的前一个“相”就是互相的意思。

用刀刻木

——“契”字趣释

“契”的甲骨文为“”。左边的“丰”，音 jiè。“丰”中间的一竖，代指一

根木头，其上的三横画表示木头上刻下的划齿。简言之，“丰”就是在木头上刻划的齿形，即契刻之齿。右边的“刂”为刀。全字的意思是：用刀在木头上刻齿。由此可以确定“契”在殷商时代的初义为刻。邓散木《说文校释》对此字解释道：“㓞，刻也。从刀，丰声。丰又象所刻之文理。”邓说是可信的。

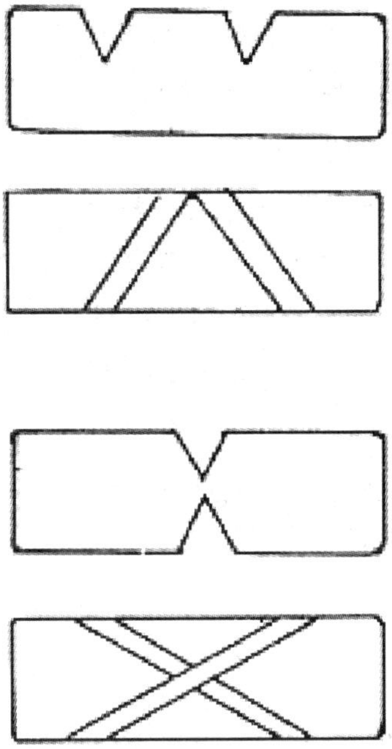

甘肃西宁县周家寨出土的仰韶时期骨契图形

小篆的“契”是在甲骨文“㓞”的下部加一木字，为“栔”，或加一大字为“契”。《说文解字·㓞部》：“栔，刻也，从㓞，从木。”其实“木”表示刻的材料，“刀”是刻的工具，“丰”表示刻的内容。加“木”的“栔”使“刻”这一活动更具体化。又《说文解字·大部》：“契，大约也。”徐锴系传引《周礼》郑玄注：“大约，邦国约也。”这就是说，“大约”是当时各诸侯国之间所订立的公约。应该说“大约”之义是在“刻”的基础上引申出来的一个义项。

《吕氏春秋·察今》载有这样一则故事：“楚人有涉江者，其剑自舟中坠于水。遽契其舟，曰：‘是吾剑之所从坠。’”其中的“契”就是刻，就是在剑落水的地方刻上记号，以备寻找那失落的剑。此人之举，留下了办事刻板，不知变通的笑话，后人将这则笑话称之为“刻舟求剑”，亦曰“契舟求剑”。了解了“契”字的结构之后，不会再将其中的“刀”写作“刃”了。

须知在文字没有产生以前，古人经历了从结绳记事到用“契”（即书契）记事的历程，就是由过去的用打绳结的办法记事过渡到用刀在木头或其他物体上刻上一些线条或缺齿的方法来记事。对此，古籍中均有记载。《易·系辞上》：“上古结绳而治，后世圣人易之以书契。”孔安国《尚书序》中说：“古者伏羲氏之王天下也，始画八卦，造书契，以代结绳之政。”可见上述所说之“契”就是古人用来记事的契刻。这种古人的契刻，还有遗物存在。考古学家们曾在仰韶文化遗址里发现了很多长方形的骨片，上面有的刻有缺齿，有的刻有线条。学者们认为，这些文物大概就是古代的“契刻”，即书契。

这种书契主要是用来记事的。如《列子·说符》载有这样一则故事：“宋人有游于道，得人遗契者，归而藏之，密数其齿，告邻人曰：‘吾富可待矣。’”其意思是：一天，宋国有个人在路上游玩时，拾到了一块别人丢失的契据，回到家里便将它藏起来。他躲在家里，秘密地数着契约上的齿纹有多少，随后，又告诉自己的邻居说：“我将要发财了。”拾到一块契据，就沾沾自喜，以为自己要发财了。由此可见，这契据上所记载的是财物或金钱。这里的“契”就好像是我们今天的账册。

我国最早的文字甲骨文又称契文或殷契，为何称契文或殷契呢？就是因为这种文字是古人用刀刻在龟甲或兽骨上的。其中使用的刀就叫“契”。

草木生长的季节

——“春”字趣释

春天杨柳吐绿，桃李争艳，是个美好的季节，而草木萌生是春天最典型的特征。古人抓住了自然界这一典型特征，精心设计了古“春”字。甲骨文的“春”字作“”、“”、“”。第一个“春”字是甲骨文中最常见的写法，其中的“”即为“屮”（chè），指小草。《说文解字·屮部》：“屮，草木初生也。”这就是说，“屮”指刚刚破土而出的草芽。“”则为“艸”（古草字）。而“”则为“”，从二草，即今之莽，众草丛生之状。商承祚《古考》云：“屮、艸本一字。初生为屮，蔓延为艸，象草丛生形。甲骨文从草之字，又或从，形虽不同，谊则一也。”可见其中的“茻”实指春天大地上草木初生的情景。中间的“”即为“屯”，“屯”是一株正在破土而出的子芽。《说文解字·屮部》：“屯，难也，象草木之初生，屯然而难。”其意思是：柔嫩的幼芽终于穿过坚硬的土层长了出来。“屯”字也作声符。“春”的取象包含这样一种观念：草木初生表面很柔弱，生长艰难，而它在地下时蓄集了巨大的力量，因此当它一

出土时，则生机勃勃，茂盛无比。

艰难初生的嫩芽反而成为力量和生命的象征，所以人们一提到春天，马上联想到“春”字的生机勃勃的象征意义。从“春”字，我们看到了汉民族辩证思想的萌芽。

甲骨文的第二个“春”字与第一个“春”在结构上稍有不同，只是将“屮”换成了“木”。不过在古文字中，“木”和“屮”作字的意符时，其意义相同，均指草木。甲骨文的第三个“春”字是在前面“春”字的基础上加一个“日”字而成，从而更突出了春天的特色。字的左边中间是个“日”，上下都是草，右边是“屯”字，其意思是：在阳光照耀下生长出来的小草。

可见甲骨文的“春”字生动描绘出草木破土而出后的生机勃勃、欣欣向荣的景象，这种景象正是春天的特征。因此“春”的本义指春天。

金文的“春”作“”，从艸，从日，从屯。屯亦声。小篆的春作“”，继承了金文的结构。《说文解字·艸部》：“萅，推也。从艸，从日。艸，春时生也，屯声。”段玉裁注：“日、艸、屯者，得时草生也。”段氏的意思是：春回大地，草木应时而迅速生长。小篆的“春”字中有和煦的阳光、萌生的嫩草以及它们蕴涵着的勃发生机，简直构成了一幅优美诱人的春景图。不过我们需要明白的是，商代和周代初期，人们将一年只分为春秋两季，一年划分为四季是以后的事了。

明　陆治　三峰春色图

“春”常常被人们用以喻指男女的情欲及性行为。如《诗·召南·野有死麕》："有女怀春，吉士诱之。"其意思是：那个姑娘春情动，好男子来引诱她。还有所谓"春心"、"春情"、"春药"、"偷春"等。

在中国古代，人们常以"春"作酒名。为何以"春"名酒？一说是古代酒呈黄绿色，像是春色，故以"春"名酒。一说是因为《诗经》中有"为此春酒，以介眉寿"的诗句。如李白《哭宣城酿纪叟》："纪叟黄泉里，还应酿老春。""老春"就是酒。白居易《竹枝词》："吴酒一枝春竹叶，吴娃双舞醉芙蓉。""春竹叶"就是"竹叶春"，酒名。以"春"名酒，盛于唐代。据《唐音癸签・诂笺五》："东坡云，唐人酒多以春名，今具列一二：'金陵春、竹叶春……万冻春、土窟春、烧春、松醪春。'"

婆婆的威风

——"威"字趣释

时至今日，在不少的家庭中，婆媳关系仍然紧张。这自然有它现实的原因，更有它历史的原因。在传统的家庭中，婆媳关系是不平等的，媳妇只能绝对地顺从婆婆，否则就被看成大逆不道。这一传统习俗，从"威"字的形体中仍然可以窥见一斑。

"威"字早见于金文，常写作""。其上部为"戌"。"戌"的甲骨文、金文的形体描绘的就是与今之斧形类似的一种兵器。有了兵器可以制服对方，所以"戌"当然可以用来表示威慑之物，即威力的象征。以兵器作为威力、权威的代表是毫无疑义的。然而将"威力"、"权威"与女性联系起来，在今天似乎不可理解。因为在中国古代，女性是处于社会的最底层，地位低下，这是事实。但是在家庭生活这个小圈子里，婆婆这个女性在儿媳面前却可以大要威风。如汉乐府《孔雀东南飞》中所写的焦仲卿的母亲，凭着封建社会赋予她的淫威，活活将儿子焦仲卿和媳妇刘兰芝这一对恩爱夫妻拆散，制造了一场流传千古的婚姻悲剧。宋代著名爱国诗人陆游与表妹唐婉婚后"伉俪相得"，感情甚笃，但是陆游的母亲不喜欢这个儿媳，便逼迫儿子陆游将唐婉休了。

二十四孝图·媳妇孝顺公婆

这些故事充分说明，正是由于婆婆的“威风”，才使一个个的美满婚姻遭破坏。因此，有的学者认为“威”字所表示的是一个像斧子一样凶狠的女人。那么“威”字代指婆婆就是必然的了。许慎《说文解字·女部》：“威，姑也。从女，从戌。《汉律》曰：‘妇告威姑。’”许慎的解释是正确的，“姑”的本义就是指丈夫的母亲。《尔雅·释亲》：“（妇）称夫之母曰姑。”《国语·鲁语下》：“吾闻之先姑。”韦昭注：“夫之母曰姑，殁曰先。”可见“威”与“姑”是同义的。从“威”字我们可以看出在家庭中婆婆的崇高地位与威风。

不过，也有的学者根据金文“威”字的形体作了不同的解释，他们认为“威”字像以王斧置于女头上之状，用以表示威慑、胁迫之意。（参见康殷《文字源流浅说》第431页）这就是说，在中国古代社会，妇女处处受到胁迫，过着任人宰割的生活，而“威”字形象地表达了古代妇女的悲惨生活。这样理解也有它的说服力。

上述两种解释虽有不同，但他们都认为最有权威的就是兵器，换句话说就是暴力。显然，造字者是站在统治阶级的立场上，帮助统治阶级宣扬暴力至上的观点。

犬与打官司

——“狱”字趣释

“狱”的繁体字为“獄”。它的本义并不是监牢，而是打官司。此字早见于金文，其形体为“”。由“犾”字和“言”（亦说为“辛”）字组成。《说文解

中国古代诉讼法

字・㹜部》云："㹜，两犬相啮也。"所谓"两犬相啮"，就是两犬撕咬相斗之意。其中的"言"字表示"讼争"，即打官司。所以"狱"的本义是讼争、打官司。对此形体，孙贻让在《古籀拾遗》中说，"狱"字左右两边为两犬反正相对之形，描绘二犬相争相斗，以此喻人有纷争，在法庭上诉讼之时，颇似二犬相斗。其实二犬是喻指那些争斗者颇似犬类，非人，表示古人对那些犯法者的憎恶。"言"即表示语言，又代指断定是非的人，即今之法官。"狱"字透露了古人这样一种思想：那些公平办案之人才算人，不同于那些犬类。《说文解字・㹜部》云："狱，确也。从㹜，从言。二犬所以守也。"许慎所说的"确"，在这里是指准确地判断是非曲直，即断案要公平。许慎的解释显然与"狱"字的形体结构是一致的。

既然"狱"的本义是诉讼，那么"狱"是怎么演变成指监牢的呢？这是因为断案之后，对那些理屈者，或者说是败诉者，必定要判刑，并送入监牢关押，由此"狱"便引申出"监牢"的意思。"狱"指监牢大概始于汉代。汉代以前的监牢历代均有不同的称呼，据东汉蔡邕的《独断》云："唐虞曰士官，夏曰均台，周曰囹圄，汉曰狱。"因此，准确地说，"狱"是朝廷关押犯人的地方。

由于"狱"的本义是打官司、断案，自然涉及到案件，所以"狱"引申指案件。如《左传・庄公十年》："小大之狱，虽不能察，必以情。"其中的"狱"就是指案件，名词。

又由于打官司时，败诉的一方要受到惩罚，即常常把他们关进牢狱。受惩罚者就是触犯法律的罪犯，即犯罪的人。所以"狱"又引申指罪过的意思。

“荼”字是如何造出来的

——“茶”字趣释

茶对我国人民来说是一种历史悠久且独具魅力的饮品，因而，“茶”也就形成了它丰富的文化内涵。茶这种植物，在我国出现很早，而“茶”字出现较晚。我国是茶树的原产地之一，早在公元前1世纪，史书上就有关于茶的记载。不过当时不叫“茶”而叫“荼”。如《本草》载：“神农尝百草，遇七十二毒，得荼而解之。”《尔雅・释木》：“槚，苦荼。”晋郭璞注：“树小如栀子，冬生叶，可煮作羹饮。今呼早采者为荼，晚取者为茗。”可见这里所说的“槚”就是今天所说的“茶”。古代称“槚”为“荼”。又《说文解字・艸部》：“荼，苦荼也。”南唐徐铉曰：“此即今之茶字。”据说到了唐代陆羽注《茶经》时，从“荼”字中减去一横作“茶”，以示区别。（参见顾炎武《日知录》）这种在原字基础上减去一笔而造的一个新字实际是汉字形体结构的变例，属于后起字的范围。不过也有人认为“茶”字在汉代就出现了。（参见纪德裕《汉字拾趣》第225页）

茶圣陆羽像

在这里我们还必须作一点说明：“荼”其实是一个多义词，它还指一种苦菜。《诗・邶风・谷风》：“谁谓荼苦，其甘如荠。”其意思是：谁说苦菜味苦，它像荠菜那样甘甜。荼还指茅草、芦苇之类的植物的白花，如成语“如火如荼”，其意思是：像火那样红，像荼那样白。

清　陈洪绶　停琴品茗图

茶的栽培在我国不但品种多，而且质量好。中国的名茶主要有杭州龙井（龙井为地名），湖南的碧螺春（因此茶出产于洞庭东山碧罗峰，传说这种茶是碧螺姑娘呵的气滋润长成），还有产于武夷山天心寺附近的山岩峭壁上的大红袍。据说此处山岩上仅生长数十株茶树，每当采茶时均由穿着红衣的猴子采摘，因而称为大红袍。另外还有黄山毛尖、铁观音、六安瓜片等名茶。

我国人民饮茶的习惯历史悠久。据记载，西汉时人们就已有饮茶的习惯了，不过那时人们主要是用茶来入药治病，而不是用作饮料。当时人们对茶的药用价值已有充分的认识。饮茶最初是从四川开始的，其后便传至江南。

古人品茶，极为讲究，使饮茶成了一种艺术享受，要求极为细致严格。品茶过程中，不仅能品出茶的色、香、味，而且能辨出茶的好坏，品出茶的产地、制法和采茶时节，品水则能品出泉水的新陈、老嫩等特性。

古人把品茶看作个人修养的象征，在他们看来，品茶不仅要有精妙的品茶技术，还应具备良好的道德修养。古人在品茶中，赋予茶许多优良品质，通过茶作种种联想。如“苦而有味，如忠谏之可治国；多而不害，如举世之能得贤”。历史上以茶为诗、为文者多得不可胜计。因此，茶文化成为中国传统文化的一部分。

不过，“茶”在历史上更多的是历代统治者及士大夫们的奢侈品，老百姓难得饮到茶。如慈禧太后爱喝茶，喝茶还特别讲究。她还能对各种茶的色、香、味作一番品评。慈禧喜欢饮花茶，她饮的花茶不是那些经过火焙的茉莉或玫瑰花茶，而是刚刚采摘的香气浓郁的鲜花，掺入干茶里再放入茶盅，所以饮起来既有茶香又有花香，味道也很美。慈禧泡茶用的水，均是当天清晨从京郊玉泉山运来的泉水。慈禧每天饮三遍茶，早饭后的茶最浓，午睡的茶次之，临睡前的茶最淡，通常只喝几口就睡觉。

去追赶太阳

——“是”字趣释

“是”最早见于金文，金文的“是”主要有“”、“”或“”。从金文的结构来看，主要有三种：一是从日、正。其中上部的“日”指太阳，“正”在甲骨文中为“”，走向城邑的意思，引申为征伐的意思，是“征”的本字。（参见赵诚《甲骨文简明词典》第 327 页）。金文的“正”同“征”，也有征伐的意思。如乙亥鼎有“唯王正井（邢）方”，意思是希望大王征伐邢方。那么“是”会意为去追赶太阳或征服太阳是合情合理的。

二是从日、止。“止”为足，即人之脚，后作“趾”。甲骨文中的“”有表示向前走或向上爬的意思，其中也有追赶的意思。因此，我们有理由将从日、止的“是”也同样会意为去追赶太阳。

三是从早、止。有的学者认为“早”为早晨的太阳，给人带来光明，同样表示有人追赶太阳或追求光明。

综上所述，可以看出，金文中“是”字的三种结构，有一个共同点就是均有“日”和“止”，而它们所表示的意义因此也有着共同之处，就是追赶太阳。追赶太阳无疑与人们追求光明是一致的。

从“是”的结构，人们很容易联想起《山海经》中所载的《夸父逐日》的故事。其故事梗概大致是这样的：在北方大荒中有一座名叫成都的山，其山高耸入云，直插云霄。在这座山里，生活着一个名叫夸父的巨人。一天，他看到太阳向西坠落时，想到夜幕就要降临大地，那么整个大地将会一片黑暗。此时，夸父突然产生了一个念头——去追赶太阳，把太阳逮住，将它永远系

夸父逐日图

于空中，使它永不坠落。在追赶太阳的途中，夸父狂奔不停，汗流浃背，大量失水，干渴难忍，于是俯下身子去喝黄河和渭河的水，两条大河的河水被夸父一饮而尽，仍不解渴。夸父又朝北边的大泽奔去，由于干渴过度，未至大泽就渴死了。夸父临死前将手杖掷于路旁，自己抱着事业未竟的无限遗憾就合上了眼睛。后来他的手杖变成了一片绵延数千里的桃林，结出了许多硕大而味美的鲜桃，留给世人。

夸父逐日，出于何种动机，典籍中均未作交代，因而引起后人的许多猜测。有的人说是为了实现观测太阳、制服太阳的宏大志愿；还有人推测，夸父逐日时，虽然倒在了途中，却仍然坚持，表示先民对永无黑暗的光明世界的追求与向往。

由此看来，“是”字的创造受到了在上古时期就广为流传的《夸父逐日》的神话故事的影响是可信的。

小篆的“是”写作“𣅀”。《说文解字·是部》：“是，直也。从日、正。”段玉裁注：“以日为正则曰是。从日、正，会意。天下之物莫正于日。”许慎和段玉裁根据“日”、“正”两字将“是”会意为“直”，以为“日（即阳光）”是最直的，应该说他们所讲的意思是“是”的引申义。现在还有的学者将“是”会意为“太阳下的正确方向”。他们认为“早期人类除了从太阳那里能得到正确的方向外，别无他法”（安子介《解开汉字之谜》第121页）。“是”又由“直”引申出“正确”、“正确方向”、“真的”、“符合真理”等意思。我们同样认为许慎讲的“是”的意思也是“是”的引申义。

“是”作“是非”的“是”，自然也是“是”的引申义。在这里，我们介绍一则有关“是”的故事。

名演员在舞台上表演时忘记台词的现象是常有的事，像梅兰芳这样的京剧大师也在所难免。梅兰芳青年时代在演出《妻党同仇》时，在剧中扮演的是一个受欺凌的童养媳。演出时，在台上竟一再忘记台词，一忘就“哇”的一声大哭起来，边哭边想，直到想到下一句台词为止。由于他哭得真切，而一哭，那台下的观众也被感动得流下了同情的泪水。就这样忘一回，哭一回，终于被台下观众的泪水将其缺憾掩盖得天衣无缝，并圆满地将戏演完。

与梅兰芳先生齐名的京剧大师杨小楼演出《陈园园》时，每次碰到忘记台词，便用与梅兰芳先生完全不同的另外一种方法，即放开他那声如洪钟的嗓音开怀大笑，引起台下观众的阵阵热烈掌声，以此掩盖住了自己的漏洞。

他们俩人这一哭一笑，竟然别出心裁地补救了演出中出现的差错，人们戏称为“啼笑皆是”。因为他们二人恰好一个扮演的是孤苦无依的童养媳，在求告无门时，不正是整天以泪洗面吗？一个扮演的是趾高气扬的大军阀，在娶到他心爱的小妾时，放声大笑，岂不正好将他那得意忘形的内心表现得淋漓尽致吗？

占卜时出现的现象

——“点”字趣释

“点”的繁体字为“點”。《说文解字·黑部》：“點，小黑也。从黑，占声。”段玉裁注：“今俗所谓点污是也，或作玷。”段玉裁认为许慎所说的“点”就是“玷”。所谓“小黑”就是玷污的意思。其实“玷污”是“点”的引申义，段玉裁并没有讲出许慎的本义。有的学者认为许慎所讲的“小黑”，就是指细小的黑色斑痕，即小黑点。

安子介先生认为，“点”字的创造显然是受古代占卜的影响。古人求神问卜要烧龟壳，在龟壳上会出现小黑点，古人在龟壳上找出小黑点，然后根据小黑点的位置决定所占卜的事情的吉凶。因此，“点”字由“黑”和“占”两字构成。其意思是：占卜时出现的一种现象——小黑点。（安子介《解开汉字之谜》第398页）根据安子介先生的解释，“点”的繁体字为会意字。

“点”的简化字，上面是“占”，即占卜的意思，下面用四个小点儿表示占卜过程中出现的一种现象——点。这样简化既减少了笔画，易写，又保持了“点”的本义。“点”由小黑点引申指汉字的笔画名，指“丶”。又因古人书写时写错了字，就要用笔涂去，这就叫做“点”。如《尔雅·释器》：“灭谓之点。”郭璞注：“以笔灭字为点。”“点”由汉字中的笔画“点”引申为写点的动作，即常指向物体上轻轻一触就离开的动作。如“点石成金”。

画龙点睛图

晋代葛洪的《神仙传》里记载了一个叫许真君的方士，法术高超，他看到老百姓缴不起官府的田赋，叫苦不迭，便施用法术，点石成金。所谓点石成金就是把石头点化成黄金，帮助百姓交租赋。“点石成金”后又作“点铁成金”。

同样，“画龙点睛”中的“点”也是用作动词。这个成语包含着一个动人的故事。据唐彦远《历代名画记》卷七载，南朝梁代名画家张僧繇，奉梁武帝之召，给金陵（今南京市）的安乐寺作壁画。他在壁上画了四条张牙舞爪的龙，真是活灵活现，但是都没有画上眼睛，看的人问他为什么不画眼睛时，他说：“如果画上了眼睛，它们就要飞走了。”在场的人都不相信，一定要他画上眼睛。张僧繇于是拿起画笔给画在壁上的龙点眼睛，刚点完第二条龙的眼睛时，忽然眼前雷电大作，只见两条龙腾空而去。这就是成语“画龙点睛”的来历。

“点”在百家姓中并无此姓，然而据唐得主编的《中国文化的源流》一书中载：苏州有户人家，爷爷姓蒋，奶奶姓宋，外公姓卞，外婆姓沈，待他们的孙子出世后，却取百家姓中没有的“点”字为姓，孩子姓点名佳浩。他们为什么要这样起姓名？他们用“点”字下边的四点，表示祖辈四姓，“点”字上部的

“占”字，意为“点”属于四姓共同拥有。这一做法居然得到了有关方面的肯定，有人认为这种异姓的产生，体现了现代人一种全新的姓氏观念，这种创造新姓的趋势有利于解决我国同姓重名的社会问题。

“桥”为何称彩虹

——“虹”字趣释

“虹”本是一种自古有之的自然现象，就是我们今天所说的雨后放晴，天空中阳光穿过雨雾中的小水珠发生折射和内部反射而形成的弧形彩带。然而古人为之附会了不少美丽的传说。“虹”的甲骨文写作“”。商人认为虹是天帝有意创造的，是一种有生命的东西，并且是一种神物的化身，是上帝为了某种目的而设置的，它的出现向人们显示一种征兆，预示着某种吉凶的产生。

甲骨文的“虹”为一整体象形字，是由两条龙“”、“”构成的。也有人认为是一种两首之物。（参见刘志基著《汉字与古代人生风俗》第25页）

甲骨文的“虹”很可能是基于古代的神话传说。《山海经·海外东经》：“𧈢𧈢在其北，各有两首。”晋代郭璞认为：“𧈢”音虹，即“虹”字的异体。由此可以推测，甲骨文的“虹”字，实际就是传说中的“𧈢”这种两首之物的形状。

“虹”的小篆为“”。《说文解字·虫部》：“虹，螮蝀也。状似虫，工声。”可见它是一个形声字，大概代指龙（或大蛇、巨蟒等物）。“工”是一个象形字，描写的是上下两根绳线或两块木板、石板之类的东西，在中间使用一条线将其贯穿起来。原意指贯穿。（参见施正宇编著《汉字的故事》第167页）可以理解为虹（螮蝀）是一种横穿天空的巨形之物。战国以后，人们认为虹不仅是有生命的东西，而且还是有性别之物。色彩鲜艳的在外的为雄性，叫虹，也叫正虹；色彩暗淡的在内的为雌性，叫霓，也叫副虹。合称“虹霓”。

横亘空中的“虹”，就好像飞越在广袤天空中的桥梁一样，因此“虹”引申出“桥”的意思。如唐陆龟蒙《和袭美咏皋桥》:“横截春流架断虹,凭栏犹思五噫风。”其中的“断虹”即为“断桥”。这也是我们今天将横亘在大江大河上的雄伟壮丽的大桥称彩虹的由来。

人要讲真话

——“信”字趣释

“信”是一个美好的字眼,它体现了我国人民的传统美德。“信”字早见于金文,金文的“信”为“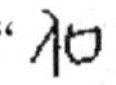”,从人,从口(亦说从口,人声。见陈初生编《金文常用字典》)。“口”是讲话的,而“信”在金文中使用的意思是“诚实”,因此我们有理由将从人,从口的会意字“信”理解为“人讲话要诚实”。

不过,也有的学者认为,从人,从口(或从人,从言)的“信”的本义是借人口以传言,即“人借口传递信息”。“信”字到了小篆后,右边的“口”变成了“言”,其意思不变。《说文解字·言部》:“信,诚也。从人,从言。会意。”其意思是“人要讲真话、实话”。造字者把讲真话、实话看成是做人的必要条件,言外之意,不讲真话就不能算人。所以《老子》中说:“信言不美,美言不信。”其意思是:诚实的话,其言辞并不华美,而华美的言辞并不一定可信。

有的学者认为“信”最原始的意义是指人们祭祀时对上天和祖先所说的话要诚实,无欺。如《左传·庄公十年》:“牺牲玉帛,弗敢加也,必以信。”意思是祭祀时用的牛羊豕以及玉器和丝织品,(我)不敢虚报夸大,一定以实话告诉给神灵。这种说法也是可信的。在那科学不发达的时代,人们极其崇拜神灵是可能的。

“信”从“人”,从“言”,从字面上说就是“人言为信”。它在伦理学上的意义就是真诚无欺,讲求信用,信守不渝。在儒家倡导的“仁、义、礼、智、信”五常里面,“信”是重要的道德原则。孔子所谓“言必信,行必果”的意思是:说话一定要守信用,说到做到,只有这样,行动才会果敢。孔子认为“信”是“士”

最起码的道德要求，认为人有诚实的品德，才会得到别人的信任，讲究信用，办事才会通达。

“信”也是佛家的道德范畴。《智度论》卷一：“佛法大海，信为能入。”即入佛门以诚为先。佛教的“信”包括四个方面的内容：使心澄净为信，以忍为信，以不疑佛法为信和依子依人为信。

由于“信”的本义为“人言为信”，所以引申出确实的意思。如《左传·昭公元年》：“子皙信美矣！”意思是子皙确实很漂亮。又由于诚实的话是可信的话，讲实话的人是值得信任的，所以“信”又引申出可信、信任的意思。如《论语·公冶长》：“始吾于人也，听其言而信其行。”其意思是：开始，我对别人，听到他的话，便相信他的言行。

正是由于“信”是借人之言以传递信息，因此“信”引申为信息。如宋李清照《渔家傲》：“雪里已知春信至。”又引申为信使，即送信的人和书信等意思。“信”的“书信”义一般学者们认为起于唐。（参见纪德裕《汉字拾趣》第231页）那么，唐以前的“信”称什么呢？唐以前常称“信”为“书”。

秦始皇的专用字

——“皇”字趣释

“皇帝”的“皇”字早见于金文，金文的“皇”为“”或“”，看上去就像一盏古代的灯。下为灯座，中为灯盘，盘中有油，上面火光闪烁。有的学者认为“皇”是“辉煌”的“煌”的本字，加“火”作“煌”。朱芳圃《殷周文字释丛》：“皇，即煌之本字。”也有的人认为“皇”像王着冠冕形。吴大澂《说文古籀补》认为：“皇，大也。日出土则光大，日为君象，故三皇称皇。”吴大澂认为金文的“皇”字由“日”和“土”构成，其本义为太阳从地下升起时，光亮很大，照亮了大地。由此“皇”有“大”意。又因为“日”为历代帝王的象征，所以“皇”便引申出指三皇五帝之“皇”。这样解释颇有趣味。

东汉托灯陶俑

秦始皇称帝后，将金文的“皇”字作为自己的专用字，由“白”和“王”两字构成，会意字。《说文解字·王部》：“皇，大也。从自。自，始也。始皇者，三皇大君也。自，读若鼻。”许慎认为“白”为古“自”字，即古“鼻”字。有学者认为“皇”字中的“白”字实际指大拇指正面的形象，它表示至高无上的权力，因此，“白”字和“王”字组成“皇”就指权力。

还有的学者对“皇”字作了更大胆的理解，他们认为“白”就是位于人体最前端的鼻子，有第一次或初次的意思。“白”字和“王”字组成的“皇”字表示最初的王，也就是“鼻祖”。古文“王”与“皇”都有广大、伟大的意思，后来又以此形容气魄大或地位高、才智超群的人物。

“王”与“皇”一般都指一国之君主，如夏、商、周时，凡占有天下者皆称“王”，但二者是有区别的。“皇”为敬称，含有德高望重，至高无上，天下唯我独尊的意思。“皇”源自秦代。秦始皇统一六国后，认为自己德高三皇，功过五帝，如果再用“王”的称号，就不能显示他的至高无上的权势和地位，因此，更改名号，把古代最尊贵的三皇五帝的称号合二为一，号称“皇帝”，一直沿用到清代。从此，只有真正的国君才能称“皇”，而“王”的使用不限于国君，诸侯也可以称王。

三皇圣祖十代明君图

据台湾学者柏杨的《中国帝王皇后亲王公主世系录》说，自黄帝起讫于伪满傀儡政权，中国古代共有王朝 83 个，帝王 559 个。有的学者认为柏杨对帝王所定数字过于空泛，在中国古代，真正意义上的帝王不过 400 余人。

既似火又悲伤的季节

——“秋”、“愁”二字趣释

“秋”字早在甲骨文中就已经出现了，写作“”或“”。前一“秋”字就是一只蟋蟀的形体。蟋蟀又叫秋虫，头上有触须，背上长有羽翼，羽翼是蟋蟀在秋天用来鸣叫的器官之一，因此古人把蟋蟀鸣叫的季节叫“秋”，即今之秋季。一说古人以秋虫入室表示气候已经凉了，即到了秋季。

后一“秋”字是在前一“秋”字下加上“”，即“火”而成，是会意字。秋天，除了秋虫入室鸣叫这一特征之外，还有一个显著的特征就是禾谷成熟了，而成熟的禾谷似火一般，于是古人就在前一“秋”字的基础上加上“火”构成另一个“秋”。所以有的学者认为“秋”的本义是禾谷成熟了。其实后一个“秋”字更能描绘出秋季的特征。它向人们透露了这样一个信息：在古人看来，秋天是一个似火的季节，是一个美丽的季节。

籀文的“秋”字是在甲骨文的基础上加上了一个“禾”字而成，更突出了秋季是禾谷成熟的季节，只是将其中的蟋蟀形讹变成了“龟”形。而小篆又省略了“龟”，使其字形为“烁”，从火，从禾，会意字。其意思是：似火的庄稼，

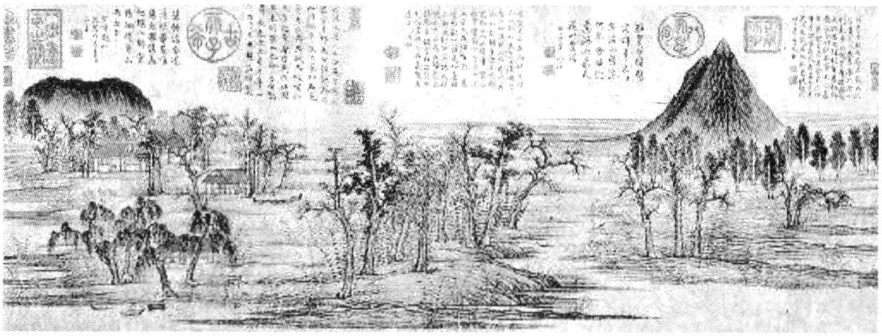

元　赵孟頫　鹊华秋色图(局部)

成熟了的庄稼。《说文解字·禾部》:“秋,禾谷熟也。”汉蔡邕《月令章句》:“百谷各以其初生为春,熟为秋。”可见小篆的“秋”字同样是用庄稼成熟似火这种典型的景物特征,将“秋”引申指秋天。

“秋”字从甲骨文到小篆,以至楷书,其构形几经变迁,虽然表义各有侧重,但始终都是围绕着秋天的特征来刻意对秋天进行描绘的。

古人最初将一年分为两季,即春季和秋季。在我国北方和中原一带,一年一般收获一次,这一次常在秋天,那么秋天过去,一年的农事就结束,所以又用“秋”指一年的时间。

又由于秋天一到,草木纷纷凋零,望此情景,容易使人产生怨愁,因此,秋被文人称作悲秋,或者作为“兵象”。如欧阳修的《秋声赋》就是极写秋之肃杀、残酷,以此抒发他的悲愁。因此欧阳修在作品中以秋为不祥之兆,并用秋景暗喻社会现实,更把秋当作战争的征兆。当然也有人认为秋天是收获的季节,景色独异,因而称之为“金秋”。毛泽东就认为秋天的景色“不似春光,胜似春光”(《采桑子·重阳》)。

由于秋是令人容易产生忧愁、悲伤的季节,所以古人在“秋”字下加一“心”字,即为“愁”,来表示人的忧愁。《说文解字·心部》:“愁,忧也。从心,秋声。”从上面对“秋”的分析可知,许慎所说“愁”字中的“秋”只表声是不对的,“秋”同时也表义。以“秋”字来表示人心头的忧伤,将那抽象的情绪形象化,确切不过地表达了“愁”的内容,即“秋天的心境”。

从乐器到计时器

——“钟”字趣释

今天的“钟”是人们家庭中必不可少的计时器。“钟”字是“鍾”和“鐘”的简化字。鍾和鐘是两种不同的器物,均用青铜制成。“鍾”沿用了金文的结构,本为古代的一种多用青铜制成的酒器。《说文解字·金部》:“锺,酒器也。

从金，重声。”事实上，锺除了装酒外，还装粮食。由此，“锺”便用于古代的容量单位。“鐘”字也早见于金文，金文的“钟”字从金，童声，是古代的一种用铜或铁制成的乐器。《说文解字·金部》：“鐘，乐钟也。”不过在古代“锺”和“鐘”二字多通用。古代的钟主要有圆形和扁形两种，圆形的叫圆钟，扁形的叫扁钟。圆形的钟发出的声音悠长，所以古代帝王视朝、官吏出署，必敲击圆钟以召集众人助威。扁形钟发出的声音比较短促，适于做乐器演奏。单独悬挂的钟叫特钟，按照大小依次成组悬挂起来的叫编钟。1977年在湖北省随州市擂鼓墩战国墓中发掘的曾侯乙编钟，是我国古代独有的古乐珍品。古钟有铜铸、铁铸数种。我国现存的铜钟，有唐贞观三年(629年)铸造的，重1500公斤，现保存在陕西鄠县宝室寺内，撞之仍铮铮有声。江苏有一古铜钟，高1.95米，重2750公斤。北京觉生寺的明永乐大钟，更是无与伦比的巨钟，重约46.5吨，被称为“钟王”。钟与古寺、僧人似乎结下了不解之缘。李白诗云：“蜀僧抱绿绮……余响入霜钟。”苏东坡诗曰：“报道先生春睡美，道人轻打五更钟。”这些诗篇名句，自然为古钟增添了无限情趣。

“钟”和“鼎”在古代一样被视为传国重器，又为记功或旌功的礼器，其上多铸有记事表功的铭刻文字，人们将这种文字称为钟鼎文。《旧唐书·长孙无忌传》：“自古帝王褒崇勋德，既勒铭于钟鼎，又图形于丹青。”

古代的贵族之家举行宴会时，常鸣钟列鼎，以显示其权大位高，富贵显赫。所以称这样的家庭为“钟鸣鼎食”之家。因此钟鼎又象征高勋厚禄，富贵名门。

“钟”在古代还被佛寺悬挂起来用作报时、集合用。如唐张继《枫桥夜泊》：“姑苏城外寒山寺，夜半钟声到客船。”所谓“夜半钟声”就是半夜的报时钟声。据说寒山寺的钟声，总带有一种凄凉之感，这是有其原因的。据传寒山寺的钟是口神钟，时常独自遨游四方。几千

汉画像石　击钟图

年前从东洋大海飘到了苏州阊门外的枫桥附近，被寒山寺的和尚发现了，寒山寺的和尚早就认得这口神钟，于是立即拿来一条铁链把它锁在寒山寺。这神钟准备在夜半之时挣断铁链逃走，此举被寒山寺的和尚发现了，有法术的寒山寺和尚便在当晚还不到半夜之时就拿着木棍去撞击神钟，使神钟有神威也没有机会使用，铁链也挣不断。于是神钟万分痛苦，和尚每撞一下神钟，它就哭一声。由此钟声变得沉重、悲壮，以至今日的钟声仍然如此。就这样，和尚不停地撞，神钟就不停地哭，以致耽误了时辰，再也无法挣断铁链逃走了，只好留在了寒山寺。这当然是传说。

大概是钟有了报时的作用，而后将“钟”字用作计时器的名称。中国的钟据说是西方传入的。据明冯时可《蓬窗续录》载：“外国人利玛窦出自鸣钟，如小香盒，一日十二时，凡十二次鸣。”也有人说钟是明代的中国人发明制造的。据清王韬《原学》：“时辰钟则扬州人所自行制造者也。”

西方认为钟与人的生活有着密切的关系，它除了记时之外，还记录着每个人从摇篮到坟墓的全部历程。它还能知道一所房子里或一个地区过去发生的事情和将要发生的事情。钟的滴答声突然变化或滴答声突然加快，通常被人们认为是一个人死亡的预兆。如果钟无缘无故地停了，则预示着钟的主人就会死亡。还有人认为人死了，钟就要停。

中国人有一种习俗，认为不能用钟作礼品，也就是说不能送钟。这是因为“钟”与“终”谐音，“送终”就是送死，不吉利。

追赶军队与追赶野猪

——“追”、“逐”二字趣释

甲骨文的“追”字写作“”，其上“”为“𠂤”，古“堆”字，有“众”意，此处指军队。其下之“”为“止”，今之趾，指人的脚，有行走之意，这儿代指追赶的人，是会意字。全字看上去像军队在前，后面有人追赶。其意思是：追

赶军旅。须知甲骨文中的“追”字只用于追赶人，这是和后来“追”的意义不同的地方。（参见赵诚《甲骨文简明词典》第346页）

金文的“追”字写作“ ”、“ ”，仍然从“自（师）”，不同的是形符“止”变成了“辵”，“辵”仍然表示行走，与“止”相同，有追赶之意。金文的“追”同样是会意字，其本义仍然是追赶军队。

小篆继承了金文的形体，一直沿续至今。《说文解字 · 辵部》：“追，逐也。从辵，自声。”许慎认为“自”是声符之说是不完全的，它也有表义功能。许慎用“逐”训“追”，不是本义，而是“追”的引申义。这里的“追”是广义上的追赶，既包括追人，也包括追赶动物等。

汉画像石　出征狩猎图

在追赶军队的过程中，被追赶的军队和追赶军队的人一在前，一在后，看上去又像后者追随于前者。所以“追”引申为追随、跟随的意思。如《楚辞 · 离骚》：“背绳墨以追曲兮，竞周容以为度。”王逸注：“追，随也。”洪兴祖补注：“追，古随字。”其意思是：违背法规而去追随邪恶，拼命吹牛拍马，并以此为常规。

与“追”字同义的“逐”字早见于甲骨文，写作“ ”、“ ”、“ ”、“ ”等，其上或是“豕”，或是“犬”，或是“兔”，或是“鹿”，均为被追赶的对象，即各种动物。其下为“ ”或“ ”，为“止”，代指追赶的人。也是会意字。甲骨文的“逐”字所描绘的是古代的一幅打猎图。商承祚《殷虚文字类编》：“此字（逐）或从豕，或从犬，或从兔，或从鹿，从止，象兽走圹而人追之，故不限何兽。”“逐”字反映了先民们为了生存，追捕野兽的情形。从甲骨文的“逐”字中，我们可以了解到先民们所猎捕的对象主要是野猪、兔子、野狗及鹿等动物。“逐”字上绝没有猛兽的象形字。

金文和小篆的“逐”字只保留了从豕的“逐”字，以“豕”代表所追捕的各种野兽，其意义仍然是追捕野兽。小篆继承了金文的形体。《说文解字・辵部》：“逐，追也。从辵，从豚省。”显然许慎所释不是“逐”的本义，而是“逐”的引申义，即广义上的追逐。如《史记・田单列传》：“齐人追亡逐北，所过城邑皆畔(叛)燕而归田单。”这里的“追亡”与“逐北”同义，足见“追”与“逐”已为同义词了。

“逐”的本义所表示的是野兽奔跑在前，人在后拼命追赶，看上去像是人兽在竞赛一样，所以“逐”引申出竞赛、比赛的意思。如《韩非子・五蠹》：“上古竞于道德，中世逐于智谋，当今争于气力。”其中的“竞”、“逐”、“争”对用，皆为竞赛的意思。

乘舟而来

——“前”字趣释

明　周臣　梅溪乘舟图

“前”字的甲骨文作“”、“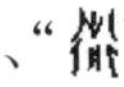”或“”。前两种结构中的“”和“”，表示道路。“”为“止”，即“脚”；“”即“舟”，“船”的象形字。合起来的意思是脚踩着船在路上行走。这样解释是不合情理的，古人绝无这样走路的方法。林义光在《文原》中指出，“”是“履”的象形字，即脚穿着鞋在路上行走，自然会有前进的意思。

金文和小篆的结构基本相同，是在甲骨文基础上的省变，从舟、从止。小篆的“前”作“”，看上去像人在船上，自然是乘船而去，不用步行。这才是“前”的本义，而许慎的解释则是引申义。《说文解字・止部》：“歬，不行而进谓之歬。从止，在舟上。”《玉

篇·止部》:"歬,今作前。""不行而进"是何意思呢?"歬"看上去似人站在船头上,其意思是人乘船到某地去,虽然不用脚走路,但因船在前行,因而人自然也在前进。这正符合许慎的"不行而进"的意思。

《太平御览》第七五八卷中有这样一则关于"前"的故事。孔子的学生子贡外出久不归,孔子与他的学生在家中为他着急,于是卜了一卦,结果得了一个鼎卦:"无足。"大家看着这个卦象,焦急万分,认为"无足"二字说明子贡再也不会回到他们的身边了。大家正在惊恐之际,颜回在一旁偷偷地发笑。孔子见了问道:"颜回,你的意思是子贡会回来吧!"颜回点点头说:"老师,正是这个意思。"孔子不解地追问道:"你是怎么理解'无足'的呢?"颜回解释道:"所谓'无足',是说子贡要坐船回来,不用步行,我看他很快就会回来了。"第二天早上,子贡果然回来了,应验了颜回说的"无足"二字的意思。因为"乘舟而来",暗示了一个"歬"(前)字。

"美"源于羊

——"美"字趣释

爱美是中华民族的传统美德之一。从最早的甲骨文到楷书"美"字,为什么与"羊"总要联系在一起呢?只要我们认真考察一下甲骨文的"美",这个问题就可真相大白了。

四羊方尊

甲骨文的"美"写法较多,主要是""或""。它是一个象形字,下半部分是一个"大",就是一个正面站立的"人"形,字的上半部分有点像"羊",但不是羊,而是一种用毛做的像羊角形的装饰物,即羊

形冠或羊形头饰。全字的含义是戴羊形冠或羊形头饰的大人。

也有的学者认为,“美”像是一个“大人”头上戴着羊头或羊角。“大”就是“大人”,指原始社会里有权力有地位的酋长或巫师,他们执掌着种种巫术仪式。在仪式上,他们常把羊头或羊角戴在头上,以显示其神圣和权威。在他们看来,那些牧羊部落的牧羊人所扮演的图腾羊,跳的图腾舞,就是最美的事物。

中国古代四大美女

小篆的“美”写作“美”。许慎《说文解字·羊部》:“美,甘也。从羊,从大。”段玉裁注:“甘者五味之一,而五味之美皆曰甘。”在他们看来“美”是会意字,由“羊”和“大”两字构成,其意义为美味。古人认为羊越大,其肉的味道越可口。也有人认为大羊体肥毛密,丰满高大,生命力旺盛,这样的羊有着可爱的姿态。前者是从味觉的角度会意的,后者是从视觉的角度会意的。

由此看来,“美”从甲骨文到楷书,无论从形体还是从意义上观察,它都与“羊”有着密切的关系。在我们的先民眼里,羊除了形体美,味道也很美之外,还是吉祥物。《说文解字·羊部》中就说:“羊,祥也。”其意思就是说“羊”是吉祥物。从上述介绍可知,先民关于“美”的观念源于“羊”是毫无疑义的。

古代的染色方法

——“染”字趣释

有不少人将“染”中的“九”总写作“丸”,之所以产生这种错误,其主要原因是人们对“染”字的结构不了解。“染”字在甲骨文和金文中还没有发现,直至小篆中才出现。《说文解字·水部》:“染,以缯染为色。从水,杂声。”许慎认为“染”字是形声字,显然不正确。其实“染”字是个会意字。徐铉注:“徐锴曰,《说文》无杂字。裴光远云:‘从木,木者所以染,栀茜之属也;从九,九者染之数也。’”根据以上分析,可知“染”是一个由“水”、“九”和“木”字组成的会意字。“水”是染色必不可少的材料,它是溶解或稀释颜料的重要物质,没有水就无法将色均匀地染在丝绸上。“木”是染料。古代没有我们今天用来染色的染料,染料大多是古人从自然界的草木中获取的。具体地说,“木”就是指前面所说的“栀茜之属”。这就是说,古人常用栀子树的果实和茜草的花作染料。可见“染”字中的“木”指可染色的草木。“九”在古代常用作表示多数,这里指古人染色的次数很多,即指染色的过程。具体是多少次没有定论,要根据实际情况而定,有可能低于九次,也可能多于九次。古人染色必须把丝绸放在溶有染料的液体中反复染多次,才能将色染上去。由此可知,“染”的最初义是给布帛等物着色。

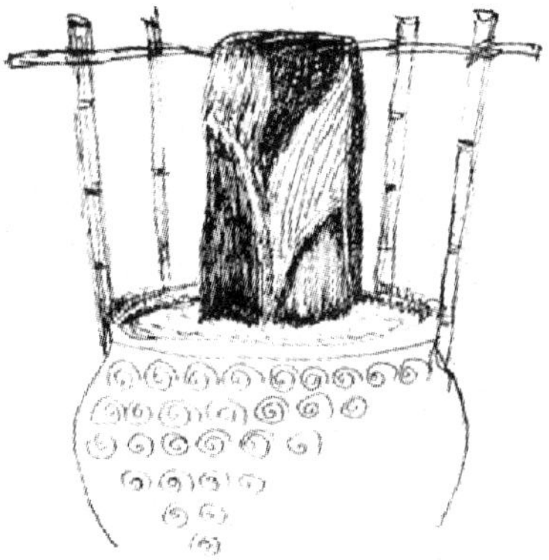

古代染布图

“染”字的结构,从一个侧面反映了古人给布帛着色使用染料,配制染色液及着色的方法。染色是人们生活中必不可少的重要活动,从“染”字的结构可以推知中华民族很早就积累了不少宝贵的印染经验。《周礼·天官·染人》:"染人,掌染丝帛。"所谓"染人",是专门负责印染业的官吏,可见周代我国的印染业就已经很发达了。

"染"的本义是给布帛着色,所以古人把用笔着墨或颜料写字以及作画等举笔落墨之事也叫染。如唐蒋防《霍小玉传》:"生素多才思,援笔成章……染毕,命藏于宝箧之内。"写字、作画,必须先用笔蘸上墨或颜料,由此用指蘸取食物的汁液也叫"染"或"染指"。"染指"的故事出自《左传·宣公四年》:春秋时,有个楚国人给郑灵公送了一只鼋,许多人都不知道为何物。此时,大臣子公的食指忽然动起来了,他告诉别人说:"过去我食指一动,就会有好东西吃,看来我今天也将有好东西吃了。"鼋肉煮熟后,灵公于是赐给群臣,却没有给子公。子公很生气,就用手指在锅里一蘸,尝了一口就走了。这就是"染指"的故事。

给白色的布帛着色,尤其是着黑色,使其变暗,给人一种使布帛受污染的感觉,由此,"染"引申指污染、玷污、沾染等意思。如《尚书·胤征》:"旧染污俗,咸与维新。"

通过以上的分析,我们已经清楚了"染"字的右上角应该是"九"字,不是"丸"字的道理,然而旧时的一些洗染店的招牌却有意在"染"字中的"九"字上加一点,写作"桨",这是何道理呢? 据说在民国初年,北京一家洗染店特地请来清朝的状元刘春霖为染坊写招牌,当刘春霖写到"染"字时,居然在"九"字上加了一个点。匾额写好后,又注上了"以示不俗"四个小字,以此预示染坊的生意不同一般。从此,好多洗染店都仿效这种做法,有意在"染"字中的"九"字上加上一点。

从外面到房子里来的人

——"客"、"宾"二字趣释

"客"字在甲骨文中似乎还没有出现,直到稍晚的铜器铭文中才出现,写作“”，与今之“客”字的结构相同。其上为“宀”，“宀”在古代指一间房子，供人居住的地方，象形字。其下为“各”。“各”字比“客”字出现早，甲骨文为“”。上为“”，即为“止”，表示人的足，此处代指人；其下的“凵”，就是古人所居洞穴的象征，此处代表人居住的地方，它与“止”结合而构成“各”。“”朝上就是表示人从屋里出去，即为“出”字。“”朝下，即朝里，表示人来到屋里，就是“各”字。在甲骨文和金文里“各”字既有“来”的意思，又有“止”的意思。“各”加“宀”就是“客”字，其意思是：从外地来到房子里，并暂时居住下来的人。

由于“客”有居住之意，所以引申为居、寄居的意思。《说文解字・宀部》：“客，寄也。从宀，各声。”段玉裁注：“自此托彼曰客。”王筠句读：“偶寄于是，非久居也。”可见“客”就是暂时居住，不是长期居住下来。许慎认为“各”字在“客”字中作声符，显然是不够全面的，应该说“各”还有表义的作用。没有“各”的表义作用，“客”的意思是很难完全表达出来的。暂时居住下来的人就是客人，由此，“客”又引申指“客人”。

汉民族中有一个支系叫客家人，简称客人，他们均说客家话。为何称“客家人”？比较通行的说法是：因客家人原住中原，为炎黄后裔，远祖是书香门第，仕宦之家。西晋末“永嘉之乱”（即五胡乱华）时，为了逃避异族的蹂躏及战乱，被迫首次南迁，寄住江淮间，客居他乡。至唐末黄巢起义，客民因战乱，再度南迁，进入福建、江西，部分进入广东梅州。南宋末年，元兵南侵，客家人又随文天祥开始大批进入粤东粤北地区，并在梅州集居，久之反客为主。为了区别于当地的土著民，这些人自称为

汉画像石　宾客宴饮图

“客籍人”或“客家人”。经过历代的迁徙，客家人今天散居于全国二十多个省、市、自治区以及世界五大洲，其人口有人估计上亿人，相当于日本的总人数。

客人的种类很多，有专门受主人之邀的贵客、宾客；有不邀而至且不受欢迎的不速之客；有由阶下囚而东山再起的座上客；有寄食于贵族、豪门并为之奔走、效劳的门客（一称为食客）；有以当官为职业，活跃在政坛上的政客；还有那些专门从事偷盗，并行凶杀人放火的暴客。

与“客”同义的还有“宾”字。“宾”在甲骨文中就出现了，常写作“”或“”。从前一个“宾”字的写法可以看到，它的上半部是“宀”，即房屋，下半部分是“”，为“人”字。甲骨文的“宾”字是由“宀”和“人”构成，其意思是：外面有一个人来到屋里。这个人自然是客人。后一个“宾”字中间的“”为“人”，下面多出一个“”，即“止”。所表示的意思同样是：有一个人迈步来到屋下，也即是客人的意思。如《诗·小雅·鹿鸣》：“我有佳宾，鼓瑟吹笙。”

铭文的“宾”字常写作“”，上面仍然是房子，中间是人，下面是“贝”，“贝”即指财物或金钱。可见金文的宾是由“宀”、“人”和“贝”三字构成，会意字。金文的“宾”为何要加“贝”呢？王国维《观堂林集》说：“（甲骨文的宾字）上从屋，下从人、从止，象人至屋下，其义为宾。又云：古者宾客至，必有物以赠之……故其（金文的宾字）从贝。”金文的“宾”字反映了古人的风俗习惯，也说明了好客是我们民族的优秀传统之一。这种习俗一直保持至今。

客人来了，古人以物相赠，表示对客人的尊敬，因此，“宾”引申为尊敬的意思。许慎《说文解字·贝部》：“宾，所敬也。”许慎所释显然是“宾”的引申义，不是本义。

宾客宴饮图

用手将帽子戴到头上

——“冠”字趣释

“冠”字早见于小篆,会意字,由“冖”、“元”、“寸”三字合成。“冖”(mì),今俗称“秃宝盖儿”,其本义是一块盖在头上的布帛,也就是今天帽子的雏形。“元”其实是一个站立的人,其本义是人的“头”。金文的“元”为“”,下面是个“人”,上面圆点表示人头。“寸”指手下一寸的部位,即“寸口”,后又常指手。三部分合起来的意思是:手将布帛制品(帽子)戴到头上。这种布帛制品古代称为“冠”,即今之帽子。可见“冠”的本义是帽子,名词。

商代铜盔

古代戴冠的人皆为尊贵者。有资格戴冠的尊贵者等级也有差别。古代的帝王所戴之冠谓之“通天冠”,冠上有平板,前后的垂旒由成串的玉制成,与瑱(耳饰)类似,旒从冠的前端垂下,正好处在人的眼前,当帝王行坐之时,旒常在眼前晃动,据说它的作用是提醒帝王“非礼勿视”,即对那些不该看的东西就不要看。通天冠始制于秦,其后历代帝王(除元朝和清朝帝王外)大多戴此冠。学者戴“进贤冠”,此冠前高 7 寸,后高 3 寸。执法官员则戴“獬豸冠”,獬豸是一种能别曲直的神羊,据说能够判断罪与非罪。法官以獬豸为饰,取其公正明断之意。古代还有所谓凤冠,汉制规定:太皇太后、皇太后、皇后入庙行礼时要戴此冠。因冠上饰有凤凰的图案,故称凤冠,此后历代沿用之。若不当官,则挂冠,其意是弃官而去。据《后汉书·逸民传·逢萌》载,东汉逢萌,因为王莽杀了他的儿子,他决心不再做官,于是“解冠挂东都城

宋代妇女的花冠

门”，带着家属过海而去。此后称辞官而去为挂官。清孔尚任的《桃花扇 · 入道》：“挂冠归山，便住这白云庵里。”

冠既被用来标志人们的尊卑地位，戴冠当然也就选择与自己身份相符的冠，违反了这种礼规，则是僭越，甚至会遭杀身之祸。

“冠”字中的“寸”字本指“寸口”，即腕下一寸，中医诊脉的地方。由于诊脉要把腕下一寸的地方作标准，所以“寸”又具有准则、法度之义。这样看来，“冠”字的造字意义可以理解为“加冠以循法”，也就是说人既加冠，就必须依照礼法行事。换句话说，一切戴帽子的人，都要守法、执法。冠成了古代社会用来控制人们行为举止，维护封建社会礼法，作为封建礼制规范象征的东西。

古代男子成年要举行一种仪式，这种仪式就叫加冠，又简称冠。如《通志 · 礼略》：“周制文王年十二而冠，成王十五而冠。”不过在周代，一般到20岁才算成年，方可加冠，加冠时必须举行冠礼。原来加冠的程序是先加缁布冠，次加皮弁，再加爵弁，俗称“三加”。加冠之前，加冠之人要到亲友家行礼，称“告冠”，然后亲友前来祝贺，谓“冠敬”。加冠时要隆重设宴，宴请嘉宾。加冠之后方能另取字或号。

清代男子的加冠改在婚前一天或三天，仪式隆重而简单，不行“三加礼”。

“冠”是怎样引申出“第一”这个意思的呢？这是因为冠是戴在人头顶上的饰物，它处于人的头顶之上，即人体的最高部位，所以引申出“位居第一”的意思。如《史记 · 萧相国世家》：“位冠群臣，声施后世。”不过，此“冠”作动词用，读 guàn。

从洞穴到宫殿

——“宫”、“室”二字趣释

“宫”字的甲骨文为“”、“”或“”，均是房屋的象形字。但怎样象形，学者们对甲骨文的形体作了不同的解释。其中最具代表性的大致有下列几种说法：有的学者认为甲骨文的“宫”字所描绘的是先民穴居野处时代的简陋居室——洞。其外之“”像一个洞口，内之“吕”、“”、“”是彼此相连的小洞窟，相当于今天室内的一间间的居室，即先民们寝卧的地方。甲骨文的“宫”字，反映了先民洞穴之居的结构，同时也使我们看到了先民高超的建筑艺术，更使今人领略到了他们的聪明才智。今天我国北方部分居民所居的窑洞，就是在此基础上发展起来的。

也有的学者认为甲骨文的“宫”字像房屋形，而其中的小方框表示房屋的窗户。有的人认为，“宫”为形声字。于省吾等人认为“宫”字从“宀”，雍声。而许慎在《说文解字·宀部》中则说“宫”是从宀，躳(躬)省声。还有的人认为“宫”是从宀、从吕的会意字，认为“吕”是“纽”的象形初文，有连接、聚集的意思，“宫”所表示的意思是：集众室于一屋。

阿房宫前殿修复图

“宫”在先秦时代可作为房屋的通称，也就是说贵族、平民百姓的住房均可称宫。如《诗·豳风·七月》：“我稼既同，上入执宫功。”意思是：我们将田间的庄稼刚收割完，又要去替那贵族修理房子。

《战国策·秦策二》:“父母闻之,清宫除道,张乐设饮,郊迎三十里。”上述二例中的“宫”均指房屋,不指宫殿。

秦始皇统一天下之后,为了表明自己的尊显位置,于是下令将“宫”字用于帝王居住或理政地方的专称。自此以后,“宫”就专指帝王的宫殿,而其他人的居室则称为“室”等,沿用至今。唐陆德明《经典释文·〈尔雅〉音义》:“宫,古者贵贱同称宫,秦汉以来惟王者所居称宫焉。”如秦始皇所造的宫殿阿房宫,汉之未央宫、长乐宫、建章宫以及明清的故宫等都是帝王的住所。

“宫”用于指历代帝王的居室后,其建筑结构复杂,规模宏大,装饰富丽堂皇,人们由此联想到神仙居住的地方也一定像帝王宫殿一样富丽堂皇,所以“宫”引申指神仙的居所。如:天宫,就是天上神仙居住的地方;龙宫,就是海中龙王居住的地方。“宫”在现代则用作指民众进行文化娱乐活动的地方,如少年宫、青年宫、民族宫、艺术宫以及劳动人民文化宫等。

“宫”何以用作姓氏用字呢?根据《古今姓氏书辨证》:“出身周官掌宫门者,以世宦为氏。”这就是说,宫用于姓是因为他们的祖先在周代是掌管宫门的官吏。有记载说宫氏的先祖是春秋时期虞国大夫宫之奇。其人为一代忠臣。鲁僖公五年(公元前 655 年),晋国准备攻打虢国,便派大将荀息向虢国的友邦虞国借道,虢君接受了荀息的重贿,答应借道。此时宫之奇力谏虢君切勿借道,宫之奇的意见终不被虢君采纳,致使晋国灭了虞国后,又灭亡了虢国。

汉画像石　宫室图

与“宫”同义的字有“室”,其甲骨文为“”,字中的“”(宀)是房屋的象形字。古文“室”的本义指人所居住的房屋。《易·系辞》:“上古穴居而野处,后世圣人易之以宫室。”由此看来,“室”的出现反映了人类居处的进步,由过去的“宫”(洞

穴)进而演化为地面建筑。“(至)”像箭矢着地,箭矢着地,则有终极之义,因而“室”又作为房屋内部的专指,即今之房间或卧室。《论语·先进》云:“由也,升堂矣,未入于室也。”由此可以看出,室在“堂”后,处于房屋之深奥处。

专选听话者的用人制度

——“宦”字趣释

“宦”字由于涉及历代乱国误国的“宦官”,几乎成了人们最讨厌的一个字眼。司马迁没有当宦官,但是由于遭宫刑,涉嫌“宦”字,因此在《报任安书》中曾发出这样痛心的感叹:“夫以中才之人,事有关于宦竖,莫不伤气,而况于慷慨之士乎!”然而“宦”字的本义是否也令人如此讨厌呢?我们的回答是否定的。金文的“宦”为“”,小篆“宦”的形体承金文而来。可见“宦”由“宀”和“臣”组成,会意字。“宀”,本指房屋,这里指官府;“臣”的本义为奴仆。合起来的意思是:在官府里当奴仆。也有人理解为“宀”内有“臣”,其字形表示的意思是:在室内劳动且又听话的奴隶。顺从主子的奴隶才可以委以官职,所以“宦”字又用于指称小官吏。“宦”的造形,反映了古代选拔官吏

清　宦官李莲英

不是任能为贤，而是任人为“亲”，专用听话的。如《国语·越语上》：“卑事夫差，宦士三百人于吴。”其意思是：卑下地侍奉吴王夫差，送三百人给吴国做奴仆。段玉裁《说文解字注》中将“宦”释为“学”。学，就是学习。这就是“宦”的引申义。因此有的学者认为“宦”的意思为“学习侍奉君主的人，即为见习官吏”（唐得阳主编《中国文化的源流》第183页）。如《左传·宣公二年》：“宦三年矣，未知母之存否？”其意思是：出游学习做官的事已经三年了，不知母亲在不在。

由于“宦”的本义是在官府里当奴仆，所以引申为做官。《说文解字·宀部》：“宦，仕也。”所谓“仕”就是做官。如《世说新语·赏誉》：“（王济）二十八始宦。”其后，“宦”才用以专指被净身在宫廷服役的男子，称太监或宦官。在他们身上冠以“宦”字，是从印度语“哥击”的音译而来。13世纪末，印度有许多净身的人来中国，这些人在印度语中称“哥击”。因此，中国历史上对那些阉人，就用印度语中的读音，并且再找一个与其读音相似的汉字“宦”字称之。

“宦官”之名起源虽然较晚，但宦官之实则由来已久。据说在商代，商朝（公元前1751年至公元前1050年）统治者将征服来的羌人作为太监。古书称这类人为“寺人”、“奄人”、“奄宦”、“内官”、“内侍”、“内监”、“宦者”等。

洗耳恭听与口说耳听

——“闻”、“听”二字趣释

“闻”字早见于甲骨文，写作“”或“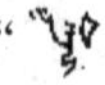”，表示一个人独自蹲在那里，竖起耳朵，好像被一种什么声音吸引住，于是聚精会神地洗耳恭听这种声音。造字者运用夸张的手法将人的耳朵描绘得比人的头还大，其目的就在于突出“闻”字的意义，即强调耳朵在听的情形，并表明“耳”在“闻”字中的重要作用。于省吾先生在《殷契骈枝续编》中说：“（甲骨文的闻字）本象人之危坐以手掩面倾耳以听外警。”

据陈炜湛先生说，无论是听别人说话，还是听音乐，只有两种听法：一是公开地听；二是秘密地听，即我们常说的偷听。造字的先人根据“听”的这两种情形，加以抽象、概括、线条化，从而造出了“闻”字。（参见陈炜湛《古文字趣谈》第122页）由此可知“闻”为象形字，它的初义是“听”或“听到”的意思。

“闻”字的小篆为“”。《说文解字·耳部》：“闻，知闻也，从耳，门声。”小篆“闻”的结构与甲骨文迥然有别，由甲骨文的象形字变为形声字，但是所表示的意义是相同的，即“听”。有的学者将小篆的“闻”释为“入门方可闻”。还有的学者将“闻”释为“门上的耳朵”，相当于今之“门卫”。这样解释似乎将“闻”字中的“门”又说成了意符，难以令人置信。此说并不可取，还是依许慎之说比较可信。

既然“闻”的本义是“听”或“听到”，所以古人将听到的事情也叫“闻”。如果听到的事情是刚刚发生的，又是一般人所不知道的，又叫新闻、传闻或消息。如司马迁《报任安书》：“网罗天下放失（佚）旧闻。”其意思是：广泛搜集天下散佚的许多往日的事情。

由于人们听到的事情中有些是具有知识性的东西，所以“闻”又引申指知识、见识、见闻。如《论语·季氏》：“友直、友谅、友多闻。”其意思是：同正直的人交朋友，同诚实的人交朋友，同见闻广博的人交朋友。

闻鸡起舞图

“闻”字还用作姓氏。据宋郑樵《通志·氏族略四》:“闻氏,即闻人也。”这就是说闻氏本为“闻人氏”。所谓闻人,官职名,是古代专门搜集、打听和记录近期发生的各种事情,并将其报告给酋长、部落首领或朝廷的人。闻人氏是以官职为姓的一族。据《风俗通》记载:“少正卯,鲁之闻人也,其后遂以为氏。”这就是说闻人氏之称,出自春秋时期与孔子同时代的少正卯。少正卯,当时任鲁国的闻人,官拜大夫。当孔子担任鲁国国相后,以少正卯乱政而诛杀了他。有的学者据此推知,很可能是孔子杀闻人少正卯之后,时人有所不满,为了纪念少正卯,他的子孙干脆放弃了原来的姓氏,改姓“闻人”。到了宋代,“闻人氏”改姓“闻”。

汉字中与“闻”的本义相同的还有一个“听”字。“听”的甲骨文作“”、“”,从耳,从口,会意字。其中的“”、“”,即为“耳”的象形字,人主听的器官;口是人发音的重要器官。其意思是:口说的话耳朵是可以听到的。金文“听”字的结构与甲骨文基本相同,仍然是从耳、从口。其意义同样是口说耳听。

“听”字到了小篆,其结构复杂起来,为“”。《说文解字·耳部》:“聽,聆也。从耳、㥁,壬声。”段玉裁注:“耳㥁者,耳有所得也。”由此可知小篆和繁体的“听”字均为形声字。其中的“㥁(dé)”亦作“悳”。所谓“耳有所得”就是耳朵获得声音,其本义当然是用耳朵听。

宋　赵佶　听琴图

繁体的“听”字难写难记,尤其是令小学生难写。为了帮助学生记住这个字,传说从前有一位先生曾为此字编写了一个顺口溜:“小学生本姓王,生来耳朵长,今年十四岁,一心上学堂。”在确定简化字时,便将一个22画的“聽”,简化成7画的“听”。简化字的“听”是一个从口、斤声的形声字,其不足就在于简化的“听”字失去了意符“耳”,使人难以再从字形上推知其本义。依个人之见,简化字的“听”,如果采用甲骨文的结构,从耳、从口,不能不说是一高明之举。

“闻”与“听”的使用存在着差异,其不同点是:

"听"是主动去听，表示行为。"闻"是听到的消息，表示听的结果。如《礼记·大学》："视而不见，听而不闻。"其中的"听"就是表示听的行为，"闻"是听到的意思，表示听的结果。

古代的有些有识之士，很注意发挥"闻"的能动作用，把"闻"与自身的道德修养结合起来，颇能给人以启迪。孔子认为"朝闻道，夕死可矣"，表现了他执着追求真理的精神；子路"闻过则喜"，表现了他勇于改正错误的品质；晋代的祖逖闻鸡起舞，表达了志士奋发之情。

乾隆帝说错字的笑话

——"浒"字趣释

"浒"字《说文解字》没有收录。《尔雅·释水》："浒，水崖。"所谓水崖就是水岸。《广韵·姥韵》："浒，水岸，呼古切。""浒"按其本义应读hǔ，不读xǔ。如《诗·王风·葛藟》："绵绵葛藟，在河之浒。"毛传："水崖曰浒。"这两句的意思是：野葡萄藤儿不断到处蔓延，爬满了那河岸边。

明代作家施耐庵的长篇小说《水浒传》用了这个字。《水浒传》是一部家喻户晓的长篇古典小说，然而自它问世后，将其中的"浒"（hǔ）字读为"许"（xǔ）音的不乏其人。就连清代大名鼎鼎的乾隆皇帝，由于将"浒"（hǔ）读成了"许"（xǔ）而留下笑柄。江西省有个"浒"（xǔ）湾，它西距抚州五公里多，东距金

乾隆下江南图

溪县四十多公里，濒抚水，这儿是赣中闽北山区竹木外运的集散地。

“浒湾”的“浒”按理该读作 hǔ，却读成 xǔ，这是怎么一回事呢？传说乾隆皇帝南游溯抚水而上，一天经过浒湾。他站在船头，远远望去，树木葱郁，屋舍俨然，岩石壁立。突然游兴大发，指着岩石上“浒湾”两字对身边的地方官说：“咱们上浒（xǔ）湾去玩玩。”那地方官一愣，随后就明白了，可是又不能对皇帝说这是浒（hǔ）湾，不叫浒（xǔ）湾。于是忙喝令部下道：“将百姓的船全部赶走，让御船停靠在浒（hǔ）湾。”乾隆一听，便知道自己将“浒”字的音读错了。此时，乾隆也不直说，便装模作样地问那位地方官，船到了哪里，地方官奏道：“船到浒（hǔ）湾。”

地方官这样做等于婉转地指出乾隆将“浒”字之音读错了。此时，在乾隆的随从中走出一位大学士，想讨好皇上，对乾隆奏道：“浒（hǔ）湾就是浒（xǔ）湾，浒（xǔ）湾就是浒（hǔ）湾，所以常有人把浒（hǔ）湾读作浒（xǔ）湾……”

大学士的这一番话反而使乾隆很难堪，还不等他说完，乾隆就绷起脸大怒道：“什么浒（hǔ）湾不浒（hǔ）湾，我说浒（xǔ）湾就是浒（xǔ）湾。”

此时，大学士吓得跪在地上不敢做声，那位地方官也吓破了胆，忙对部下说：“你们听到了吗？浒（hǔ）湾的浒今后只准念成浒（xǔ）。”

从此以后，浒（hǔ）湾就成了浒（xǔ）湾，字典里的“浒”也成了多音字，这就是乾隆的“功劳”。

登山和下山

——“陟”、“降”二字趣释

“陟”字的甲骨文作“”、“”或“”，其中“阝”也作“”或“”。叶玉森《文字编》曰：“契文作，其陟降诸字之偏旁作、。从丨，象土山高峭。从、，象阪级，故陟降诸字从之。”就是说：“”或“”为阜（fù），即今之左“阝”，有阶级的山坡（亦曰土山）。另外一边是“”或“”，实为

一前一后的两只脚，即今之“步”字。在甲骨文中“”即“止”，脚趾指的方向也是前进的方向。由此可见，甲骨文的“陟”字为从阜、从步的会意字。其字形实在太像一个人从山下直向山上拾级而上的情形，即今之登山。罗振玉《增订殷虚书契考释》认为：“陟从𨸏（阜），示山陵形；从步，象二足由下向上。”

明 吴振 登高远眺图

“陟”字的金文、小篆及楷书的结构基本相同。《说文解字·𨸏部》：“陟，登也。从𨸏，从步。”所谓“登”就是登山、登高。如《诗·周南·卷耳》：“陟彼高冈，我马玄黄。”意思是：登上那座高高的山冈，我的马儿也生病了。

由于“陟”的本义是登山，登山是由低处向高处走去，所以“陟”便引申为提拔。如诸葛亮《前出师表》：“宫中府中，俱为一体，陟罚臧否，不宜异同。”其意思是：皇宫中的近臣，丞相府的官员，都是一个整体，提拔好人，惩治坏人，不应该有所不同。

鬼谷子下山青花瓷瓶

而与“陟”所表示的动作正好相对的是“降”。“降”字的甲骨文为“”、“”或“”，其中一边是“”，即为有石级的高坡或土山，另一边也是一前一后的两只脚，其中脚趾所指的方向是向下，与陟字脚趾所指的方向相反，即下山的方向。其意思是：从高坡上走下来，即下山。

“降”字的金文与甲骨文的结

构基本相同，容庚《金文编》引《说文古籀补》云："降，从阝，从二足迹形，陟降二字相对，二止前行为陟，倒行为降。后人但知止为足迹，不知、皆足迹也。"

小篆的降为""，其左边仍为"阜"。右边的"夅"实在是由甲骨文和金文的"二止"讹变而来，其上之"夂"（zhǐ）和其下之"㐄"（kuì），仍为向下的两"止"。《说文解字·𨸏部》："降，下也。从𨸏，夅声。"许慎说"降"为形声字，不太准确，应该说"降"是一个会意兼形声的字。许慎以"下"训"降"，显然所释不是本义，而是引申义。由于"降"的本义是下山，即从高处走到低处，自然有"下"的意思，所以"降"由"下山"引申为"降落"或"下落"。如《荀子·议兵》："若时雨之降，莫不说（悦）喜。"意思是：好像下了一场及时雨，没有一个人不高兴。

"降"由"降落"又引申为降生、出生的意思。如屈原《离骚》："摄提贞于孟陬兮，惟庚寅吾以降。"意思是：太岁在寅的那一年，正月庚寅的那一天，我便降生了。

由于"降"是从高处往低处走，其中自然有降低的意思，人屈从于对方，自然会使自己的身份降低，所以"降"又引申为投降的意思，这时"降"读为xiáng。如《左传·庄公八年》："降于齐师。"意思是：向齐军投降。

十　画

伟大的人

——"夏"字趣释

中华民族是一个有着悠久历史的古老民族，我们中国人古代自称"夏"或"华夏"。我们的民族何以称"夏"呢？简单地说，就是因为古文"夏"的意思是一个头身手足俱全的人，是一个完美的人，一个伟大的人。因此，先人借用这个美好的字眼作为民族的用字。

"夏"字早见于甲骨文。甲骨文的"夏"字是一个发、首、躯、手、足、五官完全无缺的侧视人形，这个形体比起甲骨文中其他表现人的各种形态的字来说，所描绘的人"确也一表堂堂"（康殷《古文字形发微》第 2 ～ 3 页）。因此，可以初步确定，甲骨文的"夏"字所表现的就是史学家们所说的威武雄壮的夏族人。

夏禹帝

"夏"字的金文继承了甲骨文"夏"字的形体，不过在结构上变得更复杂了。小篆的"夏"字基本上保持了金文的形体，只是在笔画上作了些省减，写作"夏"。《说文解字 · 夊部》："夏，中国之人也。从夊，从页，从𦥑。𦥑，两手；夊，两足也。"而"页"同"首"，就是人的头。可见小篆的"夏"同样是一个头身手足俱全的人。所谓"中国之人"就是古代黄河流域中原地

远古华夏人俑

区的人。

从小篆看，有的学者认为，“夏”字实在是指一个暴露着面、手和脚的人。朱骏声《说文通训定声》：“夏，象人当暑燕居，手足表露之形。”这就是说，“夏”字所表现的是夏天一个赤足露背的人的形象。这是拿人们夏天的形象来表现夏天。这也是表示人的“夏”引申为指春夏秋冬四季的“夏”的原因。

现代的“夏”字在金文的基础上去掉了“臼”，即双手，仍然保留了头（页）和脚（夂），还可以从字的结构上看出“夏”字的初始意思是一个人。

据叶玉森说，甲骨文的“夏”字形像一只蝉。“蝉”是一种季节性的昆虫。当夏日骄阳似火的时候，夏蝉常鸣、蛙声聒耳是这个季节最常见的景色。因此，古人用鸣蝉象征这个特定的季节。

由于“夏”本指人，并且是堂堂正正的人，所以“夏”又引申出“大”的意思。《尔雅·释诂上》：“夏，大也。”《方言》卷一：“夏，大也。自关而西，秦晋之间，凡物之壮大者而爱伟之谓之夏。”“夏”有“大”的意思，大概形成于春秋战国之交。因为战国以后，封建大一统观念开始深入人心，“夏”与“大”的意义便日益相合。禹所开创的“夏朝”自然是大一统王朝的楷模。

今天的山西、陕西一带是中华古文明的发源地之一，而那里的人现在仍然称“夏”为“大”，也就是说“夏”有伟大的意思。世界各民族都有自己的自尊心、自信心。所以“华夏”自然就有繁荣、伟大、完美的意思。

“夏”由“大”又引申出“华彩”之意。《周礼·天官·染人》中有“秋染夏”之说，唐贾公彦解释说：“夏谓五色，至秋气凉可以染五色也。”《尚书·孔氏传》中有“冕服采章曰华，大国曰夏”之语，孔颖达疏为：“中国有礼仪之大，故称‘夏’，有服装之美，谓之‘华’。”大抵“华夏”自古以来便是我们汉民族先民的庄严自称，后来更成为整个中华各民族的合称。

太阳落在草丛中

——“莫”、“暮”二字趣释

我们说“莫”的本义就是指日落时候，可能有不少朋友很难相信。这是因为“莫”在现代汉语里的意思与日落毫不相关。要认识“莫”字的庐山真面目，还得看看“莫”字的古文字结构，方可明白其中的原委。

“莫”字在甲骨文中就已出现，其形体结构为“”、“”或“”。前两个“莫”字上下为“艸”，或“”（林），字中间为“日”，即太阳。是会意字，其意思是：太阳落在草丛（或隐没在树林）中去了。这时正是天快黑了的时候，即我们现在所说的傍晚。后一“莫”字只是中间多出了一个“”，就是“隹”，即“鸟”。字的意思是：太阳已隐没于茫茫的树林之中，鸟儿也纷纷飞回林中的巢里。这时自然也是傍晚。后一个“莫”字更形象准确地描绘出傍晚时大地的景象。

明 项圣谟 大树风号图轴

“莫”字的创制，正是古代中原地区日出而作，日入而息的劳动人民对落日这一自然现象长期观察，仔细体会的结果。“莫”字的金文与前面所列举的甲骨文中的第一个“莫”字的结构相同，由二“艸”（一曰为茻，即莽）和“日”构成，所描绘的是日落草丛中的情形。秦始皇统一文字后，所颁行的小篆“莫”保持了金文的形体和意义。《说文解字·茻部》：“莫，日且冥也。从日，在茻（莽）中。”徐锴系传：“平野中，望日且莫将落，如在莽中也。今俗作暮。”所谓“日且冥”，就是指日落之时。如《论语·先进》：“莫春者，春服既成，冠者五六人，童子六七人，浴乎沂，风呼舞雩，咏而归。”其意思是:暮春三月,春天的衣服都穿起来了,我陪同五六位成年人,六七个小孩,在沂水边洗完澡,再到舞雩台上吹吹风,然后唱着歌回到家里。

后来,由于“莫”假借为表否定的无定代词和表禁止的副词,即当“没有谁”或“不要”讲,“莫”所表示的“太阳落在草丛中的时候”的意思古人只好另造一字表示,就是在“莫”字下加一“日”字,即成“暮”。如成语有“朝三暮四”,说的是宋国有一个老人,人称狙(jū)公,他喜欢养猴子。他说的话,猴子都能听懂。这群猴子爱吃橡子,每天消费太多,狙公无法满足猴子的需要。一天早上,狙公对猴子们说:“与若芧,朝三而暮四,足乎?”意思是给你们吃的橡子,由我来分配,早晨三颗晚上四颗,够了吧!猴子听后个个非常生气。见此情景,狙公便改口说:“朝四暮三,足乎?”(其意思是说早晨四颗晚上三颗,够了吧!)猴子们听了非常高兴。

两箭一起射向太阳

——“晋”字趣释

“晋”字的形体在甲骨文中为“”。字上部分的“”为“矢”,即箭。其下为日,即空中的太阳。其构形所描绘的是:两支箭一起射向那空中的太阳,即学者们所说的“二矢射日”。据此,有的学者认为“晋”的本义就是指射日之箭。“晋”字的金文为“”,与甲骨文的结构相同,其下之“”仍指“日”。小篆将甲骨文、金文中的“二矢”变成了“二至”,即为臸(zhī)。其实,“至”仍与箭有关系。“至”的甲骨文就是一只箭从空中坠落在地上,“二至”仍然是二箭着地。进入楷书后,“晋”字上部的“二矢”变得面目全非了。有的学者据此便认为“晋”字是先民为“箭”所设计的初始构形,其造字意义表现了弓箭在先民观念中的神灵之性——射日。

在中国古代神话里,有一位名叫“羿”的善射英雄,他为人类立下了不小的功劳。据《淮南子·本经训》、《山海经·海外西经》等书载,相传在帝尧之时，十个太阳同时悬于空中，大地上的庄稼被晒焦了，草木也烤死了，人类陷入水深火热之中。面对这无法忍耐的酷热、干旱，他们曾请来女巫在丈夫山上祷告祈雨，结果，雨不但没有求到，那女巫竟被太阳活活地晒死了。此时，东方的天帝“帝俊”将红色的弓、白色的箭授给一个名叫羿的天神，命他下到地界扶救凡世，将人类从万般的艰难困苦中解救出来。羿来到人间，会见了尧帝。尧帝得知羿的来意，万分高兴，立即请羿去射太阳，此时人们纷纷前来观看。羿于是面对空中，拉开了神弓，只听得飕——飕——飕的几声，几支箭向空中飞去，射向那太阳，太阳立即爆发出金色的火花，转眼间便纷纷坠落在大地上。

春秋时养由基百步穿杨图

羿一连射落了九个太阳，大地顿时凉爽了许多。此时人群里响起一片欢呼声。羿正准备从箭壶里取出第十支白翎箭时，却发现没有了，他一望尧帝，见剩下的一支箭正好在他的手里，就不解地望着尧帝。尧帝对羿说：“太阳对人类还是大有功劳的，现在你射落九个，留下一个，让大地不冷不热，庄稼也好生长。”羿听从了尧帝的劝告，留下了最后一个太阳。羿来到人间后，除了射落九日外，还替人民除大风，射河伯，杀凶兽，诛毒蚊，从此人民得以平安地生活。

有的学者认为，古“晋”字正是先民根据后羿射日的传说而创制的，它生动地再现了后羿射日的宏伟景观。“晋”字的创制，反映了后羿射日故事流传的真实性。这是因为后羿射日的神话，反映了古人的一种观念：由于箭有了射日的神功，故而人们提到“箭”就要把它与“日”联系起来，自然想到后羿射日故事。因此，古人以“二矢”造“晋”字也是非常自然的。

由于“晋”的初形为“二矢射日”，其中包含有前进之义，因此，“晋”便引申为进、升等意义。如晋京、晋级等。

对"晋"字的古文,杨树达先生作了不同的解释。他在《释晋》一文中说:"晋字上象二矢,下为插矢之器。""二矢插器,其意为箭。"杨先生此说不无道理。

据宋人笔记《齐东野语》记载,唐代中叶,唐大比之年来到时,韩愈便写信给李贺,劝其举进士。李贺欣然答应了。这时有一个与李贺有旧怨的人生怕李贺举进士,就出来诋毁说:"李贺的父亲名晋肃,'晋'与进士的'进'读音相同,这是犯讳的。"古代犯忌讳是要治罪的。李贺听到后,就不敢应试。据说这个人就是后来也成为著名诗人的元稹。传说元稹年轻时,曾前往拜见李贺,李贺生性高傲,拒绝接见他。此后,元稹衔恨在心,所以寻此机会对他进行报复。

以水为镜

——"监"字趣释

"监"的繁体字为"監"。在镜子(铜镜)发明之前人们用什么东西来照自己的容颜呢?那就只有水。由于物体可以在清澈的水中留下自己的影子,于是聪明的先民在室内放上一盆清水,用来映出自己的容颜。这也就是人类最古老的镜子。先民的这种生活方式虽然没有文字记录,但却保留在汉字"监"中。如"监"的甲骨文为"",其左边为一跽跪的人,人之上造字者特别对人的眼睛和面部进行了夸张。其右的""为"皿",即古代装水用的器皿,相当于后之木盆之类的器皿。全字的意思是:一人跪或站在一盆水的旁边,面对水照自己的容貌。唐兰先生在《殷虚文字记》中说:"监,像一人立于盆侧,有自监其容之意。"此处的"监"读为 jiàn,即古代的镜子。

从甲骨文的"监"字可以了解到我们的先民在日常生活中很注重面部清洁卫生,也充分体现了先民的爱美心理。这也进一步说明,爱美是我们民族的传统美德。

然而从水中来观看自己的面貌，这种方法显然有很大的局限性，使用起来也不方便。随着社会的发展，到了春秋时期，青铜冶炼技术和青铜器的制造水平已相当发达，于是我们的先人便用青铜制造出一种能映出自己面貌的青铜制品，以此替代用盆水映面的做法，人们称这种青铜制品为“鑑”，简化为“鉴”。“鉴”的出现结束了人类以水为镜的历史，由此，“监”也就失去了它的本来意义。

战国　山字纹铜镜

因为“监”原本指用水来照视自己的形象，以观察面部有何脏物，所以“监”便引申为监视、监督的意思。如《诗·大雅·皇矣》：“监观四方，求民之莫。”不过，此处的“监”读为 jiān。至此，“监”也失去了它表示镜子的意义，专用于“监督”等意思。

臭中有香

——“臭”字趣释

今天说“臭中有香”，有些人会不相信，其实真是如此，“臭”在古代汉语中确实指香气。

“臭”的甲骨文为“”，它的上部像是一个人的鼻子形，即古“自”，“自”就是古“鼻”字；下部是一只头朝上的狗的象形字，狗的尾巴朝下卷起，四条腿向左。可见甲骨文的“臭”是一个由“自”和“犬”组成的会意字。小篆沿用了甲骨文的结构。《说文解字·犬部》：“臭，禽走，臭而知其迹者犬也。”其意思是：无论是飞禽还是走兽奔走过的地方，能用鼻子一闻便能找到它们踪迹

汉画像石　猎犬逐兔

的动物，就是犬。由此可以确定“臭”的本义就是我们今天所说的闻、闻气味的意思。如《荀子·荣辱》：“彼臭之而无嗛于鼻。”其中的“臭”就是闻的意思，就是后来的“嗅”的意思。

古人为何要用“自”和“犬”组合成“臭”呢？大概是因为狗生性喜欢闻，它走路时，总是边走边用鼻子在地上闻来闻去，加之狗的嗅觉本身特别灵敏，无论是人或动物走过的地方，只要狗用鼻子一闻就能知道其踪迹。因此，今天人们利用犬的这一特征将它们训练成警犬，用于公安侦破时追捕逃犯。

我们可以透过“臭”字的结构了解到：三千多年前的古人就已经知道利用犬灵敏的嗅觉器官追捕野兽，这实在是一种高明之举。

“臭”的本义是狗用鼻子闻气味，由此“臭”引申出气味的意思。如《诗·大雅·文王》：“上天之载，无声无臭。”其意思是：天地处于混沌状态之时，整个宇宙既没有一点声音，也没有什么气味。其中的“臭”就是指各种气味。

“臭”既然引申指气味，那么由此又引申指香味。如《易·系辞上》：“同心之言，其臭如兰。”“臭”字本指气味，此句中的“臭”实际所指是如兰花散发出的清香一样的气味。所以有的学者认为此句中的“臭”就是指香，这样解释也不无道理。又如杜甫《自京赴奉先县咏怀五百字》：“朱门酒肉臭，路有冻死骨。”对此句中的“臭”，有的学者就理解为“香”，也是有道理的。

汉代以前的“臭”只指气味或香味，而不指那种难闻的恶臭。“臭”指恶臭大概始于汉代。《孔子家语·六本》：“与善人居，如入芝兰之室，久而不闻其香，即与之化矣。与不善人居，如入鲍鱼之肆，久而不闻其臭，亦与之化矣。”这里的“臭”与“香”对举，“臭”指难闻的气味就很明显了。“臭”用于专指恶臭之后，它的本义“闻气味”则另造一“嗅”字来表示，即在“臭”字的左边加上一个“口”构成。应该说闻气味是人或动物使用嗅觉的活动，也就是说闻气味是由鼻子来完成的，而古人误以为是口，其实是一种错觉。

会爬树的人

——“乘”字趣释

“乘”字在甲骨文中就已出现了，写作“”。其上为“大”，即为人。其下为木，即为一棵树。全字所描绘的正好是一个人站在树上的形象，而这个人一定是会爬树的人。由此可知“乘”字的初义是登、爬或升。李孝定《甲骨文字集释》中说：“乘字象人登木之形，乘之本义为升为登。”

甲骨文“乘”字的形体很容易让人联想到古籍中关于有巢氏的记载。远古时代，“人民少而禽兽众，人民不胜禽兽、虫蛇。有圣人作，构木为巢，以避群害，而民悦之，使王天下，号之曰有巢氏。”（《韩非子·五蠹》）这段记载清楚地说明了有巢氏为了让民众不受野兽和洪水的侵扰，他教百姓构木为巢，用以休息，睡觉。这就是说，早期的人类曾经在树上筑巢，以此作为自己的居室。而甲骨文的“乘”字与这传说何其相似。一个“乘”字就把那时的人类巢居生活反映得淋漓尽致。古人巢居于树上，不仅是为了防野兽的攻击，同时，对于平原地区的人类来说，也是一种逃避洪水威胁的最好办法。因此有的学者认为，甲骨文的“乘”字也反映早期人类与大自然，特别是洪水作斗争的情形，以及他们的智慧。而长期巢居于树上的人，个个都练就了会爬树的本领，这是毫无疑义的。

有巢氏构木为巢图

金文的“乘”字为“”。容庚《金文编》云：“乘，从大在木上。”可见金文的结构与甲骨文基本相同。

“乘”字到了小篆，其字形发生了讹变，写作“”。许慎将其结构释为“从入、桀”显然是错误的。其实小篆的“乘”，其上将甲骨文的“大”改作“人”，并在“人”下加上了两只“足”，像踩在树枝上；其下为“木”。其意思与甲骨文相同。许慎将“乘”的意思训为“覆”显然不是本义，而是引申义。所谓“覆”，就是一物加于他物之上，这是由“乘”的本义一人加于树上引申而来的。李孝定《甲骨文字集释》：“乘之本义为升为登，引申之为加其上。许训覆也，与加其上同义。”

由于“乘”字中含有人在树上的形象，所以古人把人站在车上也称乘，即为乘车；人坐在船上，就是乘船；人坐在马上，就是乘马。《易·系辞下》：“服牛乘马，引重致远。”

“乘”古代常用作“乘车”的意思，所以古人用“乘”作表示车的量词。此处的“乘”读为 shèng。而古人乘坐的车，常有四马，所以“乘”又引申为四。如《诗·小雅·鸳鸯》：“乘马在厩，摧之秣之。”唐陆德明释文云：“乘马，四马也。”

最早的针刺疗法

——“殷”字趣释

“殷”字的甲骨文写作“”。其字左边的“”是一个“身”字，“身”有人认为是一个患有肚疾的大腹便便的人。右边的“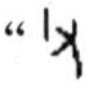”代指一个人手中拿着治病的工具，即为“攴”。于省吾先生对“殷”作了形象的解释：“甲骨文的殷字从身从攴，象人患腹疾用按摩器以治疗之。”

“殷”字的金文与甲骨文的结构稍有区别，其形体为“”。对此有的学者认为它更像一个人手执针向人的肚子刺去之状，也就是说用针给人治病。

新石器时代的砭石

也有的学者认为古文的“殷”字也即是后之“医”字的初文，它反映了人类最早的治病方法之一就是针刺，即后来的针灸。这种方法产生于原始时代，即在中草药还没有问世的时代，原始人在无意之中发现了针刺可以治疗疾病。以狩猎为主的原始人，在追捕各种野兽时，必然要发生与野兽搏斗的情况，结果使自己被刺或碰伤，但他们发现在同一部位原来就有的其他疾病都消失了。经过反复实践，他们总结出了对身体的某个部位进行针刺就可以治疗疾病的规律。于是针刺治病的方法也就出现了，一直流传到商代，商人于是将这种治病的方法用一个“殷”字表现了出来。由甲骨文的“殷”字也可以推知针刺疗法在商代就已经流行起来，不过那时的针多为石针或骨针。

公元前 14 世纪，商王盘庚迁都于殷，也就是现在安阳市西北的小屯村。这以后的商朝，历史上称作殷，但殷人始终自称商，不称殷，这是什么原因呢？

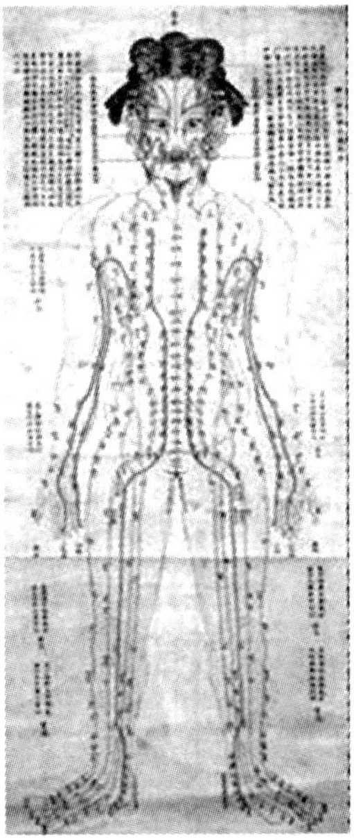
明　史素　针灸铜人像

有的学者认为，古文“身”是大腹便便的贵族，而“殷”的古文字形的左边恰恰是一个反“身”字，表示贵族的身份已经反过来了，即失去了贵族的身份。其右边是一只手拿着棍子，即“殳”（攴）字，表示奴役。其意思是：一个失去贵族身份的人，也就是受奴役的人。殷为周所灭，殷的贵族们反过来向从前的子民自称臣，成为他们的奴隶，这是殷商贵族的耻辱，也是“殷”字造形所依据的历史事实。

商代的国号既称“商”，又称“殷”，史书上常有“商”、“殷”互用，或者直接称“殷商”。这两个名称是这样来的：“商”本是一个古代部落，始祖名契，居于商（今河南商邱），由地名而成为国名。关于“殷”这一名称的来历，历代史家多持商王盘庚迁都于殷(今河南安阳小屯村)后,商便改称殷。而现代史学家经过反复考证,从卜辞来看,殷是周人后来改的,而商人即使在迁都以后,仍称为商,不自称殷。考察历史文献,发现周人称商为殷,是西周初年周人出于巩固自己统治的需要而对商的一种尊称。周本僻居于关中,周灭商后,商的贵族统治阶层势力仍然存在,这对巩固周的政权显然是不利的,为此,周武王采取了两条重要措施:一方面是封兄弟功臣于战略要地,另一方面是拉拢商的贵族官吏,安抚劝诱他们与周人协和一致,共同维护周的统治。并利用商人尊神的特点,大力宣传说自己本是"小邦国",商是"大殷"、"大邦殷",我取而代之,非出本意,乃是"天休宁于王,兴我小邦周",以使商朝的旧贵族们在失掉政权后,在精神上得到某些满足,从而支持自己的统治。事实证明,周人尊商为殷这一策略是很有效的。至于《尚书》以后的文献中记载的,商人自称为殷的用语,是由于周初称商为殷已成为人们的习惯,同时商代的都城也被称为殷墟的缘故。

因为"殷"的本义是给肚中有病的人治病,而内脏有病的人比肌肤有病的人一定更痛苦,所以"殷"就引申出"盛"、"大"、"深"等意思。如《易·豫》:"先王以作乐崇德,殷(盛)荐(祭)之上帝。"于省吾《甲骨文字释林·释殷》:"《说文》谓'作乐之盛称殷',应改为'疾病之盛称殷'。典籍中既往往训殷为盛,为众……为痛为忧,则切由疾病旺盛之义引申而来。"

投笔从戎

——"笔"字趣释

"笔"的繁体字为"筆",此"筆"字出现较晚,直到小篆中才见到。然而这并不意味着"笔"这种书写工具在"笔"字产生以前就没有。根据学者们的考证,我们民族使用笔的历史较之"笔"字的历史悠久许多,这一点从"笔"的结构本身也可窥见一斑。"筆"字由"竹"和"聿"(yù)构成,会意字。其实"聿"

就是笔，甲骨文有“聿”字写作“”。左边的“”就是古人所使用的笔，看上去像是一根有杈的树枝，这反映了早期的笔很有可能是用树枝做成；右边“”为“又”，即为“手”。整个字看起来就像是右手执笔写字。可见“聿”的本义就是写字的笔。《说文解字·聿部》：“聿，所以书也。”“所以书”的意思就是说“聿”是用来写字的一种工具，即笔。小篆的“笔”就是在“聿”字上加上竹字头而成，这是因为当时的毛笔的笔管多用竹制成。

“笔”字为什么读成 bǐ 音，据说同“毕”有联系。晋代成公绥《弃故笔赋序》中说：“笔者毕也，能毕举万物之形，而序自然之情也。”其意思是说，笔就是全部所有的意思，即笔能描绘宇宙万物的形体，抒发人们的各种感情。

笔是谁发明的呢？据晋人张华《博物志》载，笔是秦代名将蒙恬所造。传说蒙恬用枯木、羊毛或鹿毛等材料制笔。其实这种说法并不准确。根据学者们考古发现，仰韶出土的一些彩陶罐上画的纹饰，就是用毛笔画的。还有的学者发现不少甲骨片上有用朱笔或墨笔写下的未刻的字，笔画的起讫也十分清楚，因而可以确定商代写字除了使用刀笔之外，还确实使用过精良的毛笔。对于这一发现董作宾给予了高度的评价，他说：“工具中最重要的发现是毛笔所写字迹的发现。”这说明毛笔的发明已是3500年以前的事情了。

北齐　校书图

到了蒙恬时，他用兔毛制成了一种很精致的毛笔，此后，使用兔毛制的笔便形成了风气。所以古人把他看成是笔的发明者。准确地说，蒙恬对古代的笔作了一些改进，或者说蒙恬是兔毫笔的发明者。

“筆”现在简化为“笔”，从竹、从毛。简化的“笔”字是一个六朝时的俗字，此字最早见于北齐碑刻中。简化的“笔”字更能清楚地表示中国传统的书写工具笔的构造：上端是竹制的笔杆，下端是用动物的毛制的笔头。从“笔”字的写法以及结构变化来看，说明汉族人不仅很早就使用“刀笔”，同时也使用竹笔，并用不同的毛来制笔头。“笔”字的几种形体都从不同侧面反映出我国古代社会在特定时代的物质文明程度。中国古代生产笔的地方较多，早在元代就有湖州毛笔名扬海内。

古代有“笔成冢，墨成池”的故事。《书断》载，唐代和尚智永，有秃笔十瓮，“每瓮皆数石”。后来把笔头埋入地下筑成了一个废“笔冢”，还亲自写了志铭。《国史补》载，唐代和尚怀素是狂草书法家，一生写字。写的废笔堆积如山，有时埋在山下，号为笔冢。历史上有投笔从戎的故事。《后汉书·班超传》中记载了这样一个故事：班超的家境贫困，因而经常到官府里为别人干一些抄抄写写的事。日子一久，他对这项工作有些厌烦。一天，他正在抄写一份公文时，突然放下笔长叹道：“大丈夫即使没有什么别的大志向，也应当学习古代的付介子和张骞（二人为西汉时出使匈奴的著名外交官）在外交事业上去建立功业，怎么能长期地在笔砚之间供职呢？”自此，他在官府里坐不住了，于是投笔从军，随大将窦固出征，大败匈奴，立了大功。

人们习惯称用笔写字叫“挥毫”。笔又为什么会叫毫呢？毫本指一种细长而尖的毛，而笔头是用这一类毛制成，因此古人就有将笔称为毫的习惯。如历史上称蒙恬制的笔叫苍毫，用羊毛做的笔叫羊毫，用鸡毛做的笔叫做鸡毫等。所谓挥毫，就是拿笔写字做文章。

射箭与立身

——“射”字趣释

“射箭”是人类早期的一种重要活动，因此表述这种活动的汉字“射”早在商代的甲骨文中就已经出现了。“射”在甲骨文中作“”或“”，由一支箭和张开的弓组成，象箭在弦上待发之形。一望其形体，便知其本义为射箭。金文作“”，在甲骨文的基础上加了一“”，象手搭箭而射之形，显然是对“射”这个动作作了非常朴素而生动的描摹。

篆文的“射”与甲骨文、金文的形体相去甚远，一变而为“䠶”或“射”。《说文解字·矢部》：“䠶，弓弩发于身而中于远也。从矢，从身。”有的学者不同意许慎的看法，认为“射”字的这一变化，其造字意义令人费解，纯属汉字的讹变。将弓矢形变为“身”字，使人领会不到它所示的意义。许慎说，既然能将“䠶”训为“弓弩发于身”，人们又何尝不能理解成“身为飞矢所射中”呢？因此，有的学者认为“身”是由“弓”形讹变而成的。

许慎《说文解字·矢部》：“射，篆文䠶，从寸。寸，法度也，亦手也。”有的学者认为许慎对“射”的解释有道理。“身”指人身，“寸”即表示法度、准则。“射”的造字意义则当为人的立身之道。他们认为汉字的字形演变及其异体字的产生，其原因是复杂的，而不同的观念意识以及文化背景的诱发是其中最重要的原因。

五代　武士习射壁画

射箭，在古代既是先民用以对付敌人的手段，又是一种重要的生产手段。打仗、狩猎总少不了射箭这一活动，因而古人将“射”列为“六艺”之一，而“六艺”被列为古代教育的主要内容，当然是为了人类生存发展的需要。《周礼·地官·大司徒》：“三曰六艺：礼、乐、射、御、书、数。”操弓射箭在一般人看来，充其量也不过是一项专门技能，何以成为衡量人的才德的标志呢？此事在今人看来，似乎是不可思议的，而古人实在是这样看的，也是这样做的。古代以“射”术来选拔官吏。《礼记·射义》云：“天子之大射，谓之射侯。射侯者，射为侯也，射中则为诸侯，射不中则不为诸侯。”从古籍中的记载可知，“射”在古代曾是选人的标准，而这种标准的确定，当然是因为“射”是人才德的充分体现。《礼记·射义》中说：“射者，仁之道也。射求正诸己。”显然，“射”与“仁”是相关联的。《礼记·射义》中又说：“以立德行者，莫若射，故圣王务焉。”古人认为射法是德行所由生，又是德行所由见。这一记载揭示了这一事实：在一定的历史时期，“射”与“仁”、“德行”这类做人之道，被认为是相为表里的。

《列子·说符》中有一则将学射之理与治国修身等同起来的故事。列子学习射箭，能很准确地射中靶子，于是他去向老师关尹子请教。关尹子就问列子：“你知道自己为什么会射中吗？”列子回答说：“不知道。”关尹子就告诉他，你回去还要学习射箭。列子又练了三年，又去向关尹子报告自己学习射箭的情况。关尹子又问列子：“你知道自己为什么能射中靶子吗？”列子回答道：“现在我知道了。”关尹子高兴地说道：“那就行了，你要把它牢记在心，千万别忘记了。”最后，关尹子还叮嘱列子说：“非独射也，为国与身也亦

清　王致诚　乾隆射箭油画

皆如之。”意思是：不但射箭是如此，治理国家和修养自身也都是同样的道理。

弓箭既然为人们生存于世上的主要仰仗物，则弓箭的使用——射，自然也关系到人的生存能力。所以古代要求出世后的新生儿一定要行“射天地四方”之礼，这样做，自然是父母为了赋予孩子一种最强大的生存能力，希望他今后的人生有着一条像射出的箭一样，畅达顺利的生活道路。射礼是周礼的一种，也是古人的一种游乐活动。大家登堂而射，射后看谁中靶最多，中靶少者罚饮酒。《论语·八佾》载：“子曰：‘君子无所争。必有射乎！揖让而升，下而饮，其争也君子。’”这段话的意思是：君子没有什么可争的事情。如果有什么可争，一定是比箭吧！（开始射箭比赛）时，参加竞赛的人相互作揖然后登堂比赛，比赛完后走下堂来，然后（作揖）喝酒。这种竞赛是很有礼貌的。看来，射箭在古代是一种士大夫经常开展的高雅娱乐活动。其后射演变成一种以赌注争输赢的比赛活动，相当于今天的赌博。如《史记·孙子吴起列传》中所载的：“田忌信然之，与王及诸公子逐射千金。”在此基础上，“射”便引申出“猜”、“猜度”的意思。如《吕氏春秋·重言》：“有鸟止于南方之阜，三年不动不飞不鸣，是何鸟也？王射之。”这里的“射”就是“猜”的意思。

中国历史上关于“善射”的传说和故事很多，除了后羿“射日”的故事外，还有“射潮”。相传五代时的吴越王钱缪因为钱塘江潮水年年汹涌，危害群众，于是带领群众筑堤挡潮。但由于潮水日夜冲击不止，无法施工，他就下令几百个强射手用箭射击潮头，终于使潮头改变了流向，于是加紧动工，筑成了堤坝。

被人用绳索牵着的奴隶

——“奚”字趣释

中国古代奴隶社会的奴隶是怎样生活着，又受着怎样的压迫，从“奚”字的结构可以略知一二。

奴隶受刑雕塑

"奚"字的形体比较稳固，仍然保持了甲骨文的形体结构。甲骨文的"奚"写作""或作""，两字构形相同。上面的"（爪）"和"（又）"均为人的一只手。中间的""为古"系"字的初文，像后来的丝形，此处指捆人的绳索。其下之"大"即指人。其意思是：有人抓住了一个奴隶，用绳索将奴隶脖子系住，并用手在前面牵着。这一情景使我们看到了奴隶社会奴隶受迫害的情形，以及奴隶主对奴隶们的血腥镇压，奴隶主视奴隶如同牲口。因此，学者们认为"奚"的本义就是指奴隶。如《周礼·秋官·禁暴氏》："凡奚隶聚而出入者，则司牧之，戮其犯禁者。"其意思是：凡是男女奴隶聚众出入的都要严加管束，并要杀掉那些违犯奴隶主禁令的人。

有的人根据"奚"的结构作了不同的解释，认为"奚"字中的""为奴隶头上长长的辫子。其意思是：有人用手抓住奴隶头上的辫子（即头发被揪住了）。头发被揪住的人，自然是失去了自由或成了受人支配的奴隶。（参见陈炜湛《古文字趣谈》第 21 ~ 23 页）

"奚"字也作姓氏用字。奚姓在我国似乎并不多见，但奚姓人士对中华民族所作的贡献是巨大的。人类使用的重要交通工具"车"就是奚仲发明的。《说文解字·车部》："车，舆轮之总名也，夏后时奚仲所造也。"奚仲本是黄帝的后裔，曾世代为奴隶，传到夏代时，由于奚仲发明了车，担任"车正"（掌管交通的官吏），对国家有重大贡献，其子孙就以他的字作为姓氏，而世代沿用下来。"奚"字在古代汉语中除用作指奴隶外，还常借用作疑问代词或副词。用于疑问代词或副词的"奚"不是从"奚"的本义引申出来的，而是"奚"字的假借。

朱元璋“坏”

——“殊”字趣释

“殊”字的小篆为“ 𣦼 ”,其左边为“歹(è)”,本义为剔去肉后剩下的残骨,引申指死人。在汉字中,以“歹”为偏旁的字其意义均与“死”有关。《说文解字·歺部》:“殊,死也。从歺,朱声。汉令曰:‘蛮夷长有罪,当殊之。’”段玉裁作注补充道:“凡汉诏云殊死者,皆谓死罪也。死罪者,首身分离,故曰殊死。”可见“殊”在汉代是一种非常残酷的刑罚,也就是砍头的死罪。这就是“殊”的本义。许慎认为“朱”字在“殊”字中只表音。有的学者认为“朱”也有表义的作用,“朱”为红色,即指鲜红的血液,因此“殊”字还描写了人死时鲜红的血液四溅的情形。这样理解更切合首身分离极刑的残酷性。

正是由于“殊”是将人首与身子分离,即砍断人头的意思,所以“殊”引申为“断”或“分离”的意思。如《左传·昭公二十三年》:“断其后之木而弗殊。”唐陆德明释文曰:“殊,一曰断也。”杨伯峻注曰:“此谓砍伐树木而不使断绝。”

明朝开国皇帝朱元璋年少时曾削发为僧,所以他一生和和尚交谊颇深。有一次,朱元璋请了一位和他以前一起共过事的和尚来宫中吃饭,这位和尚一见皇帝请自己吃饭非常高兴,在酒宴上即兴赋诗一首献给朱元璋。其中有这么一句:“金盘苏合来殊域。”意思是:金盘子里装的苏合香是来自

古代用刑图

不同的地方。朱元璋抓住“殊”字做开了文章。他认为“殊”字左边是一个“歹”字,“歹”字的本义是“死”,后引申为坏、恶的意思;右边的“朱”指朱元璋自己或朱明王朝。“殊”就是“歹朱”、“死朱”、“坏朱”的意思,一句话,“朱元璋坏”。他认为这个和尚用“殊”字有意骂他,于是下令将这个和尚杀了。

报喜图

——“豹”字趣释

豹属猫科动物,性情凶悍,似虎而比虎小,人们常将它与百兽之王的虎并称。就目前看来,“豹”字的甲骨文、金文还没有发现,它的小篆的结构与楷书的“豹”均相同。《说文解字·豸部》:“豹,似虎,圜文。从豸,勺声。”豸(zhì),据许慎说是一种长脊兽类(也有的学者认为是一种高大的兽类)。段玉裁作注时对许慎的原文作了修改,他说:“豹,从虎,勺声。”在许慎看来,豸与虎是同类动物。这一说法是可信的,与现代动物学将虎豹一同划归猫科动物是吻合的。“勺”除了表声外,还表义。有的学者就认为“勺”就是“瓢”,舀水的器皿,它常浮在水面上,显得很轻飘;“勺”用于“豹”字之中,充分反映了这种动物跑起来轻松,速度快,有稍纵即逝之感。

熊松泉　豹图

豹子的种类很多。《正字通》:“豹,状似虎而小。白面,毛赤黄,文(纹)黑如圈,中五圈左右各四者,曰金钱豹,宜为裘;如艾叶者,曰艾叶豹,次之;色不赤,毛无文(纹)者,曰土豹;《山海经》玄豹,黑文(纹)多也;《诗》赤豹,尾赤文(纹)黑也;又西域有金钱豹,文(纹)如金钱。”

豹与虎相比较虽不及虎，但也可称之为兽中的佼佼者。尤其是它身上的花纹绚丽多彩，古人常用来作装饰用。古代有所谓豹尾车，皇帝外出巡视时，常在他浩浩荡荡的车队中的最后一辆车上，插上绣有豹纹的桔红的旗幡，古人称这种豹纹旗为神旗，这辆车也称“豹尾车”。韩愈《沂国公碑》中有“豹尾神旗”之句。

又明清两代之时，文武百官均穿“补服”，亦称“补褂”。补服的前胸、后背上均缀有方形“补子”，补子上绣鸟或兽，文官绣鸟，武官绣兽。明代三、四品武官绣虎豹，清代三品武官则绣豹。古代还有所谓豹头枕，据说此枕能避邪。《唐书·五行志》：“韦后妹尝为豹头枕，以避邪。”古代还有常将豹子与喜鹊画在一起的图案，人称“报喜图”。据说这是由于“豹”与“报”谐音，其象征意义是“报喜”的意思。

春蚕到死丝方尽

——“蚕”字趣释

“蚕”的繁体字为“蠶”，承小篆形体而来，其甲骨文为“蚕”的象形字。《说文解字·䖵部》：“蠶，任丝也，从䖵，朁声。”所谓“任”即“胜任”之意，也就是“吐”的意思，“任丝”就是吐丝。而“䖵(kūn)，虫之总名”，指出蚕属昆虫之类。“朁”是描绘簪潜入发中形状的本字。汉字中凡是含有“朁”的字均有潜入其中的意思。蚕吃桑叶是把头埋在桑叶之中，由叶片的边缘向中间一直吃进去。后人因此把“朁”加上“䖵”而构成“蠶”。(参见逸群《中国文字学故事大辞典》第485页)

还有学者认为，“朁”有“隐藏”的意思，喻指蚕是肚里隐藏有一种物质(即丝)的蠕虫。又因这种昆虫数目很多，所以古人用两“虫”来表示。(安子介《解开汉字之谜》第393页)

“蠶”是一个形声兼会意字。至于简化字的“蚕”，从虫，从天，反映了蚕这种昆虫的由来。天，指自然界，因为蚕本来是野生的，后经古人培育而为家生。所谓“天虫”，就是来自自然界的一种虫。其实，如果简化字的“蚕”上能用“夭”为意符更好，更能体现“蚕”这种昆虫的特征。因为“夭”有弯曲之意，形容蚕这种软体昆虫弯弯曲曲爬行的样子。其意思是：一种体态柔软，爬行时弯弯曲曲的昆虫。

中国养蚕的历史悠久，甲骨文中已有了“蚕”字，说明至少在商代就已开始了养蚕。关于养蚕的记载早见于《尚书·禹贡》：“桑上既蚕，是降丘宅土。”孔颖达疏：“宜桑之土，既得桑养蚕矣。”

宋 佚名 蚕织图

中国古代关于养蚕的传说不少，晋干宝《搜神记》卷十四载：传说太古之时，一家有父女俩相依为命，家中还养有一匹马，不久，其父远征，几载不归，女儿十分想念远征在外的父亲。一天，女儿对家中的马开玩笑说：“你能为我把远征在外的父亲接回，我将嫁你为妻。”马听了姑娘的话，立即咬断了缰绳，飞快地朝边疆冲去。几天后，这匹马果然将父亲接回家。其后，那马见到了女儿常常喜出望外，用双腿将女儿抱住，以示亲热之意。父亲于是非常讨厌这匹马。女儿将自己答应嫁给马的事详细告诉父亲，父亲听后大怒，一气之下将马杀死，并将马皮放在太阳下准备晒干。一天，女儿来到晒马皮的地方，马皮突然将女儿卷起后便逃走了。父亲得知后立即追赶，也没能追着。不久，在一棵大树上找到了女儿和马皮，发现全部变成了蚕，还在树上吐丝织茧。因此，人们将这种树叫桑树。桑者，丧也。这就是民间所流传的“马头娘”的传说。民间还将马头娘视为蚕神，年年都要祭拜。

蚕在历代的文学作品中，也是文人墨客们常常提及的对象。唐代著名诗人李商隐的名句“春蚕到死丝方尽”流传千古，以丝喻指男女之间绵绵不断的情思和忠贞不移的爱情。时至今日，由于蚕有“到死丝方尽”的特征，人们赋予了蚕无私奉献的精神，用以激励人们。

古代家庭富有的标志

——“家”字趣释

“家”甲骨文作“”，它的外部是“”，即为“宀”，象房子的形状，中间的部分是“”，象豕形，“豕”就是猪。可见甲骨文的“家”字是由“宀”和“豕”两部分构成，会意字。它的意思是屋里有猪。金文的“家”字继承了甲骨文的形体结构，也是会意。由“宀”和“豕”组成，意思是屋里有猪。

按照常理，“家”字应是“宀”下有“人”，何以为“豕”呢？许慎在《说文解字·宀部》中说：“家，居也，从宀，豭省声。”其意思是说，“家”字是以“宀”为意符，以“豭”为声符而构成的形声字。按照许慎的说法，“家”的下面部分为“豭”，造字者为了省事，则将“豭”字省减了“叚”，成为“豕”，用作声符，故而成了今之“家”。学者们认为许慎的解释实在太牵强，难以令人信服。其实小篆的“家”直接承甲骨文、金文的形体而来，同样也是从宀从豕的会意字。段玉裁则不同意许慎的看法，认为“家”的本义就是猪舍，后引申为“人舍”，即人所居的家庭。（参见《说文解字注》“家”字注）现代有些学者认为“家”的本义就是“家庭”，会意字。此话完全可信。

湘潭出土商朝后期豕尊

不过，很多人看到“家”字中有“豕”时一定会感到惊讶：为什么人居住的空间被“豕”

合家辞旧岁

占住了呢？这是因为那个时代农家都养猪，因此以“豕”为“家”的代表物。远古时期，人们以游猎为生，生活不安宁。后来，他们把捕获到的吃不完的动物（包括猪）养在家里，以备捕不到动物时之用。进而他们又以养猪的多少作为财富的象征，猪是富有家庭财富的标志。屋里有猪是富人的表现，养猪越多表示这个家越富有。在古人看来，光有栖身之处还不算真正有家，还要加上猪。有猪的家，生活安定。家中有猪，就可以安定下来，这就是古人造“家”的现实依据。“家”字正是那时“人猪同居”的现实反映。不过，这种人畜共居的现象进入到20世纪60年代时，在我国一些农村仍然存在着。这种现象正好是“家”所反映的社会现象的遗存。

人类进入畜牧时代，经济状况虽然有了改善，但生活条件仍然很差，人们的居住条件也很差，他们只能将猪在家里饲养。随着时代的变更，生活条件和居住条件不断改善，人们就在屋子旁边另造猪舍，将豕从家中分离出去。到今天，家中不再养猪，而只住人了。因此，有人提出要将“家”字改革一下，把屋下的“豕”换成“人”，写作“宊”。在“文化大革命”中，国家颁行的第三批简化汉字确实也将“家”简化成“宊”，但不久被废除了。这是因为人们认为“家”改成“宊”，容易与“穴”混淆，所以有的学者认为还是保存“家”字的原形为好，这样倒可以让人们不忘“家”的来历。

帝王之印

——“玺”字趣释

“玺”原为“坙”，其繁体字为“璽”。《说文解字·土部》：“坙，王者印也，所以主土。从土，尔声。玺，籀文，从玉。”可见“玺”的本义指印章。“玺”字初文所以从土，很可能是古人初刻印章的材料是硬泥块；“玺”字籀文从玉，说明后期的印章使用的材料是玉。以玉作为印章的材料可能始自秦始皇。其实“玺”的本义并不是“王者印”，而是印章的统称。《广雅·释器》：“印谓之玺。”据晋卫宏《书断》介绍：“秦以前，民皆以金（金属）玉为印，龙虎纽，唯其所好。秦以来，天子独以印称玺，又独以玉，群臣莫敢用也。”也就是说秦以后“玺”是帝王的国印，君王的御玺。

乾隆皇帝玉玺

太平天国玺印

中国最早的玺约成于公元前700年的楚国，楚人卞和在荆山之下觅得一块璞（未经琢磨的玉），献于楚王，人称“和氏璧”，为价值连城的无价之宝。其后和氏璧为秦王所得。秦始皇统一六国后，下令丞相李斯题篆“受命于天，既寿永昌”八个字于其上，定为“传国玉玺”。据有关典籍记载，此玺方圆四寸，上绣五龙交纽，下有异彩印文，在日月的照耀之下，从各个角度视之，均呈七色辉彩，历代视为珍宝，至五代后唐时，在石敬瑭之乱中失踪，成为千古疑案，至今未解。

世界各国历史上几乎均有玺。英国的国玺一般由大法官兼任掌玺，大臣昼夜随身携带。19世纪初，有位大法官叫布罗厄姆，此人贪酒好色。有一次，他带着国玺去参加周末晚会，被几位花枝招展的贵妇人缠不过，竟将国玺拿去做“威化饼”模子，使家宴摆出了“国饼”，风光一时。国王威廉得知此事，大怒不已，一气之下革了他的职。

日本天皇的御玺为赤金所制，铸于明治七年（1875年）。这颗金玺纯度高，保管好，虽历百年，仍古朴闪光。历史上曾有不少的人企图盗玺荫私，只因为皇宫禁卫森严，均未得逞。

山猿造酒

——“酒”、“酉”二字趣释

酒自从在中国土地上问世起，便开始与生活在这块土地上的人们演绎出了一场场动人的悲喜剧。“酒”在甲骨文和金文时代与“酉”同字，均指装酒的器皿。“酉”的甲骨文为“”或“”。前一种形体一望便知是一种盛酒器，即后之“樽”；后一形体仍为酒樽之形，外加“氵”以示酒坛里有酒溢于坛外，或酒香透到坛外。（参见康殷《文字源流浅说》第312页）。刘心源《奇觚室吉金文述》：“酉，古文酒字，象酒器形。”可见“酉”的本义为酒樽。“酉”由盛酒器皿引申指“酒”。其后“酉”借作地支用字后，“酉”的“酒”意则另在“酉”字左边加“氵”而成“酒”。“酒”是形声字。

至于酒的发明者，历来说法不一。一说为禹帝时人仪狄所制。据《战国策·卫策》载：“昔者，帝女令仪狄作酒而美，进之禹，禹饮而甘之，遂疏仪狄，绝旨酒。曰：‘后世必有以酒亡其国者。’”这段文字说明，酒一问世后就遭到了贤明君王夏禹的冷遇，他认为这样的美味如果帝王沉溺其中，就会丧其志、亡其国。于是禹疏远酒的发明者仪狄。

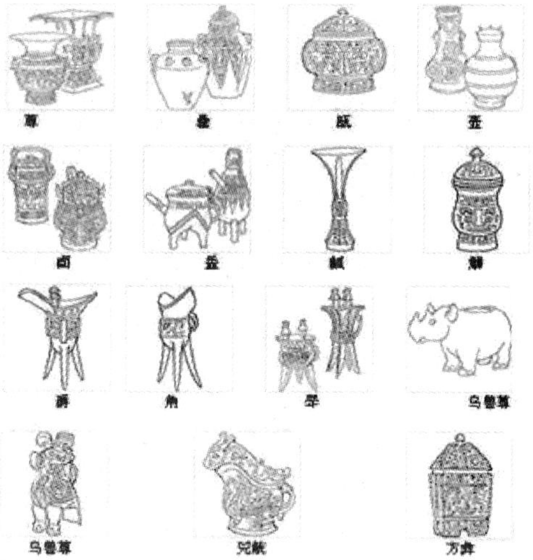

古代的青铜酒器

而民间传说酒为杜康所创，因为他创制了酒而且被封为酒仙，古籍中还有杜康醉刘伶的传说。在河南、陕西，至今还有杜康酿酒遗址和杜康祠。许慎《说文解字》中则认为“杜康作秫酒”。秫，即高粱，应该说杜康是首先创造用高粱酿酒的人。

其实酒的历史更悠久。考古学家们在江苏淮阴洪泽湖畔的下草湾曾经发现了“醉猿”化石，这一事实使在我们祖先中流传已久的“山猿造酒”的传说得到了证实。当我们的祖先巢栖穴居之时，他们主要以野果果腹，野果中含有能够发酵的糖类，在酵母菌的作用下，可以产生一种味道香甜的液体，这就是最早的天然果酒。而“山猿造酒”可能就是受这种天然果酒启发的结果。大约在 5 万年前的猿人，他们把采集来的野果堆放在一起发酵，造出了香喷喷的果酒。他们尽情地唱呀喝呀，一个个醉倒在地上，此时，正遇上造山运动、火山或地震爆发，于是这些猿人被埋入地下，就成了化石。5 万年后，考古学家们才发现各种醉倒

古代酿酒图

的醉猿化石。

历代帝王中有爱酒的，有厌酒的，有因嗜酒而丧志甚至失了国家的，也有像大禹那样喜欢饮酒，但能以国事为重，疏远造酒者仪狄，以免因酒误国的。大量的是沉缅酒色而误国的君王。传说夏桀用池子装酒，令人奏起“靡靡之音”，在一旁观看的有三百余人，借池牛饮取乐。商代的暴君纣更是有过之而无不及。他饮起酒来七天七夜不停，还建造了可以行船的酒池，池边悬肉为林，使裸体男女追逐相戏，真是荒淫到了无以复加的地步。

酒在中国人的生活中，不仅是一种常见的饮品，而且在漫长的历史发展中，形成了中国特有的酒文化。正是有了酒，才使我们的生活多姿多彩。酒，从它产生的那天起，就与人类生活结下了不解之缘。欢乐时，人们需要它助兴；忧愁时，人们需要它解忧；孤独时，它成为人们的知己。酒可以说成为了人们心情的一种外在体现。

据《史记・郦生陆贾列传》载：秦末陈留高阳有个叫郦食其的儒生，此人饱读诗书，学富五车，才智过人。然而因为出身贫寒，求仕无门，因此只当了一个小小的里监门吏，于是纵情于酒，当地人视之为“狂生”。一天，刘邦率军驻扎在陈留县郊外，郦食其闻讯而至，想投靠刘邦。此前，有人曾告诉他刘邦很讨厌儒生，甚至见到戴着儒生帽子来求见的人都不喜欢，还把他们的帽子扯下来扔到厕所里去。可郦食其毫不在乎，径直来到刘邦的军营前，对卫兵们说：“烦请通报主帅，高阳贱民郦食其求见。”刘邦一听是个儒生打扮的人求见，便不耐烦地说：“你们转告他，我公务繁忙，没工夫听他的之乎者也之类的酸腔。”郦食其听后立即大怒，手持剑柄高声吼道：“你给我再去通报你们的主帅，我不是什么之乎者也的酸儒生，而是大名鼎鼎的高阳酒徒。”见此情景，卫兵们急忙再去报告刘邦。刘邦正在洗脚，听说高阳酒徒求见，急忙叫卫兵请他进来，自己连鞋也来不及穿，就光着脚出来迎接。其后，“高阳酒徒”就成了好饮酒而又狂放不羁的代称。

赤脚过河

——“涉”字趣释

现在对于一个旅行者来说，过河是一种十分容易的事，因为现在各种各样的水上交通工具实在太多了。然而对于我们的先民来说，在那舟楫很不发达的时代，在遇到浅水的情况下，过河还是靠双足。这一事实从“涉”字的结构可以得到证实。

“涉”字的甲骨文为“”、“”或“”。其中“”为“止”，此处代指脚，两只脚一前一后。在甲骨文中“”表示人向前，“”表示人向近处走来。由此看来，“涉”字中的“止”表示向前的意思。字中的“”、“”或“”为水，可见甲骨文的“涉”字所表示的是：一个人正卷起裤子赤着脚在水中慢步前进。有人认为它的意思是：刚到河边，准备渡河。也有人认为是一只脚在河这边，另一只脚在河那边，表示已经过河了。然而这些说法是不对的。《说文解字・水部》：“𣻛，徒行厉水也。从林，从步。篆文从水。”“𣻛”为籀文，用二水表示，中间一“步”字，更突出了“涉”正是赤脚过河的意思。也就是说此人前后均为水，正在水中行走。这就是“徒行厉水”的意思。小篆的“涉”较籀文少一“水”字，保持了与甲骨文和金文一致的形体。由此可以确定，造字之初，“涉”的意思就是指赤脚过河。

屈原涉江图

关于赤足过河之事，《诗经》中多有记载。如《郑风・褰裳》说：“子惠思我，牵裳涉溱。”这两句写的是一个女子对他的情人说：“你深情想念我，那你就应该卷起裤子过溱河。”

“涉”在古汉语中真正用于本义，即“卷起裤子过河”的情形并不多。常用的是由本义引申出来泛指各种方式的“渡河”。如《左传·宣公十七年》：“所不报者，无能涉河。”这里的“涉”显然就不是“徒行厉水”。

水的母亲

——“海”字趣释

“海”字早见于金文，常写作“[illegible]”，其左边的“[illegible]”为水的象形字，象河流中的水流，左右四点象流水中的浪花，其后引申指江河。中国古代的江河多称水，如泾水、渭水、淇水和汉水等。右边的“[illegible]”，为“每”字，“每”字本指戴有头饰的妇女，即为母亲。因此，有的学者将“海”字的初义理解为“水的母亲”。小篆的“海”保持了金文的结构。《说文解字·水部》：“海，天池也，以纳百川者。从水，每声。”所谓纳百川，是指由许多的河流汇集而成，即为“水的母亲”。如《书·禹贡》：“江、汉朝宗于海。”其意思是：长江、汉水一起流向大海。由于“海”能“纳百川”，广阔无垠，所以便引申出极大、极多之意。如学海、曲海、歌海、人海、云海、麦海等。

古人对广阔无垠，波涛汹涌的大海既向往，又畏惧，还幻想出各种海神加以顶礼膜拜。如《庄子·逍遥游》中的北海之神叫海若。一向自以为是的黄河水神河伯见了大海，只好神情沮丧地对海若说：“我要是不到你这里，那就危险了，我将一直见笑于大方之家。”秦汉以后，海神又被人格化了。历代统治者在民间信仰

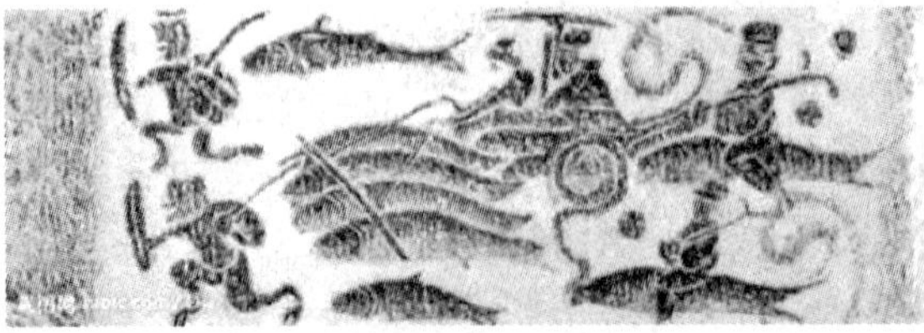

汉画像石　河伯出行图

的基础上，对海神加封。据《古今图书集成·神异典》卷二八载，唐玄宗于天宝十年(715年)诏封海神为王：封东海为广德王，南海为广利王，西海为广润王，北海为广泽王。立春之日在莱州祭祀东海王，立夏之日在广州祭祀南海王，立秋之日于河中府祭祀西海王，立冬之日于孟州祭祀北海王。宋元以后，随着海运和海上渔业的发展，对海神的祭祀日趋活跃。人们出海，要祭海神，祈求海神保佑出海平安。这种祭祀海神的习俗在当今的山东、浙江、广东沿海的渔民中还保存着。

在清代的官服上，常绣有波涛翻滚的海浪的条纹，其上还绣有山石宝物，以此象征绵延不断的吉祥和四海升平、江山万代。

还有所谓“海屋添寿”的典故。据宋苏轼《东坡志林·三老语》载，传说古代有三个老人碰到一起，有人问他们有多大年纪。其中一人回答说：每当海水变成桑田的时候，我就存入一根筹码，以此计算我的年龄，自那以后，我的筹码已经放满了十间屋子。后来画家们便以此传说为题作画：画海中一神山仙岛，上有楼台殿阁，白鹤祥云，下有碧波万顷的海水，题为“海屋添寿”，以此祝贺老人的长生不老。

“海”字还用作姓氏。据《万姓统谱》一书载：“卫灵公臣海春之后，盖指海为氏焉。”至于他们为何指海为氏就不得而知了。

箭射中了人

——“疾”、“病”二字趣释

“疾”字的甲骨文是“”或“”，其中的“”是一“大”字，即为两臂张开的人。其中的“”为“矢”。全字所描绘的是一只箭正好射中一个人的左腋下或右腋下，即一个人被箭射伤的情形。有的学者认为古人用箭伤来代指疾病，因此认为“疾”的本义就是病。王国维《观堂林集·毛公鼎铭考释》：“疾之本字(指甲骨文的‘疾’字)，象人亦(腋)下箸(着)矢形。古多战事，

扁鹊画像

人箸矢则疾矣。”可知“疾”的初始意思是箭伤。古代战争很多，而弓箭是常用的武器之一，在战争中的人们经常被箭射伤，所以古人以为“疾”的初始意义是箭伤或伤，由此再引申为病，疾病。从“疾”的结构形体可知，在古代初民看来，箭是一种致伤致病之物，这也是古人造“疾”字的心理依据。

“疾”字的金文保持了甲骨文的形体，到了小篆，其结构发生了明显的变化，写作“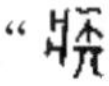”。《说文解字·疒部》：“疾，病也。从疒，矢声。”许慎将小篆的“疾”说成是形声字，引起了不少人的怀疑。段玉裁作注时说：“矢能伤人，矢之去甚速，故从矢会意。”这就是说，小篆的“疾”仍然是会意字。“疒”甲骨文为“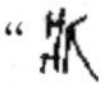”，就像一个人病后躺在床上之形，因此有学者认为“疒”为“病”之初文，再加上“矢”形而成“疾”，其意思应是由箭伤引起的疾病。也有的学者认为小篆的“病”字中的“疒”是甲骨文的“人”讹变而来，此说不可信。

由于“疾”字中含有“矢”，“矢”离弦后给人以迅速、急速的感觉，所以“疾”引申出快、急速的意思。如《管子·度地》：“夫水之性，以高走下则疾。”

由于人受箭伤或生病后是一件十分痛苦的事，所以“疾”又引申出“痛苦”的意思。如《管子·小问》：“凡牧民者，必知其疾。”

“病”的甲骨文前面已经讲过了，其意思就是一个身患重病，卧床不起的人。而进入小篆后则在甲骨文的基础上加一声符“丙”而成。《说文解字·疒部》：“病，疾加也，丙声。”所谓“疾加”就是比“疾”更重的病。也就是说，“病”在上古多指重病。如《论语·子罕》：“子疾病，子路使门人为臣。”何晏集解：“包曰：‘疾甚曰病。’”在上古，“疾”常用来指一般的病，“病”指重病，从文献中都可以看得出来。如《韩非子·喻老》中载有扁鹊见蔡桓公的故事。战国时的名医扁鹊第一次见到蔡桓公，便告诉他：“君有疾……不治将恐深。”此时蔡桓公的病不很重，故而称“疾”。过了些时扁鹊第二次见到了蔡桓公，发现桓公的病情很重，便告诉他：“君之病在肌肤。”此时的扁鹊称“病”不称“疾”了。第三次见到蔡桓公时，见其病更重，于是说：“君之病在肠胃。”扁鹊后两次见到蔡桓公时，显然桓公的病情严重，因而称“病”不称“疾”。

再如成语“病入膏肓”中的“病”就是指病情十分严重的病。据《左传·成公十年》载：春秋时，晋景公得了病，就派人到秦国去请名医来诊治。医生还没有来，景公躺在床上梦见两个小孩在谈话。一个说去请医生了，我们将怎么办？另一个则说，我们躲在“肓之上，膏之下”（古代把心尖脂肪叫膏，心脏和隔膜之间叫肓），医生就没办法对付我们了。后来医生诊视后，认为景公的病已进入内脏之中，药力难及，治不好了。可见“病入膏肓”中的“病”指的是难以治愈，并且危及人的生命的病。

水从器皿中漫出来了

——“益”字趣释

利益的“益”的初始意义并不是指好处、利益，而是指水多。要了解“益”的本义必须要了解它的结构。如果将“益”字上部的“䒑”旋转90度，则为“氺”，一望便知是一个“水”字。其下为“皿”，即水盆之类的器皿，这里指用来装水的器皿。“益”字是一个由“皿”和“水”组成的会意字。“水”在“皿”上，其意思是水装满了，高出于器皿的口上。“益”所描述的是水从器皿中溢出来的形象，其本义相当于溢。《说文解字·皿部》：“益，饶也。从水、皿。”清王筠《说文释例》卷四云：“益之水在皿上，则增益之意，即兼有泛溢之意，溢似后来分别文。”许慎在这里说“益”的意思是饶，显然不是讲的本义，而是“益”的引申义。“饶”的本义为粮食多。还是王筠说得好，“益”的本义就是“溢”的意思。《说文解字·水部》：“溢，器满也。从水，益声。”

如果我们再看“益”的古文字，其本义是什么就更清楚了。“益”字的甲骨文写作“”，象形字。金文的形体与甲骨文相同，所描绘的是一个盛水器的剖面图。器皿中的三个点就表示水，看上去像水充满了器皿，并且正在外溢。从“益”的甲骨文便可以确定，“益”的本义就是指水溢出了器皿。

水漫出器皿为益，古人把水漫出了堤坝也叫益，因此“益”便引申指涨或水涨的意思。如《吕氏春秋·察今》：“荆人欲袭宋，使人先表于澭水，澭水暴益，荆人弗知，循表而夜涉，溺死者千有余人。”这段话的意思是：楚国人偷袭宋国之前，先在澭水中做好过河的标记。哪知澭水猛然上涨，可楚国人却不知道，仍然照标记在夜里徒步渡河，因此有一千多人被淹死了。

“益”是因为水多而漫出器皿的，所以又引申为多、增多、增加等意思。如《韩非子·定法》：“五年而秦不益一尺之地。”其意思是：五年之内，秦国连一尺地也没有增加。财物一增加就可让人富裕起来，并且获取利益，因此“益”又引申出富裕、利益、好处等意思。如《尚书·大禹谟》：“满招损，谦受益。”

“益”字后来专用于指利益、好处，指水涨的意思，古人则另造一从水、益声的形声字“溢”来替代。

从门扇到风扇

——“扇”字趣释

“扇”字是由“户”和“羽”两字组成。所谓“户”，《说文解字·户部》：“户，护也。半门曰户。象形。”这就是说，“户”指门，门有保护的作用。“羽”本指鸟羽，此处指鸟翼。由“户”和“羽”组成的“扇”的意思是：如鸟翼一样能开能合的门扇。段玉裁《说文解字注》：“扇，从户、羽，从羽者，如翼也。”如《礼记·月令》：“乃修阖扇。”郑玄注：“用木曰阖，用竹苇曰扇。”这就是说，用木头做的门叫阖，用竹和苇编的门叫扇。由此可知上古的扇是指用芦苇等物编织的门扇。从字形来看，更准确地说，早期的门扇是用芦苇和羽毛编成。

至于“扇”用作生风的“扇”，大概是因为早期的风扇使用的材料及形状与门扇相同，由此“扇”引申指风扇。“扇”引申指风扇后，它少用于指门了。

历史上关于扇子的故事不少。三国时，诸葛亮与司马懿鏖战于渭水之滨，诸葛亮足智多谋，坦然自若，头着葛巾，手执羽扇，指挥三军，所向披靡。

直到现在，人们仍然把那些能出谋划策的人，称之为“摇鹅毛扇的人”。这种“羽扇”，就是我国最早的扇子，大约出现在殷代。《古今注》记载，“羽扇起自殷高宗”。另有一说，周昭王时，有人把10对雌雄丹鹊献给昭王。到了初夏，人们把丹鹊脱掉的翎羽，做成了第一把羽扇，当时叫“条融”或“灰影”。后来，又有了一种比人还高的羽翎掌扇，是古代皇帝专门用来遮尘蔽日的，其扇常由仪仗队执掌，并有长柄。汉代以后，一种用丝织的纨扇兴盛起来，扇面多为圆形或椭圆形，因为这种扇子最初在宫廷使用，所以又称为“宫扇”。晋代时出现了一种团扇。《晋书·乐志》中说，中书令王珉手里常常拿着一把白团扇，他的嫂子有个婢女能歌善舞，曾为王珉编了一首《团扇歌》。南北朝时的诗人柳恽，年轻时曾写过“亭皋木叶下，垅首秋云飞”的诗句。有个叫王融的见了赞叹不已，当即把这两句诗写在了团扇上。从此，古人习惯在扇上题诗。在扇面上题诗作画，堪称我国传统艺术中的一绝，此风盛于明清。画题涉及山水、人物、花卉、翎毛、走兽、草虫；书法则正、草、隶、篆、行各体皆备。或工笔重彩，或水墨淡彩，使扇子成为一种别致的艺术佳品，成为人们爱不释手的珍品。折扇在古代又叫聚扇，此扇北宋时从朝鲜传入我国，当时称为叠扇。苏东坡所谓“高丽白松扇，展之广尺余，合

诸葛亮

芭蕉树与扇子

之止两指许”，正是指的折扇。宋高宗特别喜爱一把用玉孩儿作坠的折扇，他走到哪里就带到哪里，以致南宋时的都城临安，出现了专门经营折扇的店铺，其中著名的有“周家叠扇铺”。折叠扇最盛行期是在清朝。乾隆八年(1743年)高宗命画家张若霭将所藏元明两代折扇300把，编目列序，题作《烟云宝笈》。“一扇在手，香溢四座”的檀香扇起源于20世纪20年代的苏州，当初，是由一家小作坊制成的，由于工艺水平所限，还只是“半檀扇”，式样也与一般折扇相类似。20世纪30年代前后，才出现了“全檀扇”，式样也逐渐精巧新颖。随着时日的延长，科技的进展，扇子的制作也日益独具匠心，种类繁多。如雨淋不破、日晒不鼓的杭州黑纸扇；生风、遮阳、挡雨，一物多用的四川棕榈叶扇；山东、山西的蒲草扇；广东新会的葵扇等。其后扇子的取材几乎包罗万象，有象牙、黄金、白银、紫檀、乌木、湘妃竹、鸡丝、玳瑁、漆、木、鸟羽、纸、绢等。

十一画以上

上施下效

——“教”字趣释

根据“教”字,我们可以推知中国的教育开始得很早。“教”字早在三千多年前的甲骨文中就出现了。“教”的甲骨文为“”、“”或“”。金文、小篆以及楷书的形体均与之相同。从支(pú),从子,从爻,爻亦声。或从支,从爻,爻亦声。“支”是一只手拿着一根小木棒之类的东西,即教师手中拿着教鞭。“爻”是被教鞭轻轻抽打的象征性符号。也有人认为:其甲骨文形体左上是筹码,左下是孩子,左右合起来表示孩子学习筹算的意思。右边的“支”,是手持戒具,监督孩子学习。两说虽有分歧,但用戒具施教是一致的。由此可以确定“教”的本义就是教育、教导的意思。甲骨文的“教”字也生动地反映了我国古代教育的特征:我国的教育开始于孩子、儿童,而这种教育又是严格的带有强制性的棍棒教育,它充分体现了棍棒底下出人才的上施下效的传统教育思想。当然,这种教育方式对孩子实行的往往是最严厉的体罚。从支、从爻

清代细柳教子图

清　王翚　教子图

的"教"字体现了古代教育对象扩大,它将教育由过去的仅仅是对孩子的教育扩展开去,包括对所有的人(主要是奴隶)的教育。

对"教"字的结构有人作了不同的分析,认为"教"字从季(孝),从攴,亦即以"孝"为"教",因而"教"字也就从"孝"了。《说文解字·教部》:"教,上所施,下所效也。从攴,从孝。"段玉裁注:"上施,故从攴;下效,故从季。"许慎和段玉裁认为,"教"字左边的部分音"孝",是仿效学习的意思;右边的"攴",也是一个独立的字,是敲击、管束的意思。左边是仿效学习,右边是施以管束,合起来就是上施下效、教化教育之意。

其实"教"字的初义含有"教"与"学"两层意思,这才是"教"字的最完整的意思。应该说"教"专指教育、管教,是"教"的引申义。我们必须明白,当"教"专指传授知识时,读 jiāo。如《左传·襄公三十一年》:"教其不知,而恤其不足。"其意思是:教给他们还不知道的东西,送给他们没有的东西。

斩首示众

——"悬"、"县"二字趣释

"县"的繁体字为"縣"。"縣"是"悬挂"的"悬"(xuán)的本字,后来"縣"用于专指国家一级行政单位时,对"縣"的"悬挂"意,古人则在其下加一"心"字,另造一"懸"字来表示。指行政单位的"縣"(xiàn)简化为"县","懸"简化为"悬"。

在弄清楚了"悬"与"县"的关系后,我们再来具体分析一下"悬"与"县"

的结构及其意义。“縣”的金文为“”，左边是“木”，即一棵大树。右上方是“”，即为“系”字。右下是“首”，即人头。是会意字。其意思是：用绳子将人头系起来，挂在树上。金文的“悬”，充分展示了在奴隶社会里，奴隶主为了镇压奴隶们的反抗，而将他们的头砍下吊在树上的残酷情景。

苏秦头悬梁图

具体地说，“悬”的意思就是古籍中所说的“枭首”。所谓枭首，就是把罪犯或仇敌的首级砍下来挂在木杆上，让大家观看，以儆戒其他的人。传说上古时黄帝与蚩尤大战于野，经过激烈的战斗，黄帝终于斩了蚩尤，并将他的头挂在辕门前。这就是中国历史上最早关于枭首的传说。金文的“悬”字很可能就是根据这一传说创制的。

由于“悬”的本义是将砍下的人头悬挂在树上，由此引申为挂、悬挂的意思。《说文解字・系部》：“縣，系也。”所谓“系”（jì）就是挂、悬挂的意思。如《诗・魏风・伐檀》：“不狩不猎，胡瞻尔庭有县（悬）貆兮。”其意思是：你从不出去狩猎，为什么你的庭院里挂满了猪獾呀？

因为“悬”的本义中包含有用绳子将人头系住的意思，由此引申出用绳子勒，或勒死的意思，如《周语・晋语一》：“骊姬请使申生主曲沃，以速悬。”韦昭注：“悬，缢也。”

“縣”后来是怎样用作表示地方区域的名称的呢？“縣”字由“悬挂”的意义发展成为行政区域的名称，有的学者认为是假借，这是由于他们认为两者所表示的意义彼此没有联系。也有的学者认为有联系，因而认为“悬”（xuán）用于“县”（xiàn）是引申。汉刘熙《释名》：“县，悬也。悬系于郡也。”其意思是说“县”用为行政区域名称，是因为县与郡有悬系的关系，因而是引申。段玉裁为《说文解字》作注时也认为：“周制，天子地方千里，分为百县，则系于国。秦汉悬系于郡。”郭沫若先生生前在《两周金文辞大系》中也说：“把脑袋挂在一个地方为悬（xuán），把人（奴隶）集中在一个地方为县，从字义的引申可以看出县邑的性质。”

“县”作为一级行政单位一直沿用至今，只是范围大小随着时代不同有所变化。

举目望月

——“望”字趣释

“望”字早见于甲骨文，其形体为“”、“”。前一“望”字的上部是一“臣”字，“臣”其实是一个人的明亮的眼睛的象形字；中间为一站立的人；下部为古“土”字，即指土堆，也是人站立的地方。是会意字。其意思是：一个人站在土堆上举目远望。整个字的形体特别突出了人的眼睛，这是造字者为了突出“看”这一动作，尤其是远看的意思。由此可以确定“望”的本义是远望。后一“望”字只是没有了土堆，但仍然体现踮起脚尖远望的意思。

李白望月图

甲骨文的“望”，似乎活画出历史上许多关于登高而望的神话传说故事，如《庄子·秋水》中所载的望洋兴叹的神话：秋天发大水，各条涓涓细流流入黄河，使黄河的水面变得宽阔起来，望不见对岸的牛马。面对此情此景，河神很得意，以为天下的美都集中在自己身边了。河水继续顺流向东，流到北海。河神向东一望，却望不到水的边际，这时他脸色突变，顿时觉得自己的渺小，于是望着大海感叹不已。不过，《庄子·秋水》中“望洋向若而叹”一句中的“望洋”是一个连绵词，表示举目远望的意思。

中国古代还有有关望夫山的传说。据《舆地记胜》卷三十载：丈夫出门在外，久不回归，他的妻子思念丈夫心切，天天盼望丈夫回来，于是每次都用藤箱装土垫在脚下，远望丈夫。就这样日积月累，堆的土逐渐变成了小山。甲骨文的“望”字同样也画出了民间流传已久的“望夫山”的传说。

金文的“望”字与甲骨文有所不同，其形体为“”或“”。金文的“望”字保持了甲骨文“望”的本义，仍然突出了人的眼睛，同时在甲骨文的基础上加了一个月亮的“月”字，其下之“”或“”为后之“壬”字，“壬”更形象地表达了一个人站在土堆上或地上的情景。其字惟妙惟肖地描绘出了“举头望明月”的情景。因为明月离人很远，所以金文“望”所表现的本义仍然是远望的意思。

小篆有两个“望”，一个是“朢”，另一个是“望”。林义光在《文原》中说：“望，当以远望为本义，望即朢的或体字。”可见“望”与“朢”实为一字。而许慎对两字则作了不同的解释。《说文解字·亡部》：“望，出亡在外，望其还也。”也就是说，“望”的意思是游子出门在外，家中的人盼望他回来。许慎认为“望”的本义是“盼望”，显然是不正确的，“盼望”是“远望”的引申义。又《说文解字·壬部》说：“朢，月满与日相望，以朝君也。从月，从臣，从壬。”许慎讲的并不是“望”的本义，而且他的“与日相望，似朝君也”的解释完全离开了字形结构，是出于当时政治的需要而加上去的。字中的“臣”本为“目”，许慎却说成是君臣之臣，实在太牵强。许慎所说“月满与日相望”，指出了“望”的引申义，即满月。“月”何以引申为满月，即指阴历的每月十五日的月亮呢?《释名·释天》：“望，月满之名也。月大十六日，小十五日，日在东，月在西，遥相望也。”由于“望”指满月，即圆月，当月圆之时，常在阴历每月的十五。因此，“望”又引申指每月的十五日。如苏轼《赤壁赋》：“壬戌之秋，七月既望，苏子与客泛舟，游于赤壁之下。”其意思是：壬戌年的秋天，阴历七月十六，我与朋友一起到赤壁之下泛舟。望，即指农历的每月十五，“既望”就是过了十五，即十六。

紧跟着旗帜走

——“旋”、“旅”二字趣释

汉画像石　带翼仙人骑龙图

甲骨文“旋”字的构形挺有意思，写作“”、“”或“”。“”即为“㫃”(yǎn)，就是古代的旗帜。其中的“丨”是旗杆，上有旗饰和在风中飘动的旗帜。其下“”为“止”，即人足，此处代指人。金文小篆仍然保持了甲骨文的结构。《说文解字·㫃部》：“旋，周旋，旌旗之指麾也。从㫃，从疋。”徐锴系传云：“王秉白旄以麾以进之也。疋者足也，故㫃疋为旋，人足随旌旗也。”这就是说，“疋”就是“足”，“旋”的意思是人在旗帜下，随着指挥的旗帜而旋转。或者说旗帜在挥舞走动，人们也跟着走动。“旋”字体现了人总是紧跟着旗帜走，即听从旗帜的指挥的意思。

因为“旋”是指旗帜转动，人也跟着转动，所以“旋”便引申出周旋、旋转的意思。如《荀子·天论》：“列星随旋，日月逆炤。”其意思是：群星在空中旋转，日月交替照耀大地。

汉画像石　扛旗帜的士兵

“旋”所包含的人要跟着旗帜走，即要听从旗帜指挥的思想一直延续至今。从“旋”字可知，当旗帜一出现后，就有能调动千军万马的指挥功能。

“旅”字的甲骨文为

“”，其中的“”即为旌旗的象形字，为“㫃”。旗帜之下站着两个人，在这里指代一个或两个以上的人，或者许多人。全字的意思是：许多人集合于旗帜之下。

金文的“旅”字是在甲骨文形体的基础上加上了一“车”字，其意思是：战车上插着古旗，许多战士聚集在大旗之下。金文的“旅”字突出了军队战士与大旗的关系。而到了小篆的“旅”，仍然保持了与甲骨文、金文相同的结构。《说文解字·㫃部》：“旅，军之五百人为旅。从㫃，从从。”许慎所释500人为一旅，显然是在甲骨文“旅”字的基础上引申出来的。应该说，小篆的“旅”从㫃，从从，所表示的意思可理解为：跟着旗帜走的人，或者说是听从旗帜指挥的人。由于旗帜在古代为军队的标志，也是指挥军队作战的重要工具，在古代，军队进退均听从旗帜的指挥，因此“旅”便引申指军队，后又引申指军队的编制单位。

因为军队常常行军走路，远征作战，所以“旅”便引申出旅行、旅途等意思。

鹿何以指帝位

——“鹿”字趣释

“鹿”的甲骨文作“”等形体，均为象形字。有的是鹿正面的形状，有的是侧面之形。从卜辞可知，鹿是商王武丁常常猎取的对象。“鹿”字在甲骨文中特别传神，那歧出的角，长长的颈，尤其传神。甲骨卜辞中，有关武丁“逐鹿”的记载屡见不鲜。武丁逐鹿时还预先要进行占卜，通过占卜了解逐鹿之日的天气情况及是否有灾，没有灾才出外逐鹿。更有趣的是，商王武丁逐鹿之时，还要先派人出去侦察，如果有鹿，随即外出逐取。据卜辞记载，武丁这位商代末叶的帝王年复一年从不间断地逐鹿，乐此不疲。为了逐鹿，可以一连数日奔走在中原大地上，不理朝政。鹿为何成为商王猎取的主要对象？其主要原因是鹿浑身是宝，除皮肉可供衣食用外，鹿血、鹿茸、鹿骨等都

清　乾隆　逐鹿图

是极名贵的中药。另外，它温驯善良，容易捕取。

中国历史上从武丁开始的“逐鹿”活动，几乎为历代帝王所爱。由于历代帝王大量捕鹿，使鹿这种动物到了汉代几乎成了很难捕得到的稀有动物，因而汉武帝更是十分珍爱鹿。据史书记载，武帝时有人杀了上林苑的鹿，他一气之下竟下诏要杀掉此人，幸好东方朔在旁婉言相谏，此人才得到了武帝的赦免，保全了性命。魏文帝(曹丕)一次出猎，部下不小心，让鹿逃掉了，文帝大怒，竟要杀随行人员，经苏则反复劝谏，才肯罢休。

由于鹿是一种珍贵之物，备受历代统治者喜爱，因而将鹿喻指帝位、国家政权。于是“逐鹿”之举，便成了历代政治家夺取政权的代名词。如《左传·襄公十四年》：“譬如捕鹿。晋人角之，诸戎掎之，与晋踣之。”这就是说：争夺天下，好比抢捕一只鹿，中原的晋人抓它的角，北方的各少数民族拖它的脚。又如《史记·淮阴侯列传》：“秦失其鹿，天下共逐之。”裴骃集解引张宴曰：“以鹿喻帝位。”

汉画像石　仙人戏鹿图

鹿有美丽的外形，温驯的性格，被人们看作瑞兽。鹿食则相呼，行则同，居则环角向外以防害。鹿还喜欢群居，人们将这种习性推及人类，以鹿喻宾朋，以“鹿鸣”为宴会宾客之乐。如《诗·小雅·鹿鸣》：“呦呦鹿鸣，食野之苹；我有嘉宾，鼓瑟吹笙。”诗序对此解释说：“鹿鸣，燕群臣嘉宾也。”因此，古人称招待嘉宾之宴为“鹿鸣宴”。

相传鹿为长寿的仙兽。《抱朴子》：“鹿寿千岁，满五百岁则其色白。”因此人们以鹿象征长寿。古人祝寿时常常画鹿与寿星送人，以祝祷长寿。又因“鹿”谐“禄”，在吉祥图案中以鹿表示福气或当官享受俸禄的意思。

洁净透明的水

——“清”字趣释

“清”字早见于小篆，作“清”。《说文解字·水部》：“清，朖也，澄水之貌。从水，青声。”段玉裁注：“朖者，明也。澄而后明，故云澄水之貌。”按照许慎和段玉裁的解释，“清”的本义是将浊水变清，即今之将浊水过滤的过程。又因浊水经过过滤后就变成了清水，清水洁净而透明，因此“清”便引申出明、明亮的意思。可见，许慎讲的“明”是“清”的引申义。

不少学者对“清”的本义提出了不同的看法，一致认为“清”字由“水”加“青”构成，“青”有清澈、透明的意思，所以，“清”的本义是清澈的水，即洁净而透明的水。由于“清水”有洁净、无杂质的特点，所以又引申出纯洁、洁白、廉洁以及头脑清醒等意思。如《史记·屈原贾生列传》：“举世混浊而我独清，众人皆醉而我独醒，是以见放。”其中的“清”就是喻指头脑清醒。

清　王原祁　山水图

“清”又是中国历史上最后一个封建王朝的名称。满人何以用“清”作国号呢？满族的祖先本是金代的女真部族，努尔哈赤统一女真各部以后改国号为“大金”。不久，为区别于历史上的金代，又改称“后金”。皇太极继位后，疆域不断扩大，势力日益加强，所统治的疆域已不止女真一族，还有很多蒙古人、汉人、朝鲜人等受其统治。皇太极知道，如果再用“后金”的国号会引起汉人的不满，所以他继位后不久就改国号为“清”。

那么，皇太极为什么以“清”作国号呢？对此有两种说法。一说在改“后金”为“清”的前一年，皇太极已废除“女真”族号，改为“满洲”。而“满洲”在满语中的读音为“曼殊”，本是佛名，意为“清之帝王”，是佛的化身。因此他认为用“清”代“金”，对笼络各族人心和进一步取代明王朝，作用比“大金”或“后金”都大。与此同时，皇太极还为推翻和取代明王朝大造舆论，宣扬“惟有德者乃可称天子”，“有德者受命，无德者废弃”，这些话也成为他思想的核心。而他所说的“有德”，即德行高尚，太平无事的意思，其中含有“清”的意思，“清”又恰与“满洲”语意相合，所以就用“清”作国号。

另一说法是：在满语中“清”与“金”谐音，汉语的“清”即满语的“金”，“金”改为“清”，是改汉不改满，其目的不仅是适应进攻明朝的需要，也好让汉人易于接受。如满语中对贵族夫人称“福晋”，起初叫“夫金”，后改称“福金”，最后才叫“福晋”。由于“夫”与“福”、“金”与“晋”在满语中同音，因此据满语音韵，“清”与“金”音同无疑。沈阳（即清朝旧京）的抚近门上的匾额汉文写的就是“大金”，而满文写的则是“大清”。这块匾额乃是天聪年间立的，那时尚未改号“清”，而满文里即已称“清”了。

看来改国号为“清”是清统治者出于政治需要，以最美好的字眼来笼络汉人，从而为取代明朝作准备。不过，历代统治者无论他们使用多么美好的名称来称自己的王朝，以此欺骗民众，怎么也避免不了灭亡的结局。溥仪是清王朝的最后一位皇帝，曾称自己为“青巾”。清朝灭亡后，他迁居天津张园。一天，溥仪扮作落魄文人，到天津一个商铺云集的地方卖字。他挨户给店主写对联，以此索取酬金。虽然他的字写得很好，但店主们都不认识他，又见他衣衫褴褛，写一副对联只给三五个铜板就够了，并且他一走开，有的人就将对联撕得粉碎，还投到纸篓里。一天下来，溥仪尽管写了七十几副对联，却所得无几。第二天，溥仪派人回收自己的字副，一副完整的对联以百枚银元赎回。众店主觉得很奇怪，见对联上落款为“青巾”，于是就打听“青巾”的墨迹为何这样值钱。有人将实情说了出来:“青”取于“清”字的右边部分,“巾”取于“帝”字的下边部分,“青巾”原来是“清帝”的省写。此时,店主们才恍然大悟,忙将撕碎的对联精心补缀起来,视为珍品。

“立早章”之说质疑

——“章”字趣释

“章”和“张”在汉字中都用于表示姓氏,由于在某些方言中卷舌与平舌的区分不是很清楚,因此,当有人问你姓什么时,你如果笼统地回答我姓章(张),问者会无所适从,准确的回答是“我姓弓长张”或“姓立早章”。这样问者才会清楚地知道你到底姓哪个张(章)。说“张”为“弓长”,当然无可非议,而将“章”说成是“立早”,似乎有些不妥。要弄清其中原因,必须了解一下“章”的造字结构。

甲骨文中至今还没有发现“章”字,金文为“”。据文字学家们考证,金文“章”是一种从辛、从日的穿合结构,“辛”表“标识”,“日”表鲜明,会意为“彰著”的意思。其实,金文的“章”好似“彰”的本字。

清　王原祁　山水图

小篆作“”,由“音”和“十”两字组成,且与金文的“章”保持着一种内在的联系。《说文解字·音部》:“章,乐竟为一章。从音,从十,十数之终也。”其中的“音”,指音乐、乐曲;“十”不是指数目，是“竟”的意思，即终结、结束。许慎对“十”的解释明显受到了老子“起一终十”说的影响，“一”为万物之始，“十”为万物之终。由“音”和“十”会出的意思是乐曲演奏完一遍叫一章。由此看来，称“章”为“音十章”更为妥当，称它为“立早章”只是从它的形体结构来说的。

由于“章”表示一支乐曲一段的演奏过程，因此“章”便引申出文章的“章节”、“段落”的意思。又因为任何乐曲的构成与演奏都必须有规律可循，由此“章”又引申出“章法”、“规章”、“法律”等意思。将此听觉的规章，用之于视觉上，“章”又有了印章、图章的意思。

跟着别人走

——“随”字趣释

“随”的繁体字为“隨”，小篆为“䧌”。《说文解字·辵部》：“随，从也。”徐锴系传：“从辵，隋声。”所谓“从”就是跟从、随从，也就是跟着别人走。“随”何以有走、行之义？这是因为“随”字中有“辵”，后作“辶”，它的意思是在路上行走。如《三国志·蜀志·诸葛亮传》：“遭汉末扰乱，随叔玄避乱荆州。”其意思是：（诸葛亮）少年时代正好碰上东汉末年天下大乱，于是跟随叔父诸葛玄一起来到荆州避难。

清　王原祁　山水图

“随”的本义是跟随别人走，其中有受别人支配之义，因此“随”引申出顺从、听从、追随的意思。“随”又为西周时期始封的诸侯国，即今湖北随州市一带。如《左传·桓公六年》：“楚武王侵随。”其中的“随”就是指古代随国，为姬姓国。据《淮南子·览冥训》

载，一天，随侯外出游玩，看见一条受伤的大蛇正躺在路边，好心的随侯敷好它的伤口，并将它放回江中。后来这条蛇从江中衔出一颗大珠子送给随侯，那珠子光明如月，人称随侯珠。

中国历史上的“隋朝”的“隋”本为随，后来将“随”改为“隋”是杨坚所为。公元 581 年，杨坚迫使北周静帝让位，自立为皇帝。杨坚的父亲杨忠，在宇文泰初置府兵时，是十二将军之一，被封为随国公（随国在现在的湖北随州市一带），杨坚继承了这一爵位，所以他当皇帝以后就定国号为“隋”。因为他过去亲眼看到魏、周、齐始终是动荡不安，害怕自己也会有同样的遭遇，所以他十分忌讳“随”字中的“走”义，因为“辶”有走的意思，觉得它不吉利。他当皇帝后就下令把“随”字的“辶”去掉，写成“隋”。他认为这样自己打下的江山就不会随别人“走”，可以使自己的统治千秋万代永不改变。这样，杨坚所建的朝代就叫隋朝。原来有个“隋”字，念 duò，本义是“残余的祭品”，因为皇帝新造的朝代用字与它相同，这样“隋”（duò）就又读 suí，并且一直流传到今天。

绳　与　法

——“绳”字趣释

《说文解字・系部》：“绳，索也。从系，蝇省声。”这就是说，古代绳的常用材料是“系”，“系”就是“丝”，并且告诉我们“绳”与“蝇”的读音是相同的。也有的学者认为“蝇”除了作声符外，也有表意作用，因为蝇嗡嗡的叫声常常是连绵不断的，喻指绳这种东西有使物连接不间断的作用。古代的绳除用丝外，还多用草、麻等物搓成。《急就篇》第二章颜师古注云：绳是由两股以上的纤维合起来的，一般麻或丝搓成的叫绳，用草搓成的称索。

绳子的运用历史对人类来说是极其悠久的。在文字产生以前，人类的祖先就是用绳子打结的办法来记事，也就是常称的结绳记事。这种记事方

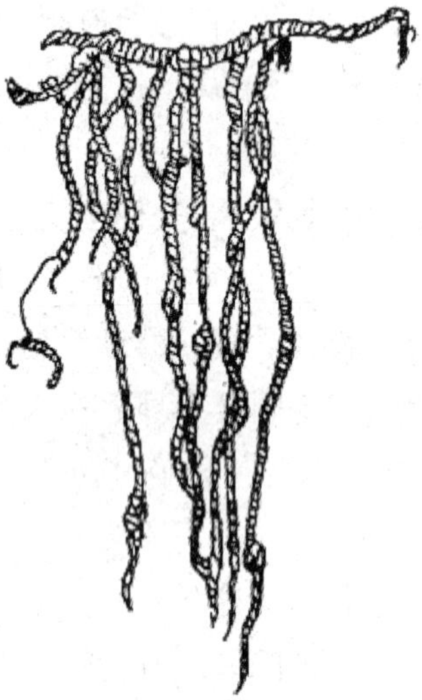

秘鲁印加人结绳记事图

法，几乎世界上所有的古老民族都使用过。我们民族关于结绳记事的记载，典籍中可说是屡见不鲜。如《易·系辞下》："上古结绳而治，后世圣人易之以书契。"许慎《说文解字·序》中说："神农氏结绳而治，而统其事。"说明结绳是一种比书契更古老的记事办法。李鼎祚《周易集解》引《九家易》说："古者无文字，其有约誓之事，事大大事绳，事小小其绳，结之多少，随物众寡，各执以相考，亦足以为治。"这是古籍中关于我们民族的结绳记事最详尽的一段记载。

上述记载足以证明我国古代在文字产生之前，先民们确实采用过结绳法记事。不过，这些记载有一个共同的特点，就是对结绳的具体情况没有说明。这可能是那时的人根据民间的传说记载下来的，也有可能是根据当时某个未开化的民族仍然采用结绳记事，以此推知我们的祖先也曾用过这种方法记事。如台湾高山族曾使用结绳记录赴约的日期，每过一夜便解开一个结，绳结解完即表示赴约的日子到了。

结绳记事在其他民族历史上也有过。古代波斯人使用一种叫做"克布斯"的结绳法，来发布各种信息。他们将各种粗细和颜色不同的绳子系到一根粗而长的主绳上，绳结离主绳越近的绳结，表示事情越重要或越紧迫。另外，还用不同的颜色传达不同的信息。绿结代表五谷，黑结代表死亡，红结代表吉祥，白结代表银子等。

古代木工用来画直线的工具叫绳墨，即墨斗。它是由丝绳涂上墨来制成。墨绳有正曲直的作用。《书·说命》："惟木从绳则正，后从谏则圣。"这就是说，曲木经木工用绳墨一量，然后用锯子等工具加工就变直了，君王只要能从谏如流则英明无比。在此基础上，"绳"又引申出法令、标准、准则等意思来，于是"绳"与"法"联系起来了。如《荀子·王霸》："百吏畏法循绳，然后国常不乱。"此处的"绳"就是法，法令。再如现在常说的"准绳"，就是标准、准则的意思。

高兴来自擂鼓奏乐

——“喜”字趣释

“喜”字从甲骨文至楷书，其形体结构基本相同。“喜”字的甲骨文作“[illegible]”，金文作“[illegible]”。上部分是“壴”，即“鼓”的古字，像鼓的形状。下边部分是“口”，代指人。是会意字。合起来的意思是：听到鼓声响起，个个开怀大笑。可见古人的高兴，其中原因之一就是由鼓声引起的。这就决定了“喜”的本义就是欢喜、高兴。

《说文解字·口部》：“喜，乐也。从壴，从口。”朱骏声《说文通训定声》：“闻乐（yuè）则乐（lè），故从壴；乐形于谭笑，故从口。”朱骏声的解释是说：人们听到鼓乐（yuè）声，则快乐；“喜”字所以从口，就是因为人们的快乐高兴，常常是通过谈笑所用的口表现出来的。

康殷先生对“喜”的结构作了不同的分析。他认为“喜”字上部分是鼓的形状，下边部分是放置鼓的基座的代形，以表示有了喜庆事，而擂鼓奏乐庆贺。康殷先生的分析也不无道理。（康殷《文字源流浅说》第547页）

龙凤双喜字

“喜”有一个异体字是“[illegible]”（见《玉篇》），上部是“宀”，即居室，中间是二“玉”，下面是二“弓”。其造字意义为：室中有弓、有玉为喜，弓、玉越多喜事也就越多。有“玉”而“喜”，人尽如此，有“弓”而“喜”也是古人习俗。据传周王常以弓、矢来赐给有功的诸侯。对行赐的周王来说，弓、矢只能赐给那些为王业的兴盛建立过功业的人。对受赐的诸侯来说，当然更有皇恩浩荡，泽及后代之庆。所以与弓、矢相联系之事当然值得庆贺，人们自然也万分高兴。

在我国民间，流传着结婚时，常在新人的居室中，贴上一些双“喜”字，即“囍”。据说这种习俗来自宋代大文学家王安石。王安石 23 岁时赴京赶考，一天，来到了马家镇，看见马员外家的门楼上挂着一只走马灯，上面写着一句上联：“走马灯，灯走马，灯熄马停步。”看后，不由得情不自禁地连声叫好。这上联是马员外为自己心爱的独生女选女婿而出的，由于意出多样，虽然观看者不少，却无人能对得上。次日，王安石在考场上文思敏捷，不一会便答完了考题，将试卷交上。考官见他才华出众，就传他面试。面试时，考官指着厅前的飞虎旗出了个下联：“飞虎旗，旗飞虎，旗卷虎藏身。”要王安石对出上联。王安石一听立即想到了昨夜马员外门前的上联，便对道：“走马灯，灯马走，灯熄马停步。”主考官听后赞不绝口。考毕，王安石飞快地赶回马家镇，来到马员外家提笔写下“飞虎旗，旗飞虎，旗卷虎藏身”的下联就给马员外看，员外看了王安石的下联二话没说，当即答应将女儿许配给他，并择吉日在马府为他办婚事。正当这对新人拜天地之时，门外有人来报：“王大人金榜题名，明日请赴琼林宴。”此时王安石是“喜”上加“喜”，当即挥动如椽大笔，写下了一个大红“囍”字，贴在门上，并吟诗一联：“巧对联成双喜歌，马灯飞虎结丝罗。”此后，结婚贴双“喜”字的习俗便传下来了。

清　童源　百喜图

而今,“囍”几乎成为我国人民日常生活中不可缺少的字,因为“囍”寄托着燕尔新婚的一对新人对自己爱情生活幸福美满的殷切希望，寄托着父母兄弟、亲朋好友对亲人婚姻美满、和谐的美好祝愿。这个字不仅有强大的生命力,而且通俗,用得非常普遍。

“囍”流传甚广,妇孺皆知,但是至今还没有字典收录它,因此有人呼吁:“囍在词典中应该有它的一席之地，词典在收字时不予考虑是不恰当的。”

烹饪器与传国之宝

——“鼎”字趣释

“鼎”字在甲骨文中就已经出现,写作“”,象形字,是古代的一种烹饪器具,多为青铜制成。其形制上面像缸,有圆形也有方形的,有两侧有耳的;下面为足。通常情况下圆鼎是三足，方鼎是四足。金文与甲骨文的形体相同,只是到了小篆,其形体发生了变化,为“鼎”,鼎身以“目”来替代,原来的鼎足变成了搁鼎的架子,但仍为象形字。《说文解字·鼎部》:“鼎,三足两耳,和五味之宝器也。”马衡《中国金石学概要》上:“鼎本象形字。象三足两耳硕腹之形,其后渐趋整齐,最后乃成小篆之鼎。”鼎最初作为炊具,成为我国古代饮食文化的重要组成部分,它主要作烹煮和盛放鱼肉之用。其后统治阶级用作表示尊严无比的庙堂礼器，而这种礼器只有国君才可以拥有。其上常刻字,因此鼎又成为记录和表彰勋绩的礼器、传国的重器,鼎成了王权的象征。

鼎的制作比“鼎”字的历史更悠久。相传鼎为黄帝创制。《事物纪原》一书载:“《史记》、《黄帝内传》等书皆云黄帝采首山之铜,铸鼎于荆山。此鼎之始也。”其后夏禹制九鼎。据《左传·宣公三年》载:夏朝初年,夏禹令九州牧贡铜铸九鼎,同时,他还派人将全国各地的山川奇异之物描绘下来,刻于鼎上。然后将九鼎列于宫门之外，使人们一望便知所去之处有哪些鬼神精怪，以便避凶趋吉。据说夏禹此举深得上天的赞赏，因而夏禹办事时处处得到了天帝的保佑。又由于鼎是用九州之铜铸成，它便成为九州的象征。其后以得九鼎视为受命于天下，于是鼎成了镇国之宝、传国重器，为国家主权版图的象征，置于国都。自此，九鼎一问世，便蒙上了一层神秘的色彩，受到历代统治者的重视。

据《左传》记载，公元前606年，楚庄王带兵攻打陆浑之戎，经过洛邑，在周地将所有部队摆开，向周王显示武力。周定王连忙派大夫王孙满前去慰劳。可楚庄王咄咄逼人，劈头就问"鼎之大小轻重"。此时问鼎之大小轻重，表明了楚王觊觎王位，企图夺取周天子的王位。此后，"问鼎"便成了阴谋夺权的代名词，而建立新的政权或建立新的都城则均称"定鼎"。如《左传·宣公三年》："成王定鼎于郏鄏。""郏鄏"为今之洛阳境内。这句话的意思是：周成王在郏鄏定都，建立了东周。

鼎既为传国重器、神器，作为威力无比的象征，由此便引申出"大"、"盛大"、"最"、"显赫"等意义。如称力大为"鼎力"；称元老重臣为"鼎臣"或"鼎席"；称才能出众，罕有人能匹敌为"鼎能"；称豪门巨族为"鼎姓"、"鼎族"等。

鼎还被视为吉祥之物。历代王朝常铸鼎以称颂国家基业宏大，事业兴

毛公鼎

司母戊鼎

旺发达,天下太平。香港回归之时,中央人民政府特意铸大鼎送给香港特别行政区,其意义也就在此。

夏朝灭亡之后,商朝建立,商王将鼎迁至商都。其后周灭商,周王又迁九鼎至周。周成王正式定鼎于洛阳,表明天命之所归。到了战国后期,周王朝已奄奄一息。据《战国策·周策》载:周显王时,秦国兵临于周,企图夺取九鼎。周求救于齐,打退了秦兵。秦兵岂肯善罢甘休,到秦昭王时,东周终于被秦所灭,自此九鼎下落不明,因而成了一个不解的文化之谜。人们把九鼎的发现寄希望于考古工作者。我们深信,九鼎必将重见天日。

历史上还有一则关于“鼎”字的笑话。清朝有一个叫梁鼎芬的,是湖北汉阳府太守,他常对百姓敲诈勒索,人们敢怒而不敢言。当地有人写了一副对联嘲讽他:“一目难支,足下分开两片;廿头割断,此身应受八刀。”横额是“梁上君子”。此上联隐“鼎”字,下联隐“芬”字。“足下分开两片”,“此身应受八刀”,这些言辞,充分表达了人们对这个贪官的无比怨恨。横额既点出了贪官的“梁”姓,又揭露了他是一个“梁上君子”(即盗贼)。这副对联传开后,弄得梁鼎芬声名狼藉,终于下了台。

有房住有酒喝

——“富”字趣释

甲骨文中没有发现“富”字,金文作“”,玺文作“”。从字形来看,“宀”是房子,“”或“”为“酒”,即为酒坛子,是会意字。其意思是屋子里放着一坛酒。由“富”字可以看出,古人所谓富,一是必须有房子住,二是有酒喝。看来,古人对“富”的条件要求不算高。这种分析是符合实际的,因为在上古社会里,能够解决温饱问题的家庭就是很不错的了,如果是既有房住,又有酒喝的家庭,那当然应该算富。

小篆的“富”写作“”。《说文解字·宀部》:“富,备也,一曰厚也。从

宀，畐声。”以“宀”作意符的字，其本义大都与房屋有关，此处代指一户人家。据许慎的解释，“备”大概是指富有之家，家里样样东西都有，无所不备。所谓“厚”是指家中的东西不仅样样具备，而且各类东西都很多，即丰富的意思。这就是秦汉时期人们赋予富的内涵。

“富”字在山东曲阜孔府大门的门联上写作“冨”，这是什么原因呢？孔府的门联是：“与国咸休安冨尊荣公府第，同天并老文章道德圣人家。”联中的“富”字为何上面不写一点呢？原来，被历代统治者尊称为“至圣先师”的孔子，其故居包括孔府、孔庙和孔林。其中孔府占地两百余亩，有楼、殿、厅、堂四百余间，这些建筑雕龙画凤，可称得上是贵族府第。孔府也是一个大家族，受到历代统治者的恩赐，享受着许多特权及荣华富贵，孔子的后代裔孙们也希望孔家的荣华富贵永无止尽，因此将门联上的“富”字的一点不写，这样的意思是“富贵无顶”，即子子孙孙永远富贵。

水从门前流过

——“阔”字趣释

《说文解字・门部》：“阔，疏也。从门，活（guó）声。”“疏”就是疏远的意思，或引申为宽广、宽大的意思。汉字的声符有表意的功能，因而可以会意为宽大的门。

“活”有活动、灵活的意思。《说文解字・水部》：“活，水流声。”由于“活”为流水声，有人认为流水为“活”，因而将“阔”的意思会意为：水从门前流过。“活”的引申义为灵活、自由的意思，所以又有人将“阔”会意为：人只有在门内（屋子里）才可以活动。（参见《解开汉字之谜》第671页）

“阔”的繁体字为“闊”或“濶”。“阔”字中的“水”可以自由移动，时而在“门”中，时而在“门”外。不过《说文解字》中只有“闊”，而“濶”应该是不规范的异体字。简化以后保持了《说文解字》的形体，为“阔”，从此废弃了“濶”。

明　沈颢　山水图(局部)

据《世说新语》载：东汉末年，杨修在曹操部下任主管。时逢相国府修造门楼，当门梁修建竣工后，曹操亲自来查看，看后，他一言不发，只向手下的人要了笔墨在门上写了一个“活”字后，便拂袖而去。此时，在场的人弄得摸头不知脑，不了解曹操此举的用意是什么，于是他们请来杨修。杨修看后解释说：“曹相国的意思不是很清楚吗？他嫌门太宽了，因此在‘门’上写了一个‘活’字，这就是‘阔’。”众人一听，方才明白曹相国是借门作的一个字谜。后来，这个门楼重新改建后又请曹操来看，这次曹操果然满意了。

人行走在道路上

——“道”字趣释

“道”字在现已出土的甲骨文中不曾见过，而今人们见到的最早的“道”字是在两周金文的“貉子卣”的铭文中。其字形为“”或“”。前一“道”字其外部两边均从“行”，指道路，中间为“首”字，代指人。“行”、“首”合起来的意思是：人行走在道路上。金文的后一“道”字增加了“止”字，更突出了行走的意思。许慎作了不同的解释。《说文解字·辵部》：“道，所行道也。从辵，从首。”这就是说，“道”的本义是人行走的道路，名词，会意字。

在古代，自从实行井田制后，对道路的规格就有了具体的规定，那时的道路要“能容二轨”，所谓“轨”是指一辆车的两个轮子之间的距离，即一车宽；“二轨”就是二辆车宽，即规定的道路的宽度能使两辆车对开。对“道”字的结

秦直道图

构清代学者朱骏声在《说文通训定声》中提出了不同的看法,他认为“道”字是形声字,即从辵,首声。

对金文的“道”有人作了不同的解释，他们认为其中的“ ”在甲骨文中为“行”。罗振玉《殷墟书契考释》云:“‘ ’,象四达之衢，人之所行也。”而其中的“ ”当为“首”字,学者们认为它是人或兽类的头部形象。“行”中有“头”,说明金文的“道”这个字并不是一般意义上的道路。对此,文达三指出:常识告诉我们,女人和雌兽的生殖道即阴道是胎儿娩出时所必经的唯一通道,而胎儿的正常出生一定是一个以其头部为先导的、有一定方向的运行过程。……不难看出道字初文所展示的不是人行走的道路，而是一幅颇生动逼真的胎儿娩出图。由此进一步推测,“道”字的原初意义有两项:(一)女人和雌兽的生殖道,即阴道,此为名词。(二)导引,此为动词。(文达三《老子新探》,岳麓书社 1995 年版,第 143 页)文达三还认为“天地之根”,也就是《老子》书中所说的“道生一,一生二,二生三,三生万物”。这就是说,宇宙中的万事万物均产生于“道”,在老子看来,“道”是繁衍整个宇宙和天地的根,这“根”就是老子“道”的原始意思。

“道”由人行的路引申为指水流的途径,即水道、河道。如《史记·河渠书》:“延道驰兮离常流,蛟龙骋兮方远游。”

人走路,一定要遵循一定的路径行走,才能到达目的地。办任何事情要遵循一定的规律,才能把事情办好。因此,“道”引申指道理、学说等意思。

五代时有个名叫冯道的人,几朝为相。一次,他下令门客给他讲老子的《道德经》,门客一听,心想:《道德经》处处不离“道”字,一讲就要犯忌讳,于是连声道:“我们不能讲,不能讲,完全不能说。”冯道听了门客的话,不觉大笑起来,反问道:“怎么不能讲?”门客将《道德经》一书拿到冯道面前,用手指着书中开头的一句话给冯道看，冯道一看，见是“道可道，非常道”，便明白了门客们是怕犯了自己的讳，所以不愿讲。于是就对门客说：“好吧，那就从下一句开始吧！”

“羊”是正直善良的代表

——“善”字趣释

“善”本为“譱”，它最早出现在铜器铭文之中，常作“[illegible]”，可隶定为“譱”。小篆沿用了铭文“善”字的形体，它是由“羊”和“誩(jìng)”组成，会意字。传说“羊”既是美好、吉祥之物，又是一种能判断善恶是非的为人所爱的动物。而“誩”，从二言。《说文解字·言部》：“誩，競言也。从二言。”饶炯部首订云：“言之通义为直言。誩，犹二人直持其说，各不相让，盖争言也。”这就是说，“誩”代指二人各执一词，争讼不止。那么“善”的造字意义就是：两人争讼不已，而羊介于其中进行评判。

钱松喦　善卷洞

“善”字这一构形的产生，是因为在古代羊被人们看作是有判断善恶曲直的特异功能的动物。由于羊是是非曲直的判断者，也就是正直善良的象征和代表，因此“善”便引申出好、美好、吉祥等意思。《说文解字·誩部》：“譱，吉也。从誩，从羊。此与义、美同意。”徐锴系传：“羊，美物也。故于文誩、羊为譱。……俗作善。”如《论语·八佾》：“子谓《韶》：

‘尽美矣，又尽善也。’谓《武》：‘尽美矣，未尽善也。’”其意思是：孔子谈到《韶》乐时说：它的旋律和内容美极了，又好极了。又谈到《武》乐时说：它的旋律美极了，而内容还不够好。

又因为“善”字中有性情温驯、善良的“羊”，所以引申出善良的意思。

善又作姓氏用字。善姓始祖据传为上古唐尧时的一位高士，叫善卷。尧听说他道德高尚，很有学问，便亲自去拜他为师。

后来尧到南方巡视，病故于苍梧之野。舜不愿接替帝位，就想避开尧的儿子丹朱，让他接替帝位。可是天下之人不归附丹朱而归附于舜，无奈，舜只好把天下让给德高望重的善卷。善卷却推脱说：“我生活在宇宙之中，冬天以皮毛为衣，夏天以葛绨为衣，春天耕作，秋天收获，日出而作，日入而息，逍遥于天地之间。悠然自得，我为什么要做国君呢？”可舜还是硬要把帝位让给他，善卷没法，只好逃之夭夭了。善卷逃呀逃，一直逃到江苏宜兴，见那崇山峻岭之中竹木茂盛，又濒临太湖。他来到一个山洞前，见洞口大开，山洞前面很开阔，放眼望去，太湖飞浪悉入眼前。于是他便在这个风景秀丽、环境幽静之处居住下来，过着平民的生活。后来，人们便把善卷居住的这个山洞叫善卷洞。今日的善姓之人，据说都是善卷的后裔。

粥的种类何其多

——“粥”字趣释

粥又称稀饭，是一种用米煮的半流质的食物。“粥”字小篆作“”。中间的上面是“米”字，下面的“鬲”（lì）是古代用来煮饭的锅一类的炊具，两旁的曲线表示不断上升的热气。其字表示的是古人把“米”放在锅（鬲）中煮粥时，热气腾腾的情形。

“鬻”字隶变后省掉了“鬲”，于是成为“粥”。粥是用米加水煮成，煮粥时水面沸腾的情形很像弹棉花，所以古人用二“弓”加上“米”字造了一个

"粥"字。其中"弓"就是古代弹棉花制棉絮的工具。(参见安子介《解开汉字之谜》第1107页)

中国人吃粥的历史悠久，自黄帝发明"烹谷为粥"以来,粥便同中国人的日常生活结下了不解之缘。明代诗人张方贤写过一首《煮粥》诗:"煮饭何如煮粥强,好同儿女细商量。一升可作二升用,两日堪为六日粮。有客只须添水火,无钱不必问羹汤。莫言淡薄少滋味,淡薄之中滋味长。"作者用同儿女叙家常的通俗语言，从勤俭持家的角度，把粥的好处表现得淋漓尽致。

西周　伯矩鬲

粥又是医家的治病神方。李时珍《本草纲目》中说,赤豆粥利尿消肿,菱粉粥固精明目,粟子粥补肾强膝,百合粥润肺调中,萝卜粥消食利膈,油菜粥调中下气,荠菜粥明目利肝,韭菜粥温肾暖下,花椒粥辟瘴御寒,茴香粥和胃治疝。古代粥之多,可说举不胜举。

粥还是养生的妙品。清代曹廷栋在《老老恒言》中写道:"老年有竟日食粥,不计顿,饥即食,亦能体强健,享大寿。"养生的人对粥的煮法与吃法是十分讲究的。据慈山居士《粥谱》所载,择香粳米为最,晚稻次之,早稻又次之,而仓米则不可用;择水以春天的雨水为佳,此外,腊月的雪水,清晨的井水都能用,长流水则四时俱宜;火候以成糜为度,火候未到,气味不足,火候太过,气味便减;柴火须用桑桩。粥宜空腹食用,宜热食,宜淡食,勿过饱。在《粥谱》中,列为上品具有养生妙用的粥就有藕粥、芡实粥、扁豆粥、丝瓜叶粥、桑芽粥、松仁粥、菊花粥、梅花粥、杷叶粥、薄荷粥等36种。敦煌发现的唐代典籍中,还有用山药、鸡头实、韭菜子、粳米煮"合神仙粥"的记载,说常食此粥能强身益气,延年益寿。无怪乎陆游在诗中写道:"世人个个学长年,不悟长年在目前。我得宛丘平易法,只将食粥致神仙。"

踏着荆棘前进的人

——“楚”字趣释

“楚”字早见于甲骨文，其字为“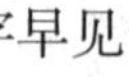”或“”。金文的结构与之基本相同，是会意字。其中的“”就是今之“林”，“”为“木”。“楚”字何以有二“木”呢？有的学者认为，“楚”的本义是一种木本植物，又称“荆”或叫“牡荆”，即今之荆条，有棘的灌木。这种植物主茎不发达，丛生，一根多株，所以在“楚”字中用二“木”表示众木之意，作意符。字中的“”为“足”，此处代指人。因此有的学者将“楚”的初义理解为开发山林的人或踏着荆棘前进的人。“楚”字体现了我们先民在同大自然作斗争中所表现出来的那种披荆斩棘，开发山林的大无畏精神。

许慎在《说文解字·木部》中说：“楚，丛木，一名荆也。”这就是说“楚”的本义是一种植物名，即荆条。据前所述，“楚”字中的二“木”就是指荆条。因此，“楚”引申指荆条比较可信。如《诗·周南·汉广》：“翘翘错薪，言刈其楚。”朱熹集注：“楚，木名，荆属。”两句的意思是：那高高堆起的薪柴，都是从山林中砍来的荆条。

古人开伐山林图

由于荆棘上有小刺，因此古时常用来做刑杖或学校教师责罚学生的小杖。《礼记·学记》：“夏楚二物，收其威也。”其意思是：夏木和荆条是收压学生威风的东西。由于荆条上有棘，打在学生身上疼痛万分，所以“楚”引申出痛楚、苦楚的意思。如《史记·文帝本纪》中有“何其痛楚”之语，其意思就是多么痛苦。

“楚”也是春秋战国时的古国名。古人之所以以“楚”名国，很可能因为古代的楚国这一带荆棘丛生，楚人的先祖来到这里时，面对的是荆棘丛生的险恶环境，然而他们终于踏着荆棘，开辟山林，建立了自己的国家。这就是说，楚人的祖先可能以最初开发楚地为自豪，因而称自己的国家为“楚”。康殷在《文字源流浅说》中说：“楚用以为国名”，“有开辟山林，征服草莽之意”，“楚人自称楚而不称荆，亦有以开发者自诩之意。”《左传·昭公十二年》记载了子革对楚灵王说的一段话：“昔我先王熊绎荜路蓝缕，以处草莽，跋涉山林，以事天子。”这段记载体现了楚之先祖立国的艰辛。据古籍载，楚之先祖叫熊绎，受封于周成王，立国于丹阳（今湖北省秭归县东），即荆山一带，从此开始了他们长期的艰难岁月，就这样艰苦奋斗，使楚由最初的一个诸侯小国，逐步强大起来，一跃成为春秋战国时期的大国、强国之一。楚国始称“荆”或并称荆楚，前面已经说过，是由于楚国先祖受封于“荆山一带”，因而楚始称荆，而后改称楚国。《左传·僖公元年》：“楚人伐郑。”晋杜预注：“荆始改号曰楚。”据方以智《通雅》云：“春秋庄公十年书荆，僖公元年始书楚。”意思是说，“荆”改“楚”大概在僖公元年（公元前659年）前后。许慎《说文解字·艸部》：“荆，楚，木也。”可见“荆”、“楚”同义，且“楚”字更能体现楚国人的精神。因此，楚人以“楚”称其国，以代替“荆”。

雷雨交加

——“雷”字趣释

甲骨文的“雷”字写作“”、“”。前一个“雷”字中的“”为闪电形，亦即古“电”字。“”用以表示伴随着闪电发出的隆隆雷声。有的学者认为“”为巨石，雷声这抽象的东西难以描绘，所以借巨石滚滚发出的声音来模

拟。后一个“雷”字中的“§”,亦即闪电形,其中的四个“⊕”是鼓面形的符号,即指鼓,用于表示雷声如众鼓齐鸣,响彻天空。

也有的学者认为“雷”字中的四个“⊕”为车轮形。(参见康殷《文字源流浅说》第380页)雷声如众车轮飞奔发出的轰隆轰隆的声音。其实甲骨文的两个“雷”字均为象形字,其中的“◊”和“⊕”指的都是鼓面形,然而这里的鼓形并非真指鼓这一实物,而是由鼓形让人们联想到鼓声,再由鼓声类比雷声,正像《初学记》所释:“雷,天之鼓也。”确实,雷声震响,犹如万鼓齐鸣,虽然雷响不可以声音来描绘,然而却能以鼓形示意。

可见先民创制的甲骨文的“雷”字将自然界的打雷这一现象表现得十分科学,即雷声总是伴随着那长空中的闪电的;甚至还认识到,由于闪电而发雷声。

由于打雷往往要伴随着下雨,所以小篆的“雷”字写作“靁”,即在雷声之上加上一个“雨”字构成,真有雷雨交加之势。大雨将至之际,天空会发出巨大的响声,所以古人才在下面加上三个“⊕”为标志,以表示“雷”的意思。

后人认为繁冗的“靁”笔画太多,写起来不方便,深以为苦,于是就减为一个圆形的“⊕”。又由于书写不便,于是将圆形的“⊕”改变成四方形,也就是今天的“雷”。

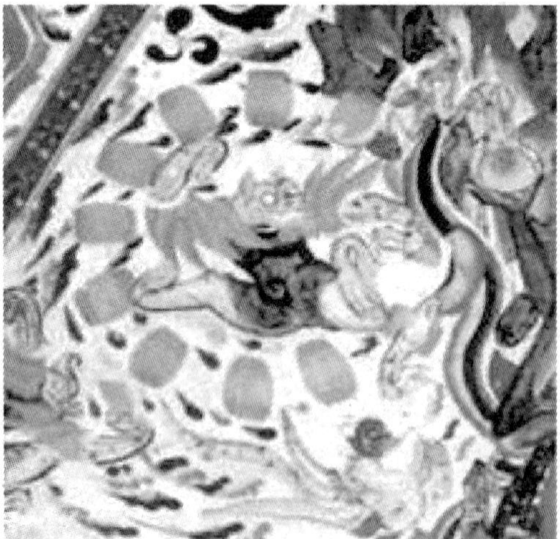

雷神旋转十二面连鼓图

古代传说打雷是天神雷公在发怒,所以当天上雷声滚滚时,人们就穿得整整齐齐,规规矩矩地坐在家里,并且说话也小心谨慎,以表示对雷公的尊敬,希望他息怒。有的古籍中将雷公描绘成为一个打鼓的人,他身边放着一些鼓。

汉代的王充在《论衡·雷虚》中将雷公描绘成:“图画之工,图画之状,累累如擂鼓之形。又图一人,若力士之容谓之雷公，使之左手引连鼓，右手推椎，若击之状。其意以为雷声隆隆者，椎所击之声也。其杀人也，引连鼓相椎，并击之形。”《山海经·海内东经》中说：“雷泽中有雷神，龙身而人头，鼓其腹。”

广西壮族雷公的偶像是青蓝色的脸，眼睛能发出闪电，鸟喙，背生双翼，鸟脚（爪），身体为人形。右手执斧，左手握凿。他们认为雷是天鼓。

古人把雷公看做是主宰万物之神，他们把雷声震动，看做是万物复苏生长之机。这是因为人们注意到雷声发生在春夏两季，到秋冬之时雷声息止。雷声活动的期间，万物萌动生长。雷声休止的期间，万物枯萎、凋谢。

不能停止，而要快

——“筷”、“箸”二字趣释

筷子是中华民族常用的餐具，简称为“筷”，它原来称“箸（zhù）”。《说文解字·竹部》：“箸，饭攲也。从竹，者声。”王筠句读：“攲，持去也。《通俗文》：‘以箸取物曰攲。’”由此可知，许慎所说的“饭攲”就是吃饭时所使用的餐具，那么“箸”就是后之筷子无疑。

受传统意识形态的影响，古人讲避讳，而“箸”与“住”同音，“住”有止、停止的意思，人们认为以“箸”字作为餐具的名称不吉利，加之古人都希望自己在事业上一帆风顺，永不停止，快快成功，因此另造一个由“竹”和“快”二字组成的“筷”字代替了“箸”，之所以用“竹”，是因为这种餐具多为竹子制成。“快”除了表音外，也有表义功能。“快”有高兴、愉快的意思。安子介先生理解为：筷子是一种使人高兴的餐具。（《解开汉字之谜》第307页）这样理解颇符合实际。“箸”改“筷”大约始于宋代。

远古时，我们的祖先吃饭是用手抓的，由于热的食物烫手，先民便用木棍来佐助。这样便不自觉地练出使用棍条夹取食物的本领。久之，先民从不自觉到自觉，练就了使用筷子的技术。大约到了原始社会末期，人们便用

古代饮食图

树枝、竹子、动物的骨或角制成筷子来使用。考古工作者们发现，我国的夏商时期已经有了经过琢磨的牙筷和玉筷；春秋战国时，出现了庄重古朴的铜筷和铁筷；汉魏六朝，各种规格的漆筷也生产出来了。稍后，又有了精致名贵的银筷和金筷。近代，美观大方质料各异的筷子就很多了。而在各种筷子中，最珍贵的要数象牙筷、犀角筷、乌木镶金筷和各种玉筷。

《韩非子·喻老》载："昔者纣为象箸而箕子怖。"意思是说，从前商纣王使用象牙筷进餐时，他的大臣箕子十分担心害怕。箕子为何见纣王用象牙筷就害怕呢？箕子认为：纣王既用象牙筷子就不会用陶器的钵子，一定要用犀牛角和美玉制成的精美高级的杯盘与之配套。而精美高级的杯盘是不会用来盛蔬菜之类的东西的，那么就一定要用它来装用珍禽异兽的胞胎做的菜。如果君王吃的是珍禽异兽的胞胎，那么就一定不会身穿粗布短衣坐在茅屋里进餐，而一定是穿着锦绣，住在高楼大厦里享受。如此发展下去，结局是令人害怕的。过了五年，纣王真的建起了挂满肉的林子，酿酒供他豪饮后剩下的酒糟堆积如山，他整天在酒池边流连忘返，因此遭致了灭亡。

古时官宦人家，为了炫耀门第高贵，迎宾盛宴常配以典雅的牙筷或金筷，借以"亮富"。《儒林外史》中的范进中举不久，丧母守孝，镶银筷子和象牙筷子均不用，而用白竹筷子，以示孝母。从前帝王之家常用银筷，目的在于鉴别食物是否有毒。过去民间嫁女，筷子也是姑娘的嫁妆之一，取"快生贵子"的意思；人死后，冥器中也少不了筷子，说是亡灵在阴间要用筷吃饭。张良用筷子作形象示意，为刘邦制定消灭项羽的方略。刘备故意将筷子失落在地上，以在曹操面前表示自己属无能胆小之辈。唐玄宗曾将筷子赐给宰相宋璟，赞誉他的品格像筷子一样耿直；永福公主在自己的婚姻上不听从父皇之命，以折筷表示决心已下，宁折不弯。

可别将使用筷子看作小事，在人类文明史上，使用筷子也称得上一个值得推崇的科学发明。有人曾作过专门研究和测定，证明使用筷子居然可以牵动人体的三十多个关节和几十条肌肉。而这些关节和肌肉中的神经，又和脑神经相通。所以，使用筷子会刺激神经系统，使人心灵手巧。

中国的筷子使用起来轻巧方便，早在一千多年前就传到朝鲜、越南等国，明清以后传入马来西亚、新加坡、印度尼西亚及爪哇等地。每年 8 月 4 日是日本的筷子节。这天，日本人要热热闹闹地庆祝一番，以感谢筷子一日三餐“不知劳苦地为人类服务”。中国的筷子是在隋朝时传入日本的。日本奈良时代（710—794），筷子先在宫廷贵族之间使用，到了平安时代（794—1185），筷子才在民间流行起来。自那时起，日本农民逢播种、插秧、收获或贺生日，总要换上新筷子，以表达自己的喜悦。久而久之，演变成筷子节。

有酒有肉便是福

——“福”字趣释

甲骨文的“福”作“”，左边是“”，即“示”，本为“灵石”，代表祖先的神主。右边的“”则是酒坛子的象形字“酉”字，“酉”是装酒的器皿，古代又叫尊（樽）。有的“酉”还有双手捧着，表示虔诚。可见“福”是由“示”加上“酉”而成的会意字，其意思是将一坛酒供在神主面前。古代的所谓福，是双手捧着美酒敬献于神前，祈求祖先保佑，即“求福”。这就是“福”的本义。祭祀总是有酒有肉，于是“福”引申为祭祀的酒和肉。看来，古人的幸福观就是有酒有肉了。

到金文时代，“福”写作“”。左边是“示”，右边是“畐”。小篆的“福”写作“”，与今天的楷书形体接近，但也有不同的地方。“畐”的本义是“满”，即酒满。许慎在《说文解字》中说：“畐，满也。”又说：“福，佑也，从示，畐声。”其实，“畐”也兼表意，意思是得到神的保佑恩赐后有肉吃，有酒喝，既

福字

百福图

富足又快乐。

又由于"畐"是腹部膨大的酒壶,也就是我们俗话说的大肚酒壶,其中斟满了酒,看上去就像一个很丰满的人,有福相的人,在古人看来他一生富贵,寿考齐备。这也是"福"的引申义。

对"福"字的解释较多,有的学者认为"福"字右边的"畐"是由"一口田"组成,其意思是一个人有了田就不愁吃不愁穿,当然是有福;还有学者解释道,"一口田"是人皆有其田,吃穿有保障,有田人就有福;还有的学者根据《礼记·祭统》所说:"福者,备也。备者,百顺之名,无所不顺者谓之备。"认为吃穿不用愁,事事顺心就是"福"。

"福"字还具有丰富的文化内涵。新春佳节,人们喜欢将"福"字写在纸上,贴在大门口的两边或门上,预祝在新的一年里吉祥如意,阖家幸福。还有的人在春节时,在红纸上写一个大"福"字,贴于门上,祈求吉祥。这种习俗大约起于宋代。那时,写有"福"字的红纸称为"迎春牌"。时至今日,人们生活水平提高了,日子过得顺心了,新春佳节,喜欢在门上单贴一个"福"字,表达了人们对新生活的热爱和向往。

有人说,贴"福"字的传统习惯来自于明太祖朱元璋。传说有一年的农历正月十五这一天,朱元璋微服出行,来到一个镇上,看见许多人在围观一幅画,画上绘着一个赤脚女人抱着个大西瓜,意思是取笑淮西妇人脚大(因古代中国妇女以缠小足为美)。朱元璋看后,以为是镇上的人有意取笑他的马皇后,因为马皇后正是淮西人。朱元璋把这件事记恨在心,回宫后,马上派部下到镇上调查,看看哪些人曾去围观,这幅画出自什么人之手,统统记下来,对于没有参与嬉笑的人家,都一律在他们家的门口贴上一个"福"字。过了两天,朱元璋的部下便以此为据,来镇上捉人,凡是门上没有"福"字的人家都要遭殃。

此后,每逢农历除夕,各地百姓在自家门上贴一个"福"字,以示"安分守己"。

民间还有一种将"福"字倒贴的习俗,这种习俗源于清代。清代的一个春节前夕,恭亲王府大管家写了几个大"福"字,叫人贴于库房和王府大门上,有一处的大门上的"福"竟然贴倒了,为此,恭亲王福晋十分恼火,府上的大管家怕福晋怪罪下来牵连自身,慌忙跪下求饶道:"奴才常听人说,恭亲王寿高、福大、造化大,如今大福真的到(倒)了,此乃吉庆之兆。"福晋一听,觉得颇合情理,心想:怪不得过往的人都说恭亲王府"福"到(倒)了。后来,倒贴"福"字的习俗便由恭王府传到百姓家,并发展到有意倒贴"福"字,贴上后还要说几遍:"福到了!福到了!"以图吉利。

明朝时,人称洛阳才子的文必正为了追求霍荣的千金,假意卖身投靠霍府,伺机与霍小姐幽会。为了在霍荣面前显露自己的才华,有一天,文必正对霍荣说:"霍大人,你家厅堂陈设华丽,阔绰无比,各种文物琳琅满目,美不胜收。但依小人看,似乎还缺少一物。"霍荣毫不在意地问道:"依你说老夫厅堂缺少何物?"文必正故意婉转地回答道:"大人,如果在厅堂里添上一个字,将你高贵的身份突现出来,那就完美无缺了。"霍荣听后,说:"有什么字如此重要,你就直说吧!"文必正见时机已到,便说:"恕小人斗胆,我吟诗一首,此字暗含其中,有谬误之处,还望大人指正。"说完便随口朗朗地吟诵道:"初下江南不用刀,大朝江山无人保;中原危难无心坐,思念君王把心操。"霍荣听后就明白是一个"福"字,便连声说:"好字!好字!"马上请文必正把字写好,挂在右厅堂正中。这个"福"字,正合霍荣心意。此后文必正愈加得宠,不久便成了霍荣的乘龙快婿。

鱼和羊的肉最鲜美

——“鲜”字趣释

“鲜”本作“鱻”，早见于金文，其形体结构均由三个“鱼”字组成。“鱼”是古人最重要的肉食之一，由三“鱼”组成的“鲜”字，表示的意义本应是众鱼堆积，形容鱼很多的意思。然而古书中不见此义。《说文解字·鱼部》：“鱻，新鱼精也。从三鱼，不变鱼。”段玉裁注：“此释从三鱼之意，谓不变其生新也。”可见，许慎所说的“新鱼精”的意思是指新鲜的鱼，没有变质的鱼。

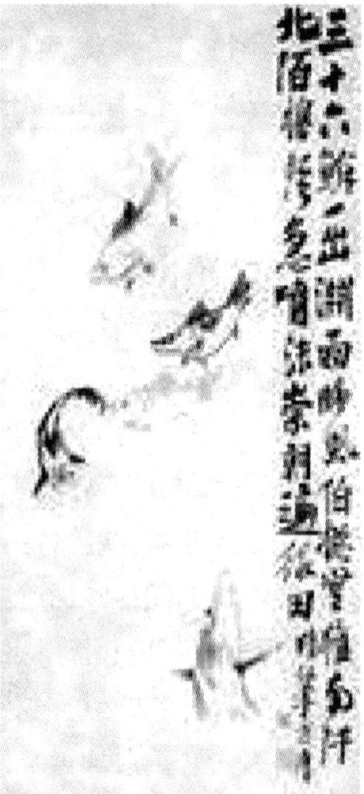

清　李方膺　游鱼图

金文中还有一个“鲜”字，其结构是由“鱼”和“羊”两字构成，并且“羊”字在上，“鱼”字在下，可以隶定为“⿱羊鱼”。小篆仍然保持了“鲜”的结构，只是“羊”和“鱼”的位置发生了变化：“鱼”在左，“羊”在右。许慎《说文解字·鱼部》对此解释道：“鲜，鱼名，出貉国。”可以这样说，这种鱼的味道很美，是产自北方古代貉国的一种鱼。对北方干旱地区的人来说，鱼是很少的，他们多吃羊肉。在他们看来，羊肉味道是鲜美的，而吃到鱼后感到它的味道更鲜美，因此用“鱼”和“羊”造出了“鲜”字，其意思是：像羊肉一样味道可口的鱼。如《老子》第十六章：“治大国若烹小鲜。”其意思是：治理大国如同烹煎小鱼的道理一样。由此“鲜”又引申为新鲜。如枚乘《七发》：“鲜鲤之鲙。”其意思是：新鲜的鲤鱼片。新鲜的东西比枯萎的东西漂亮，所以“鲜”又引申出鲜明、明丽的意思。如李白《古风五十九首》之二十六：

"碧荷生幽泉,朝日艳且鲜。"

也有人对"鲜"字作出了不同的解释:中原及西北黄土高原地区少水,多草地,因而盛产羊。羊肉味道鲜美,深受中原地区人民欢迎。而沿海及南方多海洋河流与湖泊,盛产鱼。鱼肉味道也很鲜美,且受到南方民众的欢迎。因此,古代造字者将味道鲜美的"羊"和"鱼"加在一起而创制了"鲜"字。"鲜"的本义是鲜美的味道,而指"鱼"名,应是由此引申出来的。

吃醋是怎么回事

——"醋"字趣释

醋自古以来是人们生活中不可缺少的调味作料，其味酸。从结构来看，"醋"字的左边为"酉","酉"本为古代的盛酒器,此处指酒。它说明了"醋"与酒有关,或者说"醋"是酒类物质。其右之"昔"字据许慎说为声符。自此以后,人们认为"醋"为形声字。历史上关于"醋"字的产生,有着这样一种传说:相传在远古时期,夏代杜康的儿子叫黑塔,成人后他带领自己的部下东迁到现在的江苏靠近长江的镇江市一带定居下来,并在长江边上开设了一家酿酒的作坊。酿酒的主要工序就是用江水浸泡酒糟,每天还要将缸中的酒糟翻动。当酒糟用水泡至 21 天后,他打开缸盖,突然一股香味扑鼻而来。他一尝,感到这种东西又酸又甜,与酒不同。他想给这种物质取个名字,但不知取个什么名,想了想,这东西是用酒糟经过 21 天后才制成,于是他用"二十一日",即"昔"字加上"酉"字造了一个"醋"字,以此字作为这种又酸又甜的物质的名称。自此,镇江的醋闻名遐迩,直到现在,镇江的醋仍然是每 21 天为一个酿制周期,镇江也成为名醋之乡。

亦说杜康造酒时,将酒糟浸在缸里,21 天后的酉时(下午 5 ~ 7 点),他揭开缸盖,一股香味扑鼻而来,再尝尝缸里的水,香喷喷、酸溜溜、甜滋滋,味道真好。于是，杜康又照此制作，并把它推广开来，当初就把它叫做 "调味

品醋图

浆”。后来,造的多了,得有个专名才好。杜康想了许久,猛击一下脑门,这“调味浆”是二十一日酉时成功,“二十一日”加上“酉”不是“醋”字吗?就叫做醋吧。

当然,这些只是古代传说。在我国古典文献中,醋本作“醯(xī)”或“酢(cù)”,曾被先人称为“苦酒”。最初的制法是用麦曲使小米饭发酵,生成酒精,再借醋酸菌的作用将酒精氧化成醋酸。先秦时期醋还是一种贵重的调味品,汉代已渐渐多起来。《史记·货殖列传》说,“通邑大都”里面每年酿醋上千瓮。北魏贾思勰在《齐民要术》里记载了20种制醋法,其中提到的原料有秫米、粟米曲、大麦、豆、糟糠、酒糟、乌梅、蜜等。随着醋的使用原料不断增多,制造地区不断扩大,醋也就日益成为人们日常生活中普遍的调味料。

而今流传着“吃醋”或“争风吃醋”的说法。所谓“吃醋”喻指(男女之间的)妒忌之意。关于“吃醋”的来源有这样一种说法:唐朝的房玄龄为建立唐王朝立下了汗马功劳,唐太宗封他为梁公,并准备送他几名美女为妾。房玄龄想到自己的夫人不会答应,就婉言谢绝了。唐太宗问明原因,就让皇后去劝说房夫人。可房夫人说什么也不同意。于是,唐太宗准备了一瓶“毒药”,要房夫人喝下。房夫人毫无惧色,一饮而尽。房夫人喝下了“毒药”后并没有死。原来那“毒药”是醋,因此保住了性命。

据说,民间在婚礼上,常常有着这样一种仪式:新娘进入轿子里坐下后,娘家的人便给她送上一碗醋,新娘于是将一根烧燃的棍棒插入醋中将它烧沸。此时新娘端起烧沸的醋走出轿子,并绕轿子走一圈,然后再进入轿内,抬到婆家。这样做的目的,是希望新娘婚后不会有吃醋的烦恼。也有人说“吃醋”便由此而来。

高飞之鸟

——"鹤"字趣释

《说文解字·鸟部》:"鹤,从鸟,隺声。"许慎认为"隺(hú)"只表声,其实不然。"隺"也表义。《说文解字·冂部》:"隺,高至也。"所谓"高至"就是飞到极高的地方。那么"隺"和"鸟"组合起来后,表示这种鸟是一种飞得极高的鸟,即能在高空中飞翔的鸟。《本草纲目·禽部·鹤》:"鹤大于鹄,长三尺,高三尺余,喙长四寸,丹顶赤目,赤颊青足,修颈凋尾,粗膝纤指,白羽黑翎。亦有灰色、苍色者,尝以夜半鸣,声唳云霄。"

鹤是一种深受人类喜爱的珍稀禽类,历史上爱鹤的故事也不少。据《左传》和《东周列国志》载,春秋时,卫国的国君卫懿公非常喜欢鹤,以致玩鹤成癖,不理国事。他将鹤还分了品位,把养鹤的人封为高官,使一些原来身居高位的人反倒失去了职位。卫懿公出去游玩时,常带上鹤,并把大夫们乘坐的华贵车子也腾出来让给仙鹤坐,并称这些坐车的鹤为"鹤将军"。

一天,卫懿公带着鹤在外边游玩,突然接到战报,狄人打入卫国。卫懿公立即下令手下的将军率军守城,众将军都不愿去打仗,还气愤地说:"为什么不叫你的那些'鹤将军'去率兵打仗?"懿公无法,只好亲自领兵去抗敌,结果全军覆没,自己也被狄人杀死了。由此民间流传着这样一句歇后语:卫懿公养鹤——亡国。

宋　赵佶　瑞鹤图

西晋文人陆机也非常喜欢鹤，他在成都王颖部下为官时，为人所谗害，临刑前还说："华亭鹤唳，尝可复闻乎？"陆机在临死前希望能听到家乡的鹤鸣声，可见他爱鹤之深。

刘义庆《世说新语·言语》载，支道林很喜欢鹤。一天，有人给他送来了两只幼鹤，没喂多久，两只小鹤翅膀长硬了，准备飞去。支道林由于很喜欢这两只鹤，不愿它们飞走，于是将它们的双翅上的羽茎剪掉。鹤本是高飞之鸟，看到自己的羽茎被剪，不能飞起来，很是丧气。支道林见此情景，心想，鹤既然有凌空飞翔之志，又怎愿意做人们手中的玩物呢？于是他对仙鹤又精心饲养了一段时间，使它们长好了羽翅，让它们飞走了。从此，人们常以鹤喻指那些有本领的才志之士。他们志向高远，抱负宏大，不要束缚他们，而要给他们一个广阔的天地，使他们有施展才能的机会。人们还常称才能或仪表出众的人为"鹤立鸡群"。

古人认为鹤为长寿的仙禽，能活六七十年。《淮南子·说林训》："鹤寿千岁，以极其游。"后人还常用"鹤寿"、"鹤龄"、"鹤算"等词语祝人长寿。中国画中，鹤常与松、石、龟、鹿等同时出现。绘鹤龟在一起的图画为《龟鹤齐龄》；绘鹤与松的画称《松鹤延年》；画两只鹤向着太阳高飞而去的图画，表示赠画者祝贺对方能一举冲天，即"高升"的意思。

殷商部族的图腾

——"燕"字趣释

"燕"字早见于甲骨文，为""，象燕之形。《说文解字·燕部》："燕，玄鸟也。"所谓"玄鸟"就是黑色的鸟，亦即燕子。小篆和楷书的"燕"字是由甲骨文的"燕"讹变而来，但仍为象形字。其中的"廿"象头和嘴，"口"象身躯，"北"象两翅，"灬"象尾巴。段玉裁《说文解字注》说："籋（niè，像钳子一类的东西）口，故以廿象之；布翅，故以北象之；枝尾，与鱼尾同，故以火象之。"

传说燕是商人的祖先，对此，《诗经》、《史记》与《竹书记年》等书均有记载。一年的春天，有娀氏之女、帝喾的次妃简狄来到河边洗澡时，突然，空中飞来一只燕子，并在空中产下一个蛋。蛋落在简狄的身边，她立即拾来将蛋吞下，不久便怀孕了，生下了商的始祖契。契为殷商部族的始祖，因此，殷人以燕为本族的图腾，并奉之为祖先神。从此，燕成为深受人类欢迎的一种鸟，人类视之为灵物并将它作为吉祥的象征。尤其是紫燕更为吉祥。紫燕又叫越燕，《尔雅翼·释鸟》中说：“越燕小……颔下紫，巢于门楣上，谓之紫燕，亦谓之汉燕。”许多贺词等吉祥之语，常用到“燕”或“紫燕”。如从前的春联：“春风堂上紫燕舞，细雨庭前红梅开”；婚联：“紫燕双飞珠帘卷，流莺对唱翠幕悬”。

燕中还有白燕，白燕被古人视之为神物。《太平御览》引《京房易占》曰：“见白燕，其君且得贵女。”因此，“燕”又被尊称为“天女”。

人们把燕子到屋檐下或梁间筑巢认为是家道兴旺发达的象征。燕是一种候鸟，往往是冬去春来，因此，燕子的一举一动都成了春天的象征。如“莺歌燕舞”、“燕剪春风”、“燕剪柳丝”等都是春天的物象。明清时，每年二月进士科举考试，此时正值杏花开放季节，及第者皇帝赐宴。古人常以杏花和飞燕构图，常称“杏林春燕图”，旧日以此图送人祝贺科举高升。

燕和鸳鸯一样，喜欢双飞双栖，因此，人们常以“燕侣”比喻夫妻和睦恩爱。

据说燕是一种十分重感情的动物，当它失去

明　王武　杏花春燕

自己的伴侣后，不轻易另觅新欢。据《南史》载，王整之姊16岁时丧夫，家族中人要她改嫁，均遭到拒绝。她将自己的耳朵割下放在盘中，对族中人发誓道："誓死不嫁。"她所住的屋檐下有燕筑巢，经常可以看见燕子成双成对地飞来飞去。有一天，她发现飞回来的竟是一只孤燕，"感其独栖"，于是用一根丝线系在这只燕子的脚上作为标记。第二年春天到来时，飞回檐间的仍然是她做了标记的那只孤燕。因此，她感慨万分，并吟诗一首："昔年无偶去，今春犹独归，故人恩既重，不忍复双飞。"

日月当空，普照大地

——"曌"字趣释

"曌"字读 zhào，一般人很少认识它。这是因为它是我国历史上唯一的女皇帝武则天的专用字。《旧唐书·则天皇后纪》："则天顺圣皇后武氏讳曌，并州文水人也。""曌"与"照"字同。《集韵·笑韵》："照，《说文》：'明也。'唐武后作曌。"据《集韵》所释，"曌"的意思为"明"。"曌"字上部为"明"。"明"由"日"和"月"字组成，表示武则天像日月一样，永远熠熠闪光，光照大地。其下为"空"字，"空"指无边无际的天空。"明"和"空"所会的意思是：日月当空，普照大地。可见武则天所造"曌"字，并非只是"明"的意思，其意义较之"照"字更丰富。

武则天画像

武则天为什么要造"曌"字作为自己的名字呢？据史书记载，武则天当了皇帝后，认为自己原来的名字太俗气，不高雅，于是找遍了所有汉字，却没有一个字能表示她自己作为一代女皇的那种至尊的心理状态，想来想去，于是造出了一个"日月当空，普照大地"的"曌"字，表明自己像日月一样，永远悬挂在空中，光耀大地，让万民共仰，世人同瞻。她认为只有“曌”字才能体现自己超人的才能和盖世的功业。

据《唐书》载，武则天不仅为自己造了一个“曌”字，她还认为古人已制之字“未尽完善”，于是对不少汉字进行了改易。有人说她自制了12个汉字。又据时人薛稷所写的碑文来看，武则天所造之字不只12个，而是18个。

高级食品与粗劣食品

——“羹”字趣释

“羹”字由“羔”和“美”字构成。《说文解字·羊部》：“羔，羊子也。”“羊子”即小羊。有的学者认为“羔”字其上为“羊”，其下四点为“火”，所以小篆写作“羔”。其意思是用火烤制的羊肉，即今之烤羊肉。徐灏《说文解字注笺》：“疑羔之本义为羊炙，故从火。小羊味美，为炙尤宜，因之羊子谓之羔。”而“美”就是味美。其本义是味道极美的小羊羔。

对“羹”有的人作了不同的解释，认为“羔”是小羊，“美”是大羊。羊肉是先民的主要食物之一，因此“羹”的本义应是指以羊肉做成的一种带汁的可口的食品。所谓带汁的肉并不同于今天的汤，只是烧肉带有少量的汁而已。由此引申指用肉类做成的羹。因此古代除了羊肉羹外，还有牛肉羹、猪肉羹和狗肉羹等。如《左传·隐公元年》：“小人有母，皆尝小人之食，未尝君之羹，请以

清　任伯年　苏轼牧羊图

遗之。”意思是：我家中还有老母，我的食品她老人家都吃到了，只是还没有吃到你的肉羹，请允许我将你的这些肉羹留给我的母亲。由此可以断定上古的羹是一种高级食品，一般人很难吃到，多为君王所用。

其后，古人将用水果或蔬菜等做成的一种带汁的食品也叫羹。蔬菜做的羹当然不是统治阶级所用的高级食品，而是劳动人民常常用来充饥的粗劣食物。

现在人们把前往某人家登门求助或拜访而被拒之门外叫做吃“闭门羹”。“闭门羹”的典故出自唐冯贽《云仙杂记》卷一：唐朝时，宣城有个名妓叫史凤，慕名找她的人络绎不绝，使她整日不得闲，难以应付。史凤自以为身价不凡，索性公开宣称，要按财产、官职、相貌等将来客分为上、中、下 3 个等级，对 3 个等级的客人使用 3 种不同的接待方法，最下等的一律拒不相见，只以一餐普通饭菜，即“羹”一类的普通食品招待，妓院的人便称史凤安排给下等人的饭菜为“闭门羹”。由此可见，当时的“闭门羹”，是作为待客而不与客相见之意。现在，却只用作拒绝之意了。

古代圆形玉的制作规格

——“璧”、“瑗”、“环”、“玦”四字趣释

“璧”是一种圆形而中间有孔的玉。古代的圆形而中间有孔的玉器还有瑗、环和玦三种。《尔雅·释器》：“肉倍好谓之璧。”邢昺疏：“肉，边也。好，孔也。边大于孔者名璧。”这就是说，“肉”是指璧中孔以外的边；“好”是璧的中间的圆形孔（亦说是方形孔）。璧的“肉”、“好”，在古代有明确的规定，即“肉倍好”。所谓“肉倍好”，就是璧的外边的宽度是中孔直径的两倍，符合这个标准的或接近这个标准的玉器才叫璧，不符合这个标准的玉器则不能称璧。《尔雅·释器》中又说：“好倍肉谓之瑗，肉好若一谓之环。”这就是说，外边的宽度是中孔直径的二分之一的玉器叫瑗，外边的宽度和中孔圆的直径正好相等的

玉器叫环。而玦的形制比较特殊，就是外边上有一个缺口的圆形玉器。

《荀子·大略》："聘人以珪，问士以璧，召人以瑗，绝人以玦，反绝以环。"其意思是：派遣使者到别的诸侯国访问时，用珪作为凭证，向才志之士征求对国事的意见用璧作凭证，召见下臣下属则用瑗作凭证，断绝君臣关系时用玦来表示，重新召回被贬谪的臣属用环来表示。

"璧"字早见于战国文字，它的小篆继承了战国时期"璧"字的结构。《说文解字·玉部》："璧，瑞玉。圜也。从玉，辟声。"这里的"瑞玉"是说璧是一种玉制的祥瑞之物，它预示着吉兆和吉祥。许慎说"璧"是形声字，其实"璧"中的"辟"不只表声，也表义。"辟"古代指君王和法度。君王和护国的法度是维护政权的。全字的意思是：璧是一种用玉做成的能代表天意的宝物。由于古人认为天是圆的，地是方的，而圆形的"璧"本身就是象征着天的，在古代用玉制的"六器"之中，"璧"被列为首位，因而"璧"被用于礼天，也就是一切和上天、祖宗、君王有关的礼仪莫不用璧来作信物。《周礼·春官·大宗伯》："以玉作六器，以礼天地四方，以苍璧礼天，以黄琮礼地，以青圭礼东方，以赤璋礼南方，以白琥礼西方，以玄璜礼北方。"《穆天子传》载："天子宾于

战国璧

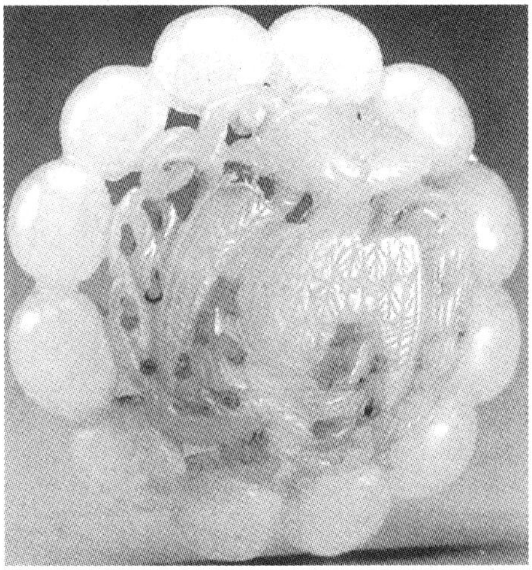

玉璧

西王母，乃执璧以见之。”西王母是天神，天子到西王母那里做客时，必须以璧作礼品。

璧还作为祭品。《周礼·春官·大宗伯》说：“以(璧)埋沉祭山林川泽。”即是将璧埋在地下或沉入河中，作为对山神河神的祭拜。据载，楚恭王有五个儿子，难以确定自己的继承人，于是将璧埋于祖庙，以求神灵作证。再让五个儿子到祖庙里拜祭先祖，看谁恰好跪在埋璧的地方，谁就是继承人。

璧还可作为殉葬品。《周礼·春官·典瑞》中就有“疏璧，琮以敛尸”的记载。1936年，浙江余杭良诸镇发掘的3号墓中有璧24件，大璧置于尸体胸腹上，其余的璧放在尸体的头前、脚后、脚下及头下等地方。

璧作为信物赠人有一种表示对人的尊重、顺从之意。如《左传·成公二年》载，晋国的韩厥在鞌之战中抓住了齐王，于是来到他的面前“奉觞加璧以进”，其意思是：端起酒杯，加上璧一起奉献给齐王。这种既敬酒又赠璧的做法是表示赔罪，并表示对对方的尊重之意。《史记·项羽本纪》中载，刘邦从小道逃走，留下张良给项王送上白璧一双，此举就有一种表示对项王的特别尊重之意。

“瑗”字早见于小篆。《说文解字·玉部》：“瑗，大孔璧，人君上除陛以相引。从玉，爰声。”许慎所说的“大孔璧”就是孔大而边小的环形玉器。“人君上除陛以相引”一句说的是“瑗”的用途：瑗是一种用来搀扶皇帝上台阶的玉器。古代帝王被尊为天子，他的手一般是不能让臣下接触的，当皇帝上台阶时，臣下要扶着他，只能用“瑗”作中间物，所以“瑗”中间的孔一定要大。

“环”的繁体字为“環”。《说文解字·玉部》：“環，璧也。从玉，睘(qióng)声。”“环”在古代正如前面所述，既可作符信，也可作装饰品。由于“环”是环形的玉器，所以引申泛指圆圈形的物体。如耳环、门环、避孕环等。还可引申为动词，有环绕、包围等意思。

玦是一种圆形而中间有孔、边缘有断豁的佩玉。正是玦的这个豁口，因而产生了“绝”、“断绝”的意思。《史记·项羽本纪》中“举所佩玉玦以示之者三”一句中的“玦”有着独特的象征意义。范增在这紧要关头举起玦，就是告诉项羽要像这玦一样，一定要果断地同刘邦断绝关系，在你们二人之间制造一个缺口。项羽正是因为没有听范增的话，以至错过了一次杀死刘邦的绝好机会，最后为刘邦所败，自刎乌江。